Qiche Zidong Biansuqi Gouzao yu Jianxiu
汽车自动变速器构造与检修

广州合赢教学设备有限公司		组织编写
	王正旭	主　　编
李　卓　刘炽平		副主编
	朱　军	主　审

人民交通出版社股份有限公司
China Communications Press Co.,Ltd.

内 容 提 要

本书以汽车自动变速器常见的故障检修项目为线索,在阐述其基本工作原理、基本结构的同时,着重介绍汽车自动变速器故障的检修内容和相关方法。全书共分为五个项目,主要内容包括自动变速器的工作原理和构造、液力变矩器的检修、齿轮变速机构的检修、自动变速器控制系统的检修以及 CVT 与 DCT 技术的介绍。每个项目都按照"任务导入—学习指引—相关知识—任务实施"的形式进行编排,以突出本书知识内容的实用性以及与新技术的接轨。另外,本书还相应地增加了工作页以方便教学使用。

本书依据教育部高职高专示范院校教材建设的要求,紧紧围绕高端技能型专业人才的培养目标,以能力为本位、工作过程为导向,对自动变速器的相关知识内容进行了筛选与编写,突出了本书的实用性与创新性。本书既可作为高职高专院校汽车运用技术专业和汽车检测与维修技术专业的教材,也可供从事汽车维修和管理工作的技术人员参考。

图书在版编目(CIP)数据

汽车自动变速器构造与检修 / 王正旭主编. —北京:人民交通出版社,2012.6
高职高专改革创新示范教材
ISBN 978-7-114-09494-1

Ⅰ. ①汽… Ⅱ. ①王… Ⅲ. ①汽车–自动变速装置–构造–高等职业教育–教材②汽车–自动变速装置–车辆修理–高等职业教育–教材 Ⅳ. ①U472.41

中国版本图书馆 CIP 数据核字(2011)第 228634 号

```
       高职高专改革创新示范教材
书  名：汽车自动变速器构造与检修
著 作 者：王正旭
责任编辑：于志伟
出版发行：人民交通出版社股份有限公司
地   址：(100011)北京市朝阳区安定门外外馆斜街 3 号
网   址：http://www.ccpress.com.cn
销售电话：(010)59757973
总 经 销：人民交通出版社股份有限公司发行部
经   销：各地新华书店
印   刷：北京市密东印刷有限公司
开   本：787×1092   1/16
印   张：17.25
字   数：400 千
版   次：2012 年 6 月   第 1 版
印   次：2018 年 8 月   第 4 次印刷
书   号：ISBN 978-7-114-09494-1
定   价：36.00 元
```

(有印刷、装订质量问题的图书由本社负责调换)

高职高专汽车运用技术专业和汽车检测与维修技术专业改革创新示范教材编委会

(排名不分先后)

主　　任：冯　津（广州合赢教学设备有限公司）
副 主 任：王海林（华南农业大学）
　　　　　温炜坚（广州城市职业学院）
　　　　　张红伟（广州科技贸易职业学院）
委　　员：成伟华（顺德职业技术学院）
　　　　　罗德云（广州城建职业学院）
　　　　　刘存山（东莞职业技术学院）
　　　　　潘伟荣（广东交通职业技术学院）
　　　　　周　勇（贵州交通职业技术学院）
　　　　　毛彩云（华南农业大学）
　　　　　王正旭（广州市工贸技师学院）
　　　　　王升平（中山职业技术学院）
　　　　　齐建民（中山职业技术学院）
　　　　　房毅卓（广东机电职业技术学院）
　　　　　郑　毅（广州铁路职业技术学院）
　　　　　王　飞（广州城市职业学院）
　　　　　王志文（阳江职业技术学院）
　　　　　陈国宏（一汽丰田汽车有限公司）
丛书总主审：朱　军

前言 QIANYAN

《国家中长期教育改革和发展规划纲要(2010—2020年)》中提出:大力发展职业教育,把职业教育纳入经济社会发展和产业发展规划,把提高质量作为重点;以服务为宗旨,以就业为导向,推进教育教学改革。实行工学结合、校企合作、顶岗实习的人才培养模式;满足人民群众接受职业教育的需求,满足经济社会对高素质劳动者和技能型人才的需要。

高等职业教育的发展是国家当前教育发展的战略重点之一。我们认为,当前我国高等职业教育需要解决"三个改革"和"三个建设"两大问题。三个改革,即课程体系改革、教学模式改革和教学内容改革;三个建设,即师资队伍建设、教学设施建设、教材建设。

目前,高等职业院校汽车运用技术专业所使用的教材普遍存在以下几个方面的问题:

(1) 专业定位不明确,受本科教育的影响较大,学生反映难,教师反映不好教;

(2) 职业特征不明显,企业反映脱离实际,与他们的需求距离很大;

(3) 教学方式落后,不适应新一轮教学改革的需要,不利于长远发展;

(4) 立体化程度薄弱,教学资源质量不高,教学方式相对落后。

针对以上问题,结合人民交通出版社汽车类专业教材的出版优势,我们开发了《高等职业教育改革创新示范教材》。本套教材以"积极探索教学改革思路,提升学生职业素质"的指导思想,采用职教专家、行业一线专家、学校教师、出版社编辑、教学设备研发企业"五结合"的编写模式。教材内容的特点是:明确高等职业教育定位,准确体现职业教育特点(以工作岗位所需的知识和技能为出发点);理论内容"必需、够用";实训内容贴合工作一线实际;选图讲究,易懂易学。

该套教材将先进的教学内容、教学方法与教学手段有效地结合起来,形成课本、课件(部分课程配)和习题集(部分课程配)三位一体的立体教学模式。

本书由广州工贸技师学院王正旭担任主编,北京交通运输职业学院李卓、东莞职业技术学院刘炽平担任副主编。全书共分五个项目,王正旭编写项目一、三、四,李卓编写项目二,刘炽平编写项目五。王正旭负责对全书文字、插图、结构等全部内容进行修正、定稿。

限于编者的经历和水平,书中难免有不妥或错误之处,敬请广大读者批评指正,提出修改意见和建议,以便再版修订时改正。

职业教育改革创新示范教材编委会
2011 年 7 月

CONTENTS

项目一 汽车自动变速器概述

　　任务一　自动变速器组成与结构 ·· 1
　　任务二　自动变速器的维护 ·· 12
　　任务三　自动变速器试验 ··· 23

项目二 液力变矩器的检修

项目三 齿轮变速机构的检修

　　任务一　辛普森式齿轮变速机构的检修 ····································· 54
　　任务二　拉维娜式齿轮变速机构的检修 ····································· 80
　　任务三　本田平行轴传动检修 ··· 96
　　任务四　串联式齿轮传动检修 ··· 121
　　任务五　莱派特与组合传动检修 ·· 130

项目四 自动变速器控制系统的检修

　　任务一　油泵的结构与检修 ·· 159
　　任务二　自动变速器液压控制阀体的检修 ································· 176
　　任务三　自动变速器油路分析 ··· 202

项目五 CVT 与 DCT

　　任务一　CVT 结构与工作原理 ·· 219
　　任务二　双离合器自动变速器 DCT ·· 227

参考文献

项目一 汽车自动变速器概述

任务一 自动变速器组成与结构

任务导入

故障现象： 一辆2005款丰田花冠汽车，自动变速器检修后被装到该车上，结果，发动机不能转动。又拆下变速器，发现发动机曲轴飞轮转动灵活自如。为何装上自动变速器后曲轴飞轮不能转动呢？

原因分析： 经检查，因油泵主动小齿轮碎裂而导致液力变矩器泵轮轴被卡死，致使发动机曲轴不能转动。原因是在装配时，油泵小齿轮的两个凸齿没有插入液力变矩器泵轮轴上的凹槽内，将油泵小齿轮挤碎了，这就是拆装不正确而造成的后果。

学习指引

建议在学习自动变速器之前，先动手拆装一次自动变速器，对自动变速器的结构有初步了解；拆装要在老师的指导下进行，避免因盲目操作而造成自动变速器损坏。

相关知识

现代汽车使用的自动变速器（AT），一般由四部分组成：液力变矩器、齿轮变速机构、控制系统和冷却润滑系统,如图1-1所示。

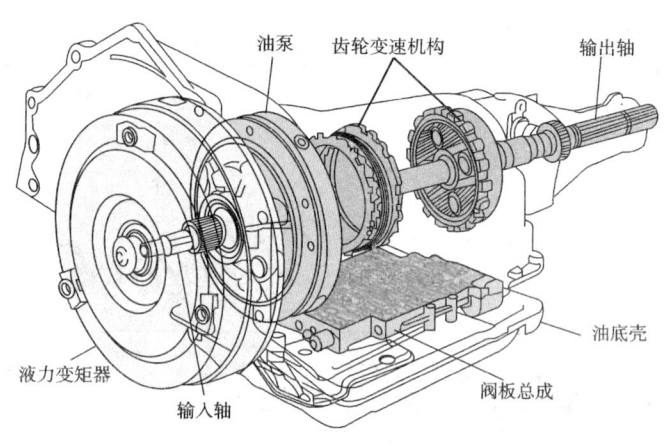

图1-1　自动变速器的组成

1 液力变矩器

液力变矩器位于自动变速器的最前端,如图1-2所示,安装在发动机飞轮上,其作用与装有手动变速器的汽车中的离合器相似。液力变矩器以自动变速器油(ATF)为工作介质,可实现变速增扭兼起离合器的作用,其工作状态完全自动化,无须驾驶人操纵。因此安装自动变速器的汽车,取消了离合器踏板。

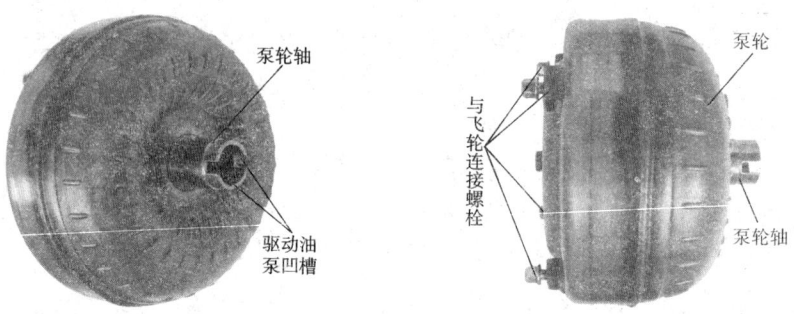

图1-2　液力变矩器

2 齿轮变速机构

齿轮变速机构包括变速齿轮部分和换挡执行元件部分。不同车型自动变速器采用不同的变速齿轮组合,如图1-3所示。目前应用较广的有:辛普森式、平行轴式、拉维娜式、串联式、莱派特式和组合式等。随着汽车工业的不断发展,新的变速齿轮组合还在研发中。由于变速齿轮部分是自动变速器最主要的组成部分,人们习惯以此给自动变速器分类和命名,如辛普森式自动变速器、拉维娜式自动变速器等。换挡执行元件可以使变速齿轮处于不同的挡位,以实现不同的传动比。换挡执行元件有三种:离合器、制动器、单向离合器。

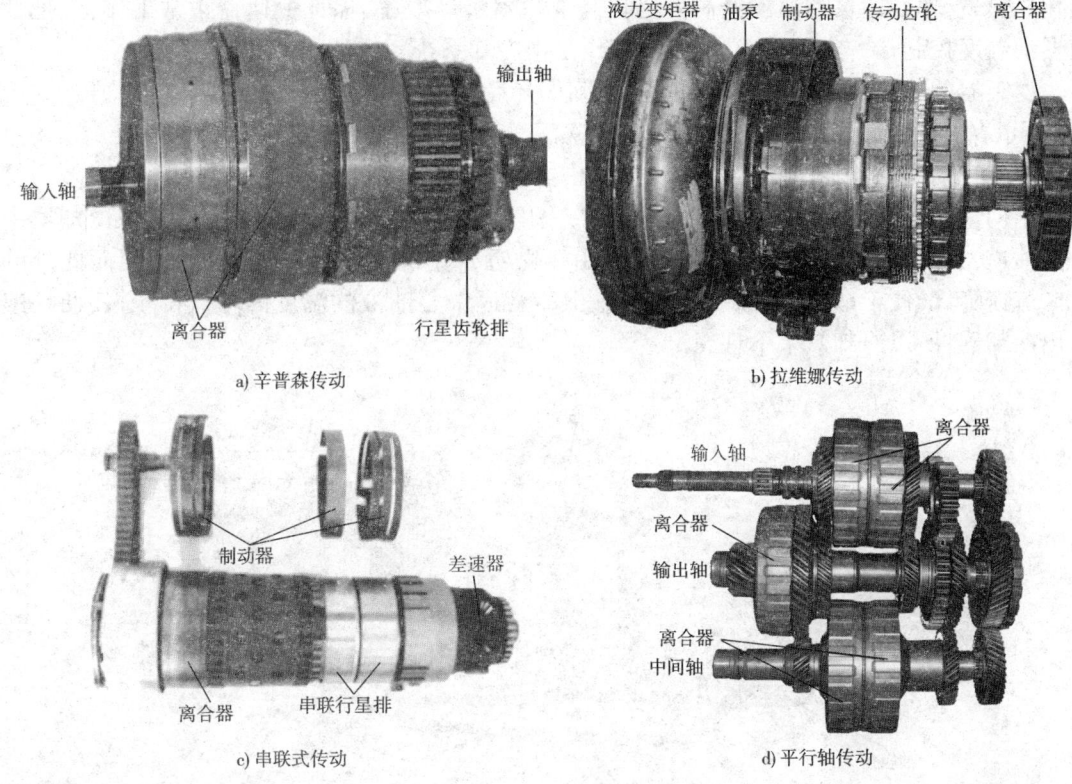

图1-3 变速齿轮组合形式

3 控制系统

按控制系统的控制方式分有：液控系统和电液控系统。完全的液控系统，主要包括许多控制阀组成的阀板及液压油路。电液控系统是在液控油路板上加装了具有各种功能的电磁阀以及ECU（电子控制单元）、传感器和控制电路等。完全的液控系统已经被电液控系统取代，而电控系统越来越显示出优越性。油路板通常安装在齿轮变速机构下方的油底壳内。驾驶人通过自动变速器的操作手柄，改变阀板内的手动阀的位置，控制系统根据手动阀的位置以及节气门开度、车速、控制开关等信号，按照一定的规律控制齿轮变速机构中的换挡执行元件，实现自动换挡。

油泵通常安装在液力变矩器之后，由发动机飞轮通过液力变矩器泵轮轴上的凹槽或花键驱动，是液压控制系统的动力源，为液力变矩器、控制阀板以及换挡执行元件提供一定压力的液压油。

4 冷却润滑系统

冷却与润滑在自动变速器的运行与维护中，占有重要位置。由于冷却润滑故障，导致行星齿轮烧损，止推轴承损坏，摩擦片烧蚀的现象非常普遍。液力变矩器工作时，部分机械能转化成热量,使变速器油温度升高。为提高变矩器传动效率、保证变速器正常工作,应把变速器油温度控制在一定范围内,这部分工作是由冷却系统完成的。

变矩器的部分油液从泵轮、涡轮、导轮间循环后,经过散热器管路进入冷却热却器,如图1-4所示,然后再流回到变速器油底壳或进入润滑油道。

有的自动变速器油冷却器与发动机散热器为一体,也有的是独立安装。冷却器多为管片式结构,多安装在发动机散热器出水腔内,采用水冷式冷却方式。变速器油进入冷却器中心的油道,其热量被外围的冷却液吸收。由于贴近管壁的油液冷却速度较快,因而此处的ATF流速降低,便于散热,就像"粘"在管壁上。管道中心油液的温度因降低得较慢,便快速流出冷却器,所以冷却效果不理想。

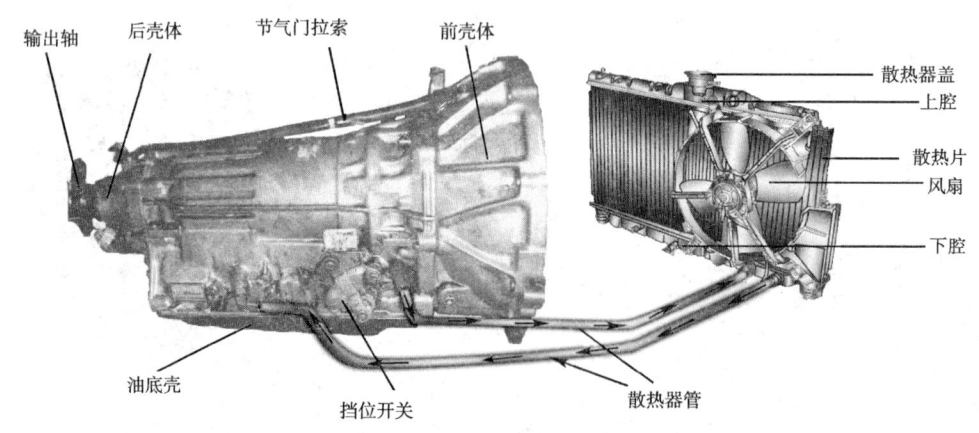

图1-4 冷却散热系统

散热器常出现脏堵、漏油等故障,会使行星齿轮润滑不好而发生高温烧结、损坏滚针轴承、烧蚀摩擦片等较严重故障,有时还会在变矩器内发出异响。特别是频繁烧坏行星齿轮的变速器,一定要清洗散热器。变速器散热器的清洗、安装必须注意以下各项,严格执行,任何疏忽均可能导致变速器的严重损坏。

任务实施

实训项目:从整车上拆卸自动变速器。
实训目的:
(1)认识自动变速器与整车的装配关系。
(2)掌握自动变速器的拆卸技能。
实训设备及工具:一辆皇冠3.0汽车(装有A340E自动变速器)、一辆丰田佳美汽车(装有A140E自动变速器)、一套自动变速器专用拆装工具。
实训步骤及记录:自动变速器(AT)的拆卸方法和普通手动变速器(MT)有所不同,必须按照正确的步骤进行,否则会损坏自动变速器。图1-5所示为后轮驱动自动变速器的拆卸、图1-6所示为前轮驱动自动变速器的拆卸。认识图中的各零件,注意拆卸的顺序。在拆卸

自动变速器前,应关闭汽车的点火开关,拆下蓄电池负极电缆,放掉自动变速器油(ATF),然后按下列步骤进行拆卸:

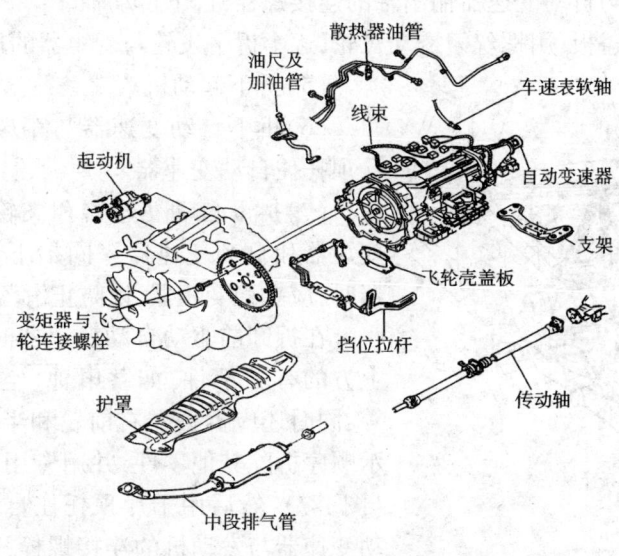

图1-5 后驱自动变速器拆卸

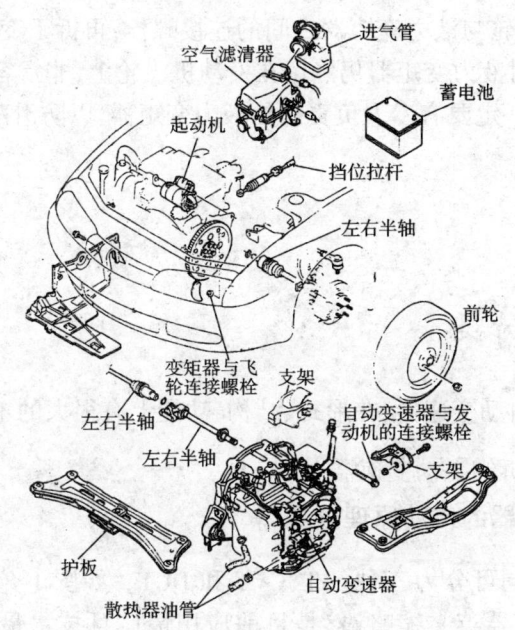

图1-6 前驱自动变速器的拆卸

(1)拆下与节气门摇臂连接的自动变速器节气门拉索,拔下自动变速器上的所有线束插头,拆除车速表软轴、液压油加油管、散热器油管、操纵手柄与手动阀臂的连接杆等所有与自动变速器连接的零部件。

（2）拆去排气管中段，拆除自动变速器下方的护罩、护板等。

（3）松开传动轴与自动变速器输出轴的连接螺栓，拆下传动轴。

（4）拆下飞轮壳盖板，用螺丝刀撬动飞轮，逐个拆下飞轮与变矩器的连接螺栓。

（5）拆下起动机。

（6）拆下自动变速器与车架的连接支架，用千斤顶托住自动变速器。

（7）拆下自动变速器和飞轮壳的连接螺栓，将变矩器和自动变速器一同抬下。在抬下自动变速器时，应扶稳变矩器，以防止滑落。

在拆卸前驱动自动变速器时，应先拆除变速器上方的有关部件，如蓄电池、空气滤清器、进气管等，同时还应拆去左右前轮和半轴。再按图 1-6 所示顺序拆除其他零件，并用专用支架将发动机吊住（图 1-7），然后用千斤顶托住自动变速器。松开自动变速器与发动机的连接螺栓，将自动变速器和液力变矩器一同拆下。

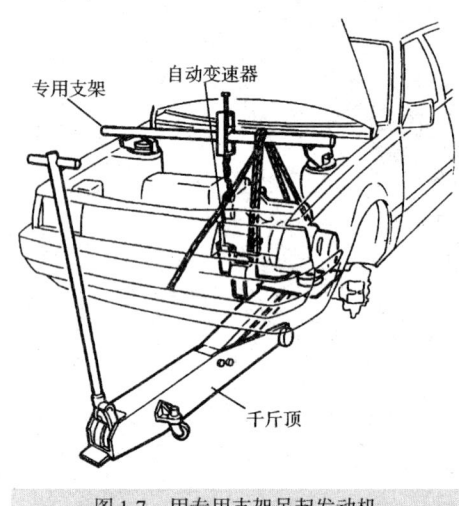

图 1-7　用专用支架吊起发动机

特别提醒：

（1）一定要先拆掉飞轮与液力变矩器之间的连接螺栓，再拆下变速器与发动机的连接螺栓，否则，在取下变速器时液力变矩器仍然留在发动机飞轮上，非常容易将油泵齿轮弄碎。

（2）抬下变速器时，一定要有专人负责扶住液力变矩器，以防滑落伤人。

知识拓展

自动变速器的分类

不同汽车上装用的自动变速器，在形式、结构、功能上有很大的不同，下面从不同的角度对自动变速器进行分类。

（一）按照自动变速器的传动原理分类

按照传动原理的不同可分为三种：AT、CVT 和 DCT。如图 1-8 所示。AT（Auto Transmission）为液力自动变速器英文缩略语，是目前应用最广且技术最成熟的一种，也是本书介绍的重点。CVT（Continuously Variable Transmission）是无级变速器英文缩略语。DCT（Double Clutch Transmission）是双离合器自动控制变速器英文缩略语，由大众公司开发生产，对外命名为 DSG 技术的双离合器自动变速器。三种变速器在结构原理上完全不同，各具优势。

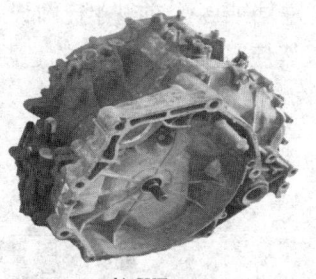
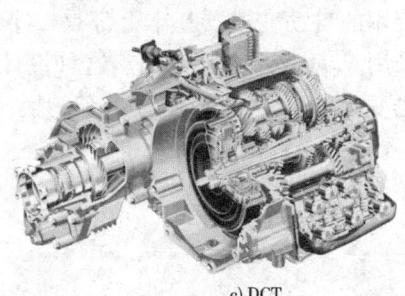

a) AT　　　　　　　　　　　b) CVT　　　　　　　　　　　c) DCT

图 1-8　自动变速器的三种形式

(二) 按驱动方式分类

自动变速器按照汽车驱动方式不同,可分为后驱动自动变速器和前驱动自动变速器。

后驱动自动变速器的液力变矩器和齿轮变速机构的输入轴及输出轴在同一轴线上,因此轴向尺寸较大。阀板总成装在齿轮变速机构下方的油底壳内,如图 1-9 所示。

前驱动自动变速器除了具有与后驱动自动变速器相同的组成部分外,在自动变速器的壳体内还装有差速器,前驱动汽车的发动机有纵置和横置两种,纵置发动机配有纵置的变速器,横置的发动机配有横置的变速器。前驱动纵置自动变速器如图 1-10 所示,前驱动横置的自动变速器如图 1-11 所示。基本原理与后驱动自动变速器完全相同,只是增加了一个差速器,通过半轴驱动车轮。

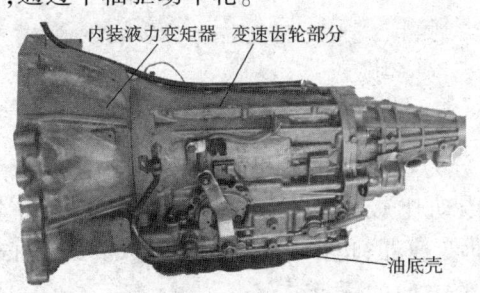

图 1-9　后轮驱动　　　　　　　　　　　图 1-10　前驱动纵置

横置发动机的前驱动自动变速器由于汽车横向尺寸的限制,要求有较小的轴向尺寸。因此通常将输入轴和输出轴设计成两个轴线的方式。变矩器和齿轮变速器输入轴布置在上方,输出轴则布置在下方。这样的布置减少了变速器总体的轴向尺寸,但增加了变速器的高度,因此常将阀板总成布置在变速器的侧面或上方,以保证汽车有足够的最小离地间隙,如图 1-11 所示。前驱动横置自动变速器各部分的布置如图 1-12 所示。

(三) 按自动变速器前进挡的挡位数分类

自动变速器按前进挡的挡位数的不同,可分为 4 个前进挡、5 个前进挡、6 个前进挡、7 个前进挡、8 个前进挡等。早期的自动变速器通常为 2 个前进挡或 3 个前进挡,不能满足汽车的需要,已不再使用了。这两种自动变速器都没有超速挡,其最高挡为直接挡。在用乘用车装用的自动变速器基本上都是4个前进挡或5个前进挡,即设有超速挡。新型高级乘用车采用6、7、或8个前进挡。这种设计虽然使自动变速器的构造更加复杂,但由于挡位间传动比变化减小,大大改善了汽车的换挡平顺性与燃油经济性。

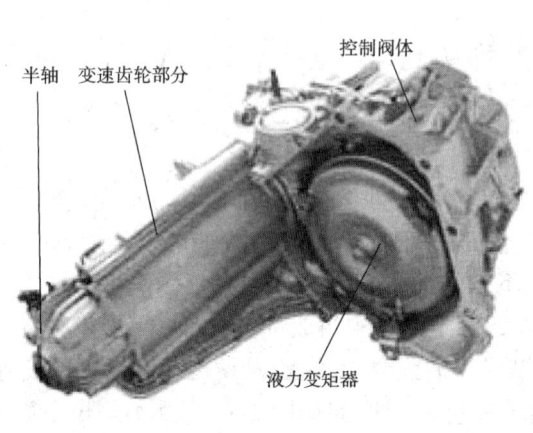

图1-11 前驱动横置

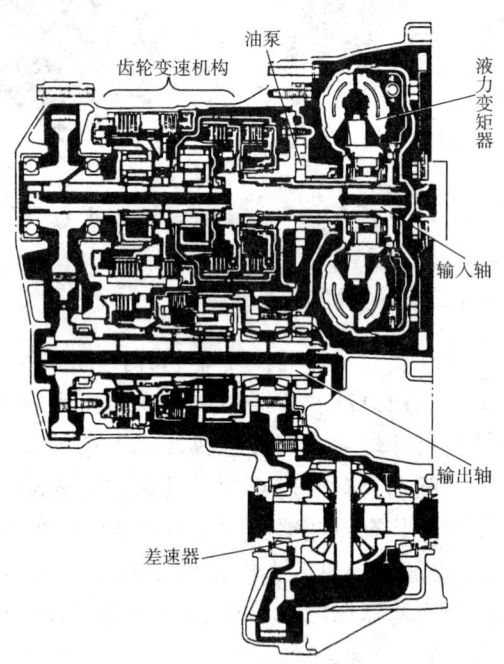

图1-12 前驱动横置自动变速器各部分的布置

(四) 按齿轮变速器的类型分类

自动变速器按其齿轮变速器的类型不同,可分为普通齿轮式和行星齿轮式两种。

普通齿轮式自动变速器体积较大,最大传动比较小,只有少数车型使用(如本田ACCORD乘用车)。新出现的DCT双离合器自动变速器,也采用普通斜齿轮的平行轴式结构,继承了手动变速器传动效率高、工艺简单、维修方便的优点。

行星齿轮式自动变速器结构紧凑,能获得较大的传动比,为绝大多数乘用车采用。

(五) 按控制方式分类

自动变速器按控制方式不同,可分为液压控制自动变速器和电子控制自动变速器两种。

液压控制自动变速器是通过机械的手段,将汽车行驶时的车速及节气门开度这两个参数转变为液压控制信号;阀板中的各个控制阀根据这些液压控制信号的大小,按照设定的换挡规律,通过控制换挡执行机构的动作,实现自动换挡。

电子控制自动变速器是通过各种传感器,将发动机转速、节气门开度、车速、发动机冷却液温度、自动变速器液压油温度等参数转变为电信号,并输入电脑;电脑根据这些电信号,按照设定的换挡规律,向换挡电磁阀、油压电磁阀等发出电子控制信号;换挡电磁阀和油压电磁阀再将电脑的电子控制信号转变为液压控制信号,阀板中的各个控制阀根据这些液压控

制信号,控制换挡执行机构的动作,从而实现自动换挡。

二、自动变速器型号识别

一种自动变速器可能被用在多个公司不同款式的汽车上,而同一种车型也可能装用不同型号的自动变速器。如果不了解自动变速器的型号,在维修中就会对故障分析、资料查找、零配件采购等造成障碍。下面介绍自动变速器型号含义及常见自动变速器的主要识别方法。

(一)自动变速器型号含义

自动变速器型号一般可反映以下内容:

(1)变速器的性质:A 表示自动变速器,M 表示手动变速器,AM 表示自动手动一体化。

(2)生产公司:如德国 ZF 公司、日本 AISIN 公司等。

(3)驱动方式:F 表示前驱,R 表示后驱,丰田公司用数字表示驱动方式,有的四轮驱动车辆在型号后面加"H"或"F"表示驱动方式。

(4)前进挡位数:用数字表示。

(5)控制类型:电控 E、液控 H、电液控 EH。

(6)改进序号:表示该变速器是在原变速器上作过改进。

(7)额定驱动转矩:在通用、宝马公司的自动变速器型号中有此参数。

下面对几个公司的自动变速器型号作具体说明:

(1)宝马 ZF4HP22—EH:ZF 公司生产,4 个前进挡,H 液压,P 行星齿轮类,22 额定转矩。E 或 EH 表示电控或电液控。

(2)丰田自动变速器型号有两类:一类除字母外还有两位阿拉伯数字,另一类除字母之外有 3 位阿拉伯数字。

有两位数字的如:A40、A41、A55、A55F、A40D、A42DL、A43DL、A44DL、A45DL、A45DF、A43D 等。

A 表示自动变速器,第一位数字为 1、2、5 表示前驱,3、4、6 表示后驱,第 2 位数字表示生产序号。后面的 D 表示有 OD 挡,L 表示有锁止离合器,E 表示电控有锁止离合器,无 E 表示全液控。

有三位数字的如:A130L、A131L、A132L、A140L、240L、A241L、A243L、A440L、A440F、442F、A340E、A340H、A340F、A341F、A140E、A141E、A240E、A2413、A540E、540H 等。A341E 和 A342E 自动变速器的分解如图 1-13 所示。

A 表示自动变速器,第一位 1、2、5 表示前驱,3、4、6 表示后驱,第二位表示前进挡数,第三位表示生产序号。

特别说明:A340H、A340F、A540H 后省略了 E 均为电控,有锁止离合器 A241H、A440F、45DF 后省略了 L 均有锁止离合器。

(3)克莱斯勒自动变速器型号识别。1992 年克莱斯勒公司规定有 4 个字母或数字组成,如 41TE、42RE、42LE 等。

第一位数字代表前进挡数。

第二个数字代表输入转矩负荷:0——轻负荷,1——中负荷,2——重负荷。

第三个字母,R 表示后驱,T 表示发动机横置前驱,L 表示发动机纵置前驱,A 四轮驱动。

第四个字母,E 电控,H 液压控制。

(4)通用公司:4T60E、4L60E。

4——前进挡数,T——变速器横置,L——后置后驱,60——额定驱动转矩,E——电控。

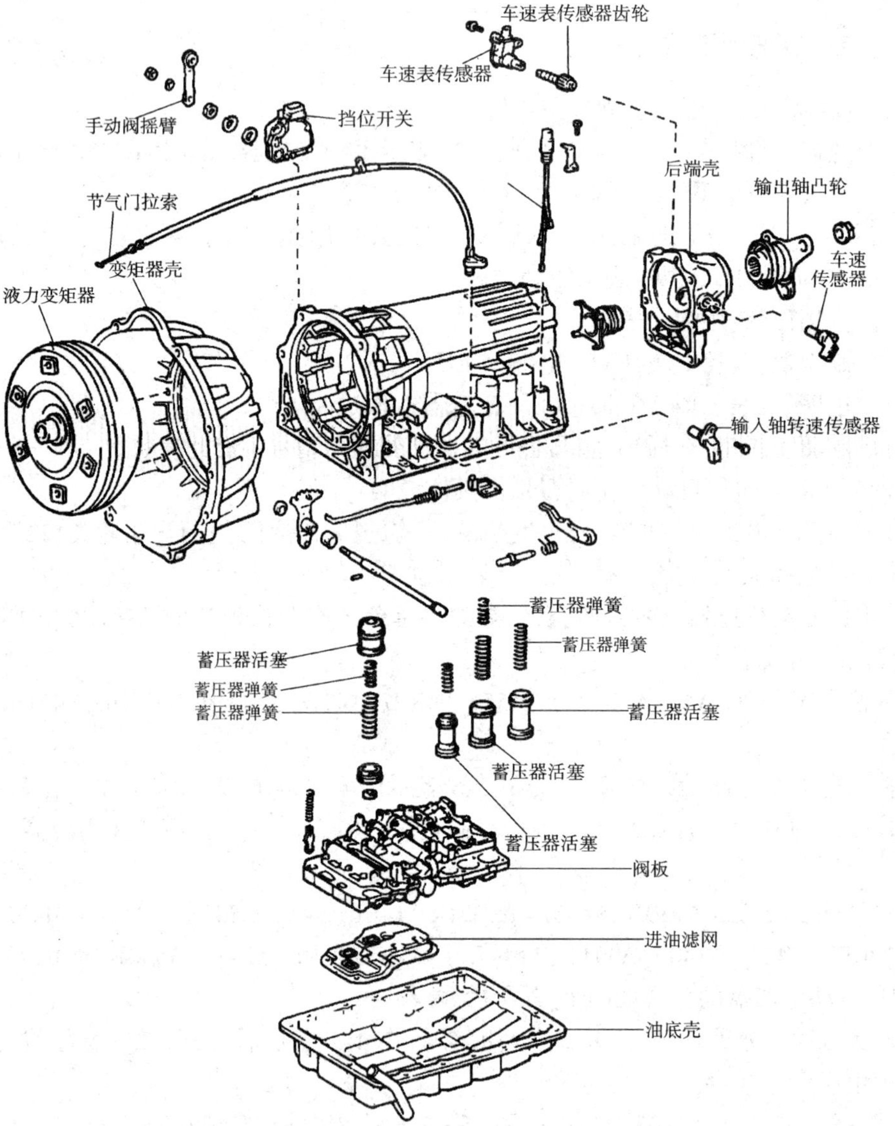

图1-13 A341E 和 A342E 自动变速器的分解

(二)变速器型号识别方法

(1)看变速器铭牌:一般有生产公司、型号、序号代码、日期等。如丰田A341E自动变速器,型号03—41LE。宝马车上直接标ZF4HP-22等。有的没标型号,而是型号代码,如通用4T65E等。

(2)看汽车铭牌:一部分汽车在发动机舱内、驾驶室内、门柱等位置有汽车铭牌,这些铭牌上有生产厂商名称、汽车型号、车身型号、底盘型号、发动机型号、变速器型号、出厂编号等。

(3)壳体标号识别:奔驰自动变速器标号为数字代码,刻在变速器壳体侧面与油底壳接合面向上一点,有一长串字符,其中"722＊＊＊"共6位数即为变速器型号。

(4)零部件识别:看集滤器、油底壳、油底密封垫,电磁阀个数,导线端子数等。

(5)根据结构特征识别:日产千里马RE4F04A自动变速器的油底壳在上方,宝马或欧宝4L30E变速器有一大一小两个油底壳;奔驰S320汽车的722.502自动变速器的壳体是加长的;油底壳在前面的马自达626汽车GF4A-EL变速器等。

【学生活动工作页】

工作名称:填加工作任务单

工作任务单

进厂编号		牌照号码		厂牌车型		施工日期	
VIN 码		发动机号		组别		组长	
工作程序指引及记录内容						完成打"√"	
1.写出汽车自动变速器由哪几部分组成							
2.按照导向资料,分解自动变速器							
3.认识自动变速器各部件,油泵、液力变矩器,阀体等							
4.解释自动变速器型号A341E、4T65E、ZFHP-26、各数字字母的含义							
5.从外观认识自动变速器各部件,指出各个部分的名称							
6.记录工作过程中出现的情况							
7.记录执行6S现场管理工作过程情况							
备注							
指导教师评语					签名		

项目一　汽车自动变速器概述

任务二　自动变速器的维护

故障现象：一辆日产蓝鸟汽车,四缸发动机,装用RL4F03A型自动变速器,因无法行驶,被拖入修理厂。发动机完好,变速器有打滑现象。

原因分析：检查变速器油,油色黑且有焦糊味,有固体颗粒物。解体自动变速器后发现,大部分摩擦片已经烧损,更换摩擦片及全部密封件,清洗阀体然后组装,抽出液力变矩器中的旧油,并清洗液力变矩器。散热器与散热管路都彻底清洗,装复试车,前进倒退都可以,但是升挡规律不正常,再拆下速控阀,发现其中有颗粒物,使滑阀活动不灵活,再次清洗后装复,故障排除。

（1）以学生动手实践为主,讲练结合。
（2）可以到维修厂让学生参与实际的维护训练。
（3）以师傅带徒弟的方式亲手操作,采用分组一对一的学习方式。
（4）技能强化,自动变速器换油操作,掌握换油的规范标准。

自动变速器的维护以换油为主,还包括清洁、紧固、调整等。

自动变速器对传动液的要求非常严格,自动变速器使用的传动液是自动变速器液力传动和液压控制系统共同的工作介质,俗称自动变速器油,英文Auto Transmission Fluid简称ATF。ATF在液力变矩器里被泵轮带动旋转,并吸收机械能转换成液体动能,当液流经涡轮时又将液体动能转换成机械能,由涡轮输出,实现能量的转换与传递。

ATF是一种多功能、多用途的油液,主要用于乘用车和轻型卡车的自动变速系统,也用于大型车的变速传动箱、动力转向系统、农用机械的分动箱。在工业上也普遍地用于各种转矩转换器、液力耦合器、功率调节泵、手动齿轮箱及动力转向器上。由于自动变速装置能使汽车自动适应行驶阻力的变化,提高汽车的动力性能,使起步无冲击、变速时振动小、乘坐舒适、驾驶方便,还能在过载时起到保护作用,充分发挥发动机的功率,并有利于消除排气污染,因此汽车自动变速系统的采用越来越普及。

ATF由于在自动传动系统中作为流体动力能的传动介质,在伺服机构和压力环路系统中作为静压能的传递介质,在离合器中作为滑动摩擦能的传递介质,同时它也作为热传递介质和摩擦的润滑介质,因此必须具有多种特性。即,应具有良好的低温流动性、抗烧结和抗磨损性能、适于离合器材质的摩擦特性、抗氧化性能、清净分散性、抗泡沫、防锈性以及与各种密封材料的适应性能。

总之,ATF是一种品质要求极高的油品,通常它是全部润滑油品中最复杂的。

汽车自动变速器对传动液(ATF)的性能要求

美国通用汽车公司DEXRON标准和美国福特MERCON,这两种最有代表性的规格中,给出了具体的性能指标。

1 适当的黏度

ATF的使用温度为-40~150℃,范围很宽,又因自动变速器对其工作油的黏度极其敏感,当ATF的黏度变化时,在同样的压力作用下,传动液流过节流孔的速度就不同,直接影响工作元件的动作速度,所以黏度是ATF重要的特性之一。不同种类变速器所需要的ATF黏度也不相同,因此不能随意地更换汽车使用ATF的标准油,避免由于ATF黏度与自动变速器黏度要求不适应而出现不良反应。当使用ATF的黏度偏大时,不仅影响变矩器的效率,而且可能造成低温起步困难;当使用ATF的黏度偏小时,会导致液压系统泄漏概率的增加。特别是变速器在高速工作时,铝制壳体膨胀量大,此时黏度小则可能引起换挡不正常。

2 良好的热氧化安定性

ATF的热氧化安定性是使用中的一个极为重要的问题。和机油一样,油品的氧化安定性直接决定着ATF和自动变速器的使用寿命。因为ATF的使用温度很高,如果热氧化安定性不好,就会导致形成油泥、清漆、积炭及沉淀物等,从而造成离合器片和制动片打滑,控制系统堵塞失灵等故障的发生。

美国专业公司测定了出租乘用车和自用小乘用车自动变速器中的油温。自用车在高速公路上的油温为82.2~87.8℃,而出租车在市内停停走走时的油温更高,一般在93.3~111.7℃。由于亚洲路况、驾驶因素等影响,可能有一定差别。但据科学估计,其ATF油温保持在100℃左右,极端情况下可能会达到150℃。而在离合器片表面温度可达393℃。因此亚洲车辆自动变速器的工作状况更为恶劣。

3 良好的抗泡沫性

ATF在一定温度范围和一定时间内,油品应均匀、稳定,没有分解,而且不应出现分层或析出等现象。

自动变速器中的ATF产生泡沫对于传动系统危害很大,这是由液力自动变速器油的工作性质所决定的。目前,普遍采用的液力变矩器和变速器是同一油路系统供油的。因此,它既是变矩器传递功率的介质,又是变速器自动控制的介质和润滑冷却的介质。泡沫可导致变矩器传递功率下降,泡沫的可压缩性导致液压系统压力波动和油压下降,严重时可使供油中断。油中混入大量空气,实际是减少了润滑油量。这些气泡在压缩过程中,温度升高,又加速了油品老化,影响了油品使用寿命,且导致零件早期磨损。

4 良好的抗磨性能

只有良好的抗磨性能才能保证:①行星齿轮中各齿轮传动的需要;②离合器片工作效能的需要;③自动变速器寿命的需要。

5 与系统中橡胶密封材料的匹配性好

目前,自动变速器中多使用的是丁腈橡胶、丙烯橡胶及硅橡胶等,要求ATF使其不能有太明显的膨胀,也不能使之硬化变质。

6 良好的摩擦特性(换挡性能)

这是保证传动齿轮零件工作平顺的关键,并能降低噪声,延长寿命。离合器和制动器钢片以及摩擦片都浸在油中,油的摩擦性能直接影响执行元件的使用寿命。

7 防腐(防锈)性能优良

在传动装置和冷却器中安装有铜接头、黄铜轴瓦、黄铜滤清器及止推垫圈等部件。这些部件中均含有大量的有色金属,因此ATF必须要保证不会引起铜腐蚀和其他金属生锈。

8 储存安定性

在不同的使用和储存条件下,要求油质要稳定,不易变质。

总之,ATF的性能好坏,直接影响自动变速器的性能。在维修中要予以高度的重视。在使用自动变速器过程中,一定要注意其维护。而其中最关键的就是ATF的检查与更换。

自动变速器传动液(ATF)的检查

1 油量检查

自动变速器生产厂家不同,油量的检查条件和方法也不同。检查时一般都要求:变速器在热态(油温50~80℃),发动机怠速运转,将自动变速器的变速杆在各挡位轮换短时停留,使油液充满变矩器和油缸。油面应达到油尺上规定的上限(MAX)刻度与下线(MIN)刻度之间为准。

操作步骤如下:

(1)汽车行驶到正常温度,变速杆在每个挡位稍有停留,确保每个挡位从啮合到脱开,充满ATF。

(2)打开发动机罩。

(3)拉起油尺端锁杆,拔出油尺并擦干,然后将其推到油底。

(4)拉出油尺读取液面高度,液面须符合下列条件。

冷态变速器——应从+20℃一侧读取,或标有"COOL"液面,应保持在 MAX 至 MIN 之间。

热态变速器——液面应从标有+80℃一侧读取,或标有"HOT"液面,应保持在 MAX 至 MIN 之间。冷态表示汽车运行时间短,汽车至少行驶20km为热状态。

(5)如需添加 ATF,可通过油尺管上端。

(6)在 ATF 检查过程中,一定要保证干净,避免尘土微粒进入变速器,导致变速器过早损坏。

(7)如果发现变速器的油面高度显著降低,首先检查是否存在泄漏部位或者其他故障,最好还是送到特约售后服务中心进行检查和排除故障。

自动变速器油尺的刻度是根据变速器的结构划定的,一般要求其上刻度线不得高于变速器内的旋转零件的下限,油面过高,在零件的旋转下油液会被旋转的零件搅起泡沫,造成油压偏低等故障;下刻度线不得低于阀体与变速器壳体的接合平面,油面过低在汽车行驶时会造成油泵吸不到油,同样造成油压低或汽车不能行驶的故障。

2 油质检查

一般从油的颜色、气味、是否含杂质等方面检查油品质。

正常的 ATF 清澈略带红色。DEXRON Ⅱ 型油在使用初期颜色会变暗,是正常的。如果使用不当,容易出现油液变质,变成棕色或黑色混浊的液体,说明可能有烧蚀的摩擦材料在油中。油变为粉色或白色,说明有水进入油中,应检查散热器是否损坏。正常的 ATF 是有类似新机油的气味,若有烧焦味,一般是执行元件打滑或变速器过热造成;如果有泡沫,说明油泵进入空气。

从油底壳中,油的杂质里可以判断自动变速器的磨损情况及故障所在。如油中有铜粉末,可能是铜套或铜垫圈磨损严重;油中摩擦粉末太多,说明摩擦片磨损严重等。油温是影响自动变速器使用寿命的一个重要因素。行车途中注意检查变速器壳体的温度是否正常,发现温度过高,应立即停车检修。

三 自动变速器传动液(ATF)的更换

严格控制自动变速器的油量,否则对其使用性能和使用寿命均有较大影响。若油面低于标准,机油泵会吸入空气,导致空气混入油液,降低油压,使各控制阀和执行元件动作失准,操纵失灵;如果控制阀体浸于 ATF 中,则液压管路中的制动器、离合器的泄油口会被自动变速器油阻塞。

1 换油方式

如果不做大修,更换 ATF 有两种方式:一种是通过重力作用把油放掉,换油率大概40%,其原理和更换机油相同,一个容量8L油的变速器能换3~4L;另一种是利用机器产生压力,把变速器的润滑油管和散热油管里的油进行动态更换,换油率可以达到80%以上,操作过程简单、换油彻底,常见换油机如图1-14所示。

从变速器的换油机构看,美、日、欧车系中,有些车带有油塞,可以卸下油塞放油,换油率达40%;没有油塞的车型,可以卸下油底壳,但是变速器里的油难以更换,换油率在50%~60%。

未及时更换ATF容易造成油液变质、黏度降低,加大摩擦片间的磨损,增加油耗;还易使油液颗粒增大或者产生碎屑而阻塞油路、拉伤阀体、阻塞柱塞,甚至产生换挡冲击。

图1-14 ATF-801自动变速器换油机

2 自动变速器换油周期

自动变速器换油周期见表1-1。

自动变速器换油周期   表1-1

车辆品牌	换油周期
上海大众系列	每6万km更换ATF
福特	每4万km检查一次,每6万km更换ATF
广州本田	每4万~6万km更换ATF
丰田	每4万km更换ATF
一汽大众、一汽乘用车	每6万km更换ATF
东风雪铁龙	每6万km更换ATF

3 定期更换

多数自动变速器要求定期更换工作油,一般情况下换油周期为2年或24个月,或者期间汽车没有被使用停车超过一年时,均应将油液全部更换。如规定每行驶4万km或2年更换一次ATF,行驶里程和时间,哪个先到,以哪个为准。

装配自动变速器的汽车因为开起来轻便、省事,现在越来越多地受到车主的喜爱。特别现代家庭用车,一般首选装配自动变速器的汽车。

由于自动变速器维修、装配的精度要求非常高,需要专业技术人员和专用设备,包括动态检测设备、阀体检测设备、零件加工设备等。

4 实用手册

向驾驶人建议:

(1)注意油面高度,查看有无漏油,ATF既不能过多也不能亏损,亏损有可能造成烧箱,过多则会引起变速器过热;

(2)注意维护换油,每家汽车生产企业生产的汽车品牌不同,换油周期也不相同,注意自己品牌的使用说明书,到期必须更换;

(3)随时检查ATF的颜色,正常的ATF应该是无味、半透明、红或黄色,如果发现ATF发黑或有焦糊味,必须马上更换;

(4)自动变速器汽车使用时严禁空挡滑行。

5 专家建议

自动变速器应每4万km保养一次。

一般情况下需要每两年更换一次ATF,每行驶4万km需要对自动变速器进行清洗维护。

超过99%的自动变速器失效都是由于过热和ATF久未更换,出现杂质引起的。对于自动变速器的保养,合理更换ATF是关键。如果ATF老化、衰变,将会使内部的传动零件抗磨能力下降,缩短自动变速器的使用寿命;还有自动变速器中的油泥、杂质会直接影响到系统油压和动力传递,使自动变速器提速减慢或失效,甚至使某个挡位失灵。

如果正常保养使用,自动变速器的平均寿命在70万km左右。

任务实施

BMW装用的ZF5HP-18和ZF5HP-24等自动变速器没有油尺,如何检查与加注自动变速器传动液呢?

一、宝马ZF变速器传动液(ATF)的检查与更换

(1)更换ATF必须注意变速器油的工作温度,使汽车行驶到正常的工作温度。

(2)车辆必须保持水平,预防车辆摇摆。

(3)必须使用驻车制动杆,拉紧驻车制动杆。

(4)更换旧的ATF,解开油底壳放油螺塞等旧油流完,再上紧放油螺塞。

(5)拆下油底壳,更换滤清器及油底壳,密封圈装好。

(6)拆开油底壳加油螺塞。(在油底壳下方侧面)

(7)用加油专用工具将ATF加入变速器,直到有少量油流出为止。起动发动机,踩下制动踏板,移动变速杆到所有挡位,最后移P挡,油液加到油满溢出来,再将油底壳螺塞拧上。

在变速器壳体外,有一些等级标示。如有的变速器外有一绿色等级标示,表示这个变速器是不需换油的。假如修理变速器,必须将油加满,而且ATF不可混用其他型号和其他品牌的ATF。变速器有绿色标示等级确认,ATF必须用BMW零件号码为83 22 9 407 807;变速器有黑色标示等级确认,ATF必须用BMW零件号码为81 22 9 400 272。

二、奥迪A6自动变速器传动液(ATF)的检查与更换

ZF汽车公司制造的一些自动变速器,俗称长箱,不配备油标尺;奥迪汽车公司自己制造的自动变速器,俗称短箱,没有放油螺塞。在检查和更换这两种自动变速器的油液时,如果不了解详情,则会感到困惑。下面介绍这两种自动变速器的油面高度检查和换油方法。

(一)油面高度检查方法

1 自制油标尺

在检查01F型自动变速器油面高度之前,需自制1根油标尺(图1-15),也可用1根长约为700mm、直径约为1.5m的钢丝,按图中尺寸用电工钳压出印痕。097型自动变速器油标尺如图1-16所示。

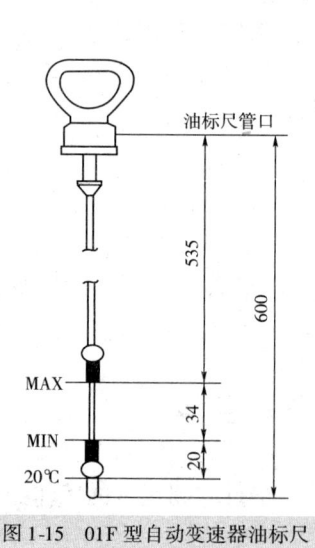

图1-15 01F型自动变速器油标尺

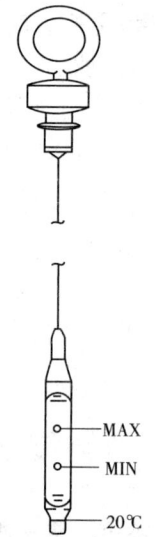

图1-16 097型自动变速器油标尺

2 准备条件

(1)让汽车行驶约10km,使自动变速器油的温度上升到60~80℃;

(2)将汽车停放在水平地面上;

(3)拉紧驻车制动器;

(4)将变速杆在每个挡位走一遍,最后置于P位;

(5)让发动机怠速运转。

3 观察油面高度

用没有纤维毛的布将油标尺擦净,然后将它插入油标尺管内。用自制油标尺检查01F型自动变速器时,先要将其上端的印痕与油标尺管口对齐,然后拔出油标尺,观看油面是否在"MAX"与"MIN"之间。正常的油面高度是自动变速器正常工作的基本保证,油面过高或过低都将导致自动变速器损坏。在 ATF 油为冷态时,油面应不低于"20℃"刻线。097型自动变速器的油标尺管内带有油标尺,对油面高度的要求与01F型自动变速器相同。

(二)换油方法

1 换油规定

(1)奥迪汽车公司规定,汽车每行驶15000km 或 1 年(以先到者为准)应检查 1 次自动变速器油面高度,每行驶60000km 或 4 年左右应更换 1 次。

(2)油标尺或油标尺管盖上标有 ATF 牌号。图1-16 中所标的 ATF 牌号是 ATF DEXRON Ⅱ或Ⅲ。

(3)自动变速器(包括液力变矩器)和散热器自动传动液的总量为5.4L,但在更换油液时其加注量一般约为3L(即仅更换3L 自动传动液)。如用专用的换油机换油,则可全部更换。

2 换油步骤

(1)放掉旧 ATF。对于01F型自动变速器,可拧开油底壳上的放油螺塞,待旧 ATF 停止流出后再装回放油螺塞;对于097型自动变速器,应先拆下油底壳,然后再将旧 ATF 倒掉,在清洗油底壳并更换滤网后装回油底壳。(097型自动变速器不设放油螺塞的目的就是要用户注意,每次换油时必须更换滤网。)

在把自动变速器油放出后绝对不允许起动发动机。

(2)将一个漏斗插入油标尺管,然后缓慢地加入 ATF。

(3)起动发动机,拉紧驻车制动杆,将变速杆置于每个挡位上1次,然后再按上面介绍的方法检查自动变速器中的油面高度,应符合规定。

> 当自动变速器出现故障时,汽车行驶会不正常,第一感知者是汽车驾驶人,对汽车维修技术人员来说,要通过"望闻问切"的诊断与检测方法,找出故障部位。
>
> 所谓故障诊断,就是根据故障现象,用不解体的方法,查明故障原因,判断故障部位,这一点在维修中常用的方法有两种:一是经验诊断法;二是仪器检测法。经验诊断法要求技术人员有丰富的经验和专业知识,通过对故障现象的了解,并进行一些简单的操作试验,结合以往的经验及感受,对汽车的技术状况做出进一步的分析判断。仪器检测法是利用现代化的专用检测仪器,在不解体的情况下,对变速器进行检查测试,判断故障部位的方法。
>
> 经验诊断法运用较多,不需要很多的工具设备,比较直接,但要求专业技术人员的技术水平高,技术人员的技术水平直接影响到诊断的速度与准确性。仪器检测法可以准确地检测到技术参数,比较科学、准确。但仪器的使用功能是受限制的,只能就某一个功能检测,两种方法各有特点,一般很少单独使用。现代维修一般包括两个环节,一是仪器检测,即"诊",二是综合分析,即"断"。图1-17所示是自动变速器故障综合检测仪,可以检测自动变速器的综合性能。

图1-17 自动变速器综合检测仪

一 要了解故障发生的整个过程——问

向驾驶人全面了解故障发生的过程,车辆以往的使用、维护、修理情况,对故障判断会有很大的帮助。

1 了解车辆的使用情况

一般经常在城市路面行驶,车辆频繁在一、二、三挡间变换,很少上超速挡,而经常在高速路上行驶的汽车一般在三、四挡之间工作。经常使用的那几个挡位,其对应的离合器、制动器的摩擦片的磨损相对要严重些。

2 了解车辆的维修情况

了解自动变速器上次换油时间,是否更换了滤清器,节气门拉索或节气门传感器是否拆装调整过。根据油的颜色,可以帮助我们判断故障,例如,油很脏,若行驶了10万km以上也没有换过油,自动变速器离合器片可能没有故障,若5000~6000km才换的油,可能摩擦片磨损严重。若出现油压低,滤清器更换时间不长,可排除滤清器堵的可能,若行驶 5 万～6 万 km 或 10 万 km 也没换过,首先检查更换滤清器。

3 了解车辆的维修情况

了解自动变速器以前发生过什么样的故障,更换过什么零件,更重要的是最近做过什么维修,因何故障维修,换了什么零件,维修后症状是否完全消失,是否又产生了新的异常现象。由于不同维修厂的技术水平不同,经常有因为装配不当或漏装某些部件而引起新的故障。

4 了解故障发生情况

故障现象在什么情况下发生,如与温度的关系、车速的关系、节气门开度的关系、挡位的关系等。是硬故障(只要满足条件就有故障现象发生的故障)还是软故障(偶发性故障,时有时无的故障),两者之中,判断软故障的难度会更大一些。

了解故障发生的整个过程,是诊断工作的第一步。

二、直观检查——望

首先从自动变速器的表面现象做初步分析,按照由简单到复杂的原则,能不拆解可以排除故障的,尽量不拆解。

(1)首先看清楚自动变速器的型号,在本书第一章中关于自动变速器的型号已有过说明,请读者参考。车型以及生产日期,对查找有关资料,购买配件是必要的。

(2)检查自动变速器外表面是否有漏油、变形,螺栓和导线插接头是否松动,搭铁线是否接触良好,自动变速器通散热器的油管是否弯曲,散热器是否脏污,选挡机构连接是否良好。

(3)在车上检查节气门拉索或拉杆调整是否太松或太紧,节气门位置传感器调整螺钉是否松动,导线连接是否良好。这些都要求仔细检查,不要一看了之,检查时需要日积月累的经验,如检查节气门拉索时,一边看,一边用手转动节气门臂,看节气门是否复位良好,有时拉索上有毛刺会影响节气门复位,影响自动变速器升降挡。

(4)还要仔细观察故障灯,仪表灯是否点亮。踩住制动踏板,将自动变速器从 P 或 N 位换到 R 或 D 位,观察发动机与自动变速器的状况,检查自动变速器的吊胶是否良好,若发动机与自动变速器动作过大,说明吊胶已经失效。

三、异响检查——听

通过听声音的变化,判断故障的部位,可以借助一些工具,如汽车听诊器等。异响判断,需要诊断人员有较丰富的经验,有时声音杂乱,很难判断故障的具体部位。要在不同的工况下听,对异响的描述要准确。如热车时,自动变速器在 D 位,节气门全开,车速在 90km/h,变速器有异响。以下听诊经验供我们在听诊异响时借鉴。

（1）异响在同一发动机转速下出现，且不仅在一个挡位上出现，则异响可能主要由发动机产生；异响随车速变化而不随发动机转速变化，则异响主要由变速器产生。

（2）自动变速器变速杆在由停车挡或空挡换到其他挡位时，异响消失，则故障可能在输入部件上。

（3）所有挡位都有异响，或只有一个挡位无异响，故障部位可能在行星齿轮组。

（4）在一挡、二挡时无异响，直接挡时异响增大，则故障不可能在行星齿轮组，要重点检查换挡执行元件，如离合器、制动器、单向离合器。

（5）若改变车速或换挡时异响有变化，但始终存在，问题可能在液压系统中，可能由于内部泄漏或系统中有部件松动，空气进入油液而造成的。

四 油液的检查——摸与闻

油温对自动变速器的影响很大，很多变速器的损坏是由于油温过高造成，引起油温高的原因很多，如自动变速器内部的不正常磨损、散热器堵塞等。反过来讲，油温高是自动变速器的故障信号。一般从两处检查油温：一是油底壳，油底壳的温度直接反映自动变速器油温的高低；二是散热器及散热器管的温度，这里的温度反映散热器是否堵塞，散热效果是否良好。散热器是自动变速器油冷却的地方，一般规律是从液力变矩器流出来的液压油经过散热器冷却后，再流回到油底壳，散热器散热不好直接影响油的温度，因此散热器油温检查很重要。

用手摸来感知温度，直接简单，但要注意安全，有时温度很高，小心烫伤。

如果自动变速器导线因过热烧化，或自动变速器油变质，摩擦片严重烧毁，可以用闻味的方法，辅助判断故障，如导线与排气管相接触，引起导线胶皮烧焦，发出刺激性的烧胶皮味道；如果油有烧焦的糊味，可判断为离合器或制动器摩擦片烧坏。

【学生活动工作页】

任务与计划 PART1

习作名称：汽车自动变速器维护。

讲授时间：4 课时。

学习原因：

自动变速器维护是自动变速器使用中的重要环节，俗话说，七分维护，三分修理。维护是维修技术人员和汽车驾驶人必须掌握的基本知识。

学习目标：

（1）熟悉自动变速器维护作业项目；

（2）能正确给自动变速器换油，维护调整；

（3）初步掌握自动变速器故障诊断的一般方法。

基础知识：

自动变速器的维护以_____为主,还包括_____、_____、_____等。ATF是指_____。

自动变速器换油步骤:
_____
_____
_____
_____

任务三　自动变速器试验

任务导入

故障现象:一辆日产公爵汽车,其发动机型号为 VG30E 型,装用 RE4R01A 型自动变速器,在加速时,自动变速器打滑。

原因分析:首先检查 ATF 的量和质。发现油很脏且有一种奇怪的味道。进行失速试验,各挡位都能升到 3000r/min,与说明书数据对比,高了 400 r/min 多,判断为变速器内离合器或制动器打滑。拆下变速器油底壳,里面堆积了很多金属粉末,大概是变速器内的离合器之类的零件严重磨损所致。分解自动变速器后发现,直接挡离合器、前进挡离合器、倒挡制动器都有很大的磨损,更换后试车,故障排除。

学习指引

自动变速器有故障时,通过试车、试验的方法,不解体便可以检测到故障部位。通过本章学习,试验步骤与注意事项的应用。强化故障现象与试验结果两者关系的知识。

相关知识

一、失速试验

将涡轮设置为固定不动,泵轮的最高转速称为失速。变速杆置于前进挡或倒挡位置,踩着制动踏板并完全踩下加速踏板,使节气门完全打开,发动机处于最大的转矩工况,而此时自动变速器的输出轴、输入轴均静止不动,因变速器涡轮被固定不动,只有变矩器壳及泵轮随发动机一同转动,此工况被称为失速工况,此时发动机的转速就是失速转速。通过对失速转速的分析,就可以判定变速器的性能状态。失速试验因其操作简便,对变速器功能检查面广,故在故障诊断中被广泛采用。

(一)失速试验的作用

(1)检查液力变矩器各部件性能是否良好。例如,泵轮与涡轮之间的液流传动性能;导轮的液流传导性能;导轮单向离合器能否良好可靠地锁止导轮及准确解释放导轮等。

(2)检查自动变速器内行星齿轮机构、换挡执行机构是否工作正常。例如,齿轮传动机构是否完好,检测离合器和制动器摩擦元件间承受大转矩而不打滑的能力。

(3)发动机的输出功率是否正常。

(二)失速试验操作与测试分析

1 试验前的检查准备工作

失速试验时,变速器内部受到一个极大的转矩负荷,因此要事先做好以下几方面工作:

(1)根据原生产厂家的设计说明及现在变矩器的技术状态,分析是否适合进行失速试验。

(2)确保发动机加速性能良好,否则会造成测得的失速转速(对自动变速器的技术性能反映)失真。

(3)变速器内的油面与油温都必须正常,保证测试结果准确,防止对自动变速器造成损害。

(4)行车制动器与驻车制动器的性能良好,保证试验时能充分地将车轮制动住,满足测试操作的要求并保证安全。

(5)汽车须有良好的安全条件,用三角木等将车轮塞住,汽车周围不应有影响安全的人或障碍物。

(6)如果车上无发动机转速表,需另外加装发动机转速表。

2 试验操作及注意事项

此试验的操作动作较简单,如图1-18所示。

第一步:用三角垫木将所有车轮垫住,使汽车车轮不能滚动。

第二步:拉紧驻车制动杆,确保汽车不能行驶。

第三步:踩下制动踏板。

第四步:将变速杆置于P或N位,起动发动机。

第五步:在左脚踩住制动踏板,将变速杆移动到D或R位。

第六步:在左脚踩着制动踏板的同时,右脚迅速踏下加速踏板到最大加速位置,使发动机转速上升,当发动机转速上升到最大值(还可通过发动机声音变化判断是否达到最大值)时,读取并记录发动机的转速,即为失速转速。

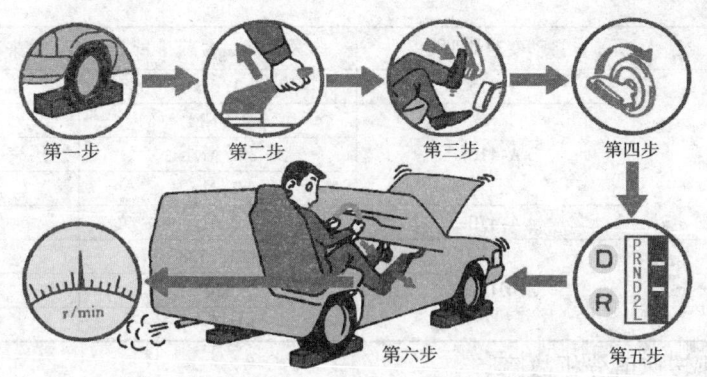

图1-18 失速试验

由于在试验时发动机功率全部在变矩器内损耗掉了,因此会产生大量的热,所以失速时间不要过长,一般都在5s之内,即读完数据后立即放松加速踏板。在做完试验后需让发动机怠速运转几分钟,以便使油及时冷却,然后再关闭发动机或再进行下一次试验。

另外,在试验时,注意听发动机及自动变速器内声音的变化。在试验时随着加速踏板的踩下,发动机和变矩器应有很大的轰鸣声,但决不可听到任何金属撞击声和尖锐的杂音。

3 试验结果数据分析

影响失速转速的因素较多,不同发动机、不同的液力变矩器的失速转速不同,但大部分汽车自动变速器的失速转速都在1500～3000r/min这个范围内。

(1) 常见自动变速器失速转速见表1-2。

常见自动变速器失速转速　　　　　　表1-2

车　型	自动变速器型号	发动机型号或排量	失速转速(r/min)
丰田 HIACE	A45DL	2L	1950～2250
		3L、1RZ、2RZ	2100～2400
		2RZ-E	2150～2450
丰田 CROWN	A340E	2JZ-GE	2300～2600
	A42DL	1G-FE	2200～2500
雷克萨斯 LS400	A34IE、A342E	1UZ-FE	2050～2350
马自达 929	R4A-EL	JE	1950～2250
马自达 626	F3A	FE型、1.8L	2200～2450
尼桑	L4N71B	VG30E、VG30S	2300～2600
		LD28	1700～2000

续上表

车　　型	自动变速器型号	发动机型号或排量	失速转速(r/min)
克莱斯勒	A-415	1.6L	2250～2450
	A-413	2.2EFI	2280～2480
		2.2 增压	3020～3220
		2.2L	2200～2400
	A-470	2.6L	2400～2600
宝　马	ZF4HP-22	325e、528	1900～2050
		524	2280～2120
		EH 系列	1980～2140

（2）利用失速转速值分析故障。

①失速转速的非正常情况有两种：高于规定值与低于规定值。生产厂家给出的失速值仅是一个范围，而并非某一确定的值。通常在失速转速超出一定范围后才判断为失常。当转速过低或转速过高时，则认为异常。

②失速转速过低故障分析。失速转速过低主要有液力变矩器与发动机工作不良两方面的原因。

a.发动机本身动力不足；

b.液力变矩器内导轮单向离合器打滑。

在实践中如何区分发动机与变矩器的故障呢？可利用动力断开法进行检查。将变速杆置于 P 或 N 两挡中任一挡位，让变矩器涡轮不带负荷，对发动机进行急加速，如果发动机转速能在急加速时很顺畅地上升，则说明发动机是正常的。如果汽车在行驶中也出现加速不良，而高速时却很正常，则可判断为变矩器故障。另外，如果失速转速低于标准值 600r/min 以下，一般故障原因在导轮单向离合器。

③失速转速过高故障分析。从测试原理与实践经验可知，出现失速转速过高时，发动机与液力变矩器的故障可能性较小，故障一般都发生在变速器部分，主要是因换挡执行元件打滑引起。据此可通过失速试验与变速器内相应挡位的执行元件工作情况进行分析，从而判断是因哪些元件损坏所致。但失速试验只可检查到一挡和倒挡的执行元件。对前进挡二挡及二挡以上的挡位执行元件不能检测，因为换挡正常的变速器在失速时不可能升到高挡。

现以丰田 A341E 变速器为例，来分析失速转速过高与相应各挡执行元件的关系：一是如果在所有行驶挡位失速转速均高，则原因可能为液压系统主油路压力过低，或内部换挡执行元件损坏较严重，如直接离合器 C0 及单向离合器 F0 损坏；二是如果在前进挡 D 位，失速转速正常，而 R 位的失速转速较高，则说明高挡离合器 C2，低挡、倒挡制动器 B3 液压活塞损坏；三是如果 R 位失速转速正常，前进挡位 D、二、L 失速转速过高，则说明前进挡离合器 C1 液压活塞及摩擦元件有故障。

安装电子节气门的汽车，不可以做失速试验。

二、时滞试验

在发动机怠速运转时,将变速杆从空挡拨到前进挡或倒挡后,需要有一段短暂时间的迟滞或延时才能使自动变速器完成挡位的接合(此时汽车会产生一个轻微的振动),这一短暂的时间称为自动变速器换挡的迟滞时间。时滞试验就是测出自动变速器换挡的迟滞时间,根据迟滞时间的长短来判断主油路油压及换挡执行元件的工作是否正常。

试验的步骤如下(图1-19)。

(1)让汽车行驶,使发动机和自动变速器达到正常工作温度50~80℃。

(2)将汽车停放在水平地面上,驻车制动杆拉好。

(3)起动发动机怠速运转,如不正常,应按标准调整,关闭空调等设备。

(4)将自动变速器变速杆从空挡(N)位置拨至前进挡D位置,用秒表测量从拨动变速杆开始到感觉汽车振动为止所需要的时间,该时间称为N-D延时时间。

(5)将变速杆拨至N位置,让发动机怠速运转1min后,再做一次同样的试验。

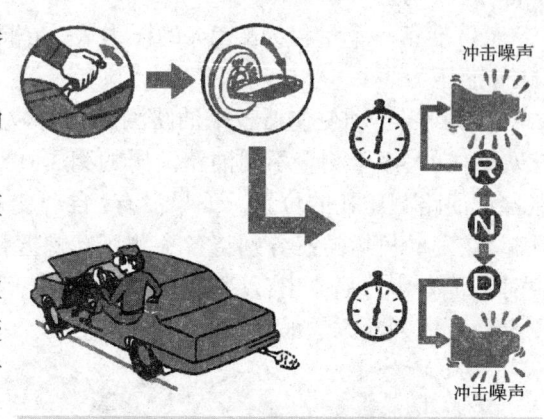

图1-19 时滞试验

(6)做3次试验,取平均值。

(7)按照上述方法,将变速杆由N位置,拨至R位置,测量N-R延时时间。

大部分自动变速器N-D时滞时间小于1.0~1.2s,N-R时滞时间小于1.2~1.5s。

如果时滞时间过长,可能是主油压过低或对应工作的挡位的换挡执行元件接合迟滞造成,要根据挡位分析原理,结合挡位传动图,分析迟滞原因,从而判断故障部位。

如对于丰田A341E自动变速器N-D时滞过长,说明主油路油压过低,前进离合器C1摩擦片磨损或一挡单向离合器F2工作不良,如果N-R延时时间过长,说明倒挡主油压过低,倒挡离合器C2或制动器B3工作不良。

三、油压试验

油压试验是在自动变速器运转时,对控制系统中各个油路中的油压进行测量,为分析自动变速器的故障提供依据,以便于有针对性的进行修复。正确的油路油压是自动变速器正常工作的前提条件。油压过高,会使自动变速器出现严重的换挡冲击,甚至损坏控制系统;油压过低,会造成换挡执行元件打滑,加剧其摩擦片的磨损,甚至使换挡执行元件烧毁。对于油压过低而造成换挡执行元件烧毁的自动变速器,如果仅仅更换烧毁的摩擦片而没有找到故障的真正原因并加以修复,更换后的摩擦片经过一段时间使用后往往会出现再次烧毁,因此，在分解维修自动变速器之前和自动变速器修复之后，都要进行自动变速器油压试验，以保证自动变速器的维修质量。

(一) 油压试验的准备

在做油压试验之前应该做好相关准备工作。

(1) 起动汽车，让发动机及自动变速器达到正常工作温度。

(2) 将车辆停放在水平地面上，检查发动机怠速和自动变速器液压油的油面高度，如不正常，应以调整。

(3) 准备一个量程为2MPa的压力表。（根据油压量程确定，如福特C6自动变速器需用7MPa的压力表）

(4) 找出自动变速器各个油路测压孔的位置。通常在自动变速器外壳上有几个用方头螺塞堵住的、用于测量不同油路油压的测压孔。《自动变速器维修手册》上标有该自动变速器各个油路测压孔的位置。如果没有《自动变速器维修手册》作参考，可以用举升器将汽车升起，在发动机运转时分别将各个测压孔螺塞松开少许，观察各测压孔在变速杆位于不同挡位时是否有压力油流出，以判断该测压孔是与哪一个油路相通，从而找出各个油路测压孔的位置。具体判断方法如下：

① 不论变速杆位于前进挡或倒挡时都有压力油流出，则为主油路测压孔。

② 只有在变速杆位于前进挡时才有压力油流出，则为前进挡油路测压孔。

③ 只有在变速杆位于倒挡时才有压力油流出，则为倒挡油路测压孔。

④ 只有汽车行驶，才有油压，怠速与倒挡时没有油压，则为速控油压测试孔。

图1-20 油压试验

(二) 油压试验(图1-20)的内容和方法

油压试验的内容取决于自动变速器的类型及测压孔的设置方式。下面介绍常见自动变速器油压试验的主要内容和方法。

1 主油路油压测试

测试主油路油压时，应分别测出前进挡和倒挡的主油路油压。

1 前进挡主油路油压测试方法

(1) 拆下变速器壳体上的主油路测压孔或前进挡油路测压孔螺塞，接上油压表。

(2) 起动发动机。

(3) 将变速杆拨至前进挡D位置

(4) 读出发动机怠速运转时的油压，该油压即为怠速工况下的前进挡主油路油压。

(5)用左脚踩下制动踏板,同时用右脚将加速踏板完全踩下,在失速工况下读取油压。该油压即为失速工况下的前进挡主油路油压。

(6)将变速杆拨至空挡或驻车挡,让发动机怠速运转1min以上。

(7)将变速杆拨至各个前进低挡位置,重复(4)~(6)的步骤,读出各个前进低挡在怠速工况和失速工况下的主油路油压。

❷ 倒挡主油路油压测试方法

(1)拆下自动变速器壳体上的主油路测压孔或倒挡油路测压孔螺塞,接上油压表。

(2)起动发动机。

(3)将变速杆拨至倒挡R位。

(4)在发动机怠速运转工况下读取油压,该油压即为怠速工况下的倒挡主油路油压。

(5)用左脚踩下制动踏板,同时用右脚将加速踏板完全踩下,在发动机失速工况下读取油压,该油压即为失速工况下的倒挡主油路油压。

(6)将变速杆拨至空挡N位,让发动机怠速运转1min以上。

将测得的主油路油压与标准值进行比较,不同车型自动变速器的主油路油压都不完全相同。若主油路油压不正常,说明油泵或控制系统有故障。

❷ 速控油压的测试

大部分液控自动变速器都可以做这项测试。在测试速控油压时,应当用举升器将汽车升起,或用千斤顶将驱动桥顶起,也可以接上压力表后进行路试。

(1)拆下自动变速器壳体上的调速器测压孔螺塞,接上油压表。

(2)起动发动机。

(3)将变速杆拨至前进挡D位。

(4)松开驻车制动杆,缓慢地踩下加速踏板,让驱动轮转动。

(5)读取不同车速下的速控油压。

(6)将测试结果与标准值进行比较。

若速控油压太低,可能有以下原因:

①主油路油压太低;

②调速器油路泄漏,调速器工作不正常。

❸ 油压电磁阀工作的测试(图1-21)

电子控制自动变速器常采用油压电磁阀来控制主油路油压或减振器背压。这种自动变速器可以在油压试验中人为地向油压电磁阀施加电信号,同时测量油路油压的变化,以检查油压电磁阀的工作是否正常,不同车型的电子控制自动变速器的油压电磁阀的工作原理不尽相同,其检测方法也不一样。下面以雷克萨斯LS400汽车的A341E和A342E电子控制自动变速器为例,说明测试油压电磁阀工作的方法,其他车型也可以参考。

(1)将油压表接至自动变速器减振器背压的测压孔。

(2)对照电路图,找出自动变速器电脑线束插头上油压电磁阀控制端的接脚,将一个8W灯泡的一脚与油压电磁阀控制端的接脚连接。

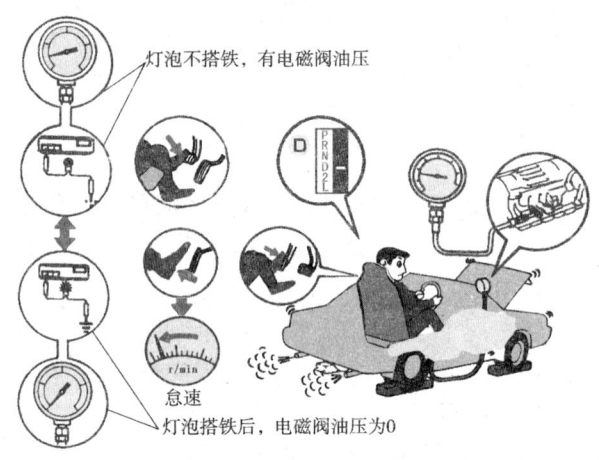

图1-21 油压电磁阀测试

(3)将汽车停放在地面上,拉紧驻车制动杆,并用三角木块将4个车轮塞住。
(4)起动发动机,检查并调整好发动机怠速。
(5)踩住制动踏板,将变速杆换入前进挡D位。
(6)读出此时的减振器背压,其值应大于0。
(7)将连接油压电磁阀的8W灯泡的另一脚搭铁,此时油压电磁阀将通电开启。读出此时的减振器背压。

在油压电磁阀的接线脚经8W灯泡搭铁时,油压电磁阀将通电开启,此时减振器背压应下降为0,如有异常,说明油压电磁阀工作不良。

学生活动工作页 PART1

习作名称:汽车自动变速器气压试验。
习作时间:4课时。
学习原因:

气压试验即利用压缩空气代替自动变速器油来检查液压系统相应执行元件的动作,判断是否有泄漏、堵塞等故障。检查时,可对系统分段进行,使液压系统故障更直观,更形象地表现出来。

学习目标:

熟悉自动变速器各油道,了解油路走向。

基础知识:

气压试验原理(图1-22)

气体与液体同属于流体,在物理性能上有许多相同或相似之处,一般汽车维修企业都设有压力气体源,因此利用气体对液压系统进行检查非常方便。气压试验,就是利用两者的共性,用气体代替液体对液压系统进行压力测试。

1 气压试验的操作

1 气压试验的设备

(1)空气压力泵。

(2)气压调节器及气压表。一般工厂的压缩空气压力为1MPa左右,而气压检测试验中需要对气压进一步调节,使之符合各种压力要求,因此需要装备一个气压调节器,其原理如图1-22所示。它利用对气体的节流作用,对输出空气压力进行控制和调节。为了方便压力调整,在调节器及其调节输出端,一般都装有气压表。

(3)气压检测接头及操作控制开关(图1-23)。为了使压缩气体与变速器液压系统通道形成良好的密封,需要有特殊形状的检测接头,自动变速器中要检测的油道端口通常为圆锥形的管接头,其可与不同尺寸的油道边缘形成良好可靠的密封。根据测试需要,有大号与小号两种规格接头,一般小号直径为4(小端)~10mm(大端),大号直径为8~16mm,如图1-23所示。在实际操作中,常在气压调节器与检测接头间的管路中串装一个控制气流通断的控制开关,如图1-24所示,这样在操作时只用一只手就能方便地控制气流。当然检测接头是橡胶等软材质就更好了。

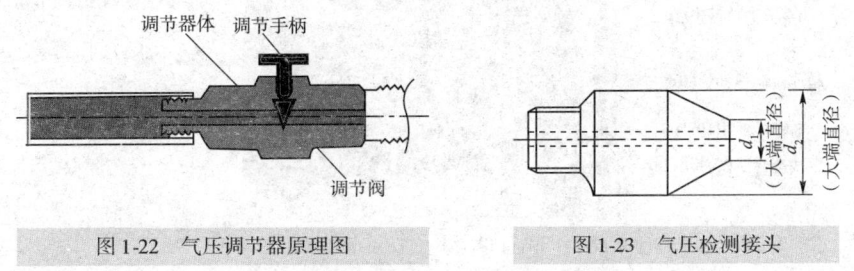

图1-22 气压调节器原理图　　图1-23 气压检测接头

2 气压试验检测的油道识别

同液压测试一样,气压试验要先寻找并识别相应的检测点,然后才能对其进行检测。气压试验一般是在变速器部分解体的情况下,利用其本身的工作油道进行检测。一些汽车公司为其生产的自动变速器专门设置了供气压检测的配置板,装上配置板后,向板上标记的检测孔通入压缩空气即可检测,如图1-25所示,但我国一般的汽车维修企业不具备这种工具,所以对检测孔的寻找识别是一个难点。下面介绍寻找气压检测孔位置的方法。

(1)经验推断法。如果对自动变速器的内部结构及元件位置等比较熟悉,则可采用这种方法。此法根据变速器内部元件位置来判断其在变速器壳体上相对应油道的大概作用,然后根据油道的加工工艺特点进行分析。现以丰田A341E自动变速器为例,介绍油道的经验推断法。

拆开阀体后,变速器壳体上的油道的情况如图1-26所示,对其油道作用识别可根据变速器内部行星齿轮等机构布置情况进行。

①第一排油道分析。在这排油道中间有两个较大的方形油道19和1,显然油泵的进出油道得通过油泵体及外部的变速器壳体,根据分析可知:油泵油道为最根本的油压源通道,故要求有较大的截面积,可确定两只方形油道为油泵的进、出油油道。由于进油道要求阻力更小一些,故截面积较大一点的为进油油道,较小一点的为出油油道。

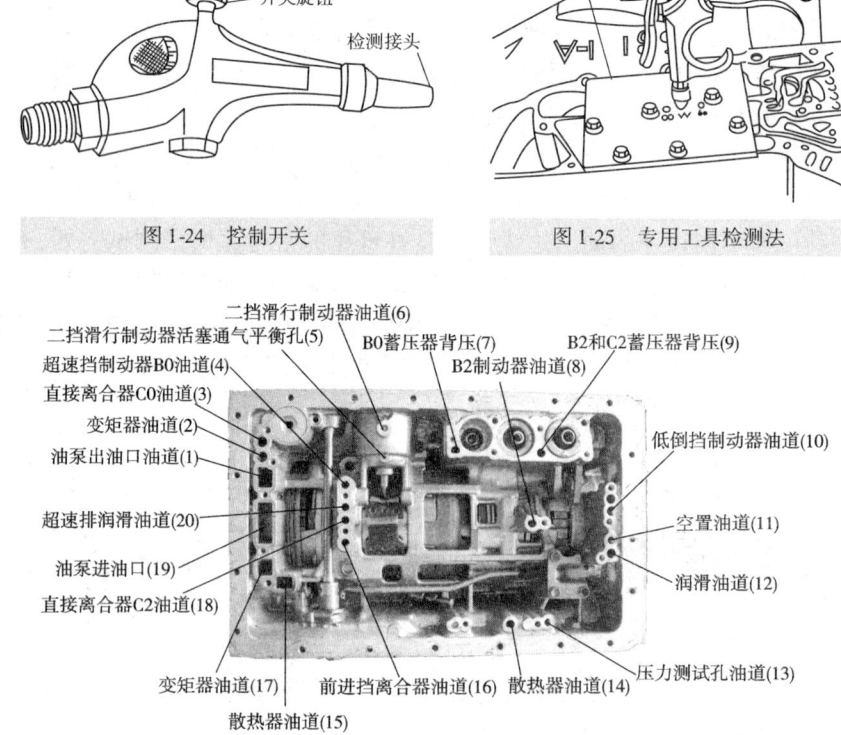

图1-24 控制开关　　　图1-25 专用工具检测法

图1-26 A341E自动变速器气压检测口识别

在两个大的方形油道旁有两个圆形油道2和3,在变速器前端直接与壳体接触的是油泵总成,这两个油道到油泵壳体后只能到变矩器和变速器内部机构,而超速挡机构直接离合器毂又是靠油泵体上的凸颈来支撑定位,因此这个超速挡机构直接离合器液压缸的油就必须通过油泵体及凸颈,再到离合器毂而进入离合器液压缸,液力变矩器的供油也需要通过油泵体与涡轮轴进入,因此可将上面的两个圆形油道判断为变矩器油道与超速挡机构直接离合器油道。

超速挡机构直接离合器C0液压缸较小,工作时的转换频率不大,故一般的油道即可满足。因为只有离合器的油压才需要用到蓄压器,所以可推断到蓄压器的圆形油道3为超速挡机构直接离合器油道,油泵进出油道与液力变矩器油道都在变速器壳体上的前一排油道上。如对液力变矩器油道通压缩空气,在涡轮轴的中心孔处可以发现有气体流出,说明油道

2 为变矩器锁止离合器分离腔油道。

在油泵的进油口旁有两个方形油道 15 和 17,很容易看出 15 是前冷却油管相通的散热器油道,17 则通入油泵体,通过气压检查可以发现,有气体从变矩器油封与导轮轴之间流出,说明是变矩器锁止离合器的接合油压油道。

②第二排油道分析。接下来第二排圆形油道与内部的超速挡机构制动器液压缸体相通,主要有 4、20、18、16 四个油道,除了给超速挡机构制动器液压缸供油压外,还要给前进挡离合器,直接挡离合器供油压,前部超速挡齿轮机构的润滑油压也要通过此处传输至于各油道,详细作用可在试验操作时筛选判断,例如:超速挡机构制动器活塞的动作可观察到,对润滑油道通入气压后可听到离合器工作声音,对直接挡离合器通入气压后,制动鼓则不能轻易转动了。

③蓄压器一侧油道分析。此处主要有 5、6、7、9 四个油道。二挡滑行带式制动器的动作由壳体上的油缸活塞控制,所以在制动带油缸处外端的油道为 6、二挡滑行制动器控制油道,在通入压力气体后,其活塞推杆向前运动。前端还有通气孔 5,通活塞弹簧端。7、9 为蓄压器背压油道,可通入气体进行判断,通入气体后,哪只蓄压器活塞有动作,即为哪只蓄压器的背压油道,油道 7 与蓄压器 B 背压腔相通,油道 9 与蓄压器 B2 和 C2 背压腔相通。

④末端油道分析。末端还有 10、11、12 等一排油道口,低倒挡制动器油道就在这几个油孔中,可通入气体进行判断。若通入气体后低倒挡制动器活塞有动作,即为低倒挡制动器油道。其余油道为润滑油道及空置油道。

⑤其余油道分析。在变速器体中部凸出一个高台,其上面有一只单独油道,内部正对应的是二挡片式制动器液压缸体,因此油道 8 为二挡制动器油道,在铭牌一侧壳体上有两个油道,一个与冷却油管相通,一个与油压测试接口相通,很容易分辨出来。

(2)资料查找法。经验推断法虽然使用方便且快捷,但要求维修人员对变速器的结构相当熟悉,查资料能更准确地判断油道的位置及作用,常见自动变速器气压检测点见图 1-27 ~ 图 1-29。

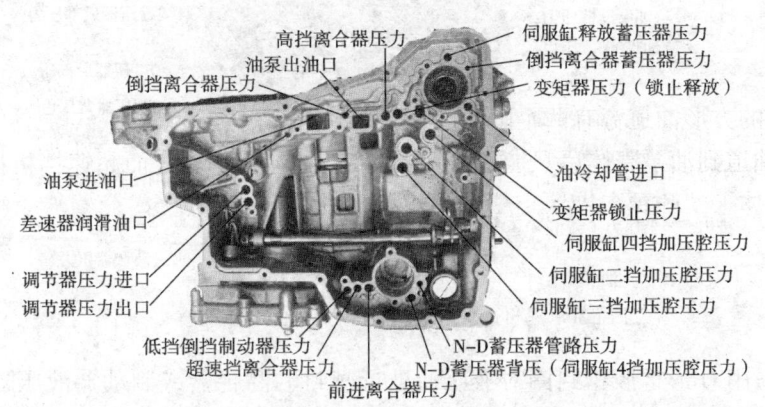

图 1-27　RL4F03A 自动变速器壳体油道气压检测点(一)

项目一 汽车自动变速器概述

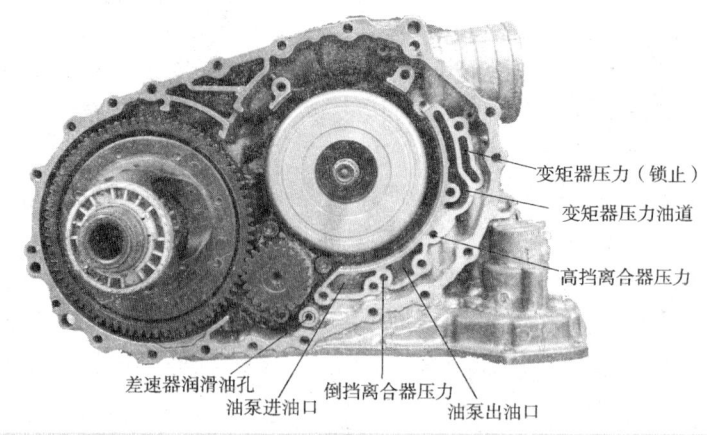

图1-28 RL4F03A自动变速器壳体油道气压检测点(二)

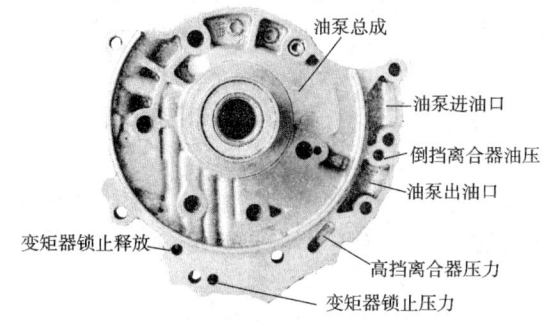

图1-29 RL4F03A自动变速器壳体油道气压检测点(三)

气压试验分析与处理

目前还没有自动变速器漏气率检测试验的资料标准,现将在实践中常用的一些方法及经验数值介绍如下(图1-30~图1-34):

(1)如果检测离合器或制动器活塞的密封性,可以在其液压缸的进油口处直接通压缩空气测量其密封性。这种检测方法检测到的漏气率一般不应大于5%。也就是说,基本没有泄漏才算正常。

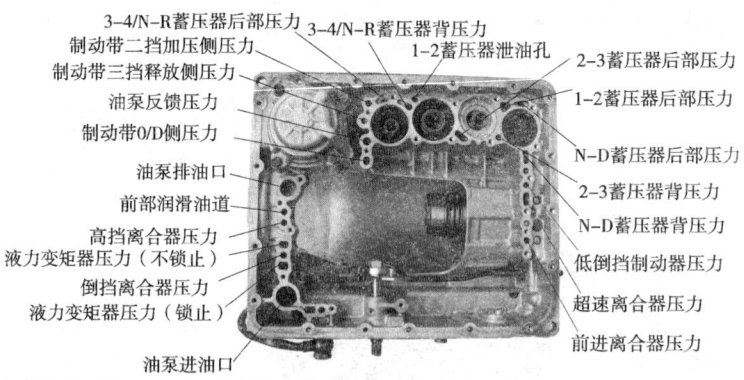

图1-30 马自达929R4A-EL自动变速器气压检测点

(2)对于采用O形橡胶密封圈对液压油进行密封的离合器或制动器液压缸的检测。在一些离合器壳与转轴没有相对运动时,通常采用O形密封圈密封。如本田定轴式自动变速器的离合器与离合器壳之间的密封。片式制动器液压缸与壳体之间也常用O形密封圈密封。这类密封装置检测时,漏气率不应大于10%。

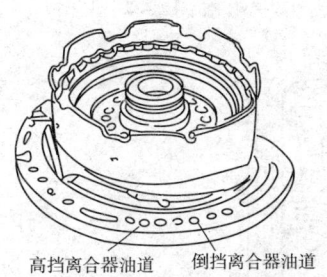 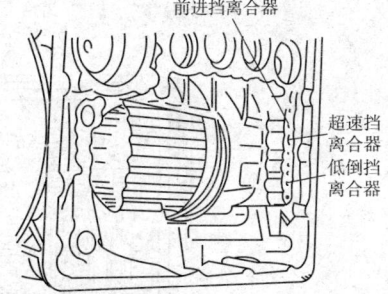

图1-31 日产皮卡、无限等车型 RE4R01A、RE4R03A 气压测试点

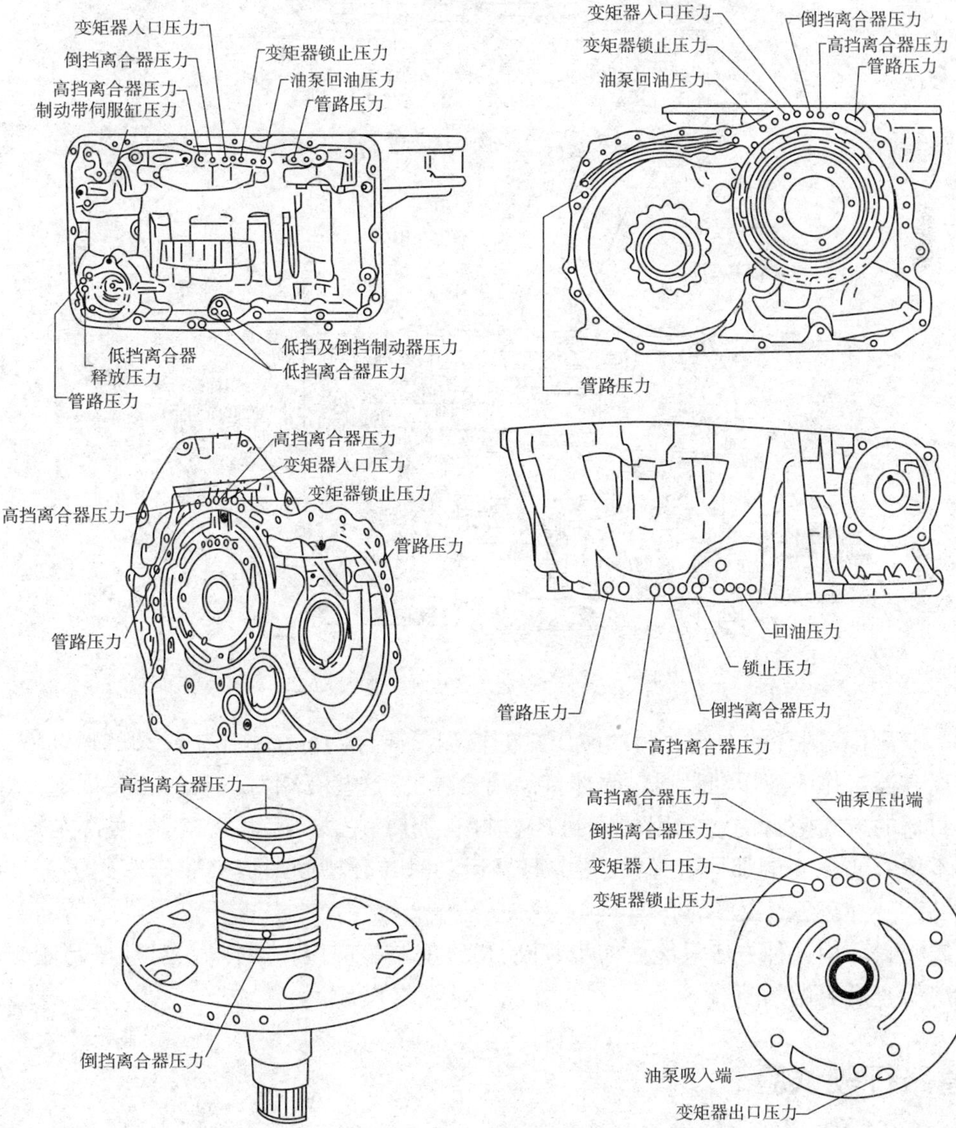

图1-32 日产千里马 RE4F02A 气压测试点

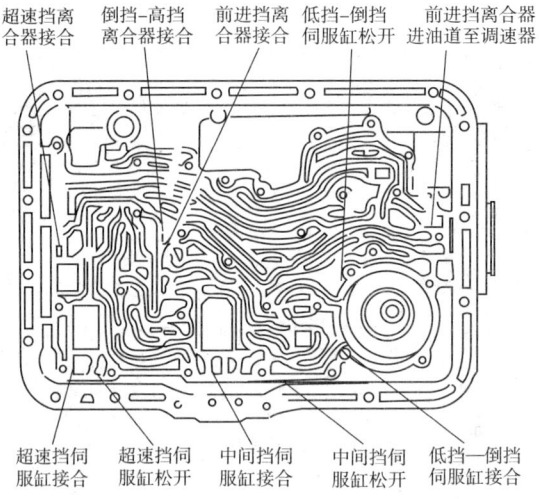

图 1-33 福特(马自达)A4LD 自动变速器气压测试点

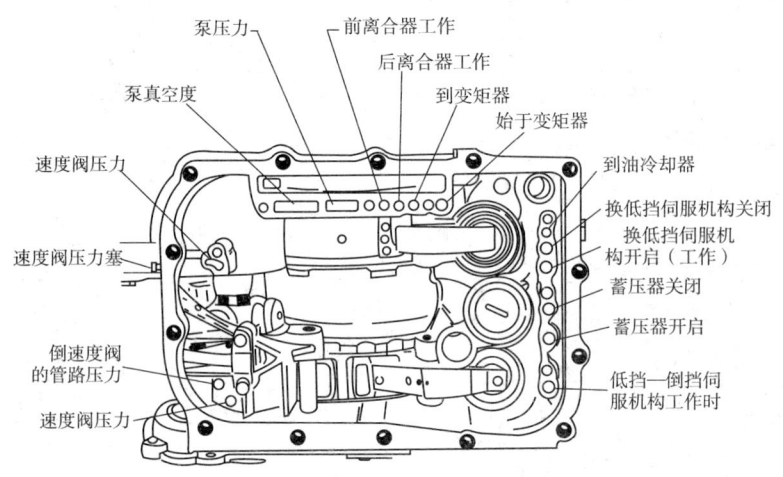

图 1-34 克莱斯勒自动变速器气压测试点

(3)对于用密封环的方式密封的液压缸的检测。离合器是在工作中转动的运动件,但控制这些离合器工作的液压油是通过壳体传给离合器的,这些有相对运动的密封面,一般都是采用密封环的方式密封的。常用的密封环材料有金属、尼龙、特氟龙,其截面都是矩形的。密封环不像 O 形密封圈那样有弹性,它主要靠运动时与环槽间形成油膜来密封的。在静态下测量,有一定漏气量,是正常的。

金属密封环用这种方法只能做初步判断,最终的结果应该在解体后,对环槽与密封环的技术状况检查后再做判断。

三 道路行驶试验

自动变速器的道路行驶试验是自动变速器各项性能的综合试验测试,包括机械变速器内部的各离合器和制动器的工作情况,液压控制系统和电子控制系统控制的自动换挡点速度是否正确,换挡时车辆的平顺性,行驶时变速器内有无异常响声,各种行驶模式时车辆的行驶性能、液力变矩器的锁定,变速杆在各位置时的换挡范围和发动机制动状况等。道路行驶试验是自动变速器性能检验、故障现象发现和故障部位判断的最主要试验。

(一) 要点

(1) 进行道路试验之前,要确信油面高度、油质状况都正常,变速杆、节气门拉索及发动机怠速都已检查,而且都正常,变速器无漏油。

(2) 对车辆各种状况都进行试验时,应将变速器在每个变速杆位置都使用,对各种行驶模式都进行试验,安装 O/D 开关的变速器应分别对 O/D OFF 和 O/D ON 时进行试验,此外,在发动机冷却液温度和变速器温度较低时和达到正常后的换挡范围和变速器锁定情况均应试验并作记录。

(3) 试验时,首先要通过车速、发动机转速、节气门开度以及感觉车身的轻微抖动来判断挡位的变化。检查换挡时的平顺性、各换挡点的车速、各个挡位是否都换入及锁止离合器的锁止与否。

(4) 密切注意打滑现象。在任何挡位或换挡过程中,若出现发动机突然升速或发动机转速升高较快,而车速升高缓慢,都表明离合器、制动器或单向离合器有打滑故障。出现打滑现象时,应立即查明故障部位和及时修理,以免烧损摩擦片而造成更大的故障。在行车过程中,若节气门开度很大时,为了急加速或大负荷的需要,自动变速器会强制降挡而出现发动机转速突然升高,这是正常现象,应与打滑现象区分开来。

(5) 在大多数情况下,只要了解自动变速器所有挡位时执行元件的工作情况,再在实际道路试验中哪些挡位有打滑现象,这样综合分析就能断定哪个执行元件是在打滑了。图 1-35 所示是丰田 A340E 和 A341E 等自动变速器的内部故障分析,可见,通过各种行车试验基本上可以诊断出故障产生的原因。然而,尽管道路试验分析可诊断出故障的执行元件,但该元件性能不良的真正原因还不能完全肯定,因摩擦片磨损,油路泄漏和换挡阀的胶粘现象都可能引起打滑现象。

(6) 在行车试验中,若出现车辆加速性能差,且失速试验时失速转速低于规定值,可能原因有两方面:一方面是发动机功率不足,另一方面是液力变矩器导轮的单向离合器打滑。如果车辆在低速时加速性能差,而调整时加速性能基本正常而且车辆能加速到较高的车速行驶,则故障出在导轮的单向器打滑。若车辆在任何车速 A340 加速性能都差,而且达不到平常的高速行驶,则故障在于发动机功率不足。

(7) 对于电子控制自动变速器,为了区别电子控制系统、液压控制系统和变速器内部的故障,可进行脱开 EC-AT 控制单元或电磁阀配线然后再做道路行车试验。脱开电控配线后,自动变速器的换挡规律按照手动换挡的挡位,若系统油压和蓄压器背压是电磁阀控制,此时这两者的油压都是最高状况,变矩器不会锁定。

(8) 道路试验时,为了在距离内完成各个挡位的试验,可采取"松开加速踏板提前升挡和踩下加速踏板提前降挡"的方法。

（9）道路行驶试验时,要遵照自动变速器的操作规程来驾驶车辆。在车辆未停下之前,变速杆不能换入 P 和 R 位置,在车速较高时不能把变速杆从 D 位置换入 2 位置和 L 位置来进行发动机的制动试验。

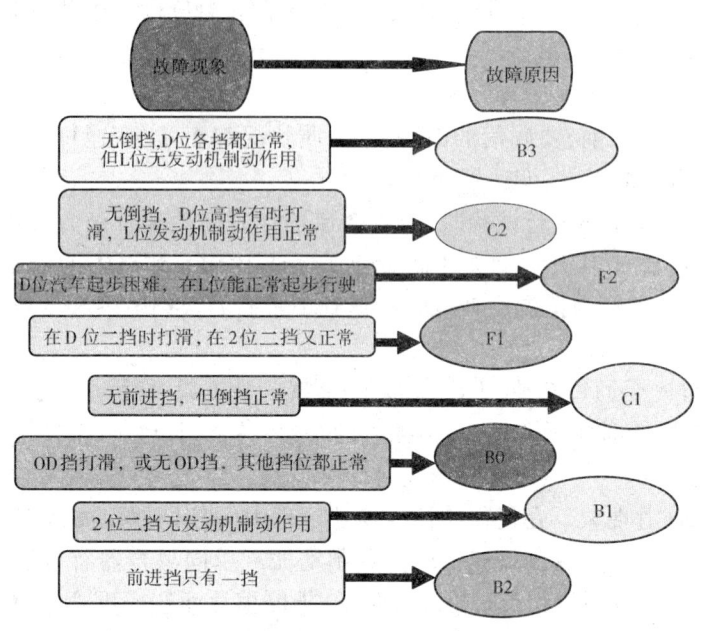

图 1-35　丰田 A340E 和 A341E 变速器内部故障分析

总之,自动变速器出现故障但车辆还可以行驶时,应尽量通过行驶试验来进行故障分析判断原因。另外,车辆使用过程中,若自动变速器出现异常现象,应及时排除和修理。

(二) 道路行驶试验

1 试验方法

① D 挡位试验

（1）检查升挡及降挡动作及换挡点。将变速杆拨至 D 位置,用节气门半开或全开来加速汽车,检验一-二、二-三和三-O/D 挡的升挡和降挡。换挡点必须符合自动换挡表的规定值。在中等车速时,节气门全开,检验 O/D-三、O/D-二、O/D-一的强制降挡,并且换挡车速须与规定值相符合。

（2）检查换挡的平顺性和有无打滑。

（3）检查是否有异常噪声的振动。汽车行驶过程中,传动系统不正常的噪声和振动可能由液力变矩器、变速器内部机构的旋转部件、传动轴、差速器或驱动轮等引起,故障试验和检查时需格外仔细。

（4）检查变矩器锁止离合器的锁止。在 D 挡位的 O/D 挡时,固定在 60～80km/h 的某一车速行驶,然后轻踩加速踏板。若发动机转速有较大的跳跃,说明没有锁定,锁定机械或控制系统不正常,反之若发动机转速变化甚微则锁定正常。或者轻踩制动踏板,发动机转速突然上升,说明锁止离合器,由锁止而变为释放。

(5)按下模式选择开关,分别选择普通、经济、动力或雪地条件下分别进行上述试验。

② 二挡位试验

将变速杆换入 2 位置,保持节气门全开,检查下列项目:

(1)一-二挡是否顺利升挡,升挡点是否正确。

(2)在二-三挡行驶时,松开加速踏板,检查发动机是否起制动作用。如果发动机不起制动作用,则是二挡滑行制动带有故障。

(3)检查加速和减速时是否有不正常噪声,升挡和降挡时是否冲击过大。

③ L 位置试验

(1)检查是否不能升入二挡。

(2)行驶中松开加速踏板,检查发动机是否起制动作用。如果发动机不起制动作用,则是低挡倒挡制动器有故障。

(3)检查加速和减速时是否有不正常噪声。

④ R 位置试验

将加速踏板踩到底,检查是否打滑。

⑤ P 位置试验

将汽车停在坡度大于 5°斜坡道上,换入 P 位,松开驻车制动器,检查驻车棘爪是否能锁住变速器输出轴,汽车不致滑行。

2 自动换挡图和换挡车速

① 自动换挡图

自动换挡点是由当时的车速和节气门开度共同决定的,不同的节气门开度具有不同的换挡点。挡位从一-二、二-三、三-四称为升挡,与此相反,从四-三、三-二、二-一称为降挡,自动变速器升挡点与降挡点,即使节气门开度不变也是不相同的,这是为了避免在同一速度附近频繁换挡。使汽车平稳地行驶。自动变速器的升挡点的车速都高于降挡点的车速两者之差称为降挡滞后值。

图 1-36 所示是 A43D 型自动变速器的自动换挡点图,A12、A23、A34 分别是节气门开度为 40%时的升挡点,B43、B32、B21 是节气门 40%时降挡点,而 A12-B21、A23-B32、A34-B43 则是滞后值,图 1-36 上节气门开度为 86%的线表示,当节气门开度为 86%时,降挡柱塞起作用,实现强制降挡,自动变速器换挡点图是十分重要的技术资料,将检验结果与其对照,由此可检验自动变速器工作是否正常。

图 1-37 是丰田 A43DE 电子控制自动变速器的自动换挡曲线图。与全液控换挡的 A43D

自动变速器换挡图相比,其曲线呈阶梯形,表示其挡位变化是突变的。

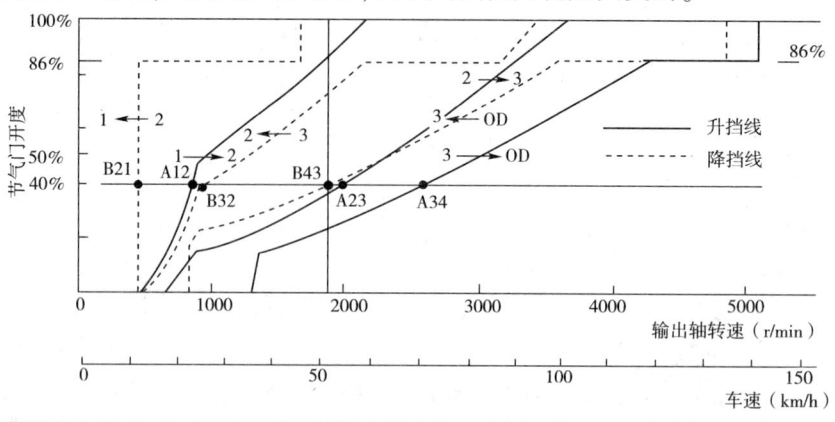

图 1-36　丰田 A43D 液控自动变速器换挡曲线

2 换挡车速

图 1-36 与图 1-37 给出了不同节气门开度下自动变速器的换挡车速,这可以作为判断换挡车速是否正确的标准。图中 1→2、2→3、3→4 的实线表示升挡曲线;4→3、3→2、2→1 的虚线是降挡曲线。相同的节气门开度升挡车速高于降挡车速。在路试时,记下各换挡车速,与曲线对照,可分析故障所在。

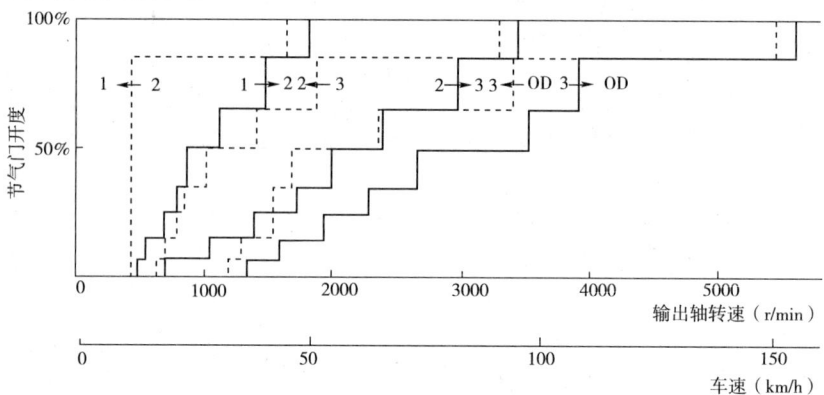

图 1-37　丰田 A43DE 电液控自动变速器换挡曲线

项目二 液力变矩器的检修

故障现象：一辆大众帕萨特 B5 汽车，冷车行驶踩制动踏板发动机不熄火，当热车时踩制动踏板有时熄火。

原因分析：本故障由于变矩器锁止离合器片控制电磁阀故障所致。冷车时电磁阀工作正常，能控制变矩器锁止离合器的分离与接合；热车后，电磁阀过热，踩下制动踏板时，控制单元发给电磁阀信号，电磁阀虽能接到，但不能改变油路状态，使变矩器锁止离合器继续与飞轮刚性连接。此时，如同手动变速器踩下制动踏板时不踩下离合器踏板一样，必然导致发动机熄火。

汽车故障与冷热车有关系，可以从以下三个方面考虑：第一考虑油，冷车和热车油的黏度会发生变化，影响流速，可能带来故障；第二考虑电器元件，热车电路中电阻值发生变化，会带来相应的电流电压变化，带来故障；第三考虑金属热膨胀，带来配合间隙的变化，也会带来卡滞、泄漏等故障。这一切分析，都要在了解结构原理的基础上，下面学习液力变矩器的相关知识。

液力变矩器常见的故障有锁止离合器摩擦片磨光，汽车高速运转时动力不足，严重时不

能行驶；导轮单向离合器卡死或打滑、有异响等。现代专业的自动变速器维修厂可以将变矩器切割开，修好后再重新焊接，并使其动平衡不被破坏。

一、液力变矩器的组成与结构

液力变矩器通过螺栓安装在发动机的飞轮上，如图 2-1a）所示，其作用是将发动机的动力传递给自动变速器中的齿轮变速机构，并具有一定的自动变速功能。不同的汽车对液力变矩器的性能的要求不同，因而液力变矩器的结构和特点也有所不同。现代汽车一般采用三元件液力变矩器的较多，下面介绍其组成、结构及工作原理。

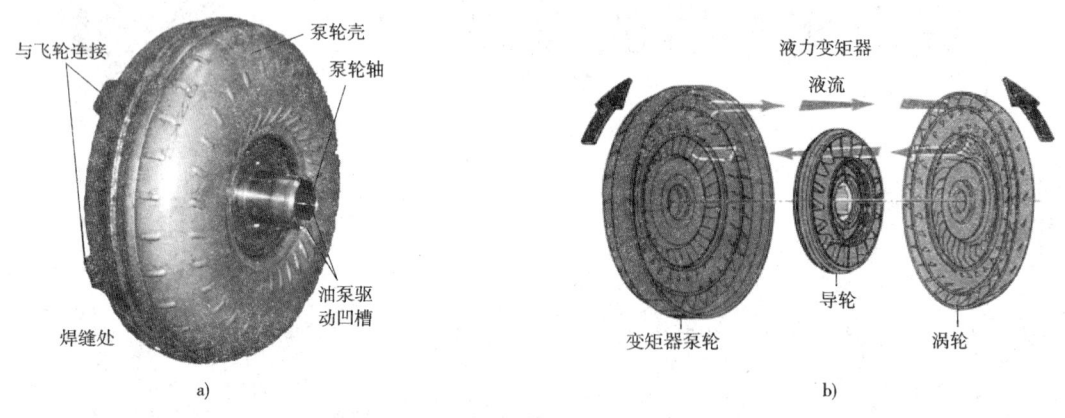

图 2-1 液力变矩器整体结构及工作原理

从液力变矩器外观看其整体结构如图 2-1a）所示，前端是与发动机飞轮连接的螺栓孔，后端是泵轮外壳与泵轮轴，泵轮轴上有驱动油泵的凹槽。沿焊封处将液力变矩器切割开，可看到有三个工作轮：泵轮、涡轮、导轮和一个单向离合器，还有锁止离合器，如图 2-2 所示。泵轮与变矩器壳体焊接在一起，随发动机飞轮一同转动，是液力变矩器的主动部分；涡轮和输出轴连接在一起，是液力变矩器的从动部分；导轮则位于泵轮和涡轮之间，通过单向离合器单向固定于变速器壳体。当发动机运转时，发动机曲轴飞轮带动液力变矩器的壳体和泵轮一同转动。泵轮叶片内的液压油在泵轮的带动下随之一同旋转；在离心力的作用下，液压油被甩向泵轮叶片外缘处，并在外缘处冲向涡轮叶片，使涡轮在液压油冲击力的作用下旋转；涡轮与泵轮同方向旋转。冲向涡轮叶片的液压油沿涡轮叶片向内缘流动，再通过导轮，再流向泵轮，被泵轮再次甩向外缘，如图 2-1b）所示。液压油就这样从泵轮流向涡轮，又从涡轮流到导轮，又从导轮返回泵轮而形成循环的液流，此液流被称为涡流；同时随工作轮的转动，液体环绕变矩器中心的液流被称为环流，如图 2-2 所示。

如图 2-3 所示，液力变矩器壳体内充满了液压油（ATF）。在泵轮和涡轮上安装有径向排列的具有一定曲率的叶片，叶片的中间有导流环，可引导液压油沿着叶片的方向，径向流动。泵轮的液体沿叶片从泵轮中心向外流动，而涡轮液体则是从外边缘向中间流动。导轮也可对液流起导流作用。

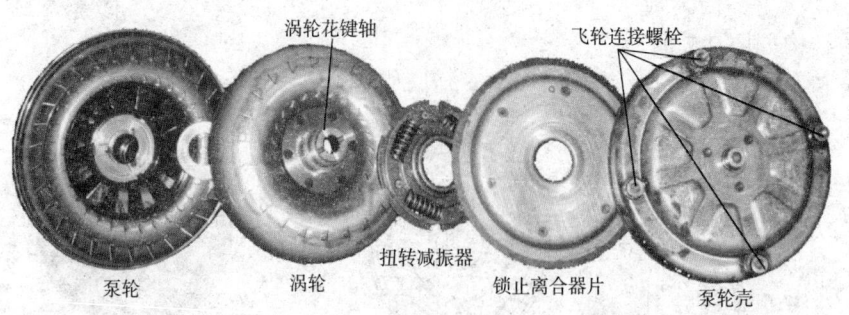

图 2-2　液力变矩器的组成

将液力变矩器沿径向剖开,如图 2-4 所示。泵轮和涡轮是互不接触的,两者之间有一定的间隙(3~4mm);液力变矩器的输出轴,即变速器的输入轴与涡轮通过花键连接,导轮轴与油泵泵盖为一体,单项固定导轮,如图 2-5 所示。液体由泵轮流向涡轮,再经过导轮流回泵轮的循环就是涡流;液体沿变矩器转动方向的流动就是环流。环流与涡流合成 ATF 的实际流动方向。

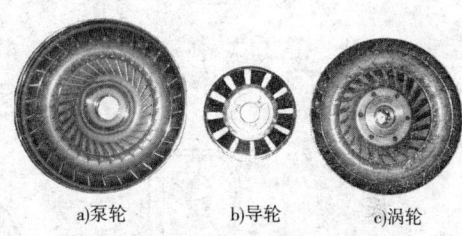

图 2-3　三个工作轮实物图

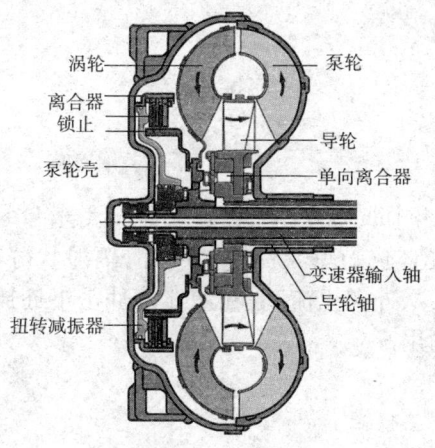

图 2-4　液力变矩器剖视图

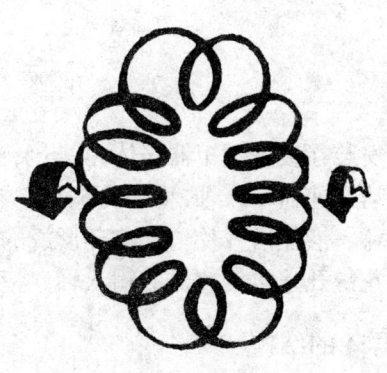

图 2-5　实际 ATF 的液流方向

1 泵轮的结构

泵轮的结构如图 2-6 所示。

驱动盘与发动机飞轮固定连接,泵轮内有许多具有一定曲率的叶片,按一定的方向辐射状安装在泵轮壳体上,叶片上有导流环。当泵轮旋转时,在离心力的作用下,液体从中间沿叶片和导流环形成的通道流动。

2 涡轮的结构

涡轮的结构如图 2-7 所示。

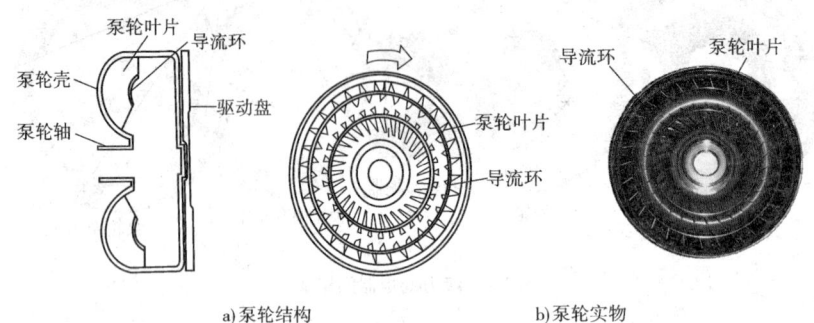

图 2-6 泵轮

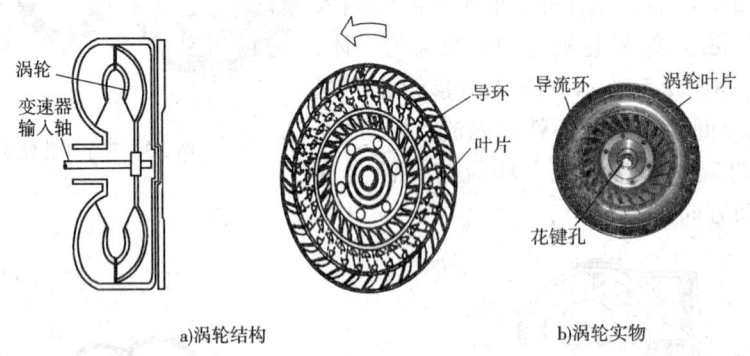

图 2-7 涡轮

涡轮安装在液力变矩器壳体内,与泵轮有 3~4mm 的距离,其作用是接受来自泵轮液体的冲击带动变速器输入轴,将动力输出。在其壳体内有一定曲率的叶片,辐射状分布,叶片上有导流环。液体沿叶片与导流环形成的通道,从外向里流动,在液体的冲击下而旋转。涡轮中心的花键孔连接变速器的输入轴,将动力输出。

3 导轮的结构

导轮的结构如图 2-8 所示。

导轮是通过单向离合器与变速器壳体单向固定,当来自涡轮的液体冲击导轮叶片的凹面时,通过单向离合器将导轮固定,导轮叶片使液流方向改变,改变方向的液流冲击泵轮叶片,促进泵轮转动,从而实现增加转矩的作用。

4 单向离合器

导轮中心孔内的单向离合器的作用是:使导轮与泵轮和涡轮同向可转动,反向则不能转动。

单向离合器有多种形式,目前最常见的是滚柱式和楔块式两种。

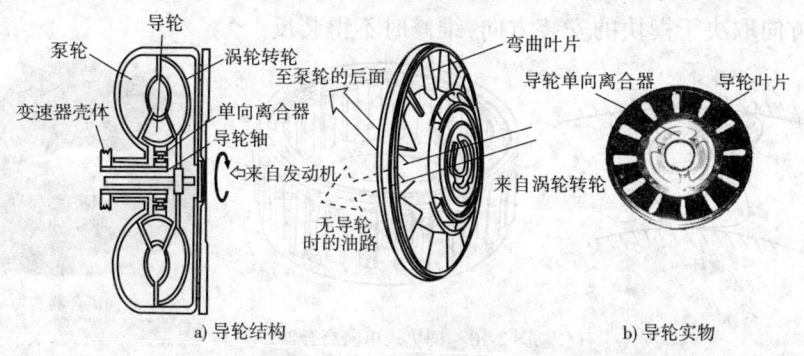

图2-8 导轮

1 滚柱式单向离合器

滚柱式单向离合器由外环、内环、滚柱、复位弹簧等组成,如图2-9所示。内环通常用内花键和变速器壳体连接,外环则与导轮叶片连接。在外环的内表面制有与滚柱相同数目的楔形槽,内外环之间的楔形槽内装有滚柱和弹簧。弹簧的弹力将各滚柱推向楔形槽较窄的一端。当外环相对于内环朝顺时针方向转动时,在刚刚开始转动的瞬间,滚柱便在摩擦力和弹簧力的作用下被卡死在楔形槽较窄的一端,于是内外环互相连接为一个整体,不能相对转动,此时单向离合器处于锁止状态,与外环连接的基本元件便被固定住或者与内环相连接的元件连成一个整体;当外环相对于内环朝逆时针方向转动时,滚柱在摩擦力的作用下,克服弹簧的弹力,滚向楔形槽较宽的一端,出现打滑现象,外环相对于内环可以作自由滑转,此时单向离合器脱离锁止而处于自由状态。

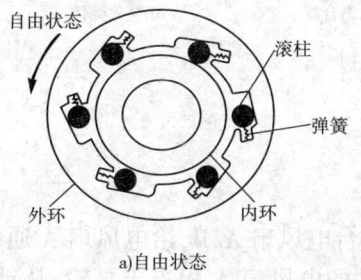

图2-9 滚柱式单向离合器

2 楔块式单向离合器

楔块式单向离合器的构造和滚柱斜槽式单向离合器相似,也有外环、内环、滚子(楔块)等,如图2-10所示。不同之处在于,它的外环或内环上都没有楔形槽,其滚子不是圆柱形的,而是特殊形状的楔块。楔块在 A 方向上的尺寸略大于内外环之间的距离 B,而 C 方向上的尺寸则略小于 B。当外环相对于内环朝顺时针方向旋转时,楔块在摩擦力的作用下立起,因自锁作用而被卡死在内外环之间,使内环和外环无法相对滑转,此时单向离合器处于锁止状态;当外环相对于内环朝逆时针方向旋转时,楔块在摩擦力的作用下倾斜,脱离自锁状态,内外环可以相对滑转,此时单向离合器处于自由状态。

其锁止方向取决于楔块的安装方向,维修时不得装反。

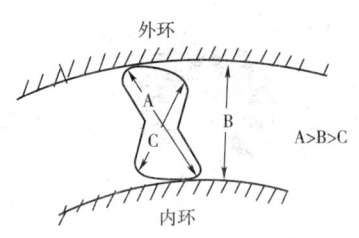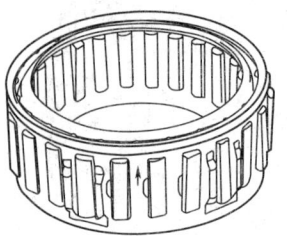

图 2-10　楔块式单向离合器

5 锁止离合器

汽车采用液力变矩器之后,起步、换挡振动明显减小,延长了零件的使用寿命,提高了乘坐舒适性。但由于液力变矩器存在液力损失,与机械传动相比效率较低、油耗高、经济性差。为克服以上缺点,在液力变矩器内增设了锁止离合器。当涡轮转速接近泵轮转速时,由锁止离合器将泵轮与涡轮锁为一体,不再需要液力传动,如图 2-11 所示。

a)涡轮　　　　　b)扭转减振盘　　　　c)锁止离合器　　　　d)泵轮壳体

图 2-11　锁止离合器实物

二、液力变矩器的工作原理

液力变矩器的工作原理如同两个面对面放置的两台电风扇 A、B,给电风扇 A 通电旋转,通过空气流动推动 B 电风扇与 A 同向旋转。其中主动的电风扇 A 相当于泵轮,从动的电风扇 B 相当于涡轮。空气流相当于自动变速器油(ATF)。泵轮与发动机飞轮连为一体,涡轮与变速器输入轴通过花键连接。导轮的作用是改变液流方向,增加转矩。

1 当汽车起步或低速行驶时

当汽车起步或低速行驶时,与发动机刚性连接的泵轮转速快,而从动的涡轮转速慢。液体从涡轮流出,冲击导轮叶片的凹面,此时欲使导轮反向转动,被导轮单向离合器锁止,导轮被固定,导轮叶片不动,打在导轮叶片上的液体改变方向后流出,冲击泵轮叶片的背面,使泵轮转速加快,液流冲击力更大,增加涡轮的输出转矩。图 2-12a) 所示为实物液流方向图。泵轮液体在离心力作用下,沿径向从中心向外甩,冲击涡轮的外边缘。涡轮液体从外边缘沿径向流流向导轮,导轮被单向离合器锁止,导轮固定不动。图2-12b)所示是展开图,将工作轮沿径向剖开,沿周向拉直所得。

2 高速行驶时

随着车速的加快,涡轮转速接近泵轮转速时,从涡轮流出的液体冲击导轮背面(凸面)时,导轮随泵轮和涡轮一同旋转,此时导轮不在改变液流方向,不能增加转矩,变矩器进入耦合工况。导轮开始旋转的工作点称为耦合点。耦合工况下泵轮、涡轮和导轮三元件同方向转动,导轮不起作用,如图2-13所示。

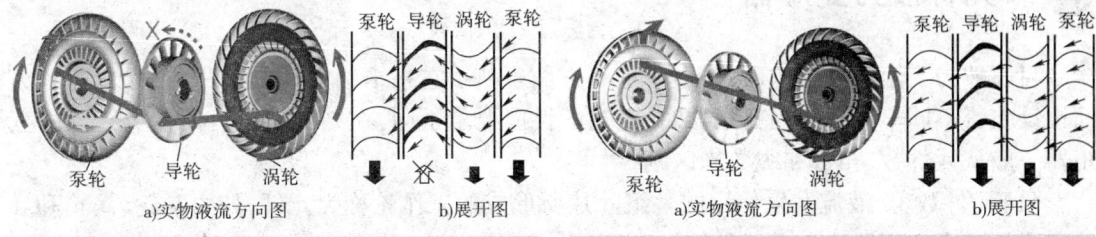

图2-12 汽车起步或低速行驶　　　　图2-13 高速行驶

3 锁止离合器的工作原理

在涡轮与泵轮壳之间,有一块锁止离合器片,离合器片中间有花键孔,在涡轮背面有一根花键轴,离合器片装在涡轮花键轴上,离合器片与涡轮一同旋转,离合器片相对涡轮可轴向移动,如图2-14所示。

如图2-15a)所示,在油压的作用下,使离合器片与泵轮前盖分离,锁止离合器不锁止,动力由泵轮通过液力作用于涡轮。当液流方向改变时,泵轮前盖与离合器片之间泄压,在涡轮与离合器片之间油液的压力增大,推动离合器片与泵轮前盖压紧,动力由前盖通过离合器片作用下直接传给涡轮轴,液力传动变成机械传动。液流方向的控制在液压控制系统中学习,实物参照图2-16。

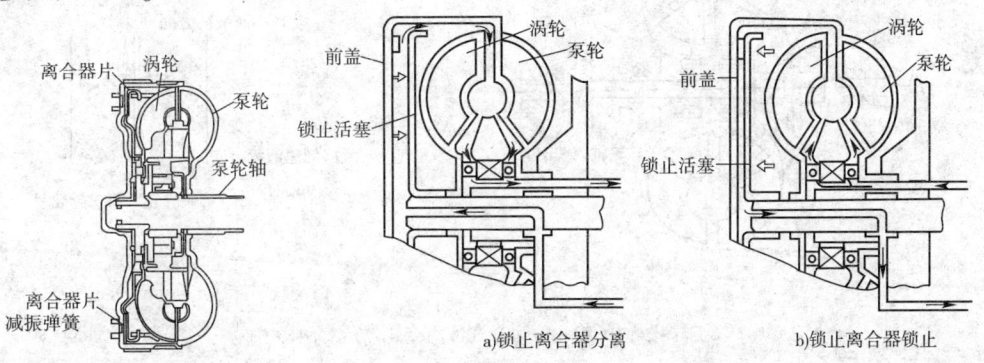

图2-14 带锁止离合器的液力变矩器　　　　图2-15 锁止离合器的工作原理

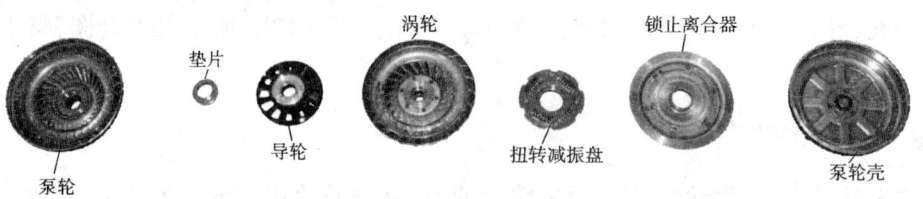

图2-16 液力变矩器各部件

三 多元件液力变矩器

目前液力变矩器的结构形式很多,这一方面反映了它在结构方面的进步与发展,另一方面也反映了不同车辆在使用变矩器时,对它的性能要求不同,在结构上也有所差异。液力变矩器一般从元件数、相数和级数来区别。

(1)元件数:与液流发生作用的一组叶片所形成的工作轮称为元件,如由泵轮、涡轮和导轮组成的液力变矩器称为三元件等。

(2)级数:指安置在泵轮与导轮或导轮与导轮之间刚性相连的涡轮数。一个涡轮称单级。

(3)相数:借助于某些机构作用,使一些元件在一定工况下改变作用,从而改变了变矩器的工作状态,这种状态数称为相数。如装有导轮单向离合器的称为两相。

因此,以上介绍的液力变矩器是三元件两相单级液力变矩器,它基本能满足当代汽车的性能要求。在某些汽车上,需要起动变矩系数大的变矩器,在耦合工况前一段,效率显著降低。为避免这个缺点,将导轮分成两个,即两个导轮,而形成四元件综合式液力变矩器,如图2-17所示。

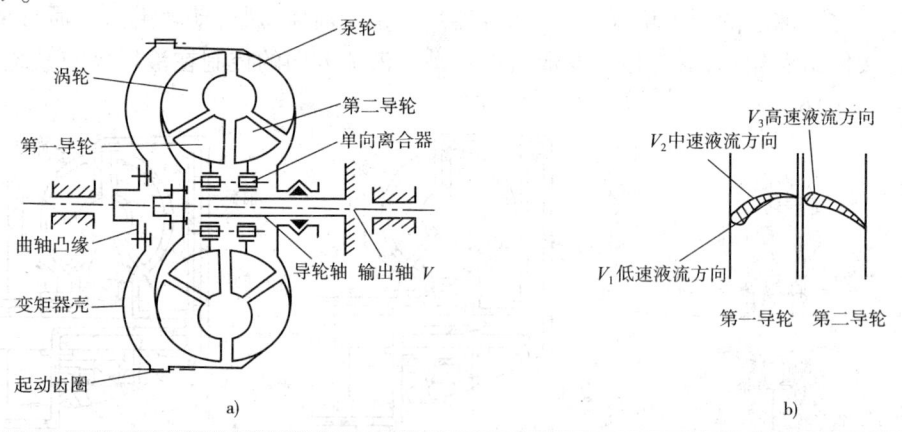

图2-17 四元件综合式液力变矩器示意图

两个导轮具有不同的叶片进口角度,当汽车在低速行驶时,液体沿 V_1 方向冲击第一导轮,两个导轮均被单向离合器锁住。两个导轮均起改变液流方向,增加转矩的作用;在中等转速时,涡轮出口液流沿 V_2 方向冲击第一导轮背面,第一导轮同涡轮一同旋转,仅第二导轮起变矩作用。随车速的加快，涡轮出口的液流方向沿 V_3 方向冲击第二导轮背面，在高转速下，第二导轮也与涡轮一同旋转，变矩器全部进入偶合工况。

双导轮可实现两个变矩器工况和一个耦合工况，提高了传动效率，起动时变矩系数较大，适合较宽车速范围的车辆使用。

实施项目1：

更换液力变矩器。

实施关键步骤及注意事项：

当液力变矩器与变速器一同从车上拆下时，在移去变矩器前，要检查它在变速器前壳内的安装深度，如图 2-18 所示 A 的尺寸大小。

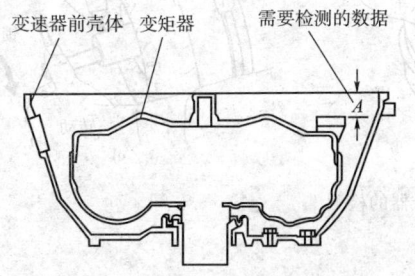
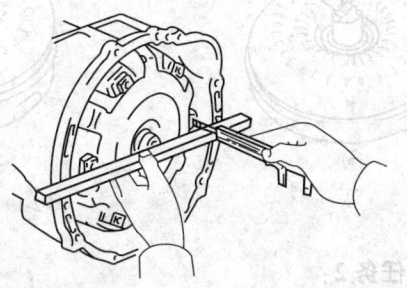

图 2-18　测量变矩器安装位置

几种常见车型自动变速器前端面与变矩器前端面的距离标准见下表。

几种常见车型自动变速器前端面与变矩器前端面的距离标准

车　型	发动机型号	自动变速器型号	壳体前端面与变矩器前端面的距离(mm)
雷克萨斯 LS400	IUZ-FE	A341E、A342E	17.1
丰田 CROWN3.0	2JZ-GE	A340E	26.0
丰田 HIACE	2L、3L	A45DL	26.0
	2RZ、2RZ-E		31.0
马自达 929	JE	R4A-EL	29.5
丰田 CORONA	2C	A241L	13.0
	4A-FE、3S-FE	A240E、A241E	13.0
尼桑公爵	VG30E	L4N71B	35.0

如果测得的距离小于标准值，说明变矩器未安装到位，其后端轴套上的缺口未插入油泵驱动齿轮中间的凸块内。对此，应取出变矩器，让变矩器后端轴套上的缺口与油泵驱动齿轮中间的凸块对准后装入，使其安装到位，否则，在装上汽车时会压坏自动变速器的油泵齿轮。

实施项目2：

液力变矩器的检查及清洗。

实施任务1：

检查导轮单向离合器。

将单向离合器内座圈驱动杆（专用工具）插入液力变矩器中，如图2-19a）所示；再将单向离合器外座圈固定器（专用工具）插入变矩器中，并卡在轴套上的油泵驱动缺口内，如图2-19b）所示。转动驱动杆，检查单向超越离合器工作是否正常。在逆时针方向上单向超越离合器应锁止，顺时针方向上应能自由转动。如有异常，说明，如图2-19c）所示单向超越离合器损坏，应更换液力变矩器。

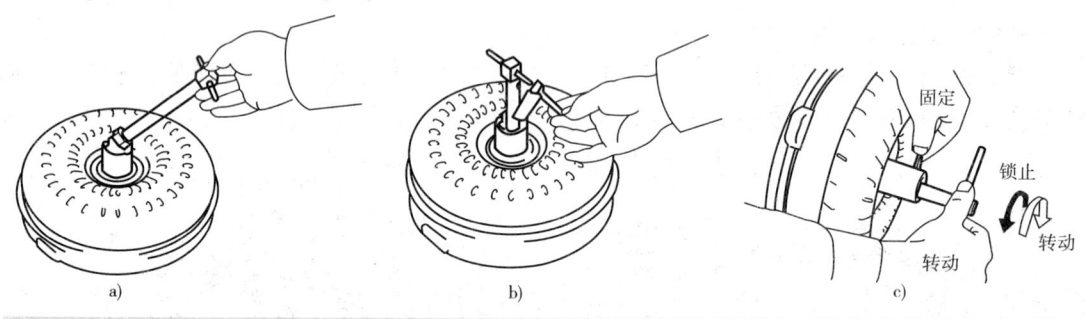

图2-19 导轮单向离合器的检测

实施任务2：

液力变矩器的清洗。

(1) 倒出变矩器中残留的液压油。

(2) 向变矩器内加入2L干净的液压油，摇动变矩器，以清洗其内部，然后将液压油倒出。

(3) 再次向变矩器内加入2L干净的液压油，清洗后倒出。

诊断方法与技巧：

导轮单向离合器故障率不是很高，有时出现打滑或卡死的情况。如果导轮单向离合器卡死，汽车起步或低速行驶时，一切正常；高速时动力不足，加速不良。如果导轮单向离合器打滑时，汽车在起步或低速时加速性能变坏，即在低速运行时，发动机发闷，加速不良可用失速试验检验。发动机失速转速低于标准值600r/min以上。

锁止离合器故障的诊断与检修

锁止离合器摩擦片磨损可用如下方法检测：使汽车预热到正常温度，在D位行驶，车速达60~80km/h，节气门开度较小时，汽车行驶有窜动感；当节气门开度较大时，不窜动。松开加速踏板再次踩下，窜动感更明显。有以上现象表明锁止离合器摩擦片以严重磨损。也可以用检测其滑差量的办法检查摩擦片是否打滑：

滑差量 = 发动机转速 – 变速器输入轴转速

当完全锁止时,滑差量为零。若滑差量不为零,可能是锁止离合器打滑,或锁止离合器不能锁止。打滑时会引起加速时动力不足,或锁止离合器振动、有噪声,又易造成液力变矩器产生高温,变速器油易变质。

液力变矩器锁止离合器锁止后不能解锁,造成紧急制动时发动机熄火等故障。汽车高速行驶,紧急制动时锁止离合器应打开,以使泵轮和涡轮脱离刚性连接,避免紧急制动时发动机熄火。在全液压式自动变速器中,当紧急制动车速降低时,速控油压的降低会使控制锁止离合器的继动阀动作,使锁止离合器解锁,若锁止继动阀或其控制油压等出问题,会使锁止离合器不能及时打开。对电控液压式自动变速器,是在紧急制动时,与制动踏板连动的制动开关向电控单元提供制动信号,电控单元接到制动信号后便向锁止电磁阀发出指令,锁止电磁阀的动作控制油路,使锁止离合器解锁。

对电控液压自动变速器,检查时可将点火开关接通,当踩下制动踏板时,变速器壳体处应听到电磁阀"咔"的一声动作声,如听不到响声,应检查电路,电控系统及电磁阀是否损坏或卡住。

如果电控系统无故障,则说明锁止离合器本身的故障,或油路故障引起,应逐一检查。

液力变矩器异响,可用踩下和抬起制动踏板的办法判断,当轻踩制动踏板后,异响立刻消失,抬起踏板后,异响又立刻出现,反复测试现象依旧,则可断定锁止离合器有故障。造成异响的原因有:变矩器泄油、锁止压力不足。噪声是由打滑引起:锁止离合器锁止压盘与变矩器壳体因变形接触不良造成打滑,或变矩器壳体端面摆动或失去动平衡造成旋转时共振引起噪声。应检查变矩器壳体是否偏摆,可先将变速器拆下,然后将千分表架固定在发动机上,而表针指在变矩器壳体外端面上,转动变矩器壳体一周,观察千分表的摆动量,摆动量若大于0.20mm时,应更换新变矩器总成,如图2-20所示。

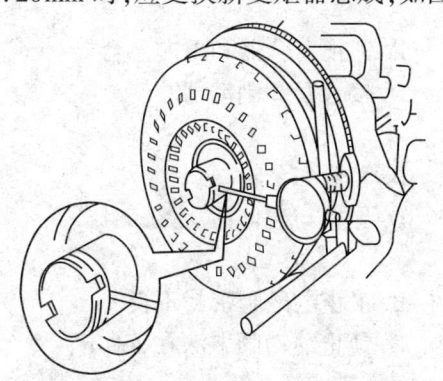 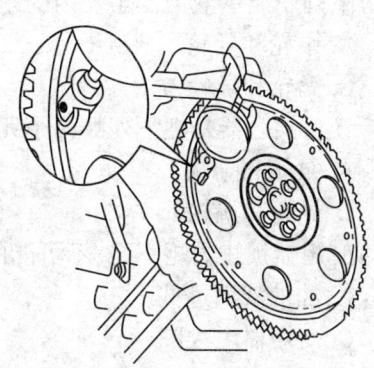

图2-20 变矩器检测

对电控锁止电磁阀控制锁止离合器的,若锁止电磁阀复位弹簧因使用时间过长而疲劳时,也会因锁止油压不良而产生噪声。

锁止离合器出现上述故障,不仅会产生噪声,而且会影响锁止离合器的锁止和解锁,若判断锁止离合器是否解锁时,可将车速稳定在60~80km/h范围,在保持车速稳定的同时,轻踩制动踏板,使踏板臂和制动开关刚刚脱离接触止,此时应解除锁止,即发动机转速和进气管真空度都有所增加,如果无任何变化,则锁止离合器没有正常工作,可能根本就没锁止,也可能根本就不解除锁止。

若汽车保持稳定的 60~80km/h 车速,突然紧急制动,发动机熄火,说明锁止离合器不能解除锁止。

【学生活动工作页】

计划与实施 PART1

习作名称:液力变矩器检修。

习作时间:4 课时。

学习与回顾:

完成以下空缺:

(1)液力变矩器一般由三个工作轮_____轮、_____轮和_____轮组成。

(2)液力变矩器三个工作轮中,主动轮是_____,从动轮是_____。

(3)液力变矩器中单向离合器的作用是单向固定_____轮。

(4)液力变矩器中,液体由泵轮到涡轮再到导轮,然后回到泵轮的循环叫_____;沿液力变矩器旋转方向的液流叫_____。

(5)紧急制动时,锁止离合器不能解锁,会造成发动机_____。

(6)变矩器内单向离合器_____会造成汽车低速时加速不良,单向离合器卡死会造成汽车_____。

学生讨论与决策:

(1)下列不属于液力变矩器内的是( )
    A. 泵轮和导轮　　　　　　　　B. 锁止离合器和单向离合器
    C. 涡轮和导轮　　　　　　　　D. 接合套和制动器

(2)锁止离合器是把下列哪两个元件连起来?( )
    A. 泵轮和导轮　　　　　　　　B. 涡轮和泵轮
    C. 导轮和涡轮　　　　　　　　D. 导轮与壳体

(3)变矩器锁止力矩不足,不可能的原因是( )
    A. 油液液面过低　　　　　　　B. 锁止电磁阀密封不良
    C. 变矩器内太脏　　　　　　　D. 锁止继动阀卡滞在工作端

(4)下面哪些情况说明变矩器进入锁止工况?( )
    A. 中高速行驶中变速器内有"嗡嗡"异响声时,轻踩制动踏板异响立即终止
    B. 中高速行驶中轻踩制动踏板发动机转速却提高
    C. 中高速行驶中轻踩制动踏板发动机转速不变
    D. 中高速行驶中发动机制动时有"嗡嗡"的异响声

(5)液力变矩器进入锁止工况后,轻踩制动踏板时,发动机转速会( )
    A. 提高　　　B. 降低　　　C. 不变　　　D. 不一定

(6)变矩器仍能进入锁止工况(　　)
　　A.锁止电磁阀密封不良　　　　B.锁止继动阀卡滞在工作端
　　C.发动机冷却液温度传感器线束脱落　　D.变速器油温过高

查阅有关资料,完成以下问题:

(1)如何检测液力变矩器锁止离合器是否打滑?
_____
_____

(2)什么是涡流?什么是环流?
_____
_____

(3)简述导轮的工作状态。
_____
_____

(4)如何判断锁止离合器进入锁止状态?
_____
_____

(5)如何判断导轮单向离合器打滑或卡死?
_____
_____

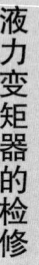

项目三　齿轮变速机构的检修

项目三　齿轮变速机构的检修

任务一　辛普森式齿轮变速机构的检修

 任务导入

自动变速器中典型的齿轮变速机构有：辛普森式（Simpson）、拉维娜式（Ravigneaux）、平行轴式、串联式及莱派特（Lepelletier）式等。其中辛普森式、拉维娜式、串联式和莱派特式都属于行星齿轮；平行轴式属于普通齿轮。采用普通齿轮的变速器由于尺寸较大，只有少数车型采用，如本田系列。目前绝大多数汽车自动变速器中的齿轮变速器采用的是行星齿轮，如丰田、大众、奥迪、宝马等系列。

 **任务分析**

从 A341E 自动变速器认识辛普森传动，如图 3-1、图 3-2 所示。

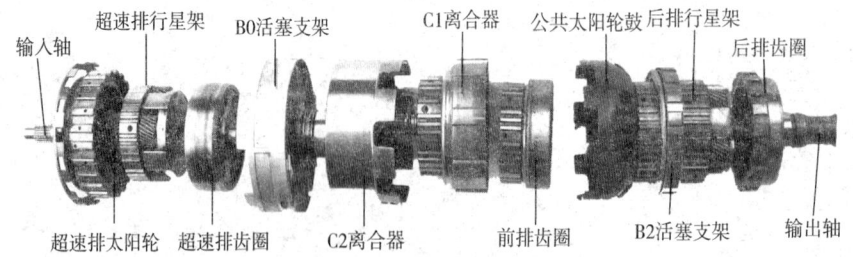

图 3-1　A341E 实物传动对照

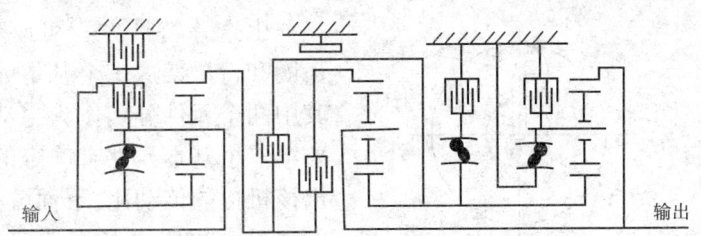

图 3-2　辛普森传动原理图

一、单排行星齿轮机构及其运动规律

行星齿轮机构有多种形式,其中最简单的行星齿轮机构如图 3-3 所示:是由一个太阳轮、一个齿圈、一个行星架和支撑在行星架上的几个行星齿轮组成,称为一个行星排。在一个行星排中,具有共同中心线的太阳轮、齿圈和行星架是齿轮变速机构动力传递的三个基本元件。

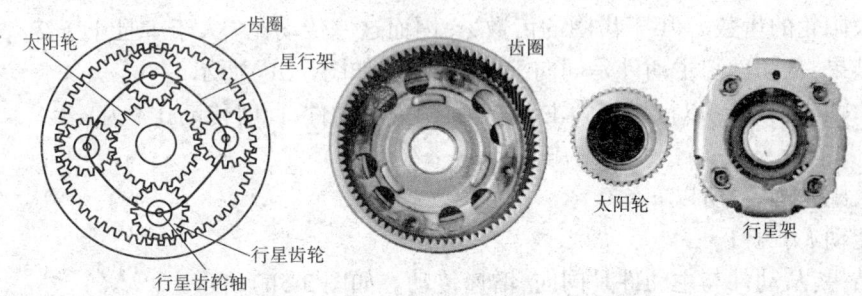

图 3-3　单排行星齿轮机构

单排行星齿轮机构有三个元件,它没有固定的传动比,将任意两个元件作为动力输入和输出均不能传递动力。为了组成具有一定传动比的传动机构,必须将太阳轮、齿圈和行星架这三个元件中的一个加以固定,或者将某两个基本元件互相连接在一起,即两者同速转动,才能获得一定的传动比。

在单排行星齿轮机构中行星齿轮只起中间轮(惰轮)作用,因此单排行星齿轮机构传动比取决于太阳轮齿数 Z_1 和齿圈齿数 Z_2,与行星齿轮的齿数无关。设 $Z_2/Z_1 = \alpha$,则下面给出单排行星齿轮的运动特性方程:

$$n_1 + \alpha n_2 = (1+\alpha) n_3$$

式中:n_1——太阳轮转速;

　　　n_2——齿圈转速;

　　　n_3——行星架转速。

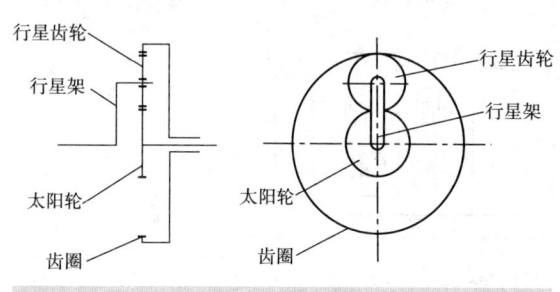

图 3-4 单排行星齿轮机构示意图

由这一特性方程可以看出,在太阳轮、齿圈和行星架这三个基本元件中,可以任选其中两个元件分别作为主动件和从动件,只要第三个基本元件有确定的转速,即可计算出该机构的传动比,下面分别讨论各种可能的情况,如图 3-4 所示。

(1)将齿圈固定,以太阳轮为主动件,行星架为从动件,可获得减速传动,传动比 i 为:

$$i = n_1/n_3 = 1 + \alpha$$

由于齿圈固定,所以 $n_2 = 0$

由于齿圈的齿数 z_2,大于太阳轮的齿数 z_1,因而这一传动比的数值要大于 2。

实验结果:从动件与主动件是同向、减速传动。如图 3-5a)所示。

(2)将太阳轮固定,以齿圈为主动件,行星架为从动件,即可获得减速传动其传动比 i 为:

$$i = n_2/n_3 = (1 + \alpha)/\alpha$$

由于太阳轮固定,所以 $n_1 = 0$

由于太阳轮的齿数 z_1 小于齿圈的齿数 z_2,因而这一传动比 i 大于 1 且小于 2。

实验结果:从动件与主动件是同向、减速传动。如图 3-5b)所示。

(3)将太阳轮固定,以行星架为主动件,齿圈为从动件,此时传动比 i 为:

$$i = n_3/n_2 = \alpha/(1 + \alpha)$$

由于太阳轮固定,所以 $n_1 = 0$

这一传动 i 小于 1。

实验结果:从动件与主动件是同向、增速传动。如图 3-5b)所示。

(4)若将行星架固定,则行星齿轮的轴线亦被固定,行星齿轮只能自转,不能公转,而且太阳轮和齿圈的转向相反。此时若以太阳轮为主动件,齿圈为从动件,即可获得反向减速传动,实现倒挡。传动比 i 为:

$$i = n_1/n_2 = -\alpha$$

传动比为负数表示转向相反,α 大于 1 表示减速。

实验结果:行星架固定,太阳轮主动,齿圈从动,实现反向减速传动。如图 3-5c)所示。

(5)将行星架固定,齿圈主动,太阳轮从动。可获得反向、增速传动。

(6)将齿圈固定,行星架主动,太阳轮从动,可获得增速传动,传动比 i 为:

$$i = n_3/n_1 = 1/(1 + \alpha)$$

由于齿圈固定,所以 $n_2 = 0$

实验结果:从动件与主动件是同向、增速传动。如图 3-5a)所示。

(7)若三个基本元件都没有被固定,各个基本元件都可以自由转动,则此时该机构不论以哪两个基本元件为主动件、从动件,都不能获得动力传递,而处于空挡状态。

（8）若将任意两个基本元件互相连接起来，也就是说使 n_1 等于 n_2 或 n_2 等于 n_3，则由行星排的运动特性方程可知，第三个基本元件的转速必与前两个基本元件的转速相同，即3个基本元件将以同样的转速一同旋转。此时不论以哪两个基本元件为主动件、从动件，其传动比都是1，这种情况相当于直接挡。

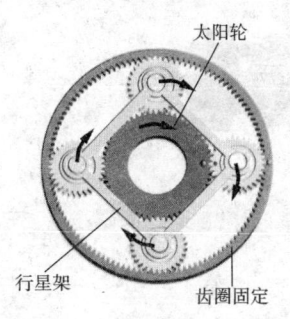 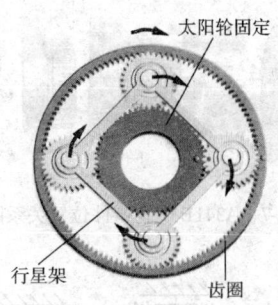 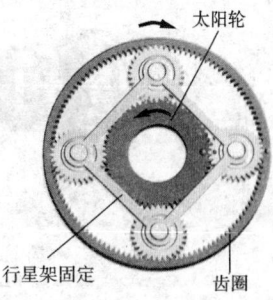

a) 固定齿圈　　　　　　b) 固定太阳轮　　　　　　c) 固定行星架

图3-5　单排行星齿轮运动规律

以上是单排行星齿轮运动规律分析，为便于记忆，可归纳如下：

（1）只要行星架主动，无论哪个固定，均为同向、增速传动；

（2）只要行星架从动，无论哪个固定，均为同向、减速传动；

（3）只要行星架固定，无论哪个主动，均为反向传动，可实现倒挡；

（4）任意两元件连为一体，可实现同向等速传动，传动比为1，直接挡；

（5）无固定元件，为空挡。

熟练掌握以上运动规律，是分析自动变速器挡位传动的基础。但是，只有一个行星排不能满足汽车多挡位传动的要求，往往需要多个行星排，以一定的方式连接起来。比如，两个行星排共用一个太阳轮；或前行星排的齿圈与后行星排的行星架连为一体等。这样在分析挡位时，单看一个行星排，好像没有固定元件，无法传递动力，而实际上是由于某种连接关系与另一个行星排的某个元件彼此约束，其运动状态也是确定的。这种情况下，一般用连列方程组的方式计算传动比。本书只做定性分析，不做定量计算，感兴趣的读者可以进一步探讨。

认识辛普森自动变速器

丰田 A341E 自动变速器，是后轮驱动四挡变速器，是最典型的辛普森式自动变速器，轴向尺寸较大，外形如图3-6所示。

丰田 A341E 自动变速器（图3-7）共有三个行星排，十个换挡执行元件，可实现四个前进挡，一个倒挡和空挡。最前面的行星排是专为实现

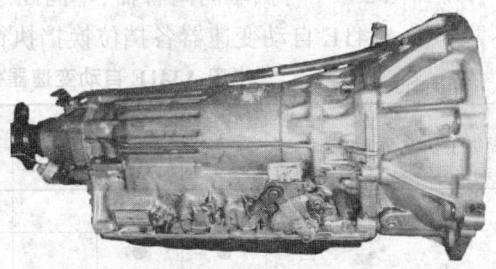

图3-6　A341E 外观图

超速挡设置的,称为超速行星排。后面两行星排共用太阳轮;前行星架与后齿圈通过花键与输出轴连接,共有四个独立元件:前齿圈、前后太阳轮组件、后行星架、前行星架和后齿圈组件。两行星排可以实现三个前进挡、倒挡和空挡。后面两个行星排的组合方式被称作辛普森式齿轮变速机构。图3-8所示为丰田A341E自动变速器挡位传动图。

图3-7 A341E实物零件位置关系图

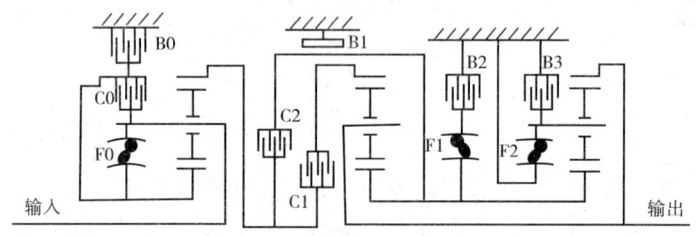

图3-8 丰田A341E自动变速器挡位传动图

图示:C0——直接离合器。将超速排太阳轮与行星架连为一体。

B0——超速排制动器。固定超速排太阳轮。

F0——超速排单向离合器。

C1——前进离合器。连接超速排齿圈与前排齿圈。

C2——倒、高挡离合器。连接超速排齿圈与公共太阳轮。

B1——二挡强制制动器。固定公共太阳轮。

B2——二挡制动器,与F1一起共同单向固定公共太阳轮。

F1——二挡单向离合器,单向固定公共太阳轮,B2工作时可阻止太阳轮逆时针转动。

B3——低、倒挡制动器,固定后行星架。

F2——一挡单向离合器,单向固定后行星架,可阻止后行星架逆时针转动。

丰田A341E自动变速器各挡位换挡执行元件工作情况见表3-1。

丰田A341E自动变速器各挡位换挡执行元件工作情况　　表3-1

操纵手柄位置	挡位	换挡执行元件								
		C0	C1	C2	B0	B1	B2	B3	F0	F1	F2
D	一挡	●	●						●		●
	二挡	●	●				●		●	●	
	三挡	●	●	●			○		●		
	OD挡		●	●	●		○				

续上表

操纵手柄位置	挡位	换挡执行元件									
		C0	C1	C2	B0	B1	B2	B3	F0	F1	F2
R	倒挡	●		●				●	●		
2/L	一挡	●	●					●	●		
	二挡	●	●			●	○		●		
	三挡	●	●	●			○		●		

●-表示接合、制动或锁止；○-表示接合但不传递动力

三 挡位分析

1 一挡

根据各挡位换挡执行元件工作情况表，D位一挡参与工作的换挡执行元件有：C0、F0、C1、F2。动力由超速行星齿轮排的行星架输入，C0和F0工作，将超速排行星架和太阳轮连为一体，由超速排齿圈输出，超速排实现直接传动。齿圈、行星架和太阳轮作为整体以相同的速度对外输出动力。C1离合器工作，将超速排齿圈与辛普森前排齿圈连接，此齿圈与输入轴同向做顺时针转动，由于前行星架与输出轴连接，汽车起步时有较大的阻力，使得太阳轮作逆时针转动，后排太阳轮同样作逆时针转动，由于后齿圈与输出轴连接有阻力，使得后行星架产生逆时针转动的趋势，此时，F2阻止了后行星架的逆时针转动，即后行星架被固定，动力由后齿圈输出，前行星架也一同旋转，动力最终是由前后两个行星排共同输出，实现前进一挡。图3-9所示为D位一挡传动图。

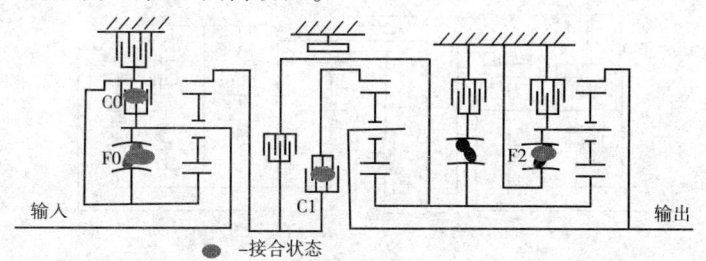

图3-9 D位一挡传动图

2 二挡

当前进离合器C1和二挡制动器B2同时工作时，汽车以二挡行驶。超速排仍然是C0和F0工作，与一挡时一样，当前进离合器C1和二挡制动器B2同时工作时，行星齿轮变速器处于二挡。此时输入轴仍经前进离合器C1和前齿圈连接，同时前后太阳轮组件被二挡制动器B2通过单向离合器F1单向固定。发动机动力经液力变矩器和行星齿轮变速器的超速排直接传动到C1离合器，再传给前齿圈，使之朝顺时针方向转动。由于前太阳轮转速为0，因此

前行星轮在前齿圈的驱动下一方面朝顺时针方向作自转,另一方面朝顺时针方向作公转,同时带动前行星架及输出轴朝顺时针方向转动。此时后行星排处于自由状态,后行星轮在后齿圈的驱动下朝顺时针方向一边自转一边公转,带动后行星架朝顺时针方向空转。由此可知,二挡时发动机的动力是全部经前行星排传至输出轴的,如图 3-10 所示。

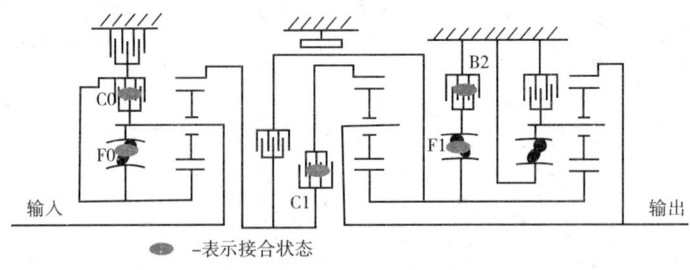

图 3-10　D 位二挡传动图

3 三挡

当行星齿轮变速器处于三挡时,前进离合器 C1 和倒挡及高挡离合器 C2 同时接合,把输入轴与前齿圈及前后太阳轮组件连接为一个整体。由于这时前行星排中有两个基本元件互相连接,从而使前行星排固定地连成一体而旋转,输入轴的动力通过前行星排直接传给输出轴,其传动比等于 1,即为直接挡,此时后行星排处于自由状态,后行星轮在后齿圈的驱动下向顺时针方向一边自转一边公转,带动后行星架朝顺时针方向空转。在三挡状态下的行星齿轮变速器具有反向传递动力的能力,在汽车滑行时能实现发动机制动,如图 3-11 所示。

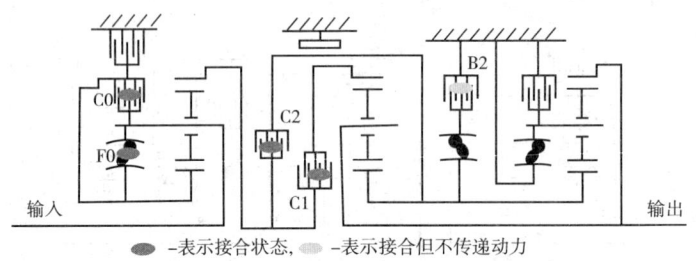

图 3-11　D 位三挡传动图

4 四挡

在一挡、二挡、三挡或倒挡时超速行星排都是 C0 和 F0 工作,直接将动力传到前排齿圈。只有在超速挡时,C0 释放,F0 自动脱开,B0 接合,将超速排太阳轮固定,行星架输入,太阳轮固定,齿圈输出,齿圈的转速大于行星架的输入转速,实现超速传动。后面两个行星排的工作状态与三挡一样,仍然是直接传动,前排是齿圈和太阳轮同时输入,直接输出,后排空转,如图 3-12 所示。

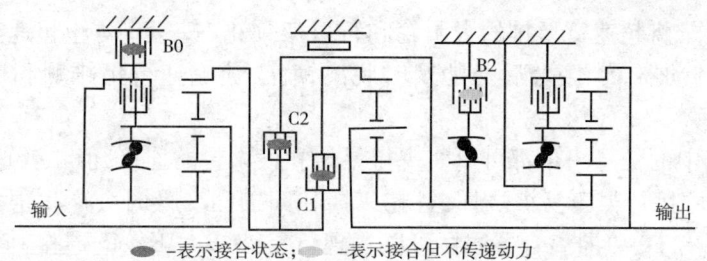

图 3-12　D 位四挡传动图

5 倒挡

倒挡时,倒挡及直接挡离合器 C2 接合,使输入轴与前后太阳轮组件连接,同时低挡及倒挡制动器 B3 产生制动,将后行星架固定。此时发动机动力经输入轴传给前后太阳轮组件,使前后太阳轮朝顺时针方向转动。由于后行星架固定不动,因此在后行星排中,后行星轮在后太阳轮的驱动下朝逆时针方向转动,并带动后齿圈朝逆时针方向转动,与前行星架和后齿圈组件连接的输出轴也随之朝逆时针方向转动,从而改变了传动方向。此时,前行星排中由于前齿圈可以自由转动,因此前行星排处于自由状态,前齿圈在前行星轮的带动下朝逆时针方向自由转动,如图 3-13 所示。

由于直接离合器 C0 在自动变速器处于超速挡之外的任一挡位(包括停车挡、空挡和倒挡)都处于接合状态,因此当发动机刚起动而油泵尚未建立起正常的油压时,直接离合器 C0 就已处于半接合状态,这样容易使其摩擦片因打滑而加剧磨损。为了防止出现这种情况,在直接离合器 C0 并列的位置上布置了一个直接单向超越离合器 F0,使超速行星排的行星架能在逆时针方向上对太阳轮产生锁止作用。在发动机刚起动并带动自动变速器输入轴转动时,它就让超速行星排的太阳轮和行星架锁止为一个整体,防止直接离合器 C0 的摩擦片在半接合状态下打滑。

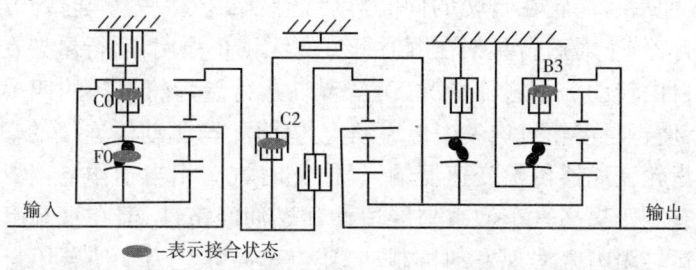

图 3-13　R 位倒挡传动图

直接单向离合器 F0 的另一个作用是改善由三挡升至超速挡的换挡平顺性,在三挡升至超速挡的换挡过程中,为了防止超速制动器 B0 和直接离合器 C0 同时接合,造成超速行星排各基本元件之间的运动干涉,必须在直接离合器 C0 完全释放后再让超速制动器 B0 接合。有可能因直接离合器 C0 释放后超速制动器 B0 来不及接合而使行星齿轮变速器出现打滑现象。直接单向离合器 F0 可以在直接离合器 C0 已释放而超速制动器 B0 尚未接合时代替直接离合器C0工作,将超速行星排的太阳轮和行星架锁止在一起,防止超速行星排出现打滑现象,并在超速制动器B0接合后又能及时脱离锁止,让超速行星排顺利进入超速挡工作状态。

C0和F0其中的任意一个都可以实现行星架和太阳轮的连接,但二者缺一不可,若去掉F0,C0离合器的摩擦片很容易被烧坏,且在三挡和四挡间变换时会产生很大的冲击。若去掉C0离合器,只有F0单向离合器同样可以实现行星架和太阳轮的连接,但在汽车滑行时,失去了发动机对车轮的制动作用。因此,二者缺一不可。理解C0和F0的工作状态,是一个难点,需要对照实物仔细分析,才能深入领会其中的道理。

在二挡以上,B2制动器都处于接合状态,在三、四挡时,B2制动器只接合,不传递动力。只从三挡的动力传动来看,B2制动器完全可以释放,没有接合的必要,但是,当由三挡降二挡时,如果没有B2制动器,当C2离合器释放时,会降至一挡,B2接合时再升入二挡。这样的换挡会产生冲击,执行元件动作频繁,造成换挡振动,加速零件的磨损。另一个三、四挡时保持B2制动器接合的原因是,B2制动器油路经过换挡阀控制后流入C2离合器,如果B2制动器油压泄掉,C2离合器将没有油压,就不会有三挡了。(此液压控制油路,再后面章节会详细讲解,暂不赘述)。

6 L_1挡和L_2挡

当汽车在行驶中处于一挡工作状态时,若驾驶人突然松开加速踏板,发动机转速将立即降至怠速。此时汽车在惯性的作用下仍以原来的车速前进,驱动轮将通过自动变速器输出轴反向带动行星齿轮变速器运转,行星齿轮机构的前行星架和后齿圈组件成为主动件,前齿圈则成为从动件。当前行星架朝顺时针方向带动前行星轮转动时,由于前齿圈转速较低,前行星轮在向顺时针方向作公转的同时也朝逆时针方向作自转,从而带动前后太阳轮组件以较高转速向顺时针方向转动,导致后太阳轮和后齿圈同时以较高的转速朝顺时针方向带动后行星齿轮转动,使后行星轮在自转的同时对后行星架产生一个顺时针方向的力矩。由于低挡单向超越离合器F1对后行星架在顺时针方向无锁止作用,后行星架在后行星轮的带动下朝顺时针方向自由转动。在这种情况下,辛普森式行星齿轮机构的四个独立元件中有两个处于自由状态,使行星齿轮机构失去传递动力的作用,与驱动轮连接的输出轴的反向驱动力无法经过行星齿轮变速器传给变速器输入轴,此时汽车相当于作空挡滑行。这种情况在一般使用条件下有利于提高汽车的乘坐舒适性和燃油经济性,但在汽车下陡坡时却无法利用发动机的怠速运转阻力来实现发动机制动,让汽车减速。为了使装用自动变速器的汽车也能实现发动机制动,必须让它的前进一挡有两种不同的选择状态,即无发动机制动和有发动机制动两种,这两种状态的选择通常通过改变自动变速器操纵手柄的位置来实现。当操纵手柄位于D位时,自动变速器的一挡处于不能产生发动机制动作用的状态,当操纵手柄位于L位或一位时,自动变速器的一挡处于能产生发动机制动作用的状态,如图3-14所示。

具有发动机制动作用的一挡是由低挡及倒挡制动器B3来实现的。当操纵手柄位于L位或1位而行星齿轮变速器处于一挡时,前进离合器C1和低挡及倒挡制动器B3处于工作状态,不论是踩下加速踏板加速或松开加速踏板滑行,后行星架都是固定不动的。因此行星齿轮变速器的传动比也都是固定不变的。当汽车滑行,发动机处于怠速工况而车速仍较高时,驱动轮在汽车惯性的作用下通过变速器输出轴和行星齿轮变速器,驱动行星齿轮变速器输入轴以原来的转速旋转,导致与行星齿轮变速器输入轴连接的变矩器涡轮的转速高于发动机曲轴连接的变矩器泵轮的转速,来自汽车驱动轮的反向驱动力通过变矩器作用于发动机曲轴。同样,发动机怠速运转的牵制阻力通过变矩器和行星齿轮变速器作用于驱动轮,使驱动轮转速下降,汽车随之减速,实现了发动机制动。

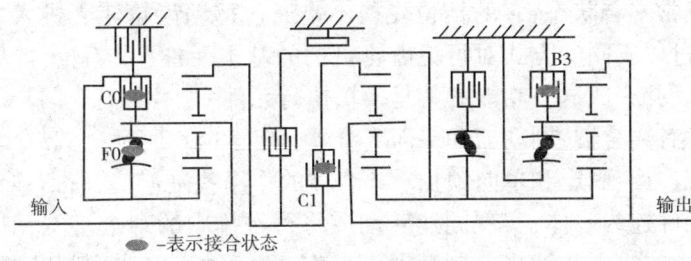

图 3-14　L 位一挡传动图

7　2 位二挡

当前进离合器 C2 和二挡制动器 B1 同时工作时,行星齿轮变速器处于二挡。此时输入轴仍经前进离合器 C2 和前齿圈连接,同时前后太阳轮组件被二挡制动器 B2 固定。发动机动力经液力变扭器和行星齿轮变速器输入轴传给前齿圈,使之朝顺时针方向转动。由于前太阳轮转速为 0,因此前行星轮在前齿圈的驱动下一方面朝顺时针方向作自转,另一方面朝时针方向作公转,同时带动前行星架及输出轴朝顺时针方向转动。此时后行星排处于自由状态,后行星轮在后齿圈的驱动下朝顺时针方向一边自转一边公转,带动后行星架朝顺时针方向空转。由此可知,二挡发动机的动力是全部经前行星排传至输出轴的。在上述二挡状态下,汽车滑行时驱动轮的反向驱动力可经过行星齿轮变速器传至发动机,即具有发动机制动作用,如图 3-15 所示。

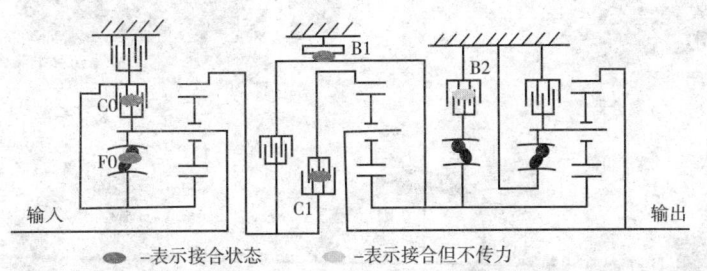

图 3-15　2 位二挡传动图

在 A341E 自动变速器的维修中,最容易出问题的地方是一些小部件的装配位置、方向和细节问题。下面对这些细节做一说明。

四 换挡执行元件

(一)换挡执行元件的结构与工作原理

行星齿轮变速器的换挡执行机构和传统的手动齿轮变速器不同,行星齿轮变速器中的所有齿轮都是处于常啮合状态,它的挡位变换不是通过移动齿轮使之进入啮合或脱离啮合来进行的,而是通过以不同的方式对行星齿轮机构的基本元件(太阳轮、行星架、齿圈)进行连接或固定来实现的,完成这一功能的就是换挡执行元件。

换挡执行元件有离合器、制动器和单向离合器,如图3-16所示。其作用分别是:使行星排的基本元件实现连接、固定和单向锁止。离合器的作用就是连接,所谓连接是指将行星排中的某两个基本元件连为一体,实现同速转动或将行星排中的某个基本元件与输入轴或输出轴连接,实现动力的输入或输出。制动器一般有两种形式,即片式制动器与带式制动器。如图3-16所示,制动器的功能是固定,所谓固定是指将某个基本元件与变速器壳体连为一体,使之被固定不能旋转。片式制动器一般是钢片的外花键与变速器壳体连接,摩擦片的内花键一般连接某一元件;带式制动器的制动带,一端被固定,另一端顶在活塞杆上,如图3-16所示。单向离合器的作用是单向锁止,所谓单向锁止是指某两个基本元件之间或基本元件与壳体之间只能单方向锁止,当与之相连的元件受力方向与锁止方向相同时,该元件被固定或连接;当受力方向与锁止方向相反时,该元件被释放或脱离连接。离合器与制动器的工作都需要液压油的控制,受控于阀体中的液压控制系统,而单向离合器是否工作,与液压系统无关,是机械性的。

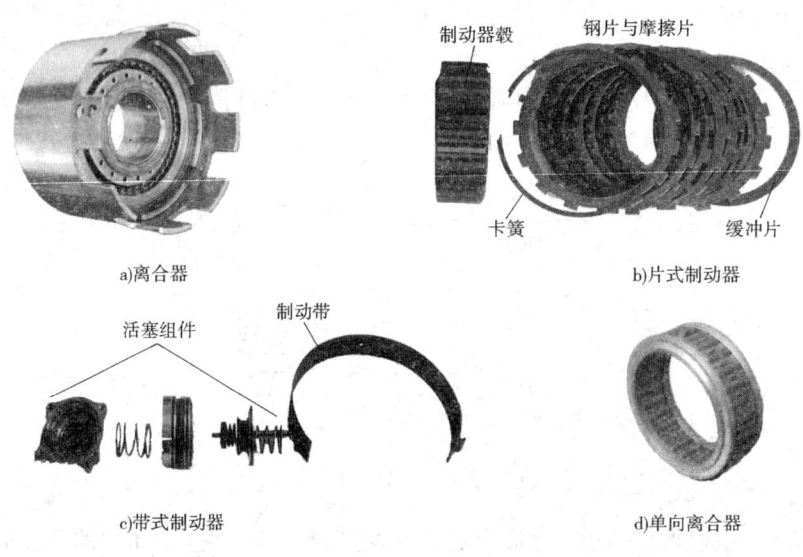

图3-16 换挡执行元件

(二)离合器的结构、原理与检修

离合器的作用是连接或分离,即将行星齿轮变速器的输入轴和行星排的某个基本元件连接或分离,或将行星排的某两个基本元件连接在一起或分离开,使之成为一个整体。它是自动变速器中最重要的换挡执行元件之一。作为自动变速器换挡执行元件的离合器是一种多片湿式离合器,它通常由离合器鼓、离合器活塞、复位弹簧、弹簧座、一组钢片、一组摩擦片、调整垫片、离合器毂及几个密封圈组成,如图3-17所示。

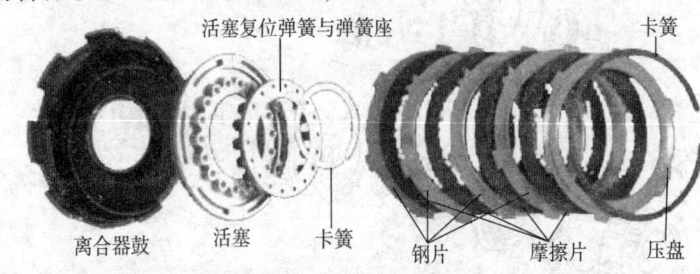

图3-17 离合器的分解

离合器活塞安装在离合器鼓内。它是一种环状活塞,由活塞内外圆的密封圈保证其密封,从而和离合器鼓一起形成一个封闭的环状液压缸,并通过离合器鼓内圆轴颈上的进油孔和控制油道相通。钢片和摩擦片交错排列,两者统称为离合器片。钢片的外花键齿安装在离合器鼓的内花键齿槽上,可沿齿圈键槽作轴向移动;摩擦片由其内花键齿与离合器毂的外花键齿连接,也可沿键槽作轴向移动。摩擦片的两面均为摩擦因数较大的铜基粉末冶金层或合成纤维层,如图3-18所示。

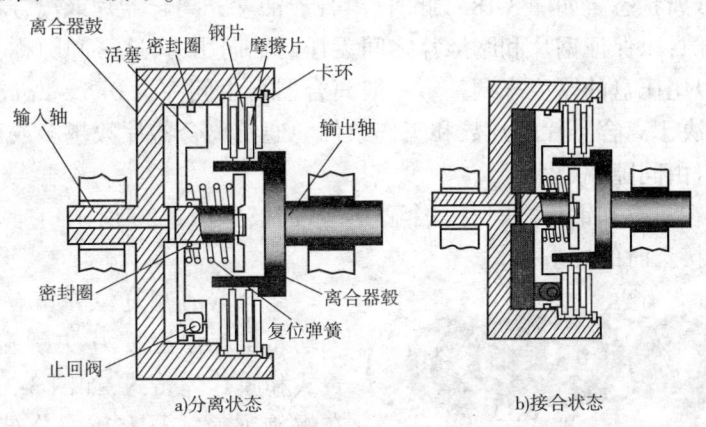

a)分离状态　　　　b)接合状态

图3-18 离合器结构图

离合器鼓或离合器毂分别以一定的方式和变速器输入轴或行星排的某个基本元件相连接,一般离合器鼓为主动件,离合器毂为从动件(图3-18b),有的也把离合器鼓做从动件。当来自控制阀的液压油进入离合器液压缸时,作用在离合器活塞上的液压油的压力推动活塞,使之克服复位弹簧的弹力而移动,将所有的钢片和摩擦片相互压紧在一起;钢片和摩擦片之间的摩擦力使离合器鼓和离合器毂连接为一个整体,分别与离合器鼓和离合器毂连接的输入轴或行星排的基本元件也因此被连接在一起,此时离合器处于接合状态,如图3-18b)所示。

离合器各部件的安装位置及装配关系如图3-19所示。请读者注意离合器鼓与离合器毂的区别。与摩擦片内花键连接的,位于离合器片内侧的是离合器毂;而与钢片外花键连接的,一般作为离合器外壳体的是离合器鼓,不可混为一谈。离合器鼓与离合器毂都可作为主动件或从动件,不能一概而论。

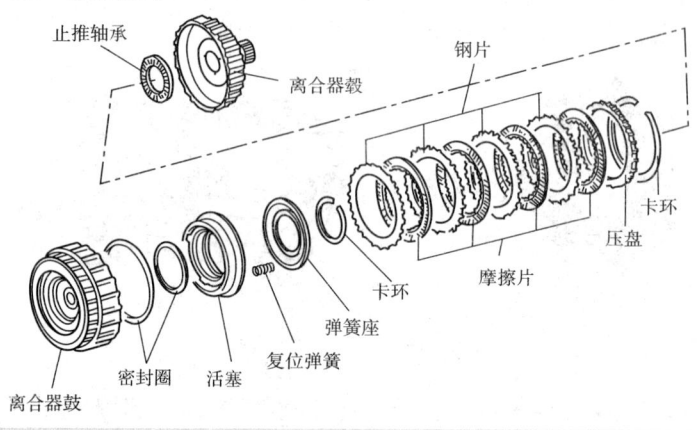

图3-19 离合器的组成

当液压控制系统将作用在离合器液压缸内的液压油的压力解除后,离合器活塞在复位弹簧的作用下压回液压缸的底部,并将液压缸内的液压油从进油孔排出。此时钢片和摩擦片相互分离,两者之间无压力,离合器鼓和离合器毂可以朝不同的方向或以不同的转速旋转,离合器处于分离状态。如图3-18a)此时,离合器活塞和离合器片或离合器片与卡环之间有一定的轴向间隙,以保证钢片和摩擦片之间无任何轴向压力,这一间隙称为离合器的自由间隙,其大小可以用压盘的厚度来调整。一般离合器自由间隙为0.5~2mm,离合器自由间隙标准的大小取决于离合器片的片数和工作条件。通常离合器片数越多或该离合器的交替工作越频繁,其自由间隙就越大。

有些离合器在活塞和钢片之间有一个碟形缓冲片,如图3-20所示,它具有一定的弹性,可以减缓离合器接合时的冲击力。

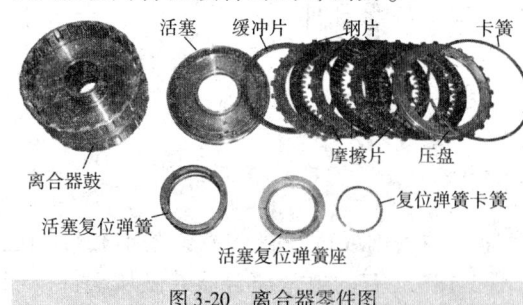

图3-20 离合器零件图

离合器活塞复位弹簧有四种形式,即圆周均布螺旋弹簧式、中央螺旋弹簧式、波形弹簧式和膜片弹簧式,如图3-21所示。圆周均布螺旋弹簧式具有压力分布均匀、轴向尺寸小、成本低等优点,为绝大多数自动变速器的离合器所采用;其缺点是要占据较大的径向空间。中央螺旋弹簧式的轴向尺寸较大,而且压力分布不够均匀,因此较少采用。膜片弹簧式是采用一个由薄弹簧钢板制成的碟形膜片弹簧作为离合器活塞的复位弹簧,膜片弹簧的外圆被一个卡环固定在离合器鼓上,以此作为膜片弹簧工作的支点,并依靠自身的弹力使内圆端面压在离合器活塞上,从而使活塞靠向离合器鼓液压缸的底部,此时离合器处于分离状态;当液压油进入液压缸推动活塞时,膜片弹簧的内圆端面被活塞压向离合器压盘,使膜片弹簧变形,并通过膜片弹簧内外圆之间的一个环形部分推压离合器压盘,将离合器片压紧在一起。由于活塞的推力是通过膜片弹簧传给离合器压盘的,因此此时膜片弹簧相当于一个支点位于离合器鼓上的杠杆。根据杠杆原理,作用在离合器压盘上的压力将大于液压油作用在离合器活塞上的压力。因此,膜片弹簧式可以允许活塞有较小的尺寸。

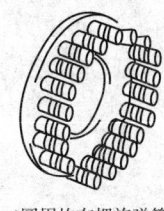  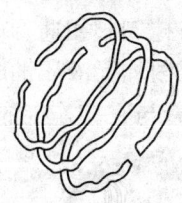 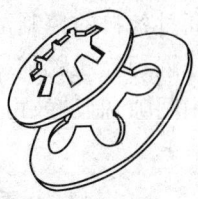

a)圆周均布螺旋弹簧　　b)中央螺旋弹簧　　c)波形弹簧　　d)膜片弹簧

图 3-21　活塞复位弹簧的类型

离合器处于分离状态时,其液压缸内仍残留有少量液压油。由于离合器鼓是随同变速器输入轴或行星排某一基本元件一同旋转的,残留在液压缸内的液压油在离心力的作用下会被甩向液压缸外缘处,并在该处产生一定的油压。若离合器鼓的转速较高,这一压力有可能推动离合器活塞压向离合器片,使离合器处于半接合状态,导致钢片和摩擦片因互相接触摩擦而产生不应有的磨损,影响离合器的使用寿命,为了防止这种情况出现,在离合器活塞或离合器鼓的液压缸壁面上设有一个由钢球组成的止回阀。当液压油进入液压缸时,钢球在油压的推动作用下压紧在阀座上,止回阀处于关闭状态,保证了液压缸的密封;当液压缸内的油压被解除后,止回阀的钢球在离心力的作用下离开阀座,使止回阀处于开启状态,残留在液压缸内的液压油在离心力的作用下从止回阀的阀孔中流出,保证了离合器彻底分离,如图 3-22 所示。

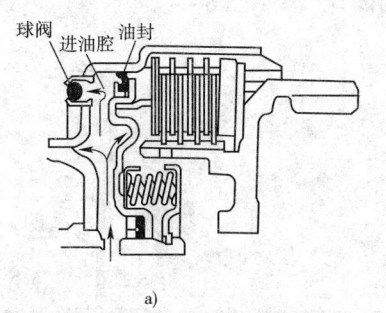 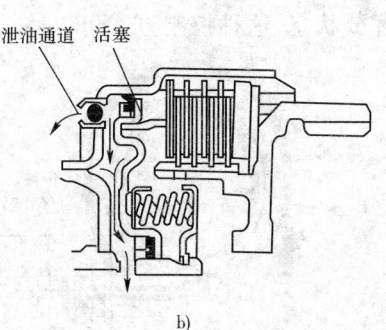

a)　　　　　　　　　　　　　　　b)

图 3-22　离合器止回阀工作原理

(三) 制动器工作原理与检修

制动器的作用是将行星排中的太阳轮、齿圈、行星架这三个基本元件之一加以固定,使之不能旋转。目前最常见的是带式制动器和片式制动器两种。

1 带式制动器结构与检修

带式制动器又称制动带，它由制动鼓、制动带、液压缸及活塞组成，如图 3-23 所示。制动鼓与行星排的某一基本元件连接，并随之一同旋转。制动带的一端支承在变速器壳体上的制动带支架或制动带调整螺钉上，另一端与液压缸活塞上的推杆连接。制动带内表面为一层摩擦系数较高的摩擦片；液压缸被活塞分隔为施压腔和释放腔两部分，如图 3-24 所示。分别通过各自的控制油道与控制阀相通；制动带的工作由作用在活塞上的液压油压力控制：当液压缸的施压腔和释放腔内均无液压油时，带式制动器不工作，制动带与制动鼓之间有一定自由间隙，制动鼓可以随着与它相连接的行星排基本元件一同旋转。

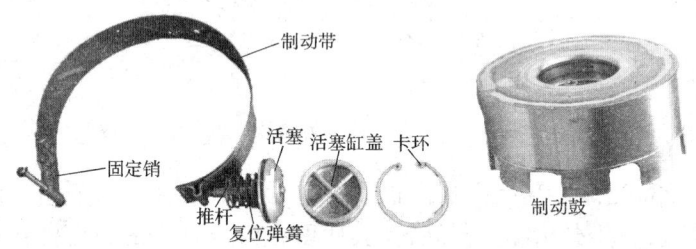

图 3-23 带式制动器与制动鼓

当液压油进入制动器液压缸的施压腔时，作用在活塞上的液压油压力推动活塞，使之克服复位弹簧的弹力移动，活塞上的推杆随之向外伸出，将制动带箍紧在制动鼓上，于是制动鼓被固定住而不能旋转，此时制动器处于制动状态。在制动器处于制动状态，且有液压油进入液压缸的释放腔时，由于释放腔一侧的活塞面积大于施压腔一侧的活塞面积，活塞两侧所受的液压油压力不相等，释放腔一侧的压力大于施压腔一侧的压力，因此活塞在这一压力差及复位弹簧弹力的共同作用下向后移，推杆随之回缩，制动带被放松，使制动器由制动状态转变成释放状态，这种控制方式可以使控制系统得到简化，参照图 3-24。

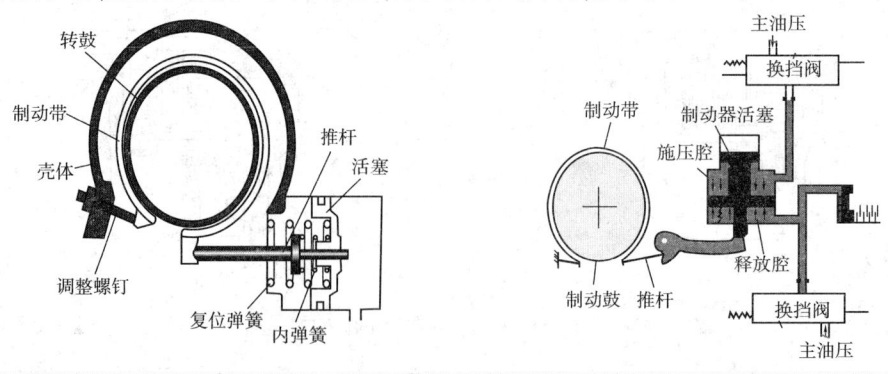

图 3-24 带式制动器

带式制动器的检修：
（1）外观检查。检查制动带摩擦片表面是否有剥落、烧蚀等缺陷，检查制动带磨损是否均匀,检查摩擦材料上印刷的数字是否磨掉,如有上述现象之一,应更换制动带。

(2)检查制动带摩擦片表面含油能力。擦净制动带摩擦片上的油,然后用手指轻压制动带摩擦面,应有油溢出,如轻压后无油溢出,说明制动带摩擦表面含油能力下降,应更换,否则易烧蚀和造成制动鼓干磨。拆检修理带式制动器时,不要将制动带随意展平或叠压,以免造成摩擦表面的裂纹剥落等;不要将制动带随意弯曲或扭转,以免造成制动带变形,安装时不能复位,使配合间隙发生变化,造成制动器工作不良。

(3)制动鼓的检查。检查制动鼓表面是否磨损严重,是否有烧蚀,如磨损严重或有烧蚀,应更换制动鼓。

(4)安装制动带时一定要检查自由间隙,间隙过小会造成换挡冲击和摩擦片和制动鼓之间分离不彻底,间隙过大易造成制动带打滑,因此间隙的调整在检修制动器重新安装时是十分必要的,调整时可将调整螺钉松开,先使制动带完全抱死,然后将调整螺钉退回1.5～2.5圈锁死。对倒挡的制动带,因油压较高,制动带与制动鼓的间隙应稍大些,一般是扭紧后将调整螺钉退回五圈锁死。具体车型要遵照维修手册,按说明操作。

(5)带式制动器组装后,可用400～800kPa的气压向伺服缸内打气,此时制动带应抱紧制动鼓。

2 片式制动器的工作原理与检修

片式制动器由制动器鼓、制动器活塞、复位弹簧、钢片、摩擦片及制动器毂等组成。它的工作原理和多片湿式摩擦离合器基本相同,但片式制动器的制动鼓(相当于离合器鼓)是固定在变速器壳体上的(图3-25)。钢片通过外花键齿安装在固定于变速器壳体上的制动鼓内,或直接安装在变速器壳体上的内花键齿槽中;摩擦片则通过内花键齿和制动毂上的外花键齿连接。当制动器不工作时,钢片和摩擦片之间没有压力,制动器毂可以自由旋转当制动器工作时,来自控制阀的液压油进入液压缸中,油压作用在制动器活塞上,推动活塞将制动器摩擦片和钢片紧压在一起,与行星排某一基本元件连接的制动器毂就被固定住而不能旋转。

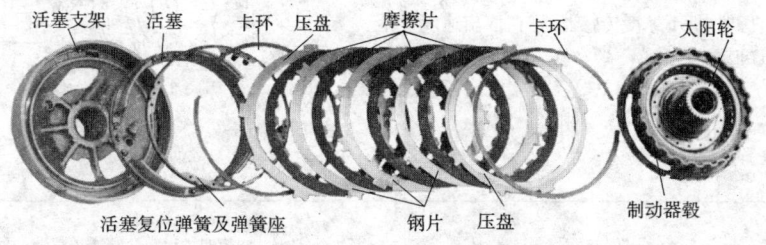

图3-25 片式制动器分解图

(四)单向离合器的工作原理与检修

自动变速器使用的单向离合器主要有两种:滚柱式和楔块式。其结构与工作原理书中已述及,这里不再赘述。

任务实施

A341E 自动变速器分解

分解步骤	操作流程
(1) 拆卸挡位控制轴杠杆	
(2) 拆卸空挡起动开关：拆下调整螺钉，打开锁紧垫圈，取下螺母，拆下空挡起动开关	
(3) 拆下速度传感器：拆下速度传感器螺钉，取出速度传感器及其上的 O 形密封圈	
(4) 拆下 O/D 挡直接离合器速度传感器	

续上表

分解步骤	操作流程
（5）拆卸自动变速器前壳体： 拆下节气门拉索固定夹子，拆下前壳体固定螺栓，取下变速器前壳体	前壳体、拉索固定螺钉、节气门拉索
（6）用专用工具拆下输出轴大螺母，取下传动凸缘	输出轴、后壳体、传动凸缘、花键
（7）拆卸后壳体：拆下固定后壳体的6个螺钉，用铜棒振动，取下后壳体	
（8）拆卸速度表主动齿轮和传感器转子：取下卡环、速度表主动齿轮、钢球、传感器转子、半圆键及卡环	速度表主动齿轮、输出轴、传感器转子
（9）拆卸油底壳：不能翻转油底壳向上，否则油杂质会进入阀板；拆下19个固定螺钉，用专用工具插入油底壳体间，取下油底壳，分析油底壳内的杂质，从而分析变速器零件的磨损情况	SST、油底壳

续上表

分解步骤	操作流程
(10)拆卸滤清器：翻转变速器向上，拆下3个固定螺钉，取下滤清器	（壳体、滤清器、阀体）
(11)拆卸电磁阀导线：拧下两个螺钉，取下导线夹子，拆下4个插头，从壳体上拆下接线端子固定板，拉出导线，取下O形密封圈	（电池阀、夹子、线束）
(12)拆卸节气门拉索：从凸轮上拆下拉索，从壳体上拆下拉索及密封圈。	（节气门拉索、凸轮、节气门拉索）
(13)拆卸阀体：松开固定阀体的20个螺钉，拆下阀体	
(14)取出止回阀：注意弹簧	（止回阀体、弹簧）

续上表

分解步骤	操作流程
(15)拆下蓄压缓冲器:B0、C2、B2、C0 取下所有活塞上的O形密封圈	
(16)拆卸停车锁杆和棘爪:拆下停车锁杆支架,拆下停车锁杆。取下停车锁杆,取下弹簧,拉出棘爪轴,拆下棘爪	
(17)拆卸变速器控制轴:敲开锁套,使用冲子取出弹簧销,拉出手动阀摇杆轴,取出手动阀摇杆,拆下壳体油封	
(18)拆卸油泵:拆卸7个螺钉,在专用孔上拧上螺钉取下油泵,从油泵上取下滚道。取出油泵上的O形密封圈	

续上表

分解步骤	操作流程
(19)拆卸超速传动行星齿轮排:取下齿圈,齿圈与行星架之间的推力轴承及滚道	超速行星排
(20)检查超速传动制动器活塞行程,拆卸超速传动制动器B0:取卡环、压盘、4个钢片、4个摩擦片	SST
(21)拆下超速传动支座的两个固定螺钉:取下卡环,使用专用工具,取下超速传动支座总成,从支座上取下滚道	SST
(22)拆卸制动器B1,取下卡环,从进油孔处加压缩空气,吹出B1盖、活塞总成及弹簧、O形密封圈	活塞 弹簧 盖
(23)拆卸离合器C1、C2:取下推力轴承与滚道,拆下C1及止推垫、推力轴承	前进离合器 倒、高挡离合器

续上表

分解步骤	操作流程
(24) 拆卸制动带 B1:拆下销子上的小卡环,取出销子,从壳体上取下制动带 B1	
(25) 拆卸前行星排齿圈:取下滚道及推力轴承	
(26) 拆卸输出轴:用卡环钳,在前行星架前取出卡环,从壳体后端取出输出轴	
(27) 取出前行星齿轮架:取出推力轴承及前行星齿轮架	
(28) 拆卸太阳轮和单向离合器 F1:取出太阳轮与 F1,取出止推垫圈	

续上表

分解步骤	操作流程
(29)拆卸 B2 制动器摩擦片总成:取出卡环、压盘、摩擦片、钢片、活塞传动套	
(30)拆卸 B2、B3 后行星排:取下卡环,先装上输出轴,从前端取出 B2、B3 后行星排	
(31)取出推力轴承:从壳体上取出片簧	
(32)拆卸制动器 B2 进油管及油封	
(33)取出齿圈后轴承	

拆下的所有零件用煤油或柴油洗干净,用压缩空气吹干。新摩擦片、制动带浸泡在油中45min以上,更换所有O形密封圈,所有零件要涂上ATF再安装。

【学生活动工作页】

计划与实施PART1

习作名称:汽车自动变速器安装。
习作时间:4课时。
学习目标:

(1)认识并熟悉A341E自动变速器各部分零部件名称及安装位置。
(2)重点掌握A341E自动变速器组装程序、技巧、注意事项。
(3)进一步了解辛普森传动的特点。

查找与补充:

自动变速器在组装前,所有零件均已清洗干净,各离合器、制动器、阀板、油泵总成均已装配好,并调整好后进行。更换所有的密封圈与密封环,安装止推轴承、垫片、密封环时,可涂上少量润滑脂或凡士林,以免滑落。安装时特别注意止推轴承、止推垫片和滚道的位置、方向,不能乱,如图3-26所示。

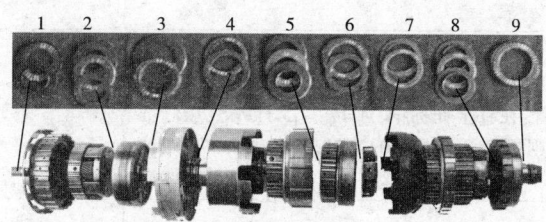

图3-26 止推轴承与滚道的位置

测量并填写以上各道轴承与滚道的尺寸规格:

单位:mm

序号	名称	前滚道		止推轴承		后滚道	
		内径	外径	内径	外径	内径	外径
1	油泵后止推轴承						
2	超速排齿圈前止推轴承						
3	超速排齿圈后止推轴承						
4	B0活塞支架后止推轴承						
5	前齿圈前止推轴承						
6	前齿圈后止推轴承						
7	前太阳轮前止推轴承						
8	后齿圈前止推轴承						
9	后齿圈后止推轴承						

学生工作任务卡：

进厂编号		牌照号码		厂牌车型		施工日期	
VIN 码		发动机号		组别		组长	

工作程序指引及记录内容	完成打"√"
（1）各部件总成装配好，止推轴承及垫位置要正确。安装 B2 制动器导油管，安装片簧，安装第 9 道推力轴承	
（2）将后行星排总成、制动器 B3 压盘（紧挨齿圈）7 个钢片、摩擦片及制动器 B2 活塞支架组装成一体。装到输出轴上，放入箱体内。 注意：B2 进油孔与壳体油孔对正，装上卡环。 检查制动器 B3 的间隙：0.7～1.22mm。否则更换压盘，8 种规格号码越大厚度越小	
（3）安装 B2 活塞传动套、钢片、摩擦片，最后安装压盘卡环 检查 B2 间隙：0.62～1.98mm，否则更换压盘。装止推垫，装太阳轮及太阳轮鼓	
（4）将滚道及推力轴承装入前排行星架上，装到太阳轮上，将卡环装到输出轴上。装上推力轴承及滚道，装齿圈到行星架上。安装 B1 制动带。装推力轴承与滚道到 C1 上，将止推垫装到 C2 上	
（5）将 C1、C2 装到一起，再装到变速器上。这一步不易装到位，将变速器倒转竖起来，托住 C2，较易装到位。安装制动器 B1 活塞、推杆、弹簧、活塞盖、卡环。检查 B1 活塞行程：在杆上作标记，通 172～241kPa 气压测推杆行程应为 2.0～3.0mm，否则更换活塞杆，70.7、71.4、72.2、72.9 四种长度	
（6）安装超速排支架；安装止推垫、轴承。将油道孔对正安装，拧止壳体螺钉，安装卡环、压盘、钢片、摩擦片、压盘卡环。测量 B0 活塞行程：用 L 型顶杆百分表测，通 172～241kPa 气压，行程为 1.75～2.05mm，否则换压盘	
（7）安装推力轴承到支架前，齿圈前滚道安装到行星架后面，将推力轴承装到行星齿轮上，将超速行星排装入壳体内。更换油泵 O 形密封圈，将滚道装在油泵后端，安装油泵到壳体上，对正螺栓孔，拧紧 7 个螺栓	
（8）更换手动阀轴杆油封，安装手动阀摇杆轴，插上弹簧销子并锁紧，安装停车锁杆，安装 P 挡锁定爪扭簧，锁定架拧紧 3 个螺钉，拧紧力矩为 7N·m。更换 C0 蓄压器 O 形密封圈，安装活塞弹簧，内簧（白）、外簧（白橙）盖，双弹簧	
（9）B2 制动器蓄压器弹簧（白蓝），换 O 形密封圈，装活塞。 C2 弹簧离合器蓄压器（内白蓝，外白红）双弹簧，更换 O 形密封圈装上活塞。 B0 制动器蓄压器弹簧（白蓝），换 O 形密封圈装活塞。 安装止回阀及弹簧。 安装阀体，20 个螺钉拧紧力矩为 10N·m。 安装节气门拉索。 安装电磁阀导线，接电磁阀插头，安装导线固定夹、滤清器 3 个螺钉	

续上表

进厂编号		牌照号码		厂牌车型		施工日期	
VIN 码		发动机号		组别		组长	
工作程序指引及记录内容							完成打"√"
(10)油底壳上涂上密封胶,磁铁放到油底内,安装油底壳19个螺钉,拧紧力矩为8N·m。安装传感器转子,车速表齿轮:装上半圆键,车速传感器转子钢球,速度表主动齿轮卡环。 安装后壳体:涂上密封胶,安装后壳体,拧紧6个螺钉,拧紧力矩为34N·m。 安装前壳体:拧紧螺钉,安装节气门拉索夹子。 安装OD直离合器速度传感器,更换新O形密封圈,涂上ATF安装,安装速度传感器,换O形密封圈							
(11)安装空挡起动开关,在N挡位置,对上空挡线,拧紧螺母及控制轴杠杆。 所有零件在装入箱体时,都涂上ATF,需要注意,在安装B2制动器活塞外的卡环时,注意其方向性,有倒角的面向外装,否则,B2制动器活塞不能工作,汽车不能升入二挡							
(12)记录工作过程中出现的情况							
(13)记录执行6S现场管理工作过程情况							
备注							
指导教师评语					签名		

壳体油道如图3-27所示。

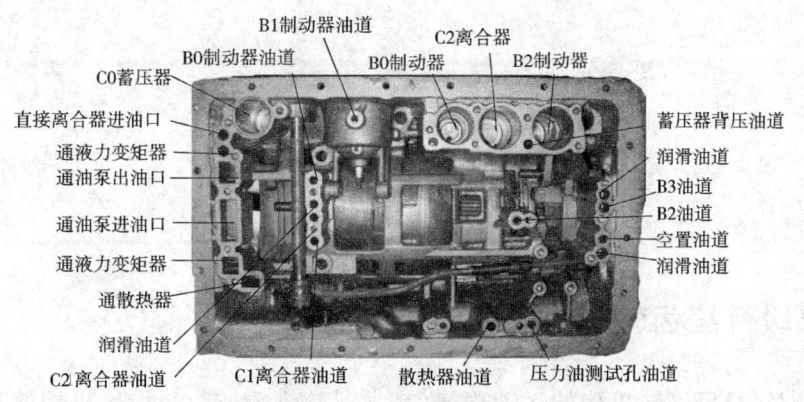

图3-27　壳体油道

项目三　齿轮变速机构的检修

任务二　拉维娜式齿轮变速机构的检修

拉维娜式齿轮变速机构，是一种复合式的行星齿轮机构，它由一个单级行星齿轮排和一个双级行星齿轮排组合而成，如图 3-28 所示：大太阳轮和长行星轮、行星架、齿圈共同组成一个单级行星齿轮排；小太阳轮、短行星轮、长行星轮、行星架和齿圈共同组成一个双级行星齿轮排。两个行星排共用一个齿圈和一个行星架。因此，它共有四个独立元件，即大太阳轮、小太阳轮、行星架和齿圈。这种行星齿轮机构具有结构简单、尺寸小、传动比变化范围大、灵活多变等特点。在 20 世纪 70 年代就开始应用于许多汽车的自动变速器上，特别是前轮驱动的汽车，如大众、福特、马自达等车型。可以实现 3 个或 4 个前进挡。由一个拉维娜式行星齿轮机构和一个单排行星齿轮组合可以实现 5、6、7、8 等多个前进挡，这就是在后面介绍的组合式齿轮变速机构。本任务首先学习拉维娜式齿轮变速机构。

在学习拉维娜齿轮变速机构前，首先要掌握双级行星齿轮机构的运动规律。

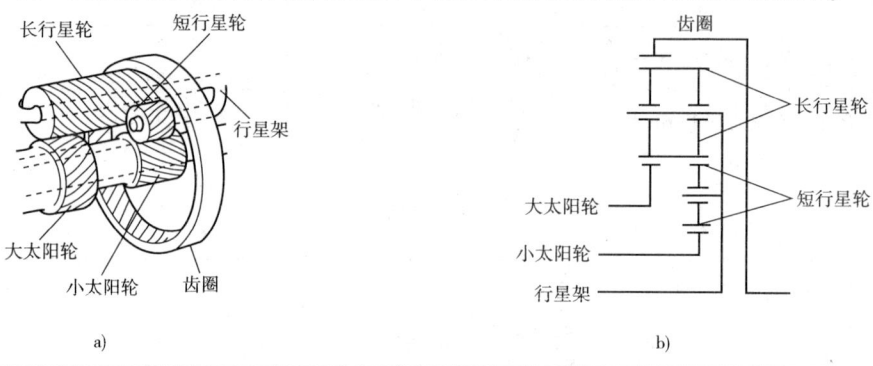

图 3-28　拉维娜齿轮变速机构

一　单排双级行星齿轮机构及其运动规律

掌握单排双级行星齿轮机构的运动规律，是学习拉维娜式行星齿轮机构的基础，如图 3-29、图 3-30 所示。

单排双级行星齿轮机构有三个基本元件：太阳轮、齿圈和行星架。在太阳轮与齿圈之间有两组行星轮，行星轮1和行星轮2。两组行星轮共用一个行星架。行星轮是不用做动力输入或输出的元件，只起到中间传力作用（惰轮）。三个基本元件，如果没有固定元件，将任意两个元件作为动力输入和输出均不能传递动力。

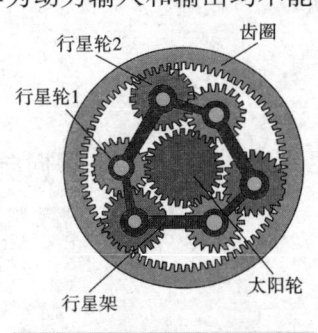

图3-29 双级行星齿轮机构

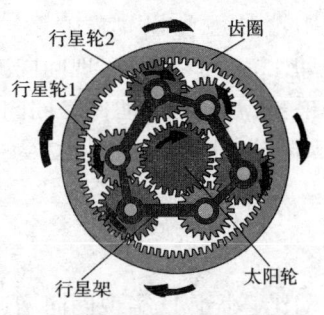

图3-30 行星架固定

为了组成具有一定传动比的传动机构，必须将太阳轮、齿圈和行星架这三个元件中的一个加以固定，或者将某两个基本元件互相连接在一起，即两者同速转动，才能获得一定的传动比。其运动方程是：

$$n_1 - \alpha n_2 = (1-\alpha) n_3$$

式中：n_1——太阳轮转速；

n_2——齿圈转速；

n_3——行星架转速；

α——齿圈与太阳轮齿数比。

下面讨论单排双级行星齿轮机构的运动规律，如图3-31所示。

（1）将行星架3固定，以太阳轮1为主动件，齿圈2为从动件，则行星齿轮的轴线也被固定，行星齿轮只能自转，不能公转。可获得减速传动，传动比i为：

$$i = n_1/n_2 = \alpha$$

由于行星架3固定，所以$n_3 = 0$

由于齿圈的齿数z_2，大于太阳轮的齿数z_1，因而这一传动比的数值α要大于1。

实验结果：从动件与主动件是同向、减速传动，如图3-30所示。

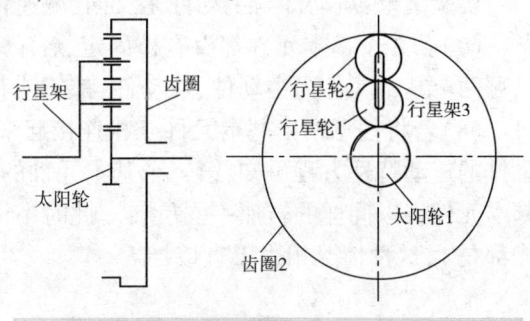

图3-31 单排双级行星齿轮传动示意图

（2）将行星架3固定，以齿圈2为主动件，太阳轮1为从动件，即可获得增速传动，其传动比i为：

$$i = n_2/n_1 = 1/\alpha$$

由于行星架3固定，所以$n_3 = 0$

由于太阳轮的齿数z_1小于齿圈的齿数z_2，因而α大于1，所以$1/\alpha$小于1。可实现同向增速传动。

实验结果:从动件与主动件是同向、增速传动,如图 3-30 所示。

(3)将太阳轮 1 固定,以行星架 3 为主动件。齿圈 2 为从动件,此时传动比 i 为:

$$i = n_3/n_2 = \alpha/(\alpha - 1)$$

由于太阳轮固定,所以 $n_1 = 0$。

这一传动比 i 大于 1,可实现同向减速传动,如图 3-31 所示。

实验结果:从动件与主动件是同向、减速传动。

(4)将太阳轮 1 固定,以齿圈 2 为主动件,行星架 3 为从动件,即可获得同向增速传动,传动比 i 为:

$$i = n_2/n_3 = (\alpha - 1)/\alpha$$

这一传动比 i 小于 1,实现同向增速传动。

实验结果:从动件与主动件是同向、增速传动,如图 3-32 所示。

(5)将齿圈 2 固定,行星架 3 主动,太阳轮 1 从动。传动比 i 为:

$$i = n_3/n_1 = 1/(1 - \alpha)$$

由于 α 大于 1,$1 - \alpha$ 小于 0,此传动比小于 1,表示输出与输入转向相反。

实验结果:从动件与主动件是反向、增速传动,如图 3-33 所示。

(6)将齿圈 2 固定,太阳轮 1 主动,行星架 3 从动,可获得减速传动,传动比 i 为:

$$i = n_1/n_3 = 1 - \alpha$$

由于齿圈固定,所以 $n_2 = 0$,此传动比小于 0。

实验结果:从动件与主动件是反向、减速传动,如图 3-33 所示。

(7)若 3 个基本元件都没有被固定,各个基本元件都可以自由转动,则此时该机构不论以哪两个基本元件为主动件、从动件,都不能获得动力传递,处于空挡状态。

(8)若将任意两个基本元件互相连接起来,也就是说使 n_1 等于 n_2 或 n_2 等于 n_3,则由行星排的运动特性方程可知,第三个基本元件的转速必与前两个基本元件的转速相同,即 3 个基本元件将以同样的转速一同旋转。此时不论以哪两个基本元件为主动件、从动件,其传动比都是 1,这种情况相当于直接挡。

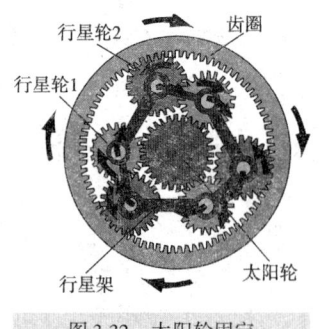

图 3-32 太阳轮固定

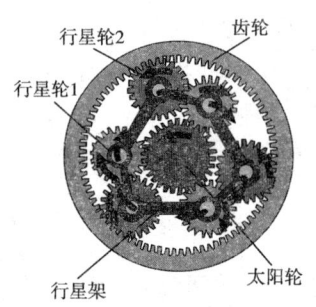

图 3-33 齿圈固定

以上是单排双级行星齿轮运动规律分析,为便于记忆,可归纳如下:

(1)只要齿圈主动,无论哪个固定,均为同向、增速传动;
(2)只要齿圈从动,无论哪个固定,均为同向、减速传动;
(3)只要齿圈固定,无论哪个主动,均为反向传动,可实现倒挡;
(4)任意两元件连为一体,可实现同向等速传动,传动比为1,直接挡。
(5)无固定元件,为空挡。

大众01N自动变速器的挡位分析

大众01N自动变速器外形、结构及传动如图3-34～图3-37所示。

图3-34　01M和01N自动变速器外形

图3-35　大众01N型自动变速器实物结构图

在图3-37中,当液力变矩器中没有锁止离合器时,K3离合器直接与液力变矩器泵轮通过花键连接,K3离合器兼起锁止离合器的作用。液力变矩器中安装锁止离合器的变速器,K3与变矩器涡轮连接,将涡轮动力传给行星架。下面首先认识各个换挡执行元件:

K1——一挡/三挡离合器,K1接合可以将输入轴动力传入小太阳轮,如图3-38所示。

K2——倒、高挡离合器,K2接合可以将动力传入大太阳轮,如图3-39所示。

K3——高挡离合器,将动力传入行星架(没有锁止离合器的K3输入轴与泵轮连接),如图3-40所示。

B1——低、倒挡制动器,B1接合可以固定行星架。

B2——二挡/四挡制动器,B2 接合可以固定大太阳轮。
F——一挡单向离合器,阻止行星架逆时针转动。

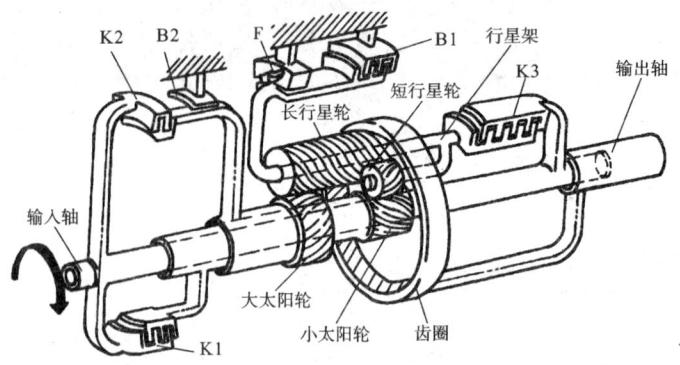

图 3-36 传动图

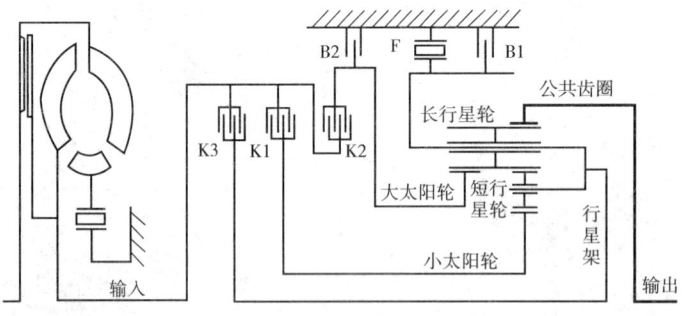

图 3-37 挡位传动简图

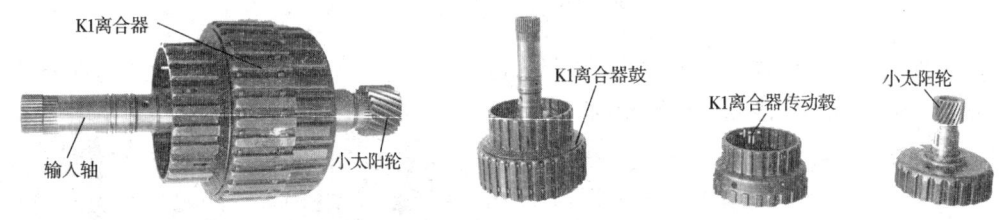

图 3-38 一挡/三挡离合器

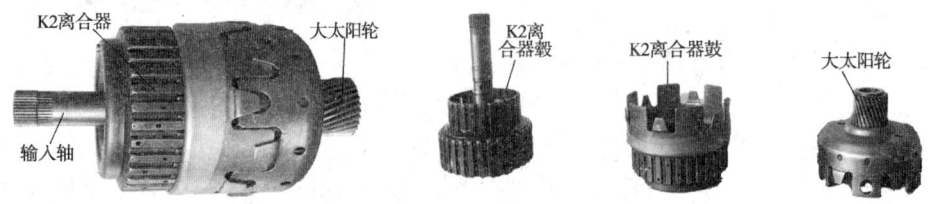

图 3-39 倒挡/高挡离合器

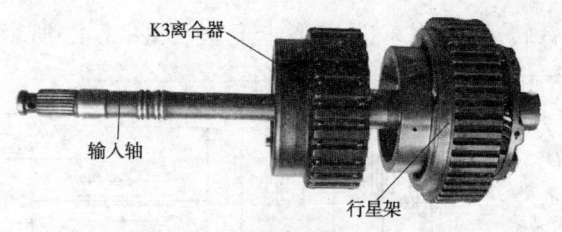

图 3-40　高挡离合器

01N 型自动变速器换挡执行元件工作情况见表 3-2。

01N 型自动变速器换挡执行元件工作情况表　　　　表 3-2

换挡手柄位置	挡位	换挡执行元件					
		K1	K2	K3	B1	B2	F
D	D1	●					●
	D2	●				●	
	D3	●	●	●			
	D4			●		●	
三挡	一挡	●					●
	二挡	●				●	
	三挡	●	●	●			
二挡	一挡	●					●
	二挡	●				●	
一挡	一挡	●			●		
R	倒挡		●		●		

●—表示换挡执行元件处于接合状态。

各挡位动力传递路线分析如下。

（1）D1 挡：K1、F 工作。

当离合器 K1 接合时，将输入轴的动力传到小太阳轮，小太阳轮顺时针转动，由于齿圈与输出轴连接，汽车起步时阻力大，使行星架有逆时针转动的趋势，单向离合器 F 阻止行星架逆时针转动，因此，行星架被固定。小太阳轮顺时针转动，与之相啮合的短行星轮逆时针转动，使长行星轮顺时针转动，齿圈与长行星轮是内啮合，因此，齿圈也作顺时针转动。根据单排双级行星齿轮的运动规律，此时，齿圈是做减速运动，完成一挡的动力传递，如图 3-41 所示。

动力传递路线：

涡轮轴→离合器 K1→小太阳轮→短行星齿轮（自转）→长行星齿轮（自转）→齿圈。

（2）D2 挡：K1、B2 工作。

D2 挡是在 D1 挡的基础上，增加 B2 制动器，将大太阳轮固定，使齿圈加速转动。在 D1 挡时，大太阳轮作逆时针空转。D2 挡时，由于大太阳轮固定，使长行星轮开始绕着大太阳轮作公转，从而，行星架作顺时针转动，使单向离合器 F 自动脱开传力，是行星架的顺时针转动,加速了齿圈的顺时针转动,使汽车进入 D2 挡行驶,如图 3-42 所示。

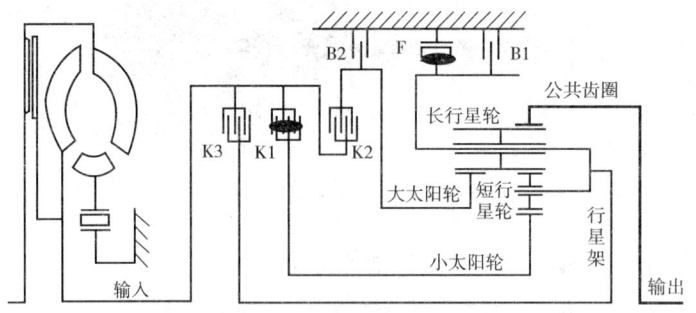

图 3-41　D1 挡传递路线

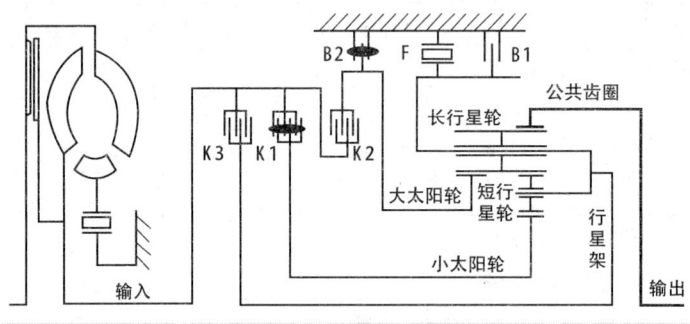

图 3-42　D2 挡传递路线

动力传递路线:涡轮轴→离合器 K1→小太阳轮→短行星齿轮(自转且公转)→长行星齿轮(自转且公转)→齿圈。

(3)D3 挡:K1、K2(或 K3)工作。

K1 将动力传到小太阳轮,由于齿圈接输出轴阻力大,使行星架有逆时针转动的趋势;K2 将动力传到大太阳轮,使行星架有顺时针转动的趋势,因此,行星架不能转动,即行星轮、太阳轮、齿圈都没有相对运动,只能作为一个整体一同旋转,动力如何输入即如何输出,实现同向等速传动——直接挡,传动比等于 1,如图 3-43 所示。

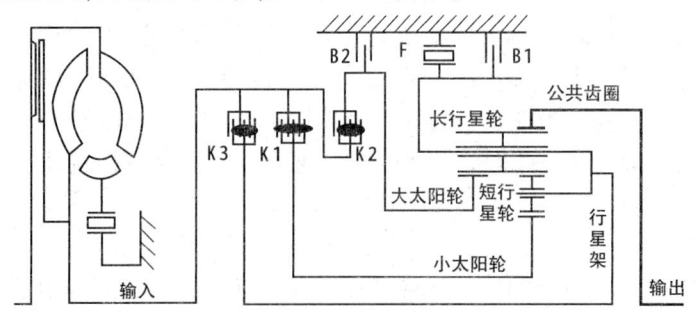

图 3-43　D3 挡传递路线

变速器处于机械三挡时,离合器 K3 接合,直接驱动行星齿轮架,手动阀控制离合器 K1、K2 接合,行星齿轮组被锁定,动力直接通过离合器 K3 进行传递。

动力传递路线：

输入轴→离合器 K1、离合器 K2、离合器 K3→行星齿轮机构一起转动→齿圈。

（4）D4 挡：K3、B2 工作。

K3 将动力传到行星架，B2 将大太阳轮固定，齿圈输出，实现同向增速传动，即超速挡。超速挡是根据单排单级行星齿轮的运动规律实现的，如图 3-44 所示。

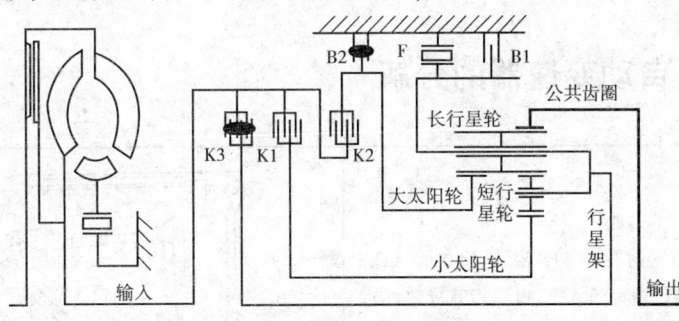

图 3-44　D4 挡传递路线

动力传递路线：

输入轴→离合器 K3→行星架→长行星齿轮（大太阳轮固定）→齿圈。

（5）L 挡：K1、B1 工作。

L 挡与 D1 挡动力传递路线完全一样，只是用 B1 制动器将行星架双向固定，使用 L 挡时有发动机制动作用。参照图 3-41。

（6）R 挡：K2、B1 工作。

倒挡时，阀体手动阀供给离合器 K2 和制动器 B1 压力，离合器 K2 驱动大太阳轮顺时针转动，制动器 B1 制动行星齿轮架，动力传递到齿圈，逆时针输出，遵循单排单级行星齿轮运动规律。动力传递路线：输入轴→离合器 K2→大太阳齿轮→长行星齿轮→齿圈，如图 3-45 所示。

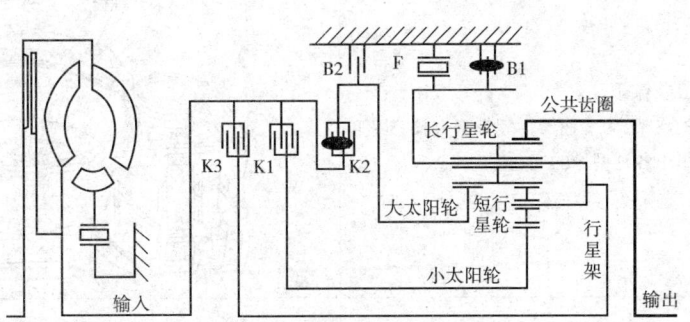

图 3-45　R 位倒挡传动路线

拉维娜式齿轮变速机构分析挡位的一般规律：一挡是小太阳轮输入，行星架固定；二挡是小太阳轮输入，大太阳轮固定；三挡是小太阳轮、大太阳轮和行星架同时输入，无固定件；四挡是行星架输入，大太阳轮固定；倒挡是大太阳轮输入，行星架固定。或只看大太阳轮的运动状态，可总结为：一挡时大太阳轮逆时针转动；二挡/四挡时大太阳轮固定不动，三挡时大太阳轮顺时针转动。因此通过检测大太阳轮的运动状态,可以检测到自动变速器的换挡时刻,速度传感器 G38 就是利用这一原理来检测挡位信号的。

一、大众 01N 自动变速器的分解

说明	图示
(1)拆下自动变速器密封塞和 ATF 溢流管,排除 ATF。(观察 ATF 的颜色、检查杂质、闻气味,可以为故障排除提供线索)	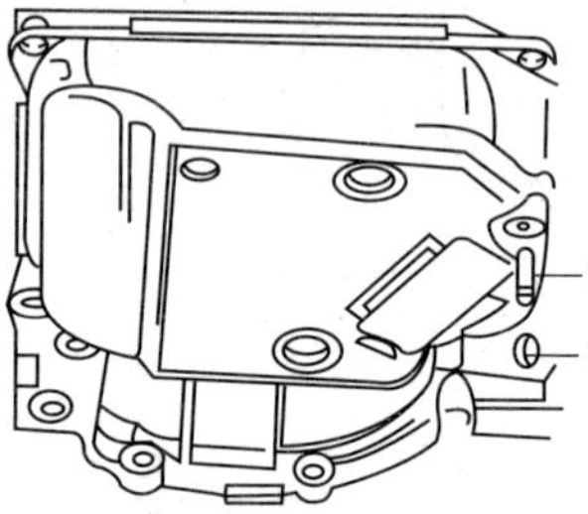
(2)拆下液力变矩器。(在拆下液力变矩器前,要测量变矩器的安装位置,确保变矩器泵轮轴上的两个齿能插入油泵齿轮内)	
(3)将变速器固定在支架上。(专用固定变速器的支架,为变速器拆装带来方便,也有可调的固定支架,适用于各种型号的变速器)	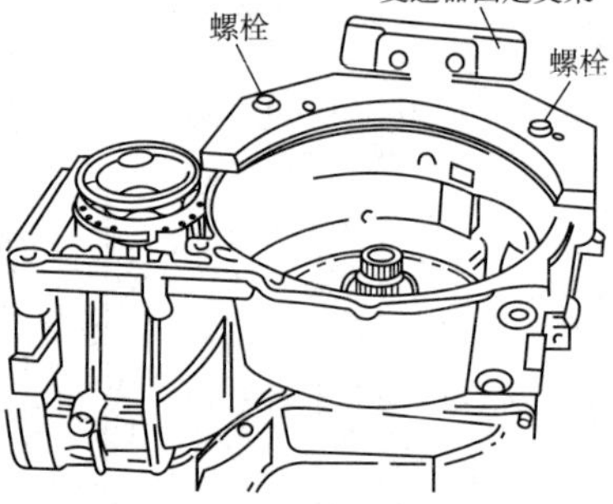
(4)拆下变速器壳体上带密封圈的后端盖。此盖是压入变速器后端孔上的,拆下后,要更换新盖	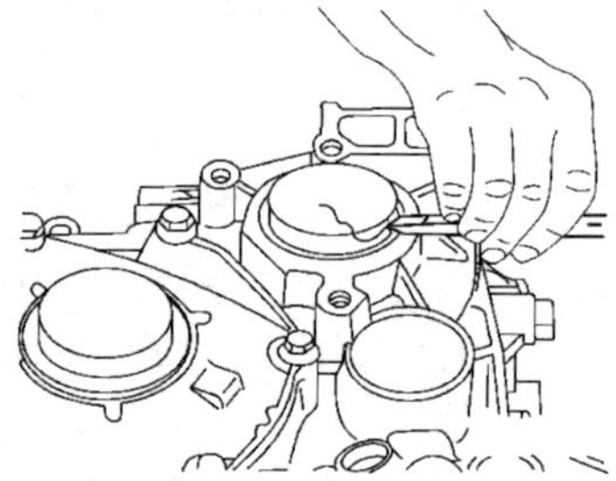

续上表

(5)拆下油底壳,然后再拆下自动变速器油滤网。观察油底壳内的杂质,分析变速器的磨损情况	
(6)拆下阀体上的传输线,松开线束连接器与壳体上的固定螺钉,使线束与阀体保持连接	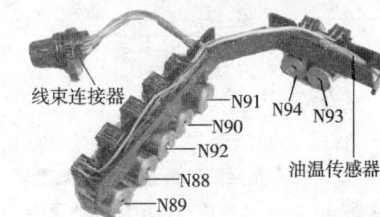
(7)拆卸阀体:手动换挡阀仍然保留在阀体中注意:手动阀极易滑落,安装时要确保滑阀与阀孔清洁,并加入 ATF 润滑	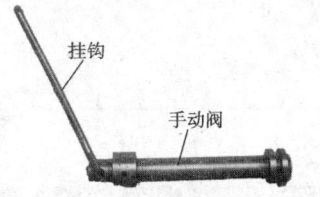
(8)取出 B1 导油管:注意,拆单向离合器时必须取出导油管的密封圈,否则会损坏密封圈,此管位于阀体下,壳体上的油道孔内	
(9)拆下油泵螺栓,油泵由间距不等的 7 个螺栓固定在壳体上,安装时,先将油泵与壳体的进出油孔对正,螺孔位置就可以对上了	
(10)将合适的螺栓拧入油泵螺纹孔内,7 个螺栓孔中,只有对角的两个孔有螺纹,注意观察,拉出油泵。为拆油泵专设了两个螺纹孔,在油泵上其他孔内无螺纹	

续上表

（11）将带有隔离管、B2制动片、弹簧和弹簧盖的离合器一起拉出。注意止推滚针轴承和垫片的位置，不可错乱	
（12）将螺丝刀插入大太阳轮的孔内，将其固定，以便从变速器后端松开K3离合器传动毂小输入轴螺栓	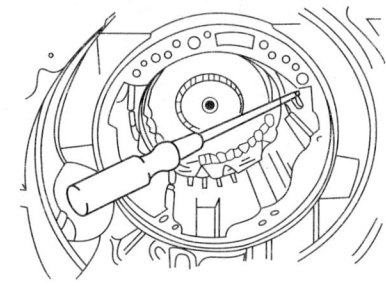
（13）拆下K3传动毂小轴后端上的螺栓、调整垫圈和推力滚针轴承	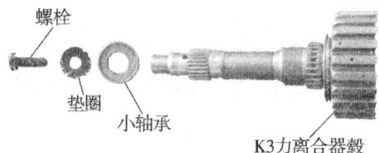
（14）拔下小输入轴，注意滚针轴承、推力滚针轴承等小零件的位置	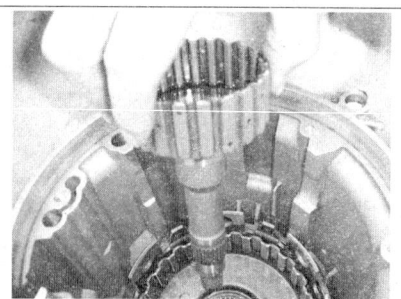
（15）拔出大太阳轮和小太阳轮输入轴	

续上表

(16)拆卸单向离合器前,应先拆下变速器转速传感器(G38)	
(17)拆下传动套弹性挡圈(卡环),注意其开口的安装位置,要对上单向离合器的定位销,否则卡环不能入位到壳体卡环槽内	
(18)取出导流块,取下卡簧,用钳子从变速器壳体上拔下单向离合器上的定位楔	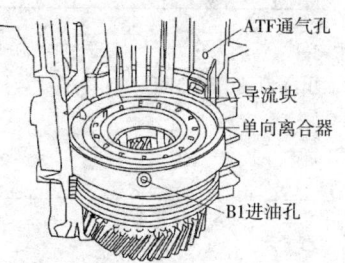
(19)取出行星架内的小太阳轮、垫圈、推力滚针轴承	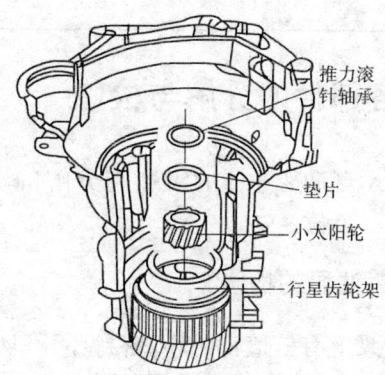

续上表

(20) 取出行星架与单向离合器，注意单向离合器与行星架之间的碟形缓冲片，缓冲片的方向不得装反，凸面向单向离合器方向，凹面向行星轮方向，否则，影响倒车挡与手动一挡的工作	
(21) 拆下倒挡制动器 B1 的摩擦片，注意压盘与调整垫片的位置	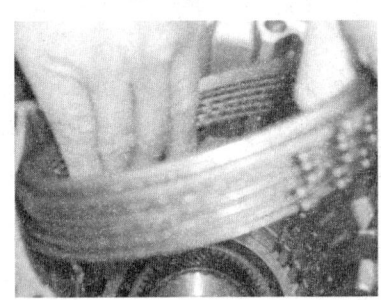
(22) 取出推力轴承和垫圈	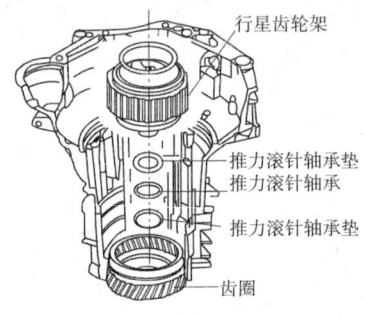
(23) 拆下后轴承，取出齿圈	

二、各部件的分解与检修

01N 自动变速器的组装与分解的顺序相反，但是在零部件的安装时要特别注意以下细节。

1 油泵的检修

油泵上有三道密封环，密封环开口应挂住。

在安装前，油泵密封环需要用自动变速器油（ATF）浸泡，安装后要稍微转动一下，外齿轮上的生产厂家标记（箭头所示）应指向泵盖，如图 3-46 所示。如果外齿轮安装错误，安装好后会出现运动困难现象。内齿轮孔的大面应超向泵盖,所有密封环一旦拆下必须更换。图 3-47 所示为油泵实物。

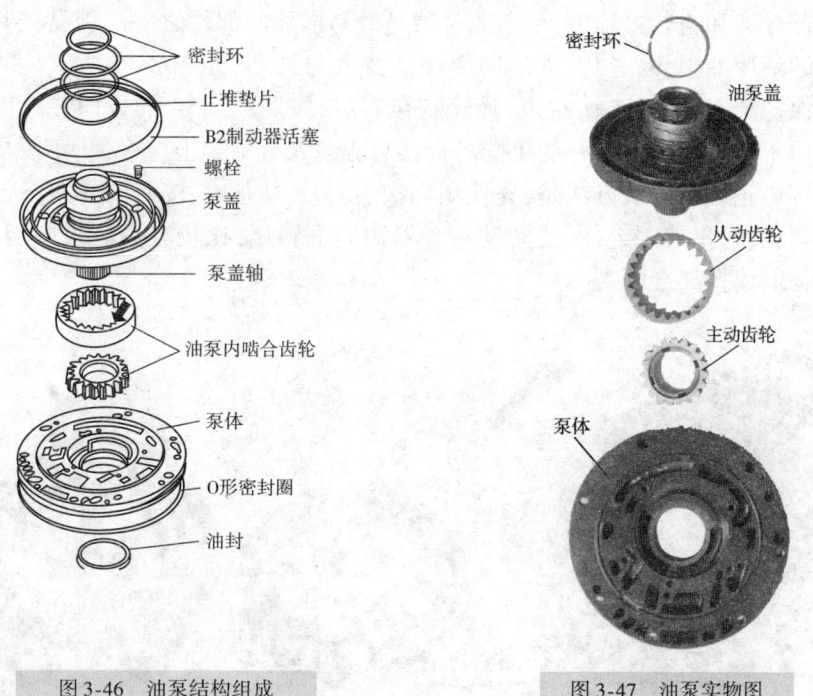

图 3-46　油泵结构组成　　　　图 3-47　油泵实物图

检查油泵上的三道密封环:密封环的开口应相互钩住,如图 3-48b)、c)所示。油泵后端是二挡/四挡制动器 B2 的活塞,分解活塞时,一般用压缩空气将其吹出,如图 3-48a)所示。分解油泵,一般以液力变矩器作为工作台,油泵盖上使用专用的内六角螺栓固定,要用专用的工具分解,否则,会损坏油泵连接螺栓。

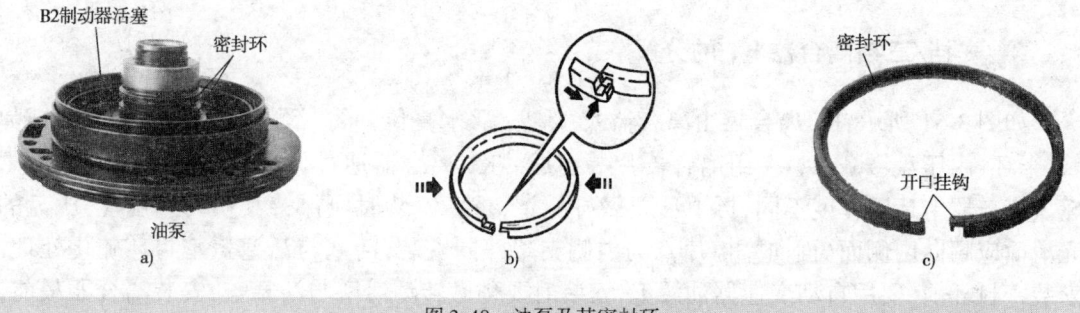

图 3-48　油泵及其密封环

2　单向离合器结构

单向离合器安装在变速器壳体和行星架之间,其作用是阻止行星架逆时针方向转动。由固定支架、保持架、滚子、弹簧和 B1 制动器活塞组成,如图 3-49 所示。固定支架通过定位销固定在变速器壳体上,使其不能转动。在固定支架的侧面有 B1 制动器活塞进油孔，安装时要与壳体朝向油底壳方向的 B1 制动器导油管对准，否则定位销的位置就会错位。

在变速器分解和组装过程中，单向离合器是最易损坏的部件之一。保持架是塑料材料，工作在高温的液压油中，易老化，安装时要注意方法与技巧，如图 3-50 所示，安装滚柱和弹簧牢固装到保持架上，滚子装在左边，弹簧装在右边，按照图 3-50 的方向装入固定支架内，特别注意方向不可装反。将装好的单向离合器总成装入行星架上，这一步不易操作，最容易将保持架压坏。正确的安装方法是，先使单向离合器一边进入，按照图 3-49 所示的方向转动单向离合器，将行星架固定住，边转动离合器边向下轻压，比较容易装入。切不可使大力压保持架，否则，保持架会断裂。

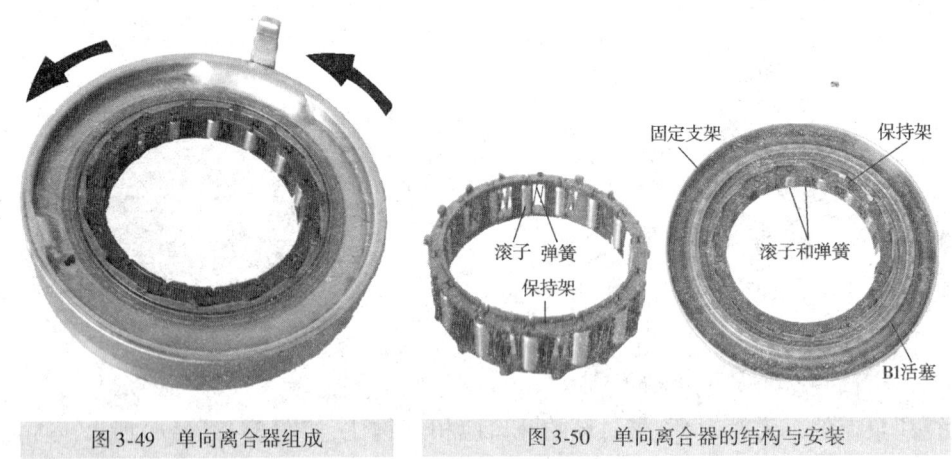

图 3-49　单向离合器组成　　　　图 3-50　单向离合器的结构与安装

单向离合器固定支架背面是低、倒挡制动器 B1 的活塞，用 200～400kPa 压缩空气从进油口吹入，可吹出活塞。检查活塞要活动自如，活塞要平行放入，可用压缩空气检查。

3 一挡/三挡离合器 K1 的分解

如图 3-51 所示，K1 离合器由离合器鼓、活塞、活塞复位弹簧、活塞盖、卡环、膜片杠杆弹簧、卡环、内压盘、外压盘、一组离合器片等组成。K1 离合器通过传动毂将动力传到小太阳轮。离合器卡环因厚度不同，拆下后要做好标记，重新安装时应保持其在同一位置，压盘的光滑面应超向内侧面（面向摩擦片），与内侧支架一同安装，活塞与活塞盖密封环硫化处理，安装密封环前，要用自动变速器油浸泡，安装时要稍微转动活塞与活塞盖，安装离合器毂前，先将波形弹簧垫圈和钢片、摩擦片装入离合器壳，使摩擦片内花键齿插入离合器毂花键槽内。安装时需要方法与技巧，需要读者在多练中慢慢体会。以下 K2、K3 离合器的分解与 K1 相同，注意与图对照参考。

4 直接挡/倒挡离合器 K2 的分解

直接挡/倒挡离合器的分解如图 3-52 所示。

5 三挡/四挡离合器 K3 的分解

三挡/四挡离合器 K3 的分解如图 3-53 所示。

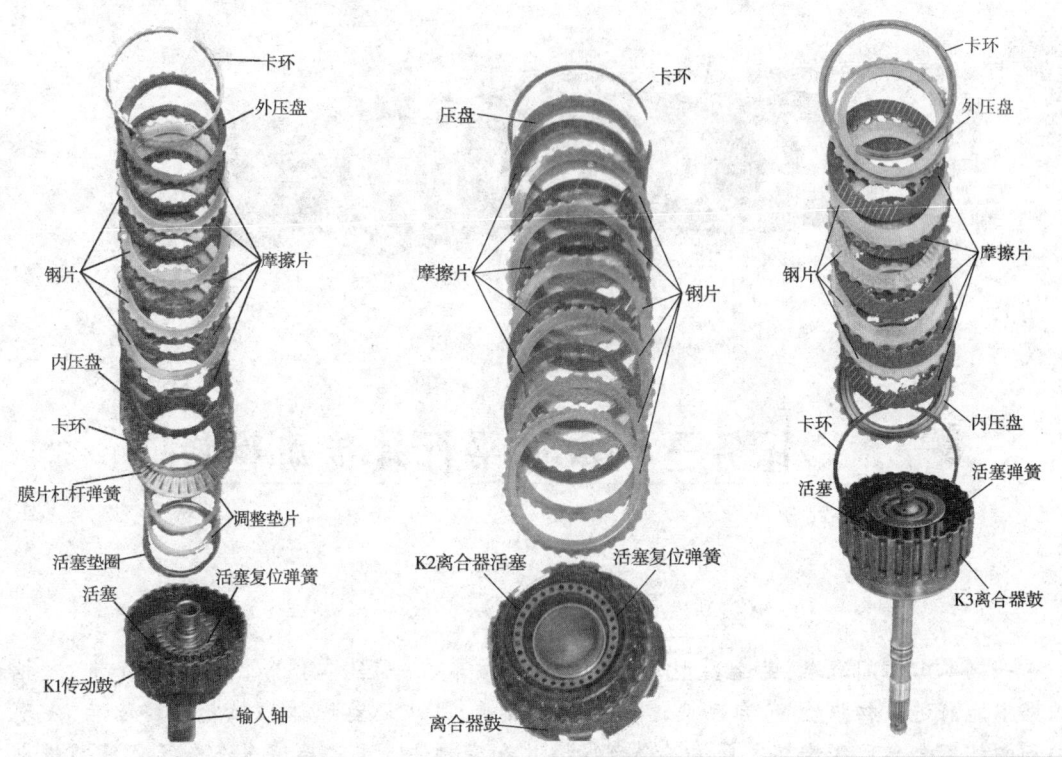

图 3-51 一挡/三挡离合器 K1 的分解　　图 3-52 直接挡/倒挡离合器 K2 的分解　　图 3-53 三挡/四挡离合器 K3 的分解

6 二挡/四挡制动器的分解

二挡/四挡制动器 B2 的分解如图 3-54 所示。

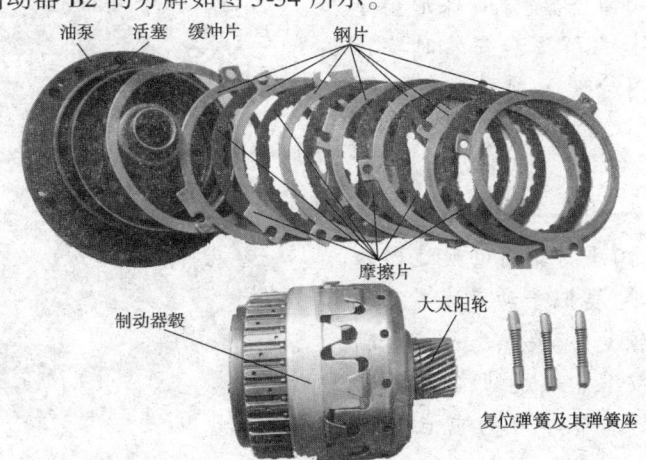

图 3-54 二挡/四挡制动器 B2 的分解

项目三 齿轮变速机构的检修

7 低挡/倒挡制动器 B1 的分解

低挡/倒挡制动器 B1 的分解如图 3-55 所示。

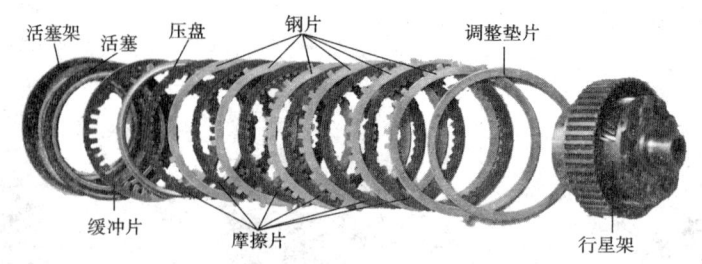

图 3-55 低挡/倒挡制动器 B1 的分解

任务三 本田平行轴传动检修

任务导入

一辆本田雅阁汽车,变速器型号为 MPXA。该车在一挡、二挡和倒挡行驶正常,三挡和四挡不能前进。初步检查,自动变速器油有焦糊味,其中还有固体颗粒物。解体后,发现三挡和四挡离合器已经烧坏。更换了全部摩擦片和密封件。重装后试车汽车既不能前进也不能后退。重新解体发现变速器输入轴根本不能转动,与装配图对照,有多处齿轮、凸缘、止推滚针轴承的装配有方向性,仔细检查发现有一处的挡圈装反,正确安装后,车辆行驶恢复正常。有些齿轮、单向离合器、弹簧碟形垫等都有特定的安装方向,在解体和安装时要特别注意,最好与装配图对照,以免走弯路。

任务分析

本节任务学习本田平行轴自动变速器传动,挡位分析比较简单,类似手动变速器。其结构、分解组装相对较复杂,要熟悉每一个轴承垫片、齿轮滚道的安装。熟悉结构原理,掌握拆装方法技巧,是本节学习的重点如图 3-56 所示。

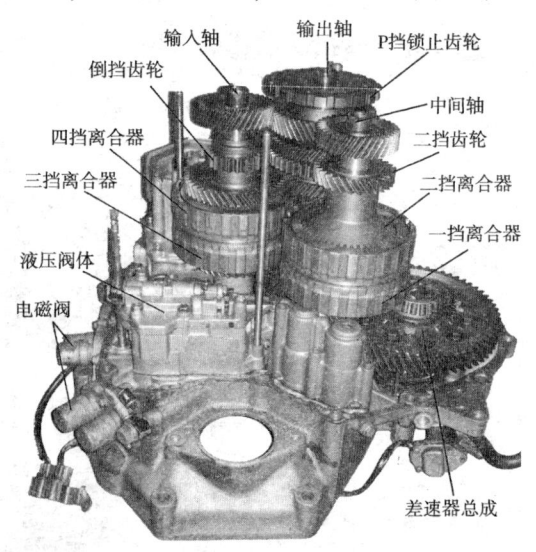

图 3-56 平行轴自动变速器的总体构造

一 本田雅阁自动变速器的分解

1 右端盖的分解

(1)先拆下两个速度传感器,再拆下固定右端盖的11个螺栓,再拆下右端盖	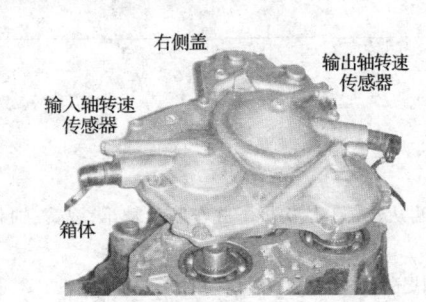
(2)将专用工具套在输入轴上,如图所示,使输入轴被固定。将挡位控制杆转到P位,使驻车制动棘爪与驻车制动齿轮啮合	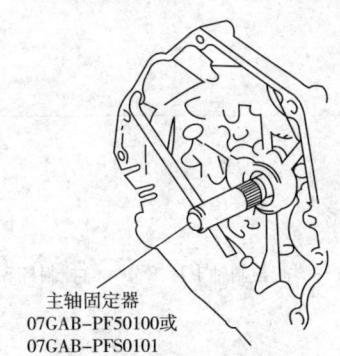
主轴固定器
07GAB-PF50100或
07GAB-PFS0101
(3)用錾子切开各轴锁紧螺母的锁片,如图所示,即可拆下锁紧螺母和锥形弹簧垫圈。
特别提醒:输入轴锁紧螺母为左旋螺纹,在螺母上标有箭头。切勿让錾下的锁片碎屑落入自动变速器内。
(4)拆下锁紧螺母后,从输入轴上拆下专用工具	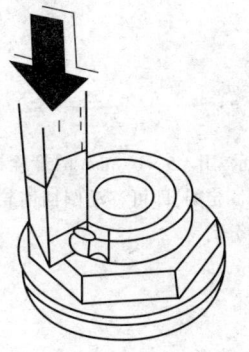

步骤	图示
(5) 如图所示，从输出轴上拆下驻车齿轮，然后再用拉力器从输入轴和中间轴上拆卸下常啮合齿轮。再从输出轴上拆下输出轴常啮合齿轮滚针轴承、推力滚针轴承及止推垫圈	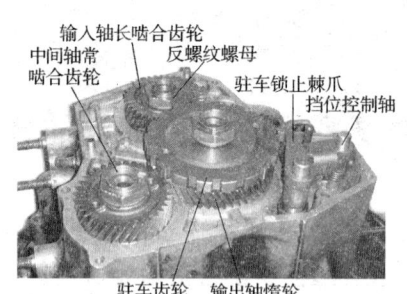
(6) 再从外壳上依次拆下驻车制动棘爪、弹簧、轴和限位器。 特别提醒：注意弹簧和限位器的安装方向	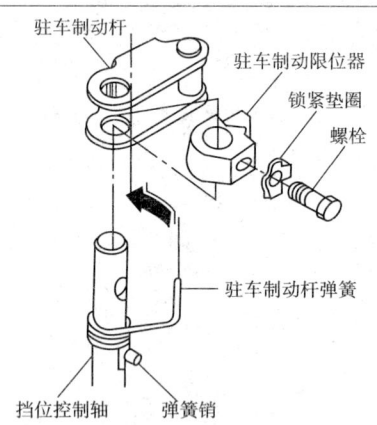
(7) 从节气门阀控制轴上拆下节气门控制杆和弹簧	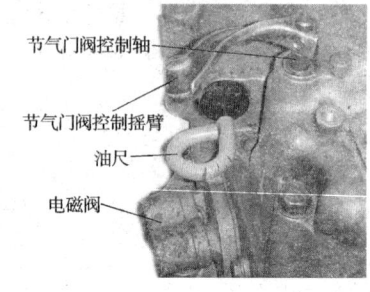
(8) 如图所示，用 M5×0.8mm 的螺栓拆下倒挡惰轮轴和倒挡惰轮轴固定架，即可移动倒挡惰轮，使它与副轴和主轴倒挡齿轮分离	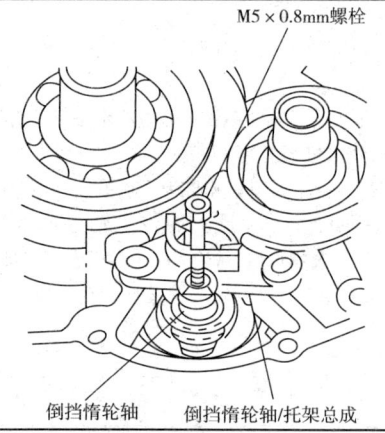

续上表

(9)如不拆下倒挡齿轮,就不能将变速器壳与液力变矩器壳分离。倒挡惰轮的分离如图所示	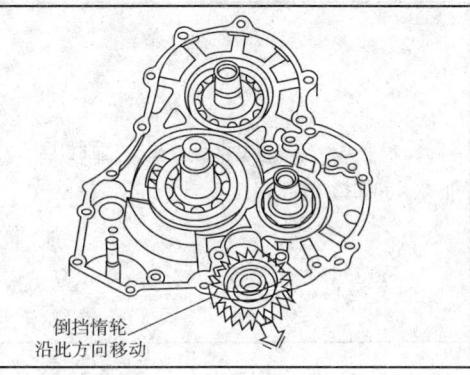

2 变速器箱体的分解

(1)拆下变速器壳的安装螺栓和吊耳。通过转动控制轴,使控制轴的弹簧销与变速器壳的槽相对,如图所示	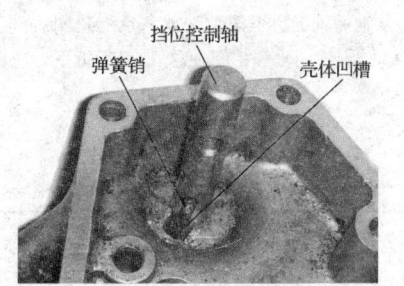
(2)将专用工具安装在变速器上,拆下变速器壳	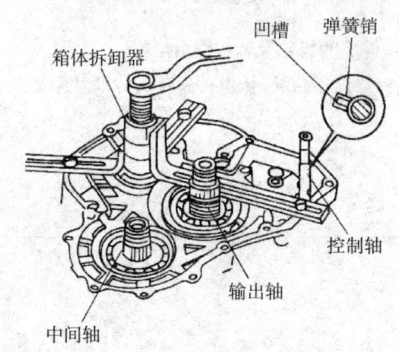
(3)从变速器壳上依次拆下输出轴二挡齿轮、倒挡惰轮、止推垫圈、推力滚针轴承	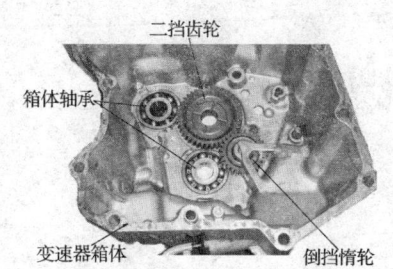

续上表

(4)拆下固定倒挡拨叉的锁紧螺栓,即可从输出轴上拆下拨叉和倒挡选择器	
(5)从辅助轴上拆下滚针轴承和花键垫圈后,即可依次拆下从动轴、主动轴和中间轴总成,最后拆下差速器总成	
(6)将拆下的齿轮及轴按图示摆好。 分析挡位传递路线,认识各齿轮名称及其装配关系	
(7)认识三根轴的位置、装配关系	

3 液力变矩器壳体与阀体的分解

（1）先拆下伺服阀定位座 ATF 滤清器，从伺服阀体和主阀体上拆下 ATF 供油管，即可拆下四挡蓄压器盖。拆卸四挡蓄压器时，为防止刮伤伺服阀体内的螺纹，一定要向下压蓄压器盖，以对角的方式旋松螺栓，将其拆下	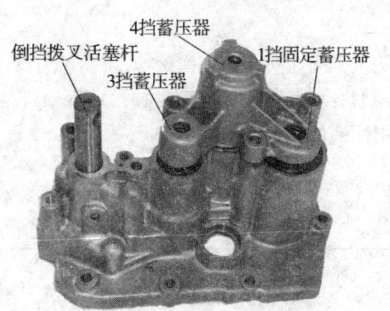 倒挡拨叉活塞杆　4挡蓄压器　1挡固定蓄压器　3挡蓄压器
（2）拆下固定伺服阀体的 7 个螺栓后，即可依次拆下伺服阀体和分离器板，拆下辅助阀体和分离器板	 辅助阀体
（3）拆下固定节气门阀体的 7 个螺栓后，即可拆下节气门阀体和分离器板	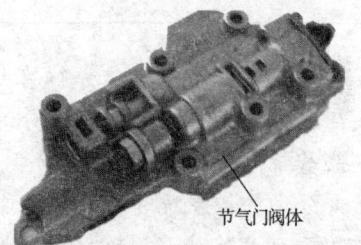 节气门阀体
（4）拆下调节器阀体后，即可拆卸下定子轴和止动轴	 调节器阀体

续上表

(5)从定位臂上拆下定位弹簧一,可从液力变矩器壳上拆下控制轴;从主阀体上拆下定位臂,定臂轴后,可依次拆下主阀体、一挡/二挡蓄压器阀体	 一挡/二挡蓄压器阀体
(6)依次拆下 ATF 油泵从动齿轮轴、ATF 油泵齿轮、主分离器板和三个定位销	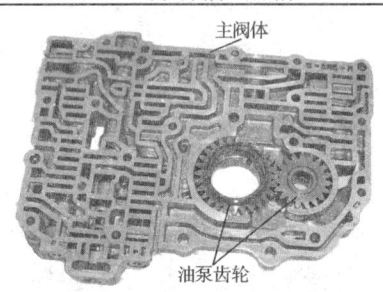 主阀体 油泵齿轮
(7)用压缩空气彻底清洁 ATF 滤清器的进油口,然后检查进油口有无堵塞,如滤清器堵塞或损坏,则应更换 ATF 滤清器;如没有堵塞,则可继续使用	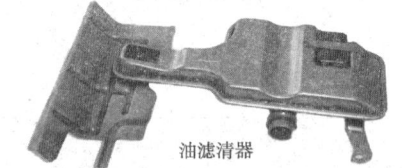 油滤清器

从以上对自动变速器分解可知,平行轴式自动变速器也是由机械传动部分和电控液压部分组成。机械传动部分的特点是:在壳体上装有互相平行的三根平行轴,轴上安装着常啮合齿轮,通过离合器或单向离合器完成常啮合齿轮的动力传递。电控液压部分由电控系统和液压系统组成。电控系统由各种传感器、控制单元和执行器(电磁阀)组成。液压系统由主阀体、调节器阀体、蓄压器阀体、节气门阀体和辅助阀体组成。机械传动部分是实现挡位变化的主要部分,包括三根平行轴、五个离合器、一个单向离合器和若干齿轮,熟悉其装配关系,是检修本田自动变速器的基础。液压控制部分包括各控制阀体和各挡位油路走向;电控部分包括各种传感器、电磁阀及其电路等。

本田平行轴自动变速器挡位分析

本田 MPOA 自动变速器机械传动部分的总体结构及各挡传动原理如图 3-57 所示。

从总体结构图及各挡传动原理图可知,这种自动变速器的各挡的主、从动齿轮均是靠常啮合来完成的,所以只要通过各自的离合器使发动机的转矩传至主动齿轮,则与主动齿轮常啮合的从动齿轮便可将发动机的转矩输出。从图可知,为获得 D 位一挡汽车滑行时发动机对滑行无制动作用,在输出轴上还安装有一个单向离合器,可见,平行轴式齿轮自动变速器内无需制动器,只要有离合器和单向离合器,就可自动完成挡位的升降,因此,它比行星齿轮式自动变速器的构造均较为简单。

特别说明,装用本田 MPOA 自动变速器的发动机曲轴是逆时针旋转的,因此,变速器输入轴为逆时针转动。

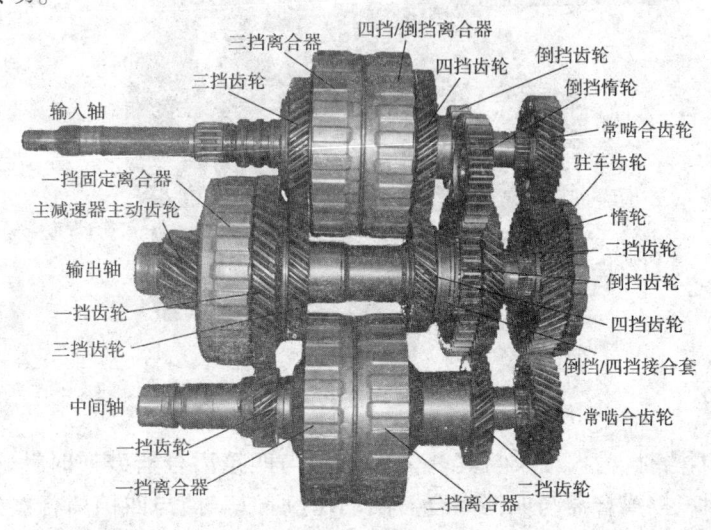

图 3-57　机械传动实物图

(一)D 位一挡汽车加速时传动原理

当变速杆置于 D 位,车速在 D1 挡范围内时,电脑根据挡位开关信号,车速信号,使换挡电磁阀 A 断电,关闭泄油口,使电磁阀 B 通电打开泄油口,使换挡阀动作,接通一挡离合器的油路通道,使一挡离合器接合,由于一挡齿轮的旋转方向,导致此时单向离合器锁止,将输出轴上的一挡齿轮与输出轴锁成一体,于是产生了如下的传动过程。

1 D1 挡加速时传动原理

从图 3-58 可知,当一挡离合器接合后,一挡离合器便将中间轴与中间轴上的一挡主动齿轮连成一体。发动机通过液力变矩器将动力传到变速器输入轴时,输入轴为逆时针转动,于是,输入轴常啮合齿轮为逆时针转动。通过输出轴上的惰轮使中间轴常啮合齿轮也为逆时针转动。输入轴和中间轴上的常啮合齿轮是通过花键与轴连接的,齿轮与轴只能一起转动,而输出轴上的惰轮是通过滚针轴承套在轴上的,齿轮转动时,输出轴是不转的,这种起到中间传力作用,而不改变传动比的齿轮被称作惰轮。

通过以上讨论可知,只要发动机旋转,中间轴便逆时针旋转。中间轴逆时针旋转时,因一挡离合器工作,把中间轴一挡齿轮通过一挡离合器与中间轴连成一体,于是中间轴上的一挡齿轮也逆时针旋转,与中间轴一挡齿轮常啮合的输出轴上的一挡齿轮便顺时针旋转,输出轴一挡齿轮顺时针旋转,使单向离合器锁止,单向离合器锁止便把输出轴上的一挡齿轮与输出轴连成一体，于是输出轴便顺时针旋转，并通过输出轴上的输出齿轮将发动机转矩传递给差速驱动桥，使汽车以一挡前行。

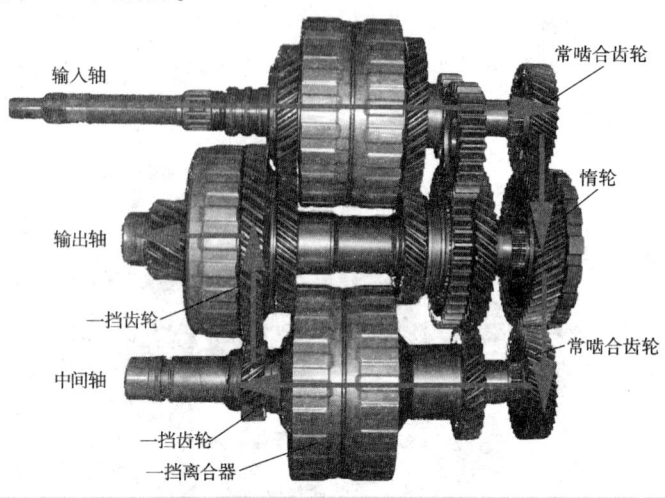

图 3-58　D1 挡传递路线

综上可知，D1 挡时，输入轴及与其一体的三挡与四挡离合器鼓逆时针转动。输出轴惰轮顺时针旋转，因三挡离合器与四挡离合器没动作，所以三挡与四挡离合器鼓空转，对 D 位一挡传递无干涉；输出轴上的惰轮顺时针转动，它装在输出轴上，它的运动对输出轴无干涉。输出轴在中间轴一挡齿轮带动下顺时针旋转，因此输出轴上的二挡齿轮顺时针旋转，但因此时二挡离合器没动作，所以中间轴上的二挡齿轮逆时针空转，对一挡传动无干涉；输出轴上的一挡齿轮因单向离合器锁止，在一挡齿轮的带动下它也在顺时针旋转，使与之相接合的输出轴三挡齿轮顺时针旋转，但因三挡离合器没动作，所以输入轴三挡齿轮逆时针空转，对传动不干涉，输入轴上的倒挡齿轮因离合器没动作，且倒挡拨叉没接合，因此该轮静止不动，对传动不干涉。

对以上讨论，汽车加速时，变速器的传递路线：

输入轴→输入轴常啮合齿轮→输出轴惰轮→中间轴常啮合齿轮→一挡离合器→中间轴一挡齿轮→输出轴一挡齿轮→单向离合器→输出轴。

2　D1 挡滑行时传动原理

从图 3-58 可知，当汽车在 D1 挡滑行时，在发动机刚收油期间，因惯性汽车仍以原速滑行，所以变速器的输出轴仍以原来的转速顺时针旋转，致使与输出轴一体的输出轴上的三挡齿轮与二挡齿轮和四挡与倒挡拨叉一同原速顺时针旋转。输出轴上的三挡齿轮顺时针旋转的速度仍是原速，但因发动机已收油，中间轴的转速已降低，此时一挡离合器仍在工作，所以中间轴上的一挡齿轮也必减速逆时针旋转，使与之相啮合的输出轴上的一挡齿轮顺时针旋转的速度下降，这样便形成了输入轴上的三挡齿轮逆时针原速旋转，而输出轴上的一挡齿轮减速顺时针旋转，使单向离合器解锁，使输出轴与输入轴脱节，发动机收油对滑行无制动作用，可见，汽车滑行时，单向离合器解锁。只有一挡才有两种工作状态，加速状态和滑行状态。

(二)D 位 D2 挡传动原理

1 D2 挡加速时传动原理

当变速杆置于 D 位,汽车车速已进入 D2 挡范围时,电脑根据挡位开关信号、车速信号等,使换挡电磁阀 A 与 B 均通电,使电磁阀泄油口打开,于是通往二挡离合器的油道打开,使二挡离合器接合,发动机通过液力变矩器将动力传到变速器输入轴,使输入轴常啮合齿轮逆时针转动。通过输出轴惰轮,传到中间轴常啮合齿轮,逆时针转动,二挡离合器接合,将动力传到中间轴二挡齿轮,输出轴二挡齿轮通过花键与输出轴连接,使输出轴二挡齿轮顺时针转动,带动输出轴顺时针转动。

综上可见,D2 挡的传递路线(图 3-59)如下:

输入轴→输入轴常啮合齿轮→输出轴惰轮→中间轴常啮合齿轮→二挡离合器→中间轴二挡齿轮→输出轴二挡齿轮→输出轴。

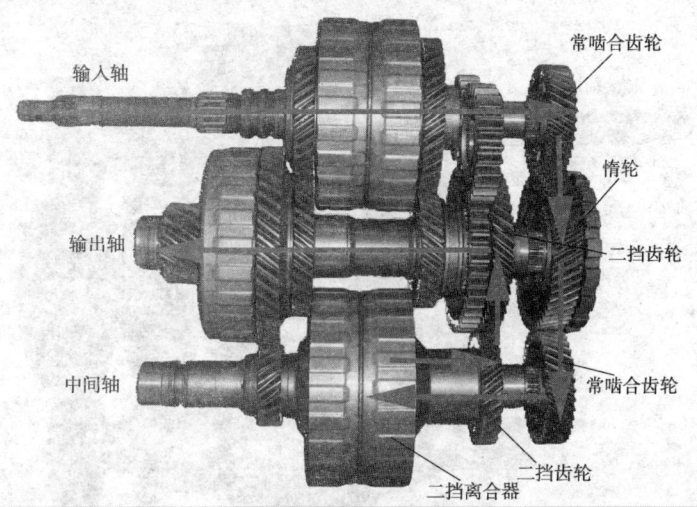

图 3-59　D2 挡传递路线

从以上传动中又知,输出轴上的四挡与倒挡齿轮因四挡离合器没工作,所以静止不动,又因四挡与倒挡滑套没有和输出轴上的四挡或倒挡齿轮接合,所以输出轴上的四挡齿轮和倒挡齿轮也是静止不动的。一挡、二挡、三挡、四挡离合器鼓均随中间轴与输入轴旋转,无运动干涉。

2 D2 挡滑行时传动原理

D2 挡行驶、发动机收油汽车滑行时,因一挡和二挡离合器仍接合,而在发动机收油瞬间,汽车仍以惯性原速滑行,因此输出轴在汽车惯性拖动下,成为滑行时的主动件,且以原来的转速顺时针旋转,所以输出轴上的二挡齿轮以原速顺时针旋转,传给与之啮合的中间轴二挡齿轮,由于二挡离合器接合,传到中间轴二挡齿轮,对滑行起制动作用,另一方面,因一挡离合器的接合使中间轴一挡齿轮原速顺转,输出轴上的一挡齿轮原速顺时针旋转。但其旋转速度高于中间轴一挡齿轮转速,使单向离合器解锁,对滑行不干涉。

(三) D 位 D3 挡传动原理

1 D3 挡加速时传动原理

当变速杆置于 D 位时,汽车车速在 D3 挡范围时,电脑根据挡位开关信号和车速信号、节气门位置信号等,向换挡电磁阀 A 通电,使电磁阀打开泄油口,将一/二换挡阀左端油压泄掉,同时又将换挡电磁阀 B 关闭,分别将主油压送到一/二换挡阀及二/三换挡阀的右端,使两个换挡阀均向左端移动,将去三挡离合器的油道打开,使三挡离合器接合。

动力传递过程:输入轴由发动机通过液力变矩器带动,逆时针输入,三挡离合器接合将输入轴的动力传到输入轴三挡齿轮,通过输出轴三挡齿轮,将动力传到输出轴。输入轴三挡齿轮与三挡离合器摩擦片花键连接,而输出轴三挡齿轮通过花键直接与输出轴连接,与输出轴一起转动,且与输入轴三挡齿轮常啮合,只要三挡离合器接合,即可完成三挡动力传递。

传递路线(图 3-60)如下:

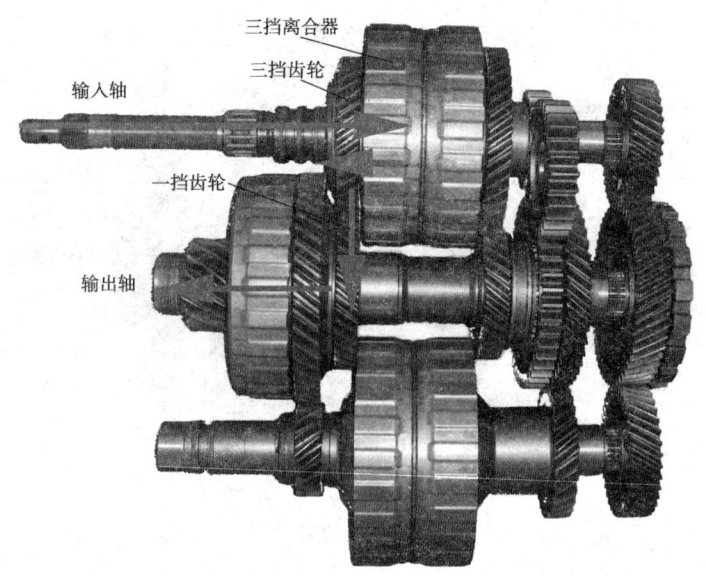

图 3-60 D3 挡传递路线

输入轴→三挡离合器→输入轴三挡齿轮→输出轴三挡齿轮→输出轴。

虽然一挡离合器工作,中间轴上的一挡齿轮随中间轴逆时针旋转,使与之常啮合的输出轴一挡齿轮顺时针旋转,由于输出轴上的一挡齿轮转速比中间轴上的一挡齿轮转速快,使单向离合器内外圈脱离开,因此虽然一挡离合器仍然接合,但单向离合器解锁,使一挡离合器虽工作,但对传动不起干涉作用。

2 D3 挡汽车滑行时传动原理

当汽车在 D3 挡车速下行驶,发动机收油,汽车滑行时,由于发动机刚刚收油,汽车靠惯性仍以原速前进,于是变速器输出轴在汽车惯性推动下仍以原来的速度顺时针旋转,并且由原来的被动件转为滑行时的主动件,同样有发动机的制动作用。

(四) D 位 D4 挡传动原理

1 D4 挡加速时传动原理

当变速杆置于 D 位,汽车车速升至 D4 挡范围时,电脑根据挡位开关信号、车速信号等,将换挡电磁阀 A 与 B 关闭,使两个电磁阀停止泄油,于是换挡阀将四挡离合器的油道打开,四挡离合器动作,同时液压也使四挡拨叉动作,将滑套与四挡齿轮接合。

四挡离合器工作后,使输入轴上的四挡齿轮与输入轴连成一体,成为该挡的主动件,与涡轮同速逆时针旋转,而倒挡与四挡拨叉滑套又将输出轴上的四挡齿轮与输出轴连成一体,于是输入轴四挡齿轮便把动力通过与之常啮合的输出轴上的四挡齿轮传递给输出轴,使离合器以四挡传动比输出。D4 挡传递路线如图 3-61 所示。

图 3-61　D4 挡传递路线

通过以上分析可知,D4 挡动力传递路线:

输入轴→四挡离合器→输入轴四挡齿轮→输出轴四挡齿轮→接合套→花键毂→输出轴。

输入轴逆时针输入,输入轴上的四挡齿轮通过花键与四挡离合器连接,输入轴上的四挡齿轮与输出轴上的四挡齿轮常啮合,输出轴上的四挡齿轮与输出轴间通过滚针轴承套在轴上,四挡拨叉在伺服机构作用下,将接合套推向四挡齿轮方向时,由接合套将四挡齿轮与花键毂连为一体,花键毂通过花键与输出轴连接,随输出轴一起转动,将动力输出。

2 D4 挡汽车滑行时传动原理

当汽车在 D4 挡行驶、发动机收油汽车滑行时,因汽车惯性,输出轴仍使输出轴上的四挡齿轮顺时针主动旋转,又因此时拨叉滑套仍在接合,所以又使输入轴上的四挡齿轮也在逆时针主动旋转,输出轴上的二挡齿轮也随输出轴顺时针主动旋转,于是其传动路线与 D4 挡路线相反。在四挡传动中,没有单向离合器工作,动力可以双向传递,使发动机压缩压力对滑行产生制动作用。

(五)倒挡传动原理

当变速杆置于 R 位,电脑根据挡位开关信号,使换挡电磁阀 A 通电,打开泄油口,换挡电磁阀 B 断电,关闭泄油口,换挡阀打开四挡离合器油道,四挡离合器工作,同时倒挡拨叉将滑套与倒挡齿轮接合。图 3-62 所示为倒挡传递路线。

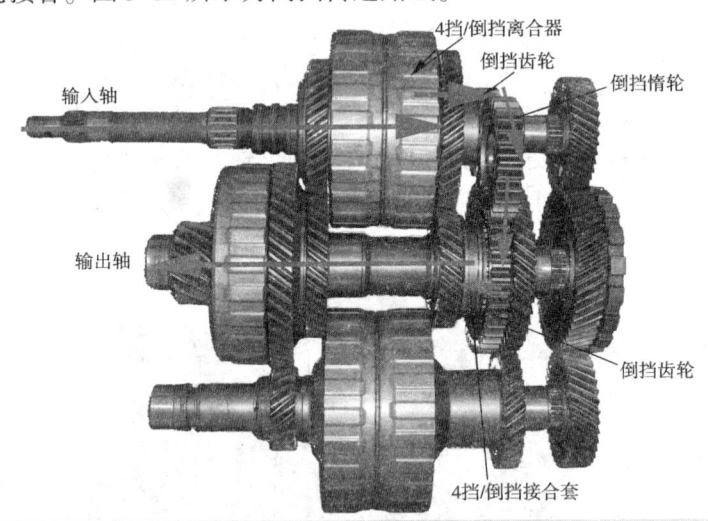

图 3-62　R 挡传递路线

倒挡传递路线如下:

输入轴→四挡/倒挡离合器→倒挡齿轮→倒挡惰轮→输出轴倒挡齿轮→接合套→花键毂→输出轴。

为了实现倒挡,在输入轴倒挡齿轮与输出轴倒挡齿轮间加了一个倒挡惰轮,以改变输出的转动方向,其中输入轴倒挡齿轮与输入轴四挡齿轮是一体的,倒挡惰轮通过一根单设的轴安装在变速器箱体上,此齿轮的安装有上下面之分,注意不得装反。当驾驶人使用倒挡时,在液压伺服机构的作用下,推动拨叉,使接合套向倒挡齿轮方向移动,将倒挡齿轮与花键毂连接在一起,将动力传到输出轴,由于在输入轴与输出轴之间加了一个倒挡惰轮,使输出轴的转动方向改变,实现倒挡。

(六)1 位一挡传动原理

当变速杆置于 1 位,车速在一挡范围时,电脑根据挡位开关信号、车速信号,将换挡电磁阀 A 接通,打开泄油口,换挡电磁阀 B 断电,关闭泄油口,于是一挡离合器接合,单向离合器接合,一挡锁定离合器工作。

为使一挡也有发动机制动作用,增加了一挡固定离合器,一挡固定离合器的钢片与离合器外壳连接,外壳通过花键与输出轴连接,与输出轴一同转动,一挡固定离合器的摩擦片与输出轴一挡齿轮连接,在 D 位一挡时,一挡固定离合器不工作,当输出轴一挡齿轮顺时针转动时,通过齿轮与轴之间的单向离合器驱动输出轴转动；当变速杆在 1 位时，一挡固定离合器接合,使输出轴与一挡齿轮间具有双向传力作用，有发动机制动功能。动力传递路线如图 3-63 所示。

图 3-63 1 位一挡传递路线

各挡位参与工作的相关部件见表 3-3。

各挡位参与工作的相关部件　　　　　　　　　　　　　　表 3-3

挡位	元件	一挡固定离合器	一挡离合器	单向离合器	二挡离合器	三挡离合器	四挡齿轮	四挡离合器	倒挡齿轮	驻车挡齿轮
P										●
R							●		●	
N										
D4	一挡		●	●						
	二挡		○		●					
	三挡		○			●				
	四挡		○				●	●		
D3	一挡		●	●						
	二挡		○		●					
	三挡		○			●				
二			○		●					
一		●	●	●						

●—表示工作状态；○—表示接合但不传力。

一　自动变速器各总成的分解

1 变速器右侧盖分解图

变速器右侧盖及附件如图 3-64 所示。

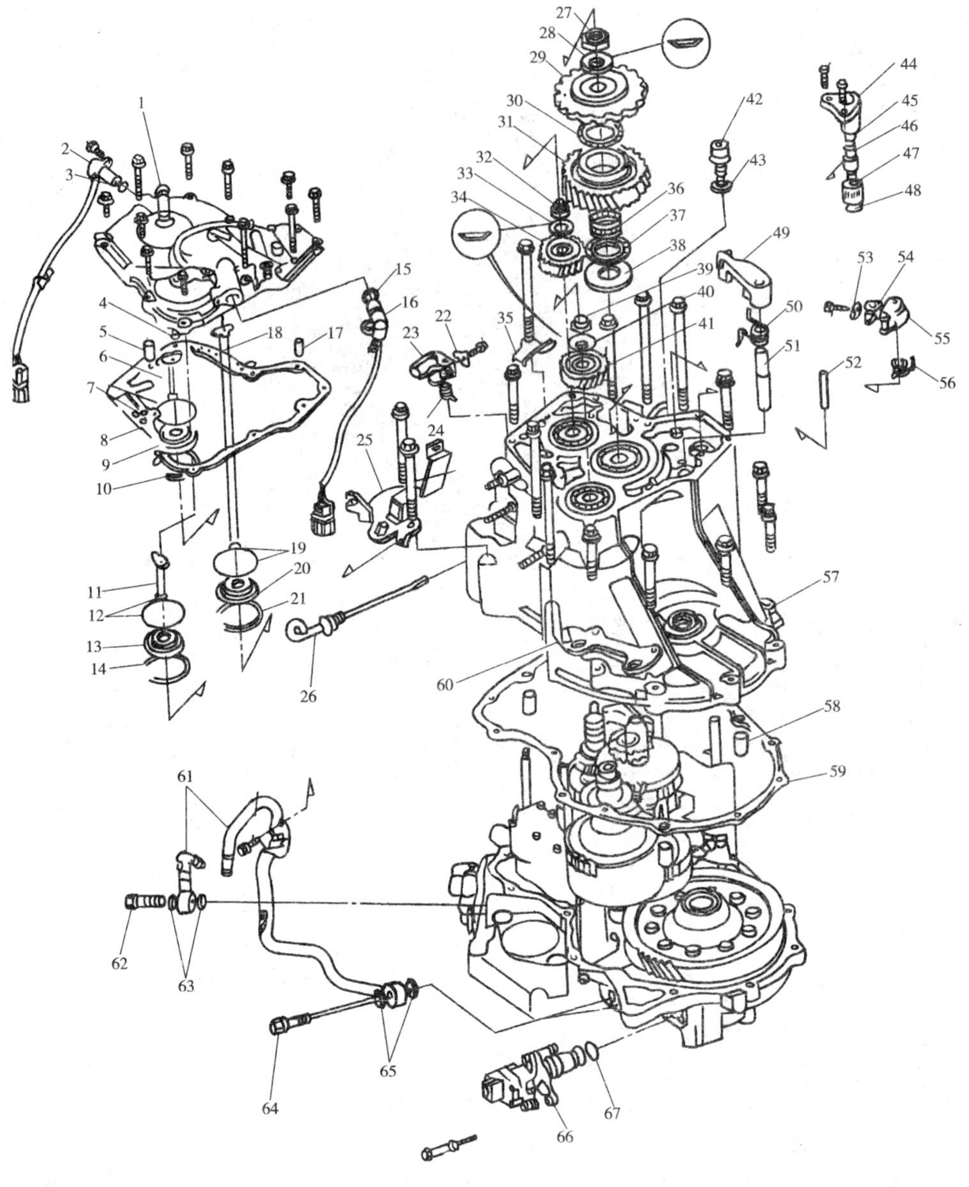

项目三 齿轮变速机构的检修

图3-64 变速器右侧盖及附件图

1-右侧盖;2-输入轴转速传感器;3、4、7、12、15、19、45、48、67-O形密封圈;5-定位销;6-四挡离合器供油管;8-右端盖衬垫;9-供油管导套;10、14、21-卡环 11-一挡离合器供油管;13-供油管导套;16-输出轴转速传感器;17-定位销;18-一挡固定离合器供油管;20-供油管导套;22、53-锁止垫圈;23-节气门控制杆;24-节气门控制杆弹簧;25-节气门控制拉锁支架;26-油尺;27-输出轴锁止螺母;28、33、40-锥形弹簧垫圈;29-驻车齿轮;30、37-推力滚针轴承;31-输出轴惰轮;32-输入轴锁止螺母(反螺纹);34-输入轴常啮合齿轮;35-线束支架;36、47-滚针轴承;38-止推垫圈;39-中间轴锁紧螺母;41-中间轴常啮合齿轮;42-放油螺塞;43、63、65-密封垫圈;44-倒挡惰轮轴固定器;46-倒挡惰轮轴;49-驻车制动棘爪;50、51-驻车制动棘抓弹簧;52-驻车制动棘爪限位器;54-驻车制动限位器;55-驻车制动杆;56-驻车制动杆弹簧;57-变速器壳体;58-定位销;59-变速器壳体衬垫;60-变速器吊耳;61-自动变速器油位冷却管;62、64-连接螺栓;66-车速传感器

2 变速器箱体分解图

变速器箱体分解图如图3-65所示。

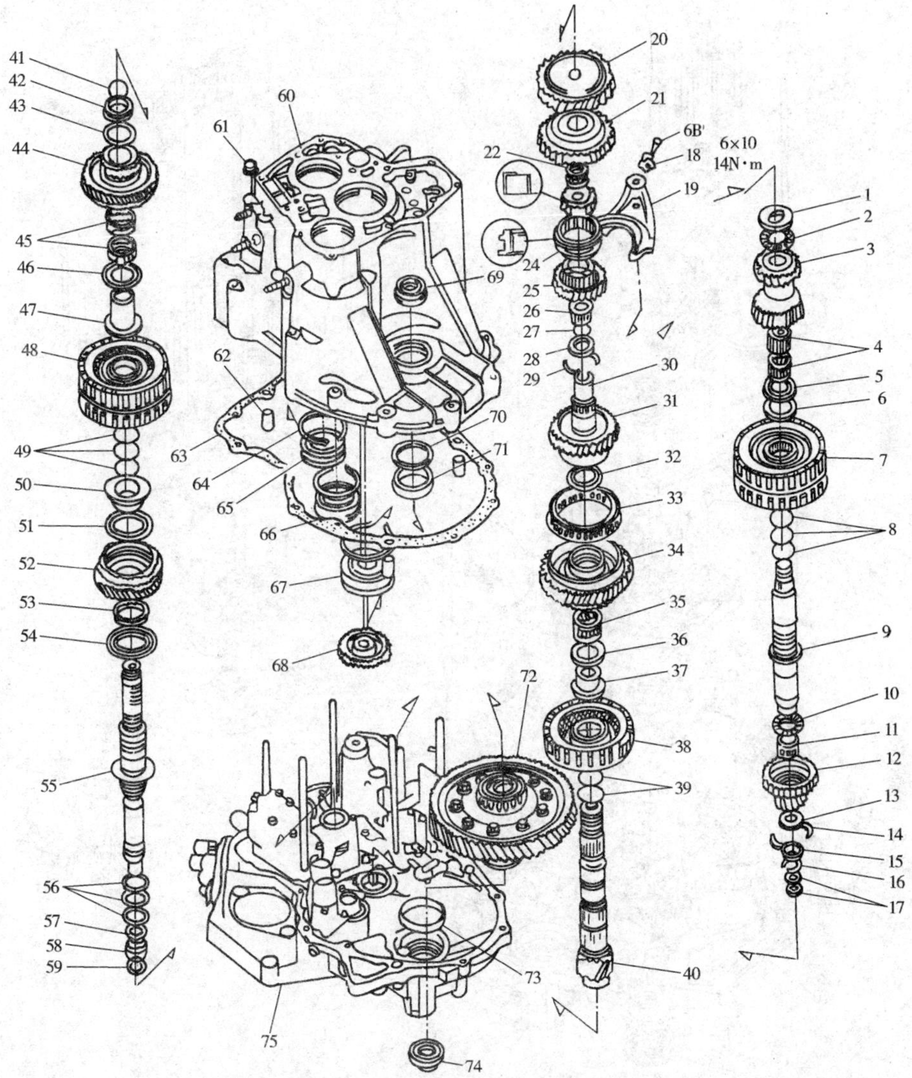

图3-65 变速器箱体分解图

1-止推垫圈；2、5、10、32、43、46、51、54-推力滚针轴承；3-中间轴二挡齿轮；4、11、22、26、35、45、53、58-滚针轴承；6-花键垫圈；7-一挡/二挡离合器总成；8、39、49-O形密封圈；9-中间轴；12-中间轴一挡齿轮；13、30-分隔凸缘；14、29-开口销；15-开口销护圈；16、27、41、64-卡环；17-密封圈；18-锁止垫圈；19-换挡拨叉；20-输出轴二挡齿轮；21-输出轴倒挡齿轮；23-花键毂；24-接合套；25-输出轴四挡齿轮；28、42-凸缘；31-输出轴三挡齿轮；33-单向离合器；34-输出轴一挡齿轮；36-止推垫圈；37-输出轴一挡齿轮凸缘；38-一挡固定离合器总成；40-输出轴；44-输入轴四挡/倒挡齿轮；47-4挡齿轮凸缘；48-三挡/四挡离合器总成；50-三挡齿轮凸缘；52-输入轴三挡齿轮；55-输入轴；56-密封圈(35mm)；57-密封圈(29mm)；59-定位环；60-变速器壳体；61-油封；62-定位销；63-变速器壳体衬垫；65-壳体输入轴轴承；66-壳体中间轴轴承；67-壳体输出轴轴承；68-倒挡惰轮；69-变速器壳体油封；70-止推垫片；71-轴承外座圈；72-差速器总成；73-轴承外座圈；74-前壳体油封；75-变速器前壳体

3 前壳体与阀体分解图

前壳体与阀体分解图如图3-66所示。

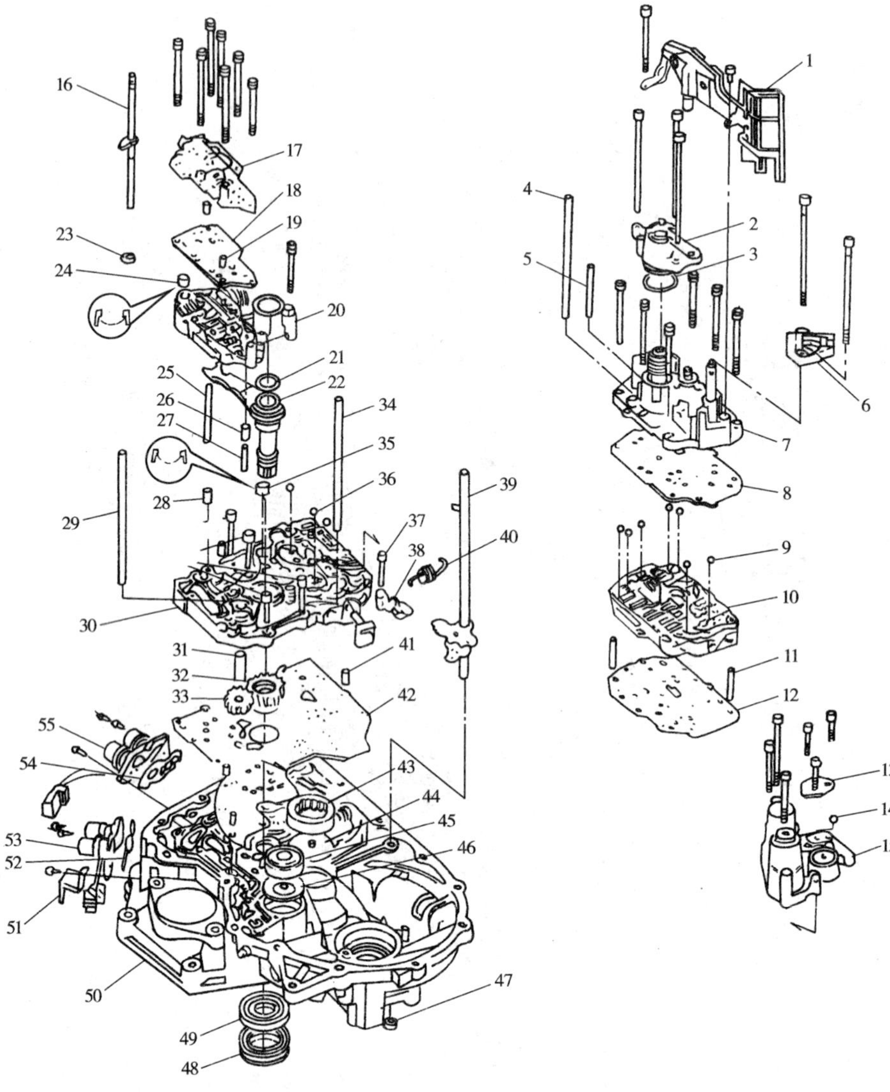

图3-66 前壳体与阀体分解图

1-ATF滤清器;2-四挡蓄压器盖;3、21-O形密封圈;4、5-ATF供油管;6-伺服阀定位座;7-伺服阀体;8-伺服阀体上隔板;9、14、36-止回阀;10-辅助阀体;11、41-定位销;12-辅助阀体下隔板;13-蓄压器阀体盖;15-一挡/二挡蓄压器阀体;16-节气门阀控制轴;17-节气门阀体;18-节气门阀隔板;19、28-定位销;20-调节器阀体;22-导轮轴;23-E型环;24、35-滤清器;25-限位轴;26-止回阀;27-止回阀弹簧;29、34-ATF供油管;30-主阀体;31-ATF油泵从动齿轮轴;32-ATF油泵主动齿轮;33-ATF油泵从动齿轮;37-定位臂轴;38-定位臂;39-控制轴;40-定位臂弹簧;42-主阀体隔板;43-前壳体输入轴轴承;44、46-ATF导向板;45-前壳体中间轴轴承;47-油封;48-输入轴油封;49-前壳体输出轴轴承;50-变速器前壳体;51-电磁阀接头支架;52-换挡控制电磁阀油滤清器;53-换挡控制电磁阀总成;54-锁止控制电磁阀滤清器;55-锁止控制电磁阀总成

4 输入轴总成的分解

输入轴总成的分解如图3-67所示。

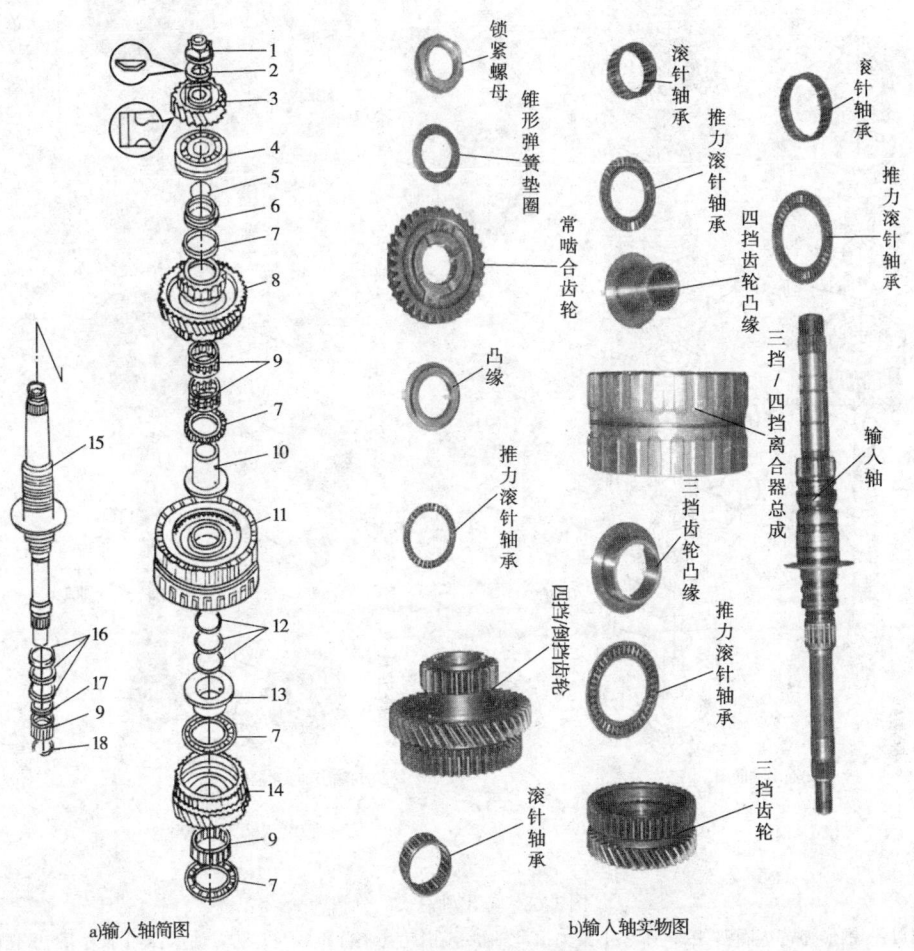

图3-67 输入轴总成的分解

1-锁紧螺母；2-锥形弹簧垫圈；3-常啮合齿轮；4-变速器壳体轴承；5-卡环；6-凸缘；7-推力滚针轴承；8-四挡/倒挡齿轮；9-滚针轴承；10-四挡齿轮凸缘；11-三挡/四挡离合器总成；12-O形密封圈；13-三挡齿轮凸缘；14-三挡齿轮；15-输入轴；16、17-密封圈；18-定位环

5 输出轴总成的分解

输出轴总成的分解如图3-68所示。

项目三 齿轮变速机构的检修

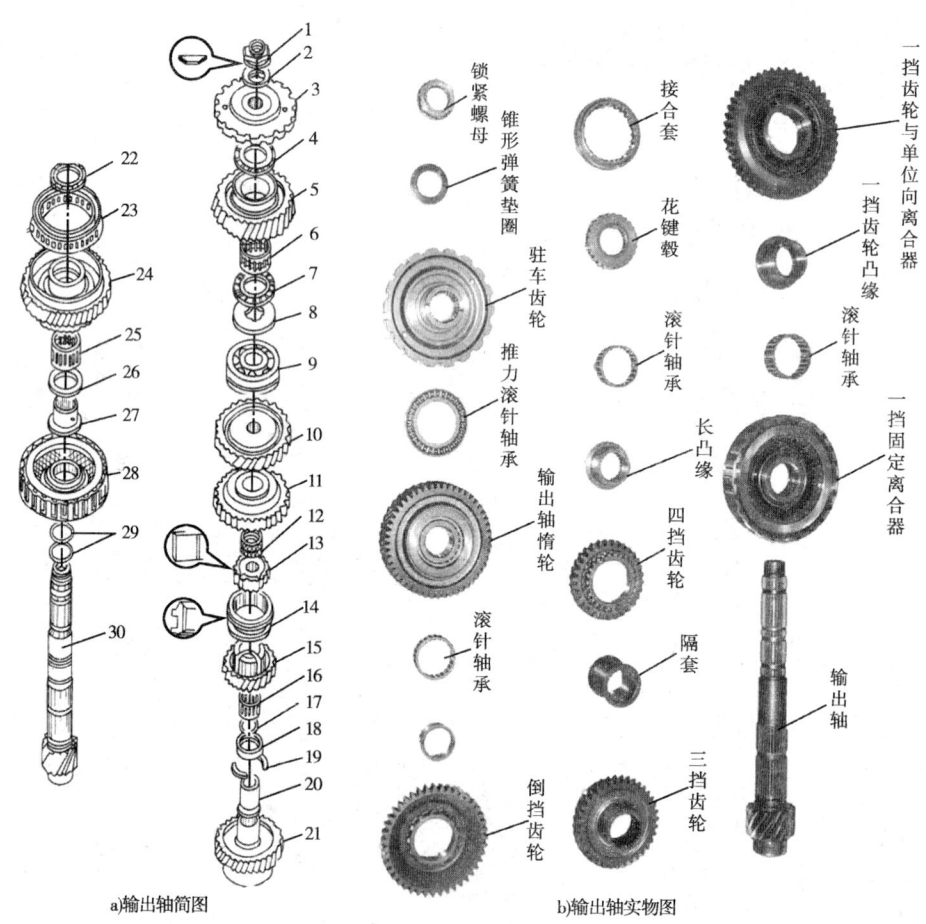

图3-68 输出轴总成的分解
1-锁紧螺母;2-锥形弹簧垫圈;3-驻车齿轮;4-推力滚针轴承;5-惰轮;6-滚针轴承;7-推力轴承;8-止推垫圈;9-壳体轴承;10-二挡齿轮;11-倒挡齿轮;12-滚针轴承;13-花键毂;14-接合套;15-四挡齿轮;16-滚针轴承;17-卡环;18-凸缘;19-开口销;20-长凸缘;21-三挡齿轮;22-推力滚针轴承;23-单向离合器;24-一挡齿轮;25-滚针轴承;26-止推垫圈;27-一挡齿轮凸缘;28-一挡固定离合器总成;29-O形密封圈;30-输出轴

6 中间轴总成的分解

中间轴总成的分解如图3-69所示。

7 一挡/二挡离合器的分解

一挡/二挡离合器的分解如图3-70所示。

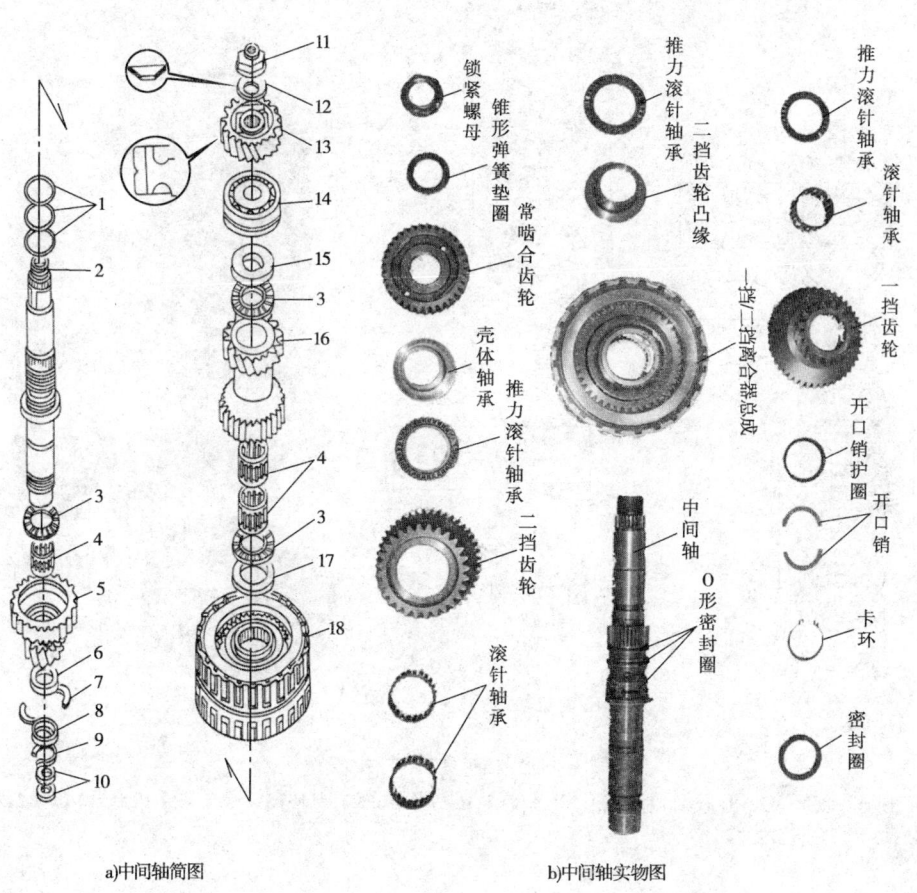

图 3-69 中间轴总成的分解图

1-O 形密封圈;2-中间轴;3-推力滚针轴承;4-滚针轴承;5-一挡齿轮;6-长凸缘;7-开口销;8-开口销护圈;9-卡环;10-密封圈;11-锁紧螺母;12-锥形弹簧垫;13-常啮合齿轮;14-壳体轴承;15-止推垫圈;16-二挡齿轮;17-花键垫圈;18-一挡/二挡离合器总成

8 三挡/四挡离合器的分解

三挡/四挡离合器的分解如图 3-71 所示。

9 一挡固定离合器的分解

一挡固定离合器的分解如图 3-72 所示。

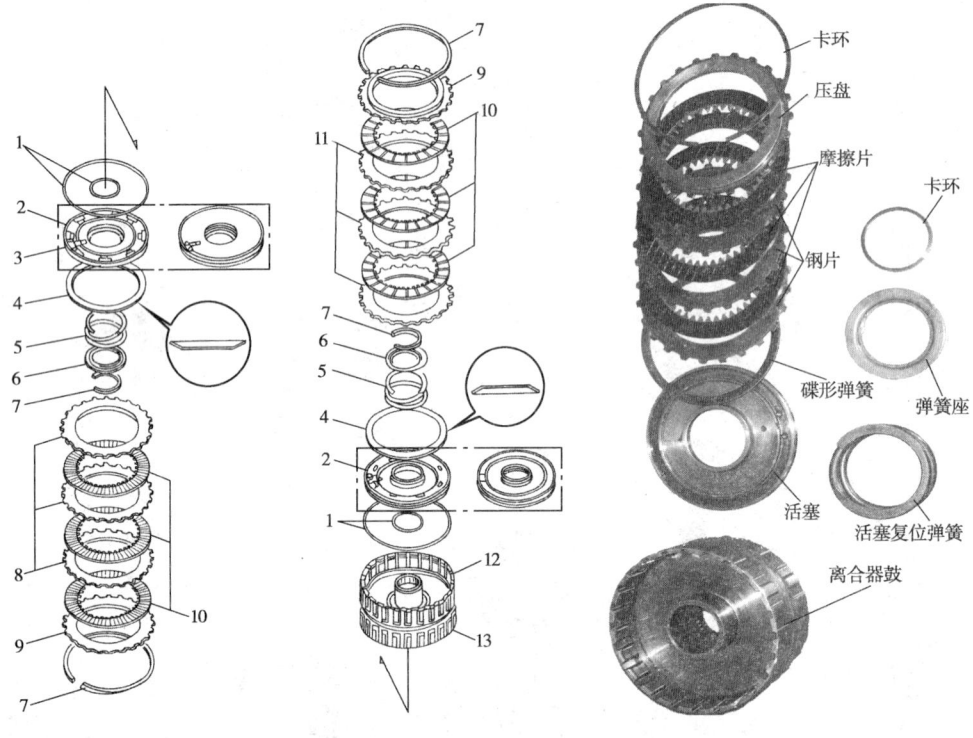

图 3-70 一挡/二挡离合器的分解
1-O 形密封圈；2-活塞；3-止回阀；4-碟形弹簧；5-复位弹簧；6-弹簧护圈；7-卡环；8、11-钢片；9-压盘；10-摩擦片；12-二挡离合器鼓；13-一挡离合器鼓

自动变速器阀体与油路分析

本田平行轴式四挡自动变速器控制阀认识。

(一) 各阀体的装配位置图

各阀体的装配位置如图 3-73 所示。

(二) 主阀体分解图

主阀体实物图如图 3-74 所示，主阀体滑阀对照图如图 3-75 所示。

(三) 调节器阀体、伺服器阀体、一挡/二挡蓄压器阀体、辅助阀体、节气门阀体

调节器阀体、伺服器阀体、辅助阀体、节气门阀体、一挡/二挡蓄压器阀体的实物图及对照图如图 3-76 ~ 图 3-84 所示。

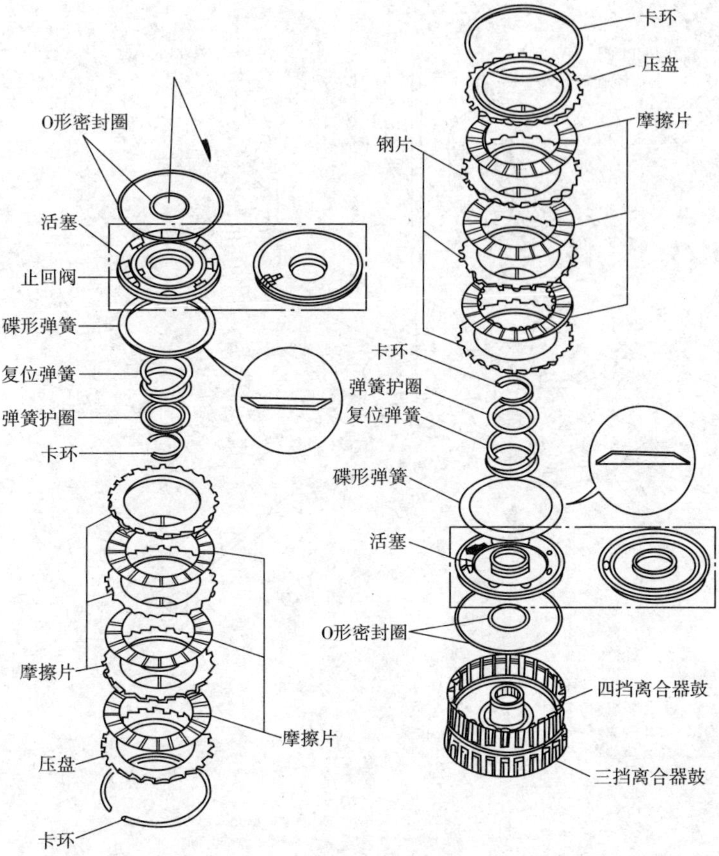

图 3-71　三挡/四挡离合器的分解

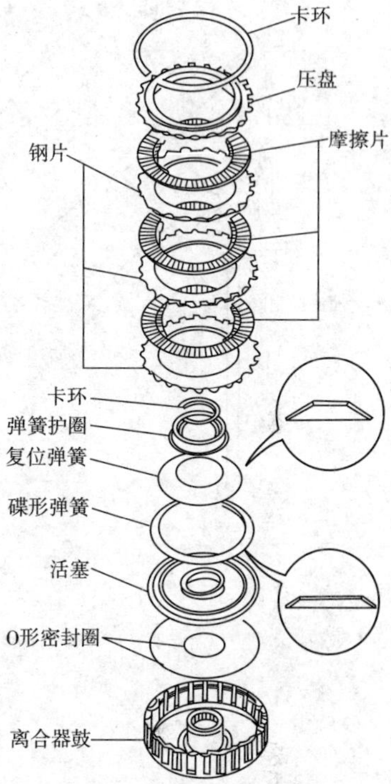

图 3-72　一挡固定离合器的分解

图 3-73　阀体装配位置

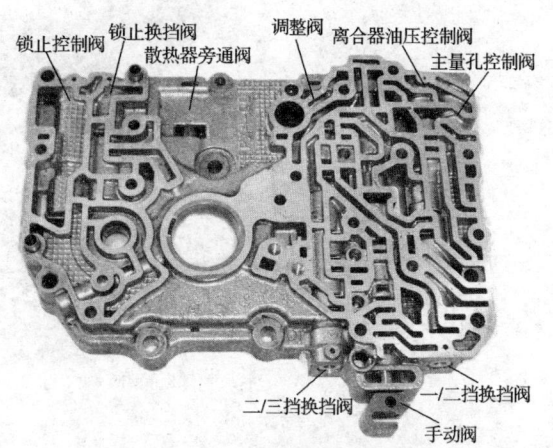

图 3-74　主阀体实物图

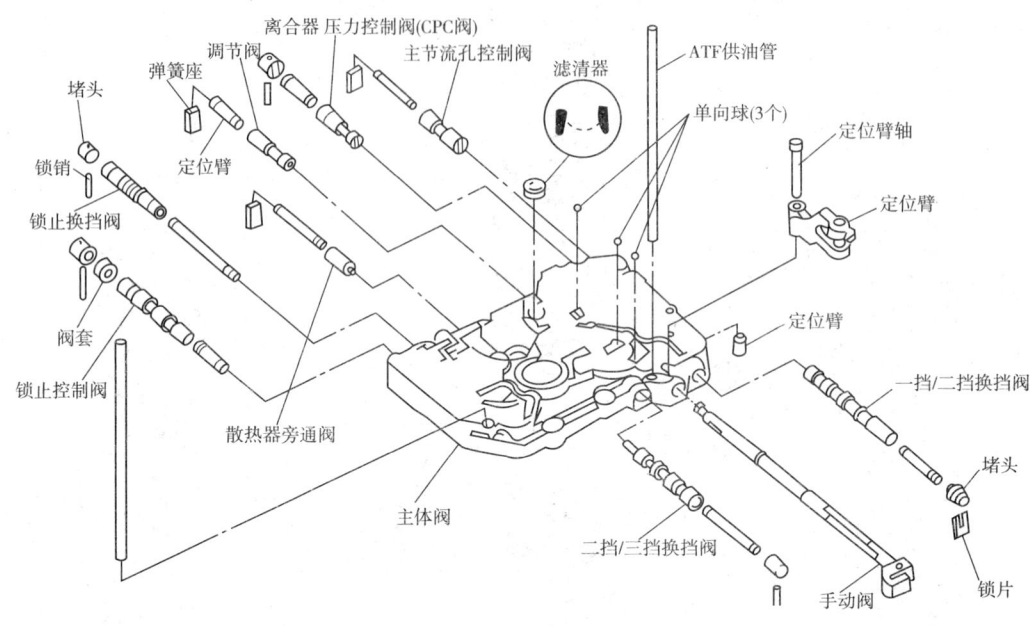

图 3-75 主阀体滑阀对照图

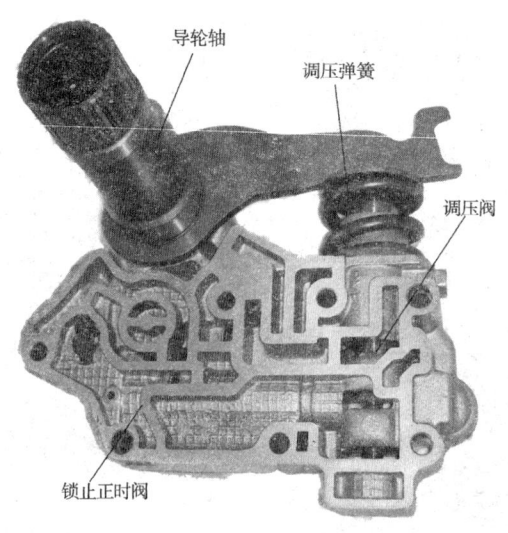

图 3-76 调节器阀体实物

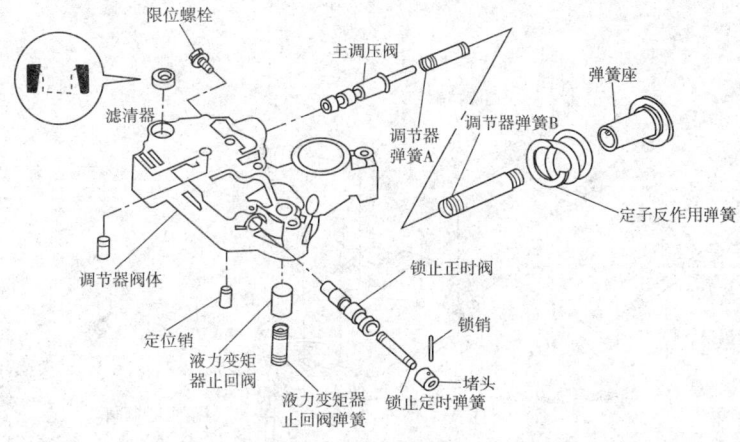

图 3-77　调节器阀体滑阀对照图

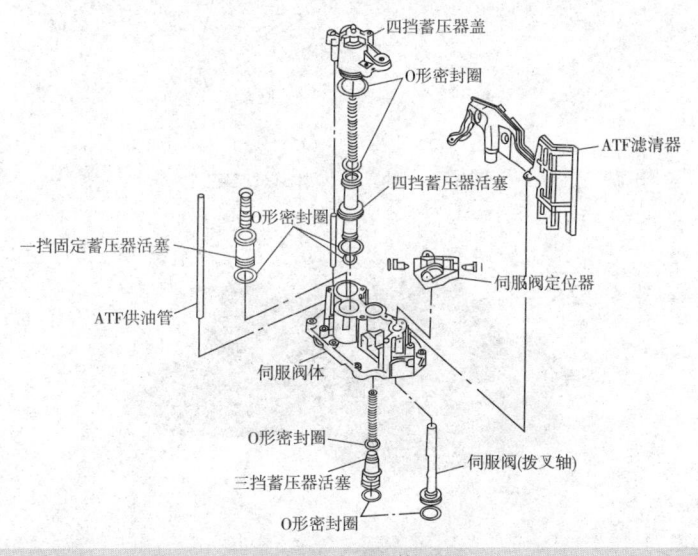

图 3-78　伺服器阀体对照图

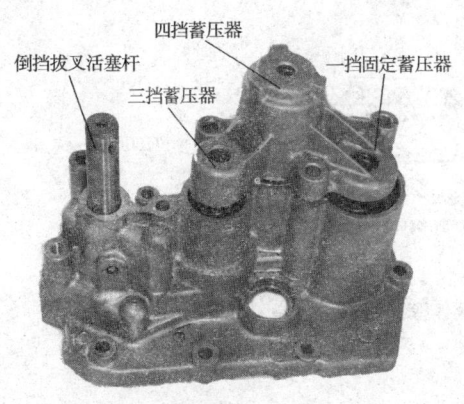

图 3-79　伺服器阀体实物

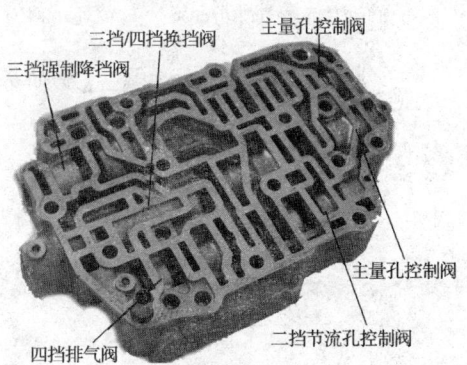

图 3-80　辅助阀体实物

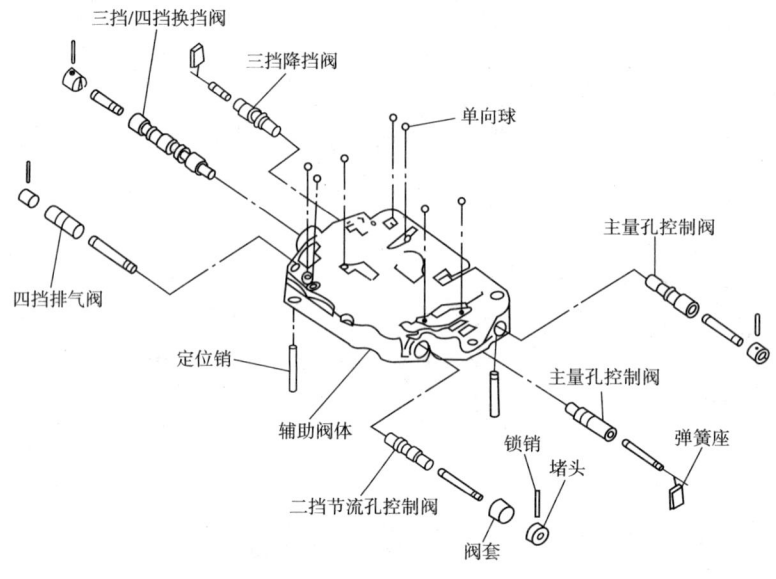

图 3-81 辅助阀体滑阀对照图

图 3-82 节气门阀体实物

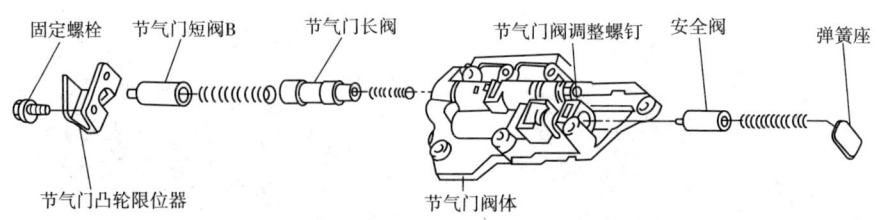

图 3-83 节气门阀体滑阀对照图

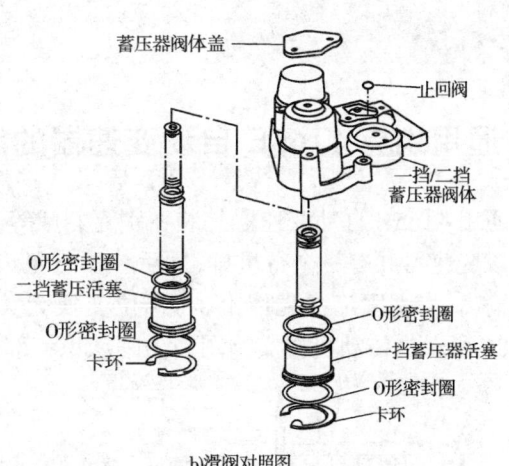

图3-84 一挡/二挡蓄压器阀体

任务四 串联式齿轮传动检修

任务导入

一辆上海别克君威,车辆在行驶过程中出现换挡冲击现象。该车装用4T65E型自动变速器。打开发动机罩,检查自动变速器油已经变质发黑,有焦糊味。拆下自动变速器,打开侧盖发现有较多金属屑,拆下阀体、从动链轮支架和一/三挡离合器,发现一/三挡离合器已经烧坏。仔细分析发现一/三挡离合器油路要经过从动链轮支架处,在此产生泄漏。在高压时才能使第三离合器接合,产生时离时合而冲击。时间长了打滑而烧坏。更换从动链轮支架和一/三挡离合器,清洗油底盘更换滤清器,组装后试车,故障排除。

任务分析

串联式齿轮变速机构是在典型的辛普森式三挡齿轮变速机构的基础上改进而成,也被称做辛普森改进型。它也是由两个单级的行星齿轮排组合而成,其特点是:两个行星排,四个独立元件。前齿圈与后行星架串联为一体;前行星架与后齿圈串联为一体;而前太阳轮和后太阳轮各自独立。也有的前行星架是通过离合器或单向离合器与后齿圈连接,也可以独立运动。可以实现四个前进挡、倒挡和空挡。采用这种结构典型的变速器有:通用别克4T65E型、4T60E型;富康AL4型;马自达929型汽车装用的R4A-EL型自动变速器等。本书以4T65E型自动变速器为例,学习串联式齿轮变速机构。

项目三　齿轮变速机构的检修

一、通用别克4T65E自动变速器的结构与组成

通用4T65E自动变速器是装在别克君威等车上,是横置前驱自动变速器。

该变速器共有三个行星排,最后一排行星齿轮是专用于作主减速器的,太阳轮输入,行星架输出,齿圈固定在壳体上,与挡位变换无关。图3-85所示为传动系统的剖视位置图。图3-86所示为传动机构实物图。先来认识各部分零件的形状、位置和作用。

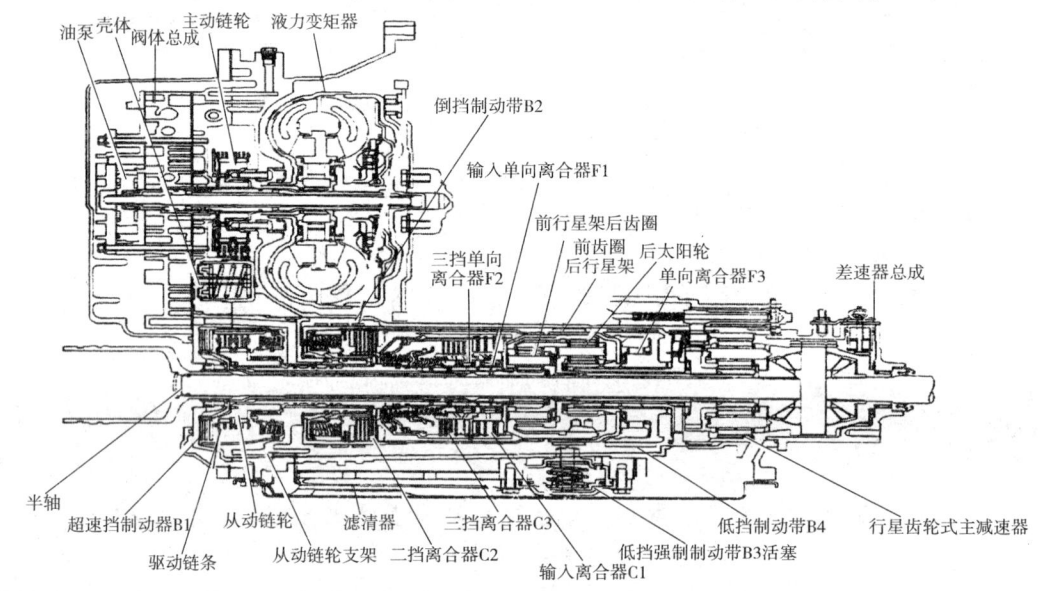

图3-85　4T65E自动变速器零件位置

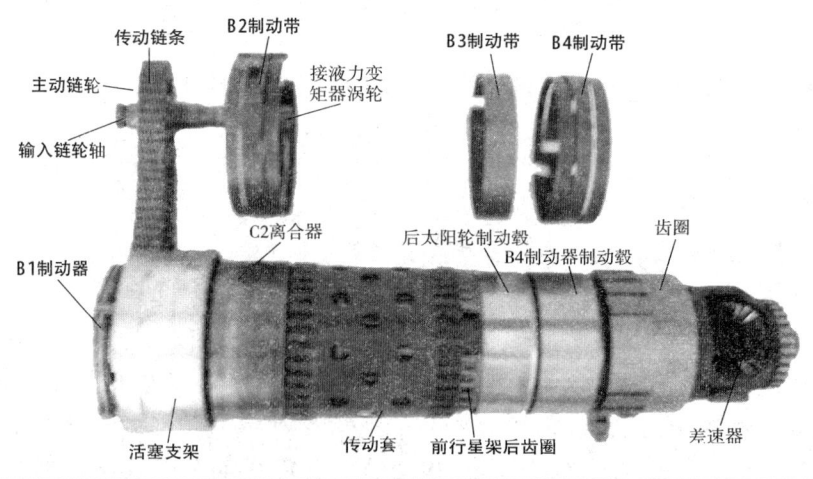

图3-86　4T65E传动机构实物图

该变速器主体是一个串联式的行星齿轮机构,如图3-87所示。前行星架与后齿圈连为一体;前齿圈与后行星架连为一体。前太阳轮、后太阳轮各自独立。共有十个换挡执行元件、三个离合器、四个制动器、三个单向离合器。前太阳轮通过花键与单向离合器F1、F2的内圈连接,F1和F2的外圈分别连接离合器C1和C3的摩擦片。钢片装在离合器鼓内,与从动链轮花键连接。由于变速器与发动机的安装位置的关系,使变速器输入元件是逆时针方向转动。(从左向右看)确认这一点,才能分析单向离合器的工作状态。太阳轮内花键孔与图中花键轴连接,花键轴是制动器B1的制动器毂,通过制动器B1可以固定前太阳轮。

换挡执行元件介绍如下。

(一) 离合器

离合器如图3-88和图3-89所示。

(1) C1——输入离合器:其作用是将输入轴的动力传到一挡单向离合器F1的外圈。从动链轮逆时针方向转动,通过单向离合器F1把动力传递到前太阳轮,使前太阳轮逆时针转动。

(2) C2——二挡离合器:其作用是将输入轴的动力直接传递到前行星架后齿圈组件,如图3-89所示。

(3) C3——三挡离合器:其作用是连接输入轴与单向离合器F2的外圈,F1与F2的楔块方向相反。C3和F2共同的作用是,当前太阳轮转速大于从动链轮转速时,限制前太阳轮的转速,使其与从动链轮连为一体,如图3-89所示。

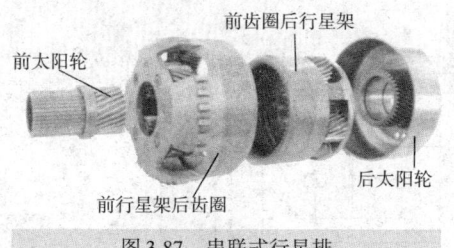

图3-87 串联式行星排

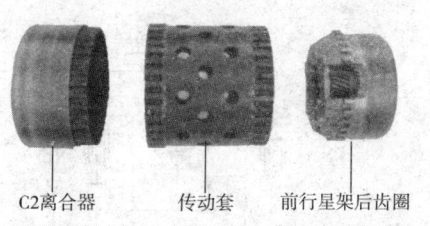

图3-88 C2将动力传到前行星架后齿圈

(二) 制动器

制动器如图3-90所示。

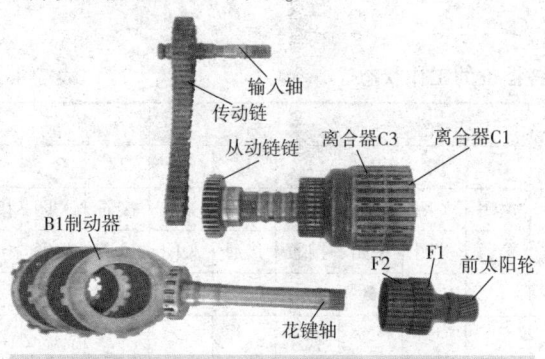

图3-89 连接前太阳轮的执行元件

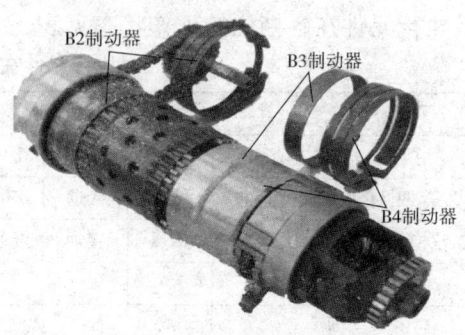

图3-90 三个制动器B2、B3、B4

（1）B1——OD挡制动器：其作用是固定前太阳轮，图3-90中B1制动器。

（2）B2——倒挡制动器：其作用是固定前行星架后齿圈组件。B2制动器制动C2离合器的转鼓，通过传动套固定前行星架后齿圈组件，如图3-90所示。

（3）B3——低挡强制制动器：其作用是固定后太阳轮。

（4）B4——低挡制动器：其作用是固定单向离合器F3的外圈。

（三）单向离合器

（1）F1——外圈逆时针方向转动时，可以将动力传递到前太阳轮。

（2）F2——内圈逆时针方向转动时，可以将动力传递到C3离合器。

（3）F3——B4固定F3外圈时，可以阻止后太阳轮顺时针方向转动。

通用别克4T65E自动变速器挡位分析

挡位传动简图如图3-91所示。将图中的十个换挡执行元件与实物零件一一对照，每一个离合器或制动器都是靠液压工作的，在实物零件中找到其对应的活塞，以及其钢片与摩擦片的位置，有缓冲片的要注意缓冲片的安装方向。特别是C1与C3离合器的活塞装在同一个离合器鼓内，观察其工作原理。检查三个单向离合器的锁止方向，特别是F1与F2共用一个内圈，其锁止方向相反。

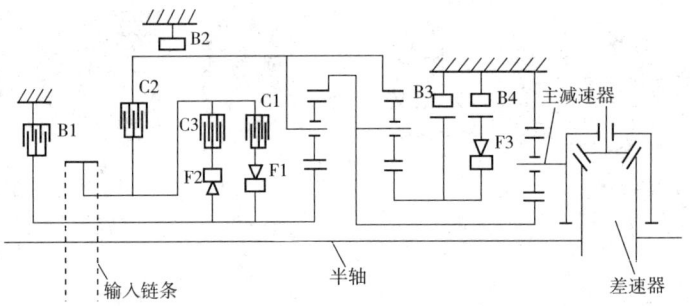

图3-91 别克4T65E自动变速器挡位传动简图

执行元件在各挡位的工作状态见表3-4。

执行元件在各挡位的工作状态　　　　表3-4

	驻车	倒挡	空挡	D				3			2		1
挡位	P	R	N	D1	D2	D3	D4	3_1	3_2	3_3	2_1	2_2	1
一-二/三-四换挡电磁阀	接通	接通	接通	接通	关闭	关闭	接通	接通	关闭	关闭	接通	关闭	关闭
二-三换挡电磁阀	接通	接通	接通	接通	接通	关闭	关闭	接通	接通	关闭	接通	接通	接通
B1							●						
B2		●											
C2					●	●	●		●	●		●	

续上表

	驻车	倒挡	空挡	D		3		2		1	
C3				●	○			●		●	
F2				●				●		●	
C1	○	●	○	●	●	●	○	●	●	●	●
F1	○	●	○	●	●	●	●	●	●	●	●
B3										●	●
F3			●	●	●	●	●	●	●	●	●
B4			●	●	○	●	○	●	○	●	●

注：接通——电磁阀通电；关闭——电磁阀未通电。●——接合且传力；○——接合但不传力。

各挡位动力传递路线如下。

（一）P位

输入轴逆时针方向转动，C1离合器和F1单向离合器工作，动力输入前太阳轮，前齿圈后行星架组件与输出轴连接，被驻车齿轮锁止，动力传递中断。

（二）D位一挡

D位一挡：C1、F1、B4、F3工作。

C1离合器接合，将输入轴的动力传到单向离合器F1的外圈，当F1的外圈逆时针转动时，可以将动力传到前太阳轮，使前太阳轮也逆时针转动，由于前排齿圈与输出轴连接，汽车起步时有阻力（视为固定），前行星架将动力向后传递，是同向减速传动；对于后行星排，齿圈逆时针输入，后行星架与输出轴连接，有阻力，使后太阳轮产生顺时针转动的趋势，F3和B4共同作用，阻止后太阳轮顺时针转动。因此，后行星排是齿圈输入，太阳轮固定，行星架输出，也是同向减速传动。经过前后两个行星排，两次减速，完成D位一挡动力传递。注意：第三行星排是主减速器，不参与换挡，如图3-92所示。

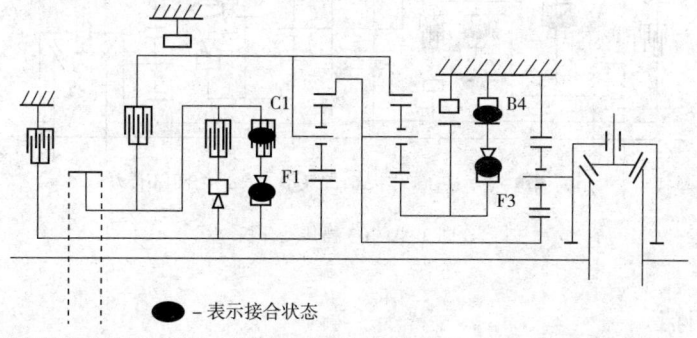

图3-92　D1挡传动分析

(三) D 位二挡

D 位二挡:C2、B4、F3、C1 工作,C1 工作但不传力。

C2 离合器接合,将动力传递到后排齿圈(逆时针转动),由于后行星架与输出轴连接,有一定阻力,后太阳轮有顺时针转动的趋势,被 B4 和 F3 单向固定,行星架将动力输出。因此,二挡时只有后行星排单独完成,只有一次减速,比一挡的转速稍快,此时,前排太阳轮的转速,比前行星架快,即单向离合器 F1 的内圈转速比外圈转速快,使 F1 断开动力传递,前太阳轮自由空转,因此,C1 离合器的状态是接合但不传力,如图 3-93 所示。

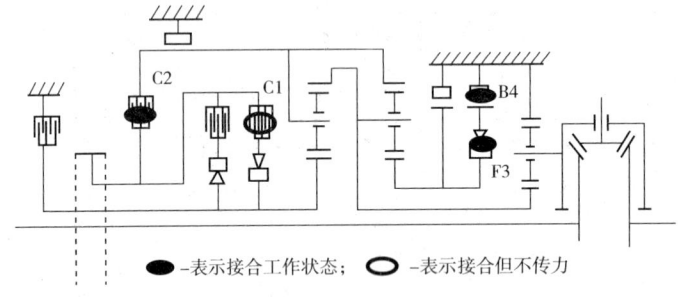

图 3-93 D2 挡传动分析

(四) D 位三挡

D 位三挡:C2、C3、F2、B4 工作,B4 接合但不传力。

由于二挡时前太阳轮转速比输入轴快,当 C3 离合器接合时,通过单向离合器 F2 使前太阳轮转速不得快于输入轴,由于 C2 将输入轴与前行星架连为一体,因此,前行星架、前太阳轮和输入轴都以相同的速度输入,前齿圈直接将动力输出,实现同向等速传动,直接挡。此时,后齿圈与后行星架同样以逆时针同向转动,因此,后太阳轮也逆时针转动,使单向离合器 F3 脱开,断开动力传递,使 B4 制动器接合但不传力,如图 3-94 所示。

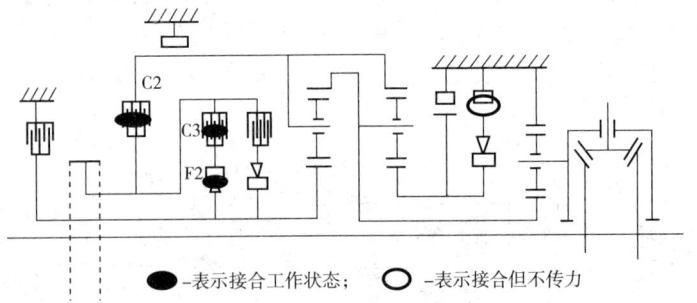

图 3-94 D3 挡传动分析

(五) D 位四挡

D 位四挡:C2、B1 工作,C3、B4 接合但不传力。

在 D3 挡工作的基础上,B1 制动器将前太阳轮固定,C2 离合器将输入轴的动力传到前行星架,前齿圈增速后输出动力,实现超速挡。后太阳轮逆时针空转,因此,B4 虽接合但不传递动力。当 B1 制动器将前太阳轮固定时,C3 离合器虽然将动力传到了 F2 的外圈,但 F2 断开了动力传递,处于打滑状态,因此,C3 离合器也是处于接合但不传力的状态,如图 3-95 所示。

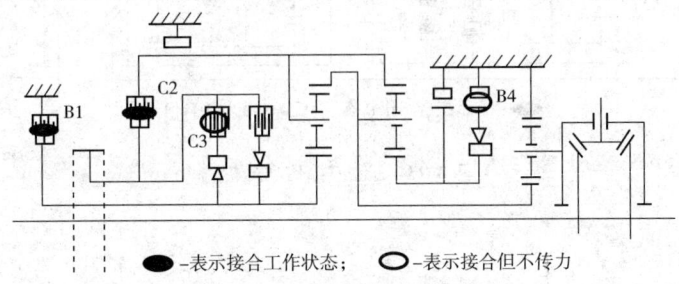

图 3-95　D4 挡传动分析

(六) R 位

R 位:C1、F1、B2 工作。

C1 和 F1 共同作用将动力传递到前太阳轮,B2 制动器将前行星架固定,前齿圈顺时针将动力输出,实现倒挡,如图 3-96 所示。

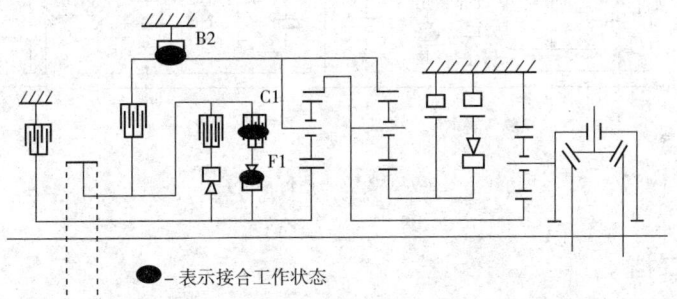

图 3-96　R 位倒挡动力分析

(七) 3 位一挡

3 位一挡:3_1 挡和 D1 挡的传动完全相同,都没有发动机制动作用。参照图 3-92 D1 挡传动分析。

(八) 3 位二挡

3 位二挡:3_2 挡和 D2 挡的传动完全相同,也没有发动机制动作用。参照图 3-92 D1 挡传动分析。

(九) 3 位三挡

3 位三挡:3_3 挡比 D3 挡增加了执行元件 C1 和 F1,这样动力也可由输出轴传入输入轴,有发动机制动作用,如图 3-97 所示。

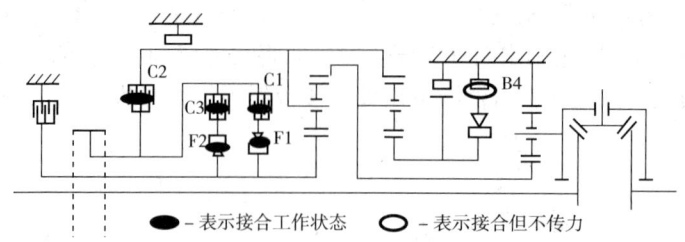

图 3-97　3 位三挡传动分析

(十) 2 位一挡

2 位一挡：2_1 挡与 D1 挡的传递路线完全相同,但是,在固定后太阳轮时,增加了 B3 制动器,当汽车下坡行驶时,可以用发动机的阻力,阻碍车轮的转动,有发动机制动作用。此挡位可在下缓坡时、或路况不好时使用,如图 3-98 所示。

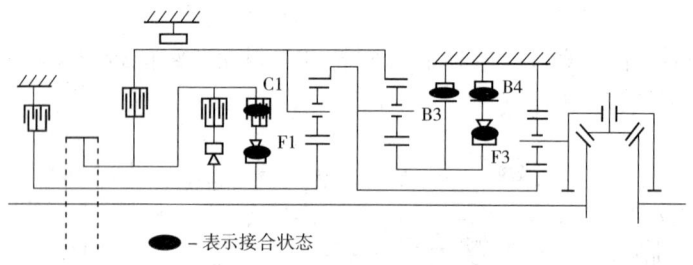

图 3-98　2 位一挡传动分析

(十一) 2 位二挡

2 位二挡：2_2 挡比 D2 挡增加了 B3 制动器,动力传递与 D2 挡完全相同,但动力可以从输出轴传到输入轴,有发动机制动作用。当变速杆置于 2 位时,PCM 可控制挡位在 2_1 挡和 2_2 挡之间变换,如图 3-99 所示。

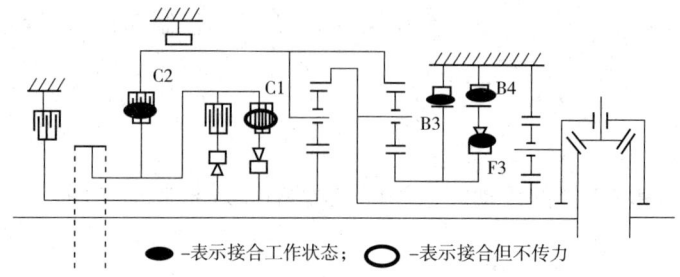

图 3-99　2 位二挡传动分析

(十二)1 位一挡

1 位一挡:当变速杆置于 1 位时,C1、F1、C3、F2 共同作用,将输入轴与前太阳轮连在一起,无论动力从输入轴传给前太阳轮还是前太阳轮传给输入轴,都不会中断动力传递;B1、F3、B4 共同作用,将后太阳轮固定,无论顺时针还是逆时针都不能转动,如图 3-100 所示。因此,此挡位有发动机制动作用,一般汽车行驶在路况很差或下陡坡时使用此挡位。

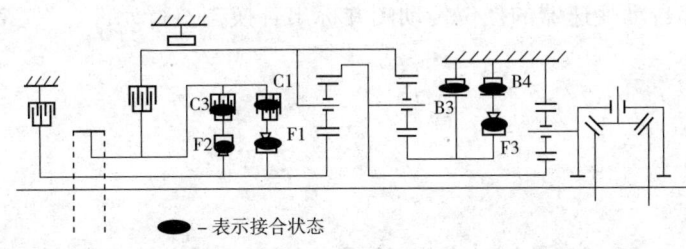

图 3-100　1 位一挡传动分析

任务实施

任务:串联式自动变速器 4T65E 认知(2 课时)。

任务实施目的:
(1)能查阅相关维修资料,认识自动变速器部件名称,训练团队协作与沟通能力。
(2)能分析各个挡位传动原理。
(3)能分解与组装 4T65E 自动变速器。

1. 认识 4T65E 自动变速器各部件。

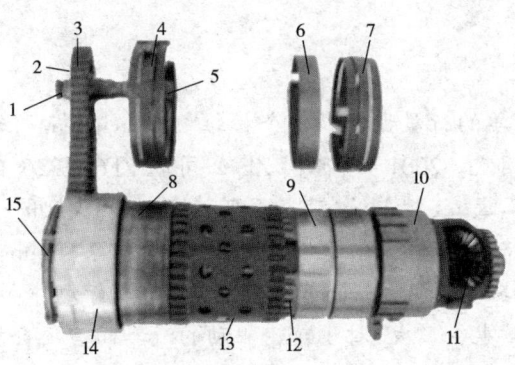

写出图中各序号所指零件名称:
1.＿＿＿＿＿＿＿　　2.＿＿＿＿＿＿＿

3. _____ 4. _____
5. _____ 6. _____
7. _____ 8. _____
9. _____ 10. _____
11. _____ 12. _____
13. _____ 14. _____
15. _____

2. 画出 4T65E 自动变速器的挡位传动图并标出各换挡执行元件。

任务五　莱派特与组合传动检修

任务导入

随着世界汽车产业的不断发展，五挡或者六挡自动变速器将逐步取代四挡自动变速器的主导地位，向多挡位方向发展。挡位多使变速器具有更大的传动比范围和更细密的挡位之间的传动比分配，从而改善汽车的动力性、燃油经济性和换挡平顺性。例如宝马7系或奥迪A8装配ZF产的六挡自动变速器（ZF6HP-26），首次采用 Lepelletier（发音：La-pelt-e-ay），译为莱派特式齿轮变速机构。这种轮系是1990年，法国人皮埃尔·莱派特（Pierre Lepelletier）开发的 Lepelletier（莱派特）轮系自动变速器，并获得专利。

任务分析

这种轮系由一个简单的行星齿轮和一个拉维娜（Ravigneaus）轮系组成。前端的行星齿轮不换挡，太阳轮一直固定。2001年，德国ZF公司的ZF6HP-26自动变速器首次使用这种轮系。之后，通用、福特、大众、沃尔沃、劳斯莱斯等车型开始使用。

不久，莱派特轮系将会像过去30年一直使用的辛普森（Simpson）、拉维娜（Ravigneaus）轮系一样普及。但是，挡位越多意味着变速器越复杂，执行元件和齿轮数目会随之增加，不但成本增加，体积和质量也会增大，对于前轮驱动的汽车而言还会增加动力传动系统布置的困难。因此，为了缩小体积和减轻质量，要采用紧凑化设计，简化内部结构，引入电子控制系统，采用轻质材料，这些都是现代汽车自动变速器发展的方向。

与此同时，与丰田公司合作的日本埃信（Aisin）公司不断开发更高挡位的变速器，如装在新款雷克萨斯LS430的A760E自动变速器，有六个前进挡，一个倒挡。采用一个双级行星齿轮排与一个辛普森式轮系组合而成。以及后来开发的LS460装用的AA80E自动变速器，有八个前进挡，二个倒挡的顶尖级配置。

 相关知识

当自动变速器由四前速占主导地位逐渐进入六前速时代时，就像四速的辛普森、拉维娜一样，六速自动变速器首选莱派特式行星齿轮组合。它是由一个单级单排行星齿轮排和一个拉维娜式行星齿轮组合而成，如图3-101所示。有六个换挡执行元件：三个离合器K1、K2、K3，两个制动器B1、B2，一个单向离合器F。可以完成六个前进挡、一个倒挡和空挡。

采用这种行星齿轮机构换挡的变速器有：福特AWF21六速自动变速器，日本AISINAW公司新开发的TF-60SN系列，配用许多厂家的不同型号的车型，如奥迪、保时捷、马自达、标致、雪铁龙、菲亚特、宝马、大众系列等。都是基于莱派特式行星齿轮生产设计的。还有大众途锐AG6-09D、09G自动变速器结构原理与之相近。学习时可以相互参考。因所配用的发动机排量不同，需传递的转矩也不同，变速器的尺寸、执行元件的片数也不同，但动力传递路线是相同的。

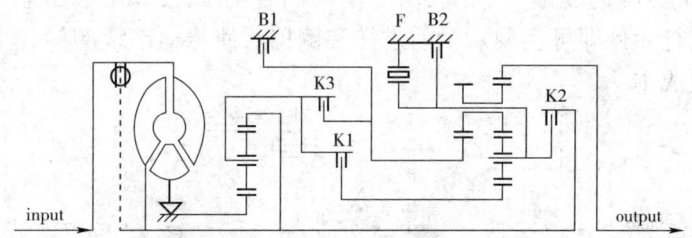

图3-101 莱派特式挡位传动图一

其结构特点是：采用前、后两个行星齿轮组，前面是一个单排单级行星齿轮机构，称为初级行星齿轮组；后面是一个拉维娜式行星齿轮机构，它由一个单级行星齿轮机构和一个双级行星齿轮机构复合而成，称为次级行星齿轮组。初级行星齿轮组的太阳轮是永久固定不动的。次级行星齿轮组的齿圈是动力输出端。

各换挡执行元件的作用：

（1）离合器K1——连接前排行星架与拉维娜小太阳轮。

（2）离合器K2——连接输入轴与拉维娜行星排行星架。

（3）离合器K3——连接前排行星架与拉维娜大太阳轮。

（4）制动器B1——固定拉维娜大太阳轮。

（5）制动器B2——固定拉维娜式行星排行星架。

（6）单向离合器F——阻止拉维娜行星排行星架逆时针转动。

各挡位换挡执行元件工作表见表3-5。

各挡位换挡执行元件工作表 表3-5

挡位	D1	D2	D3	D4	D5	D6	R
离合器 K1	●	●	●				
离合器 K2				●	●	●	
离合器 K3			●		●		●
制动器 B1		●				●	
制动器 B2	○						●
单向离合器 F	●						

●-表示接合状态；○-表示有发动机制动时接合。

为形象表达更清楚，可用图3-102表示挡位传动路线。

最早使用莱派特式齿轮变速机构的是德国ZF公司生产的ZF6HP-19A和ZF6HP-26。这两款自动变速器分别装在宝马E60和E65上，至此引领自动变速器的发展进入6速时代，具有划时代的意义。这两款自动变速器传动系统基本相同，只是与不同的发动机匹配，传载的额定转矩不同（6HP-19A和6HP-26的转矩分别是450N·m和650N·m）。在结构上换挡执行元件的摩擦片数量略有不同。在2005款奥迪车上装用的09L和09E自动变速器，也是这两款变速器在大众公司的不同命名而已。后来随着电控技术的不断发展，使汽车低挡位的滑行以及换挡冲击控制的逐渐改善，取消了单向离合器F，使莱派特式齿轮变速机构的组合，只需要五个执行元件即可实现六个前进挡和倒挡。使传动系统的构件更少，减轻变速器质量，降低了制造成本。

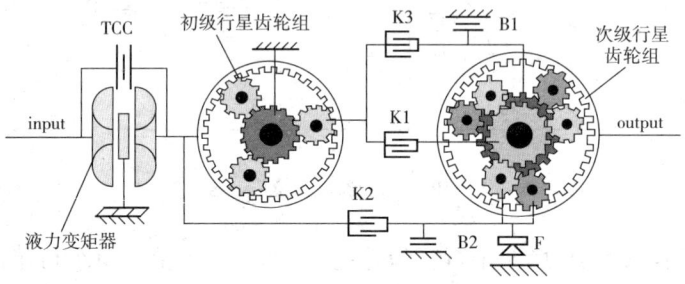

图3-102 莱派特式挡位传动图二

动力传递路线分析如下。

一、一挡动力传递路线

一挡动力传递路线：K1、F、(B2)工作。

一挡动力传递路线如图3-103所示，初级单排单级行星齿轮组太阳轮与壳体连接，为永久固定件，齿圈输入，行星架输出，减速后向后输出。经K1离合器接合，传到小太阳轮，由于齿圈有阻力，使得行星架有逆时针转动的趋势，被单向离合器F固定，由齿圈减速输出。经过初级行星齿轮组和次级行星齿轮组两次减速后，完成一挡动力传递。为能表达清楚，现将初级、次级行星齿轮组的状态分别说明如下。

(1)初级行星齿轮组:动力由涡轮轴直接传至齿圈,太阳轮固定,则行星架同向减速输出;离合器 K1 工作,将初级行星齿轮组的行星架和次级行星齿轮组后排小太阳轮连接在一起,将涡轮轴动力经初级行星齿轮组减速后传至次级行星齿轮组后排小太阳轮。

(2)次级行星齿轮组:动力由次级行星齿轮组后排小太阳轮输入;F 阻止了次级行星齿轮组的行星架逆时针转动,固定次级行星齿轮组共用行星架,次级行星齿轮组后排是双级行星齿轮机构,故次级行星齿轮组共用齿圈同向减速输出。大太阳轮在逆时针空转。

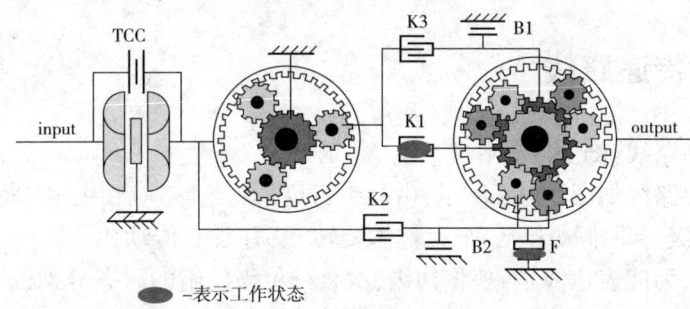

图 3-103　D 位一挡传动分析

在 D 位一挡,单向离合器 F 工作,没有发动机制动作用。当驾驶人选用 1 位一挡时,制动器 B2 工作,将次级行星齿轮组的行星架双向固定,此时有发动机制动作用,在路况不好或下坡时使用该挡位。

二挡动力传递路线

二挡动力传递路线:K1、B1 工作。

二挡动力传递路线如图 3-104 所示,初级行星齿轮组太阳轮固定,齿圈输入,行星架输出。同向减速后由离合器 K1 将动力传递到小太阳轮。在一挡的基础上,由制动器 B1 将大太阳轮固定。使行星轮绕着太阳轮做公转,使得行星架也做顺时针转动,使齿圈加速转动。实现 2 挡。为能表达清楚,现将初级、次级行星齿轮组的状态分别说明如下。

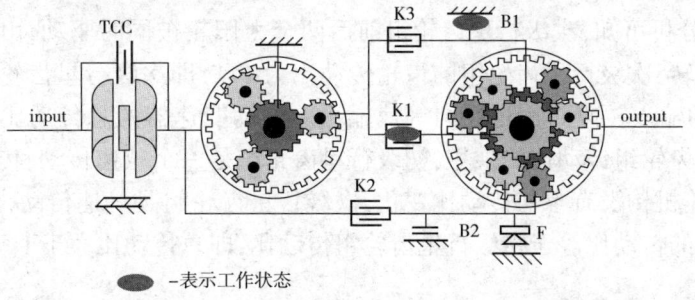

图 3-104　D 位二挡传动分析

(1)初级行星齿轮组:动力由涡轮轴传给齿圈,太阳轮固定,则行星架同向减速输出;离合器 K1 工作,将初级行星齿轮组的行星架和次级行星齿轮组后排小太阳轮连接在一起,将涡轮轴动力经初级行星齿轮组减速后传至次级行星齿轮组后排小太阳轮。

(2)次级行星齿轮组:动力由次级行星齿轮组后排小太阳轮输入;制动器B1工作,固定次级行星齿轮组前排大太阳轮,则次级行星齿轮组共用齿圈同向减速输出。

在一挡时,次级行星齿轮组共用行星架被F单向固定,前排行星轮顺时针旋转,前排大太阳轮逆时针旋转——空转。二挡时,前排大太阳轮被固定,则共用行星架也顺时针旋转,驱动共用内齿圈顺时针旋转,故齿圈的转速比一挡时要快一些。

三 三挡动力传递路线

三挡动力传递路线:K1、K3工作。

三挡动力传递路线如图3-105所示,由初级行星齿轮组减速后,由K1输给小太阳轮,K3输给大太阳轮,次级行星排被卡死,作为整体旋转,没有改变传动比。因此三挡的传动比只由初级单独完成。为能表达清楚,现将初级、次级行星齿轮组的状态分别说明如下。

(1)初级行星齿轮组:动力由涡轮传至内齿圈,太阳轮被固定,则行星架同向减速输出;离合器K1工作,将初级行星齿轮组的行星架和次级行星齿轮组后排小太阳轮连接在一起,将涡轮轴动力经初级行星齿轮组减速后传至次级行星齿轮组后排小太阳轮。同时,离合器K3工作,将涡轮轴动力经初级行星齿轮组减速后传至次级行星齿轮组前排大太阳轮。

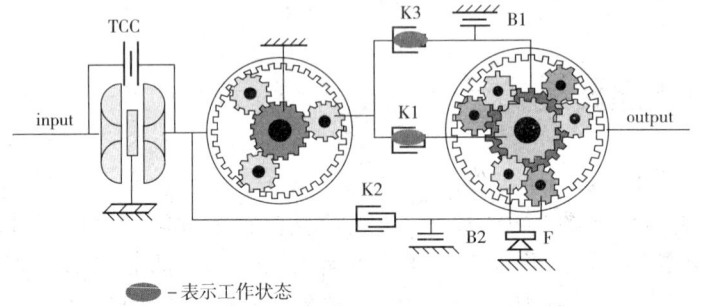

图3-105　D位三挡传动分析

(2)由以上分析可知,次级行星齿轮组前后两个太阳轮被同时驱动,由整个行星齿轮机构以一个整体旋转,次级行星齿轮组的齿轮传动比为1:1,即次级行星齿轮组共用齿圈相对离合器K1、K3的输入转速而言是同向等速输出。自动变速器的总传动比等于初级行星齿轮组和次级行星齿轮组传动比的乘积,初级行星齿轮组是一个减速传动,传动比大于1;在3挡时,次行星齿轮机构没有参与传动比变化,次级行星齿轮组是等速传动,传动比等于1,则整个自动变速器的传动比等于初级行星齿轮组传动比,即总传动比大于1。

四 四挡动力传递路线

四挡动力传递路线:K1、K2工作。

四挡动力传递路线如图3-106所示,四挡时,K2离合器将输入轴的动力直接传到次级行星齿轮组的公共行星架,没有经过初级行星齿轮的减速,因此又在三挡的基础上加速。但是由于大太阳轮是自由空转的。且 K2 的转速快于 K1 的转速,K1 的转速输到小太阳轮后,被减速后由齿圈输出,由于 K2 的转速快,使得齿圈最后的输出转速在 K1 和 K2 之间,是减速传动。传动比仍大于 1。为能表达清楚,现将初级、次级行星齿轮组的状态分别说明如下。

(1)初级行星齿轮组:动力由涡轮轴传到前齿圈,太阳轮被固定,则行星架同向减速输出;离合器 K1 工作,将初级行星齿轮组的行星架和次级行星齿轮组后排小太阳连接在一起,将涡轮轴动力经初级行星齿轮组减速后传至次级行星齿轮组后排太小阳轮。

(2)次级行星齿轮组:离合器 K2 工作,将涡轮轴与次级行星齿轮组行星架连接为一体,涡轮轴动力未经减速直接传至次级行星齿轮组行星架。

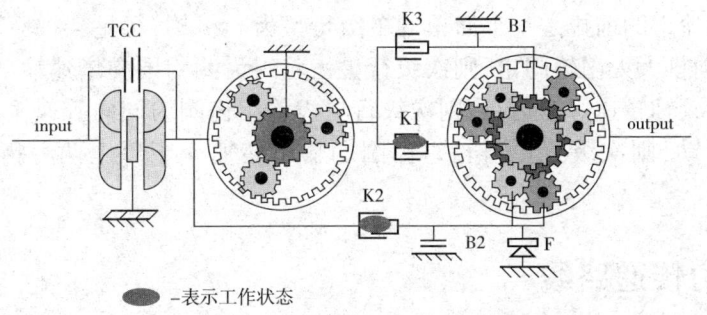

图 3-106　D 位四挡传动分析

次级行星齿轮组是一个双级行星齿轮机构,行星架被驱动以涡轮轴转速等速运行,如果后排小太阳轮也被驱动,以涡轮轴转速等速运行,则次级行星齿轮组齿圈为同向等速输出;现在,后排太阳轮被减速驱动,则次级行星齿轮组齿圈的输出转速介于以上两种情况之间,即同向减速。

五　五挡动力传递路线

五挡动力传递路线:K2、K3 工作。

五挡动力传递路线如图 3-107 所示,K2 将输入轴的动力传到次级行星齿轮组行星架。K3 将初级行星齿轮组减速后的动力传递到大太阳轮。K2 的转速大于 K3 的转速,均为顺时针转动,如果 K3 的转速与 K2 相等,那么输出的转速也与 K2、K3 相等,如果 K3 速度为 0,那么输出转速为最大超速。现在 K3 的转速比 K2 略小,介于以上两种情况之间,输出的转速比 K2 略有增大,因此也是超速传动。为能表达清楚,现将初级、次级行星齿轮组的状态分别说明如下。

(1)初级行星齿轮组:动力由涡轮轴传至内齿圈,太阳轮被固定,则行星架同向减速输出;离合器 K3 工作,将初级行星齿轮组的行星架和次级行星齿轮组前排大太阳轮连接在一起,涡轮轴动力经初级行星齿轮组减速后传至次级行星齿轮组前排大太阳轮。

(2)次级行星齿轮组:离合器 K2 工作,将涡轮轴与次行星齿轮组行星架连接为一体,涡轮轴动力未经减速直接传至次级行星齿轮组行星架。

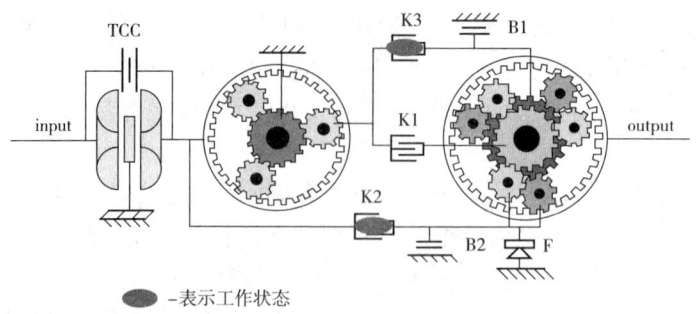

图3-107 D位五挡传动分析

次级行星齿轮组的前排是一个简单的单级行星齿轮机构,行星架被驱动以涡轮轴转速等速运行,如果前排大太阳轮固定,则次级行星齿轮组齿圈为同向增速输出;如果前排太阳轮也被驱动以涡轮轴转速等速运行,则次级行星齿轮组齿圈为同向等速输出;现在,前排大太阳轮被减速驱动,则次级行星齿轮组齿圈的输出转速介于以上两种情况之间,即同向增速。

六 六挡动力传递路线

六挡动力传递路线:K2、B1 工作。

六挡时,只有次级行星齿轮组参与动力传递与传动比形成,动力传递路线如图3-108所示,离合器 K2 工作,将涡轮轴与次级行星齿轮组行星架连接为一体,涡轮轴动力未经减速直接传至次级行星齿轮组行星架。制动器 B1 工作,固定前排太阳轮。次级行星齿轮组前排是一个简单的单级行星齿轮机构,行星架被驱动以涡轮轴转速等速运行,前排太阳轮被固定,则次级行星齿轮组齿圈为同向增速输出。传动比的定性分析参见五—五挡动力传递分析。

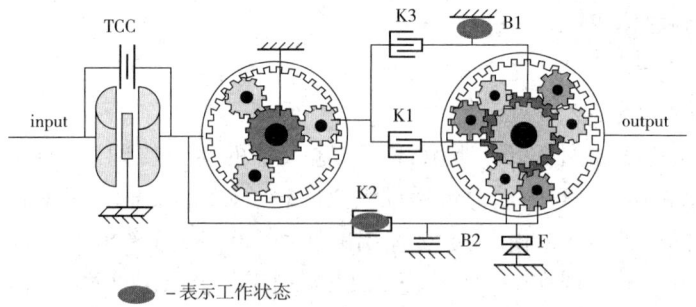

图3-108 D位六挡传动分析

七 倒挡动力传递路线

倒挡动力传递路线:K3、B2 工作。

倒挡动力传递路线如图3-109所示,涡轮轴转速经初级行星齿轮组减速后,通过离合器K3,将动力传递到次级行星齿轮组前排大太阳轮,制动器B2将行星架固定,齿圈反向减速输出。倒挡时,有初级和次级两次减速。为能表达清楚,现将初级、次级行星齿轮组的状态分别说明如下。

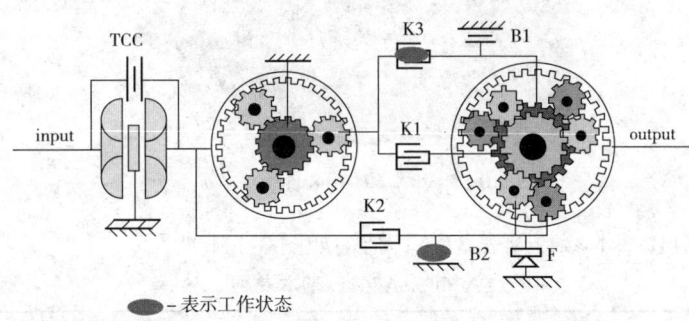

■ — 表示工作状态

图3-109　R位倒挡传动分析

(1)初级行星齿轮组:动力由涡轮轴传至内齿圈,太阳被固定,则行星架同向减速输出;离合器K3工作,将初级行星齿轮组的行星架和次级行星齿轮组前排大太阳轮连接在一起,涡轮轴动力经初级行星齿轮组减速后传至次级行星齿轮组前排太阳轮。

(2)次级行星齿轮组:动力由前排大太阳轮输入,制动器B2工作,固定次级行星齿轮组行星架,因次级行星齿轮组前排是一个简单的单级行星齿轮机构,则次级行星齿轮组齿圈反向减速输出。

总之,自动变速器采用莱派特(lepelletier)行星齿轮变速机构,挡位分布合理,只用了五个或六个换挡执行元件就完成了六个前进挡和一个倒挡的相互转换。换挡执行元件的布置合理紧凑,在09L/09E自动变速器中只有五个换挡执行元件,即三个片式离合器K1、K2、K3和两个片式制动器B1、B2,没有单向离合器,使自动变速器的结构大为简化,质量减轻,损耗减小,效率提高,每个挡位都有发动机制动。但在换挡过程中存在着换挡重叠,发动机转矩有重叠或干涉,这给电控系统提出了更高的要求。自动变速器控制单元检测自动变速器输入转速传感器信号,通过调整换挡油压来实现重叠换挡,并使在换高挡时会减小发动机转矩输出,在换低挡时会增加发动机转矩输出,与行驶状态相适应。

【学生活动工作页】

资讯与决策

PART1

习作名称:丰田A760/761E自动变速器认知。

学习原因:

本任务是汽车自动变速器知识的拓展,是从事汽车自动变速器专业维修的人员能紧跟现代汽车自动变速器技术发展的必备的知识。

1. 外形认识

丰田 A760/761E 自动变速器如图 3-110 所示。

图 3-110 丰田 A760/761E 自动变速器外形

2. A760E/A761E 基本参数见表 3-6，其结构如图 3-111 所示

A760E/A761E 基本参数   表 3-6

变速器型号		A761E	A760E
传动比	一挡	3.296	3.296
	二挡	1.958	1.958
	三挡	1.348	1.348
	四挡	1.000	1.000
	五挡	0.725	0.725
	六挡	0.585	0.585
	R 挡	2.951	2.951
ATF 容量		8.6L	7.6L
ATF 更换量		1.3L(拆油底壳)	
ATF 型号		ATF WS	ATF WS

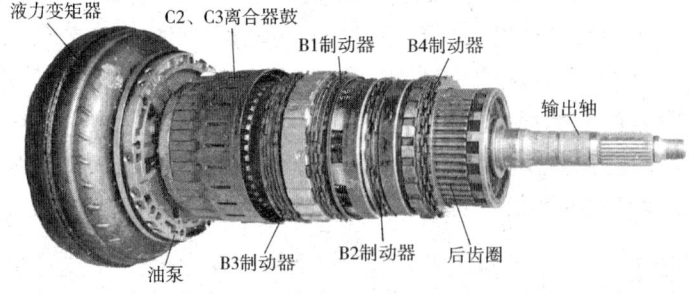

图 3-111 丰田 A760/761E 自动变速器结构

3. 常识了解

A760/761E 自动变速器是电子控制六前进挡自动变速器，用于丰田公司的新款雷克萨斯、皇冠和锐志汽车，A760E 和 A761E 自动变速器的动力传递路线和基本构造相同，只是配用不同型号的发动机，A760/761E 自动变速器的基本参数见表 3-5。A761E 与 3UZ-FE 发动机匹配，A760E 与 3GR-FE 发动机匹配。

4. 必备基础知识

A760E 传动系统如图 3-112 所示。

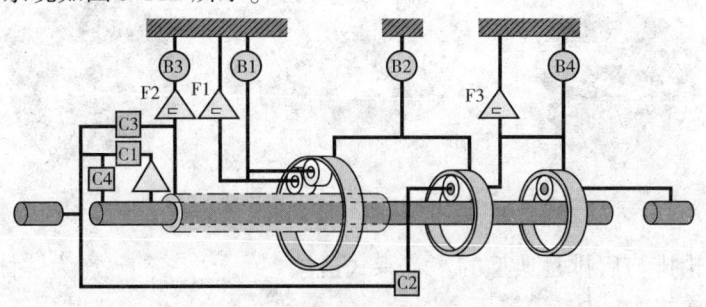

图 3-112 A760E 传动系统图

5. 问题与思考

写出图中各字母代表的零部件名称：

C1 _____   C2 _____   C3 _____   C4 _____
B1 _____   B2 _____   B3 _____   B4 _____
F1 _____   F2 _____   F3 _____   F4 _____

在 A760/761E 自动变速器内共有三组行星齿轮机构，其中前排是一个双级行星齿轮排，中间排与后排是典型的辛普森式连接。具体的连接关系是：前排、中间排的齿圈连接在一起，受制动器 B2 控制。中间排行星架与后排齿圈连接在一起，受制动器 B4 和单向离合器 F3 控制。中间排和后排行星齿轮机构共用一个太阳轮，后排行星齿轮机构的行星架是动力输出端。A760/761E 自动变速器换挡执行元件的布置如图 3-112 所示。在自动变速器内部共有十二个换挡执行元件，包括四个离合器、四个制动器和四个单向离合器，如图 3-113 所示。

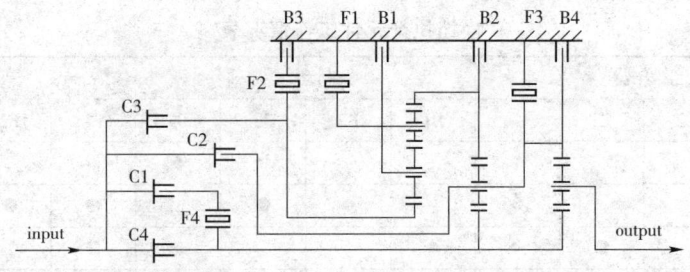

图 3-113 A760E 挡位传动示意图

6. 填空

A760E 自动变速器共有_____个行星齿轮排，前排行星齿轮排是_____，后两个行星排连接关系是_____。前排太阳轮通过_____与输入轴连接，又受控于_____，B3 与 F2 串联，同时工作时可以阻止前排太阳轮逆时针转动。_____可以直接阻止前行星架逆时针转动，B1 制动器也可以将_____双向固定。前齿圈与中间排齿圈为一体，受控于_____，如图 3-114 所示。

图3-114 前双级行星齿轮排

中间行星齿轮排与后排是典型的辛普森式连接：_____连为一体,中间排行星架与_____连接为一体,受控于_____和_____,其中_____阻止中行星架后齿圈组件逆时针转动。中行星架后齿圈组件也可以作为动力输入元件,可以通过_____与输入轴连接,如图3-115及图3-116所示。

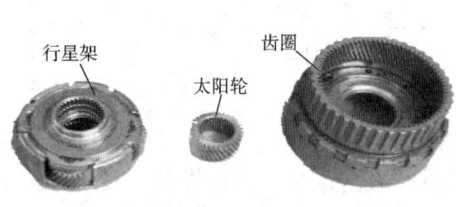 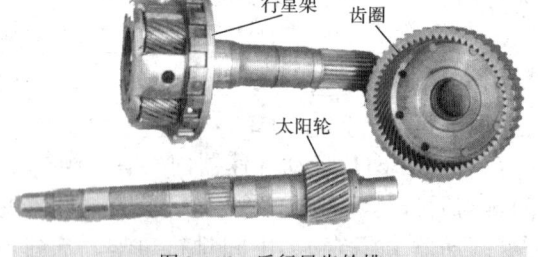

图3-115 中间行星齿轮排　　　　图3-116 后行星齿轮排

如图3-116所示,变速器动力输出是由_____完成。后排太阳轮轴上,中间的花键安装中间排太阳轮,前端通过花键与_____连接,作为动力输入,也可以通过_____传到单向离合器F4将动力输入到中、后排太阳轮轴。

换挡执行元件工作情况表见表3-7。

换挡执行元件工作情况表　　　　　　　　　表3-7

挡位	离合器				制动器				单向离合器			
	C1	C2	C3	C4	B1	B2	B3	B4	F1	F2	F3	F4
一挡	●			◆				◆			●	●
二挡	●			◆	◆	●			●	●		●
三挡	●		●	◆	◆		○		●			●
四挡	●	●		◆			○					
五挡	○	●				●	○					
六挡	○	●			○		○					
R挡			●			●			●	●		

●-工作；○-接合但不传力；◆-有发动机制动作用时工作。

7. 学习换挡执行元件的作用及其连接关系

（1）C1离合器：通过单向离合器F4将输入轴的动力传到中间排与后排的公共太阳轮,如图3-117所示。

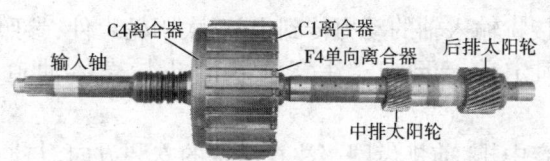

画出传动示意图中对应的部分：

图3-117　C1、C4离合器及其连接关系

（2）C2离合器：将输入轴的动力传到中间排行星架和后排齿圈，如图3-118所示。

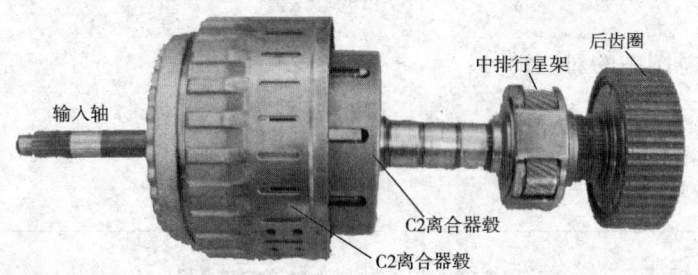

画出传动示意图中的对应部分：

图3-118　C2离合器及其连接关系

（3）C3离合器：将输入轴动力传到前排太阳轮，如图3-119所示。

画出传动示意图中的对应部分：

图3-119　C3离合器及其连接关系

(4) C4 离合器:直接将输入轴的动力传到中、后太阳轮组件,参照图 3-117。

(5) B1 制动器:固定前行星架。注意活塞油孔与壳体油道对正安装,如图 3-120 所示。

(6) B2 制动器:固定中排、前排齿圈。注意活塞的安装方向,与油道孔的位置。

(7) B3 制动器:通过单向离合器 F2 固定前太阳轮。参见图 3-121 安装位置。

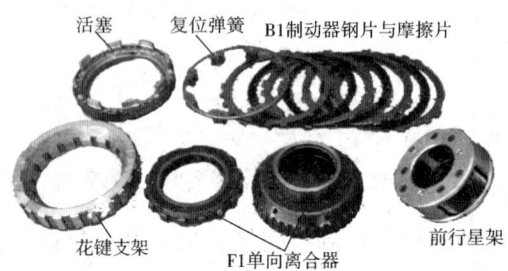

画出传动示意图中的对应部分:

图 3-120　B1 制动器及 F1 单向离合器

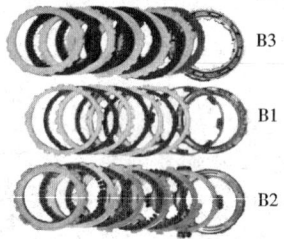

画出传动示意图中对应部分:

图 3-121　三组制动器

(8) B4 制动器:固定中行星架、后齿圈组件。B4 制动器的钢片、摩擦片装在后排齿圈外面,活塞安装在变速器壳体内,最后端的位置,不易拆出。

(9) F1 单向离合器:防止前行星架逆时针转动,如图 3-120 所示。

(10) F2 单向离合器:当 B3 工作时,防止前排太阳轮逆时针转动,如图 3-122 所示。

(11) F3 单向离合器:阻止中行星架后齿圈逆时针转动。在安装 F3 时极易装反,根据原理判定 F3 的安装方向。

(12) F4 单向离合器：C1 接合时可以单向驱动中、后太阳轮组件。

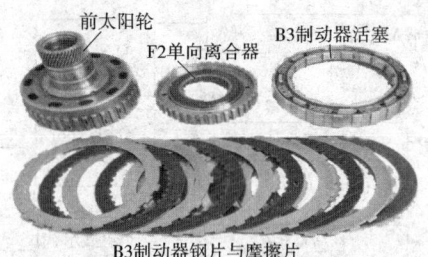

图 3-122　B3 制动器与 F2 单向离合器

学习与心得：
_____
_____
_____
_____
_____
_____
_____
_____
_____
_____
_____

任务计划

本项目任务主要通过分步骤的讲解和学生讨论的形式，让学生掌握自动变速器 A761E 的挡位传动原理，能分析挡位。

分组教学：

五人为一小组，对照实物分析自动变速器 A761E 的各挡传动路线。

学习内容：

A761E 自动变速器挡位分析。

实践计划：

时间分配：共 12 课时。

（1）2 课时：分解认识 A761E 自动变速器个部件。

（2）4 课时：分析自动变速器各挡位传动过程，进一步认识各换挡执行元件的作用。

（3）6 课时：学生实践，拆装自动变速器强化训练。

项目三 齿轮变速机构的检修

工作流程图:

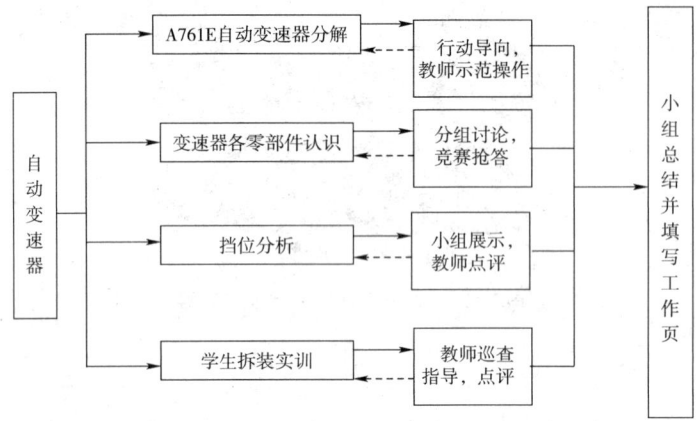

实施部分

PART2

习作名称:认知 **A761E** 自动变速器挡位分析。
讲授时间:4 课时。
分组教学:

以小组为单位,按照自行制定的工作计划分工完成工作,由项目老师指导。工作完成后以小组为单位做工作报告。

学习目的:

(1)学生认识各零部件名称,能分析挡位。
(2)熟练掌握 A761E 自动变速器的拆装。

工具/仪器:

每组一台 A761E 自动变速器,变速器拆装工具一套。

任务描述:

现有自动变速器 A761E,认识各部分零部件的名称、作用、工作原理,分析挡位,能拆装自动变速器。

【任务布置与实施】
学习情景:

五人为一组,共同讨论学习 A761E 自动变速器的挡位传动,然后相互提问。

相关知识点:

一、一挡动力传递路线分析

一挡动力传递路线分析:工作元件有 C1、F4、F3。

一挡动力传递路线如图 3-123 所示,一挡时,离合器 C1 接合,通过单向离合器 F4 锁止,将动力传到中、后排共用太阳轮(顺时针转动),此时,后行星架与输出轴连接,给以阻力,使得后排齿圈有逆时针转动的趋势,被单向离合器 F3 锁止,单向固定后排齿圈与中间排行星架组件,则后排行星架同向减速旋转(输出)。一挡时,只有后排行星齿轮机构参与传动比的变化。

由以上动力传递路线分析可知,单向离合器 F4、F3 锁止是一挡动力传递不可缺少的条件。当动力反向传递时,它们会处于超越滑转状态,故没有发动机制动。当需要有发动机制动时,离合器 C4 工作,直接驱动中、后排共用太阳轮,制动器 B4 工作,双向固定后排齿圈与中间排行星架组件,单向离合器 F4、F3 锁止,不再是动力传递不可缺少的条件,故有发动机制动。两种情况传递动力的传动比是一样的。

根据以上分析写出动力传递路线:_____→_____→_____→_____后行星架→输出轴。

此挡位没有接合但不传力的元件。当汽车下坡,驾驶人使用 L 位一挡时,C4、B4 接合,汽车的动力可以反向传递,利用发动机曲轴的阻力,对车轮起到制动作用。

二、二挡动力传递路线分析

二挡动力传递路线分析:工作元件有 C1、F4、B3、F2、F1。

二挡动力传递路线如图 3-124 所示,在进入二挡前即一挡时,中间排行星架被固定,太阳轮输入,中间排与前排齿圈组件在逆时针旋转,使前排太阳轮、行星架在空转,当 B3、F2 和 F1 工作时,使前排作为整体被固定,即中间排齿圈被固定。从而中间排行星架与后排齿圈组件也顺时针转动,加速了后排行星架的转动,升为二挡。

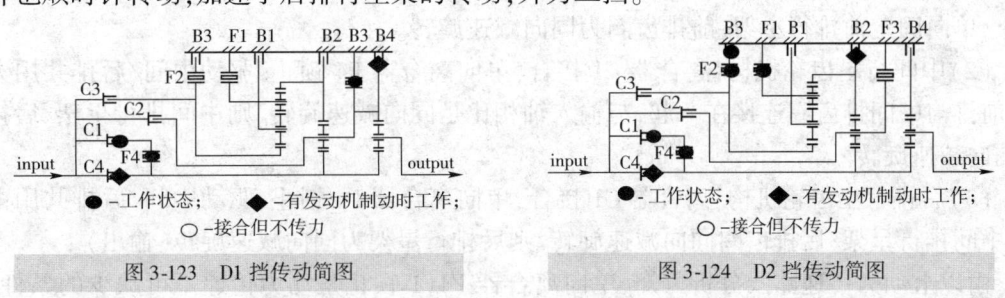

图 3-123 D1 挡传动简图   图 3-124 D2 挡传动简图

为能表达清楚,现将各行星齿轮机构的状态分别说明如下:

(1)前行星齿轮机构:制动器 B3 工作,单向离合器 F2 锁止,单向固定前排太阳轮,单向离合器 F1 锁止,单向固定前排行星架,则前排行星齿轮机构整体被固定。

(2)中间行星齿轮机构:离合器 C1 接合,单向离合器 F4 锁止,驱动中、后排共用太阳轮,前排行星齿轮机构整体被单向固定,前排和中间排的齿圈连接在一起,则中间排的齿圈也被单向固定,中间排行星架与后排齿圈组件同向减速旋转。

(3)后排行星齿轮机构:离合器 C1 接合,单向离合器 F4 锁止,驱动中、后排共用太阳轮;中间排行星架与后排齿圈组件同向减速旋转,则后行星架同向减速旋转(输出)。由以上动力传递路线分析可知,单向离合器 F2、F1、F4 锁止是动力传递不可缺少的条件,当动力反向传递时,它们会处于超越滑转状态,故没有发动机制动。当需要有发动机制动时,离合器 C4 工作,直接驱动中、后排共用太阳轮;制动器 B2 工作,双向固定前排与中间齿圈组件,单向离合器 F2、F1、F4 锁止不再是动力传递不可缺少的条件,故有发动机制动。

由以上分析可知,二挡时前、中、后三个行星排都参与了动力传递,相对于一挡时的传动比定性分析。可以这样理解:一挡和二挡时,驱动部件相同,即共用太阳轮被驱动,但约束部件(后排齿圈)的状态不同。一挡时后排齿圈被固定。二挡时,后排齿圈被同向减速驱动,故二挡时后排行星架转速比一挡更快。

根据以上分析,写出二挡动力传递路线:

三、三挡动力传递路线分析

三挡动力传递路线分析:工作元件有 C1、F4、C3、F1。

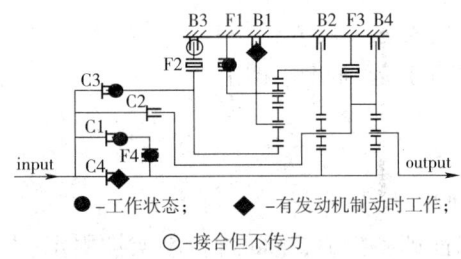

图 3-125 D3 挡传动简图

三挡动力传递路线如图 3-125 所示,在二挡的基础上,增加 C3 离合器,将输入轴的动力传入前排太阳轮,使 F2 处于解锁状态,B3 仍然接合,但已不起作用。前排太阳轮也作为动力输入元件,使前排齿圈与中间排齿圈顺时针转动,使后两排整体加速,升挡。

为能表达清楚,现将各行星齿轮机构的状态分别说明如下:

(1)前行星齿轮机构:离合器 C3 接合,驱动前排行星齿轮机构的太阳轮;单向离合器 F1 锁止,单向固定前排行星架,前排齿圈为同向减速旋转。

(2)中间行星齿轮机构:离合器 C1 接合,单向离合器 F4 锁止,驱动中间/后排共用太阳轮,前排与中间排齿圈连接在一起,与输入轴相比是同向减速旋转,则中间排行星架/后排齿圈同向减速旋转。

(3)后排行星齿轮机构:离合器 C1 接合,单向离合器 F4 锁止,驱动中间/后排共用太阳轮,中间排行星架/后排齿圈同向减速旋转,则后排行星架为同向减速旋转(输出)。

由以上动力传递路线分析可知,单向离合器 F4F1 锁止是动力传递不可缺少的条件,当动力反向传递时,它们会处于超越滑转状态,故没有发动机制动。当需要有发动机制动时,离合器 C4 工作,直接驱动中间/后排共用太阳轮;制动器 B1 工作,双向固定前排行星架,单向离合器 F4、F1 锁止不再是动力传递不可缺少的条件,故有发动机制动。

由以上分析可知,三挡时前、中、后三个行星排都参与了动力传递,相对于二挡时的传动比定性分析。可以这样理解,在二挡和三挡时,共用太阳轮的状态相同,二挡时前排/中间齿圈被固定,而三挡时前排/中间齿圈为同向减速旋转,故三挡时中间行星架/后排齿圈比二挡转速要快,后排行星架转速(输出端)比二挡时要快。

根据以上分析,写出三挡动力传递路线:

四、四挡动力传递路线分析

四挡动力传递路线分析：C1、F4、C2。

四挡动力传递路线如图 3-126 所示，四挡是通过后行星排，齿圈与太阳轮同时输入，行星架输出，实现直接传动的。

四挡时离合器 C1 接合，单向离合器 F4 锁止，驱动中、后排共用太阳轮，离合器 C2 工作，驱动中间排行星架与后排齿圈组件，后排行星齿轮机构中的太阳轮和齿圈被同时以输入轴转速驱动，则整个后排行星齿轮机构以一个整体旋转。传动比为 1。四挡时，只有后排行星齿轮机构参与动力传递。

由以上动力传递路线分析可知，四挡时单向离合器 F4 锁止是动力传递不可缺少的条件，当动力反向传递时，F4 处于超越滑转状态，故没有发动机制动。当需要有发动机制动时，离合器 C4 工作，直接驱动中、后排共用太阳轮，单向离合器 F4 锁止不再是动力传递不可缺少的条件，故有发动机制动。

根据以上分析写出四挡动力传递路线：

五、五挡动力传递路线分析

五挡动力传递路线分析：C2、C3、B1。

五挡动力传递路线如图 3-127 所示，分析五挡传动的关键是明确中、后排公共太阳轮是加速同向旋转的，就不难理解后行星架是增速输出的了。

为能表达清楚，现将各行星齿轮机构的状态分别说明如下：

（1）前行星齿轮机构：离合器 C3 工作，驱动前排行星齿轮机构的太阳轮，制动器 B1 工作，固定前排行星架，由单排双级行星排运动规律可知，前排齿圈为同向减速旋转。

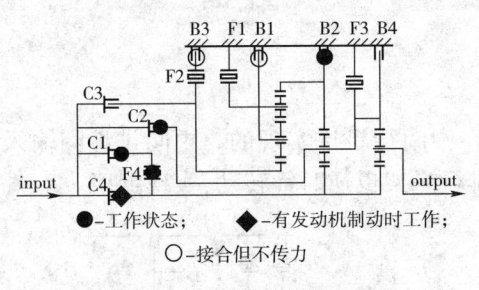

图 3-126　D4 挡传动简图

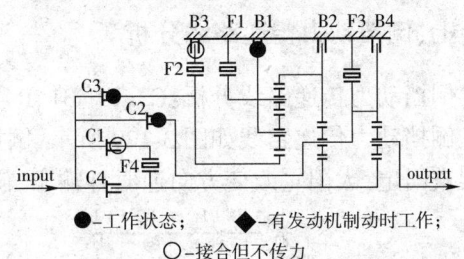

图 3-127　D5 挡传动简图

（2）中间行星齿轮机构：离合器 C2 接合，驱动中间排行星架与后排齿圈组件以输入轴转速旋转，前排与中间排齿圈连接在一起，与输入轴相比是同向减速旋转，则中、后排共用太阳轮同向增速旋转。

（3）后排行星齿轮机构：离合器 C2 接合，驱动中间排行星架与后排齿圈组件以输入轴转速旋转,中、后排共用太阳轮同向增速旋转,则行星架为同向增速旋转(输出),是超速挡。

由以上分析可知,五挡时前、中、后三个行星排都参与了动力传递,且没有单向离合器参与动力传递,故有发动机制动。

根据以上分析,写出五挡动力传递路线:

六、六挡动力传递路线分析

六挡动力传递路线分析:C2、B2。

六挡动力传递路线如图3-128所示,为能表达清楚,现将各行星齿轮机构的状态分别说明如下:

(1)中间行星齿轮机构:离合器C2接合,驱动中间排行星架与后排齿圈组件以输入轴转速旋转,制动器B2工作,固定中间排齿圈,则中、后排共用太阳轮同向增速旋转。

(2)后排行星齿轮机构:离合器C2接合,驱动中间排行星架与后排齿圈组件以输入轴转速旋转,中、后排共用太阳轮同向增速旋转,则行星架为同向增速旋转(输出),是超速挡。

因六挡时没有单向离合器参要与动力传递,故有发动机制动。由以上分析可知,六挡时只有中、后两个行星排都参与了动力传递,相对于五挡的传动比定性分析,可以这样理解:

(1)中间行星齿轮机构:在五挡与六挡时,中间排行星架都是以输入轴转速旋转,只是齿圈的状态不一样。六挡时中间排齿固定,共用太阳轮增速旋转。五挡中间排齿圈与输入轴相比是同向减速旋转。共用太阳轮也是增速旋转,但比六挡时转速慢。

(2)后行星排:在五挡和六挡时,后排齿圈都是以输入轴的转速旋转,共用太阳轮同向增速旋转,但在六挡时共用太阳轮转速比五挡时快,故六挡时行星架(输出轴)转速比五挡时要快。

根据以上分析,写出六挡动力传递路线:

七、倒挡动力传递路线分析

倒挡动力传递路线分析:C3、F1、B1、B4。

倒挡动力传递路线如图3-129所示,倒挡是在中间行星排实现的。中间排齿圈输入,行星架被固定,太阳轮改变方向逆时针输出,使后排行星架也逆时针转动,实现倒挡。

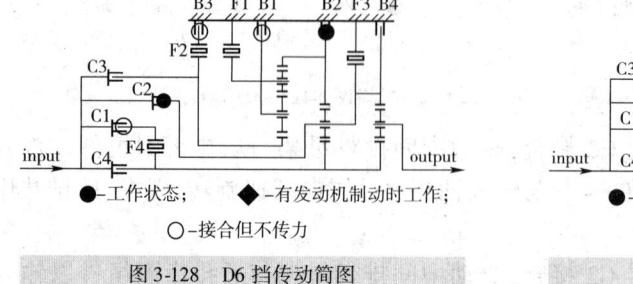

图3-128　D6挡传动简图　　　　　图3-129　倒挡传动简图

为能表达清楚,现将各行星齿轮机构的状态分别说明如下:

(1)前行星齿轮机构:离合器 C3 接合,驱动前排行星齿轮机构的太阳轮,单向离合器 F1 锁止,单向固定前排行星架,前排齿圈为同向减速旋转。

(2)中间行星齿轮机构:前排齿圈和后排齿圈连接在一起,同向减速旋转,制动器 B4 工作,固定中间行星架/后排齿圈,则共用太阳轮为反向(与输入轴转速方向相比)增速旋转。

(3)后排行星齿轮机构:共用太阳轮为反向增速旋转,制动器 B4 工作,固定中间行星架/后排齿圈,则后排行星架同向(与共用太阳轮转速方向相比)减速旋转(输出),后排行星架(输出端)与输入轴相比总的转速和方向是,反向减速旋转(输出)。在倒挡时,前排和后排行星齿轮机构在做同向减速运动,中间行星齿轮机构在做反向增速运动。

由以上动力传递路线分析可知,在倒挡时,单向离合器 F1 锁止是动力传递不可缺少的条件,当动力反向传递时,F1 会处于超越滑转状态,故没有发动机制动,当需要有发动机制动时,制动器 B1 工作,双向固定前排行星架,单向离合器 F1 锁止不再是动力传递不可缺少的条件,故有发动机制动。

根据以上分析写出倒挡动力传递路线:

传动件对照及安装顺序:
传动总成如图 3-130 所示,下阀体及电磁阀对照如图 3-131 所示。

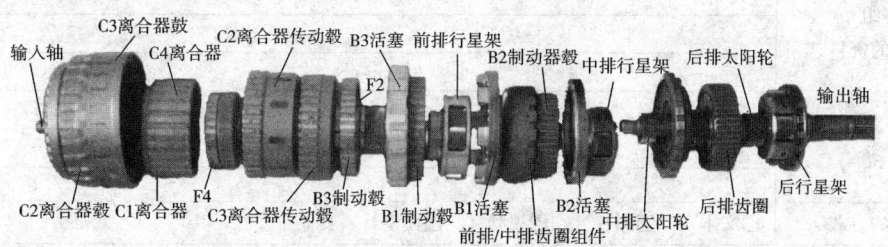

图 3-130 传动总成

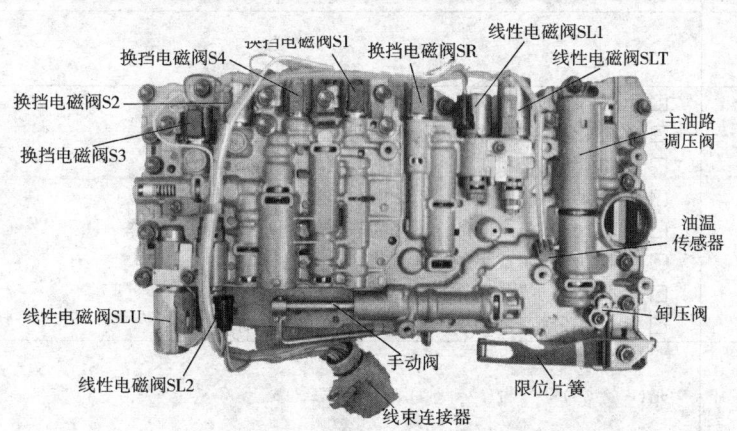

图 3-131 下阀体及电磁阀对照

案例分析： 一台新款皇冠3.0汽车，配备六前速自动变速器A761E，投诉故障是行驶过程中踩制动踏板，当车完全停下后过3s，车子向前冲击一下，像挂挡冲击的感觉，而且冲击很大。

现象分析： _____

_____

_____

_____

检查与评价

请根据分组要求，认知A761E自动变速器的各部分专配关系，各换挡执行元件的作用，各挡位传动分析，然后各组之间进行提问，注意提问方式与表达方式。

任务计划表

本组扮演角色		相关任务		
组员名单				
本组准备的资料				
展示的方式	□文本　　□图片　　□视频　　□模型　　其他			
汇报人员名单				
本人所负责的项目				
本人完成工作情况	□承担小组的组织、策划工作。 □负责配合小组工作的开展，负责实施小组的任务。 □负责小组的汇报工作，通过表达，展示小组的成果。 □负责小组的资料检索，制作相关报告文件。 □负责小组成员之间的沟通与协调，做好相关资料收集工作。 □负责小组展示成果的制作工作。 □负责设备的操作工作，熟悉相关设备的应用。 □负责相关项目的检查工作，符合相关技术要求。			
小组确认本人工作项目是否符合团队要求	是（　　）　否（　　）　为什么（　　　　　　　　　　）			
备注				

请以小组形式分工完成项目:
请展示本组在工作过程中所使用的资料,并作出适当的说明,讲明相关用途与注意点。
任务完成后,请填写以下表格,进行相互评价:

完成情况评价表

组名:　　　　　　　　　　　扮演角色:　　　　　　　　　　　时间:

组名	扮演角色	请查阅展示材料与观察小组完成过程情况,指出该组最少一个优点	请查阅展示材料与观察小组完成过程情况,指出该组最少一个不足之处	请该组人员分析原因(优点、不足点)	备注

学习心得及笔记:

【点评与总结】

活动评价表

项目	评价内容	组别		
		评价等级		
		好	一般	差
实践活动准备	(1)工具的领用准确,具备责任心,实践活动所需材料准备充分			
	(2)实践计划详细可行,并能根据实际情况与组员协商完善			
实践活动开展	(3)严格按照实践活动计划开展工作,听从实践小组同学的安排			
	(4)学生积极主动,勤学好问,能够理论联系实际			
	(5)积极参加实习安排的集体活动			
	(6)学生在人际交往能力、沟通协调能力、反应能力、学习能力、团队意识等综合素质方面表现			
实践活动成效	(7)圆满完成实践活动计划			
	(8)对实践单位小组,提出建设性意见			
实践活动管理	(9)指导组长责任心强,履行指导职责,协调好小组之间、组员之间的关系			
	(10)纪律严明,注意言行举止,小组组长对组员管理严格,保证实习过程的安全			
小组评语及建议		教师签名： 年　月　日		

指导员作出相关评价与点评(考虑重点)。

- 工作的参与度情况；
- 工作的效率情况；
- 工作的质量情况；
- 工作 6S 管理遵守情况；
- 工作态度情况；
- 工作创意创新情况。

一、复习题

1.丰田 A341E 辛普森变速器低速挡单向离合器 F2 和_____一起负责固定_____。

2.前驱单向串联式自动变速器低速挡单向离合器和_____一起固定_____。

3.装有高速挡/倒挡离合器的变速器,二/三挡换挡阀卡滞在不工作一侧,不仅没有三挡和四挡,而且还没有_____挡。

4. 辛普森式变速器中共用太阳轮带鼓的前离合器是_____，后离合器是_____。

5. 自动变速器的汽车，上下陡坡时应用_____挡。

6. 自动变速器的汽车，上下较长缓坡时应用_____挡。

7. D1挡和L1挡的区别是，L1挡有_____功能。

8. 离合器的作用是_____，制动器的作用是_____，单向离合器的作用是_____。

9. 制动器分为_____和_____两种。

10. 目前常见的单向离合器有_____式和_____式。

11. 锁止离合器接合一般在_____挡以上，车速在_____km/h。

12. 紧急制动时，锁止离合器不能解锁，会造成发动机_____。

13. 涡轮不动，泵轮的最高转速称为_____，此转速低于标准值，可能的原因是_____打滑。

14. MAZDA929采用R4A-EL型自动变速器共有九个换挡执行元件，它们是两个_____，三个_____和四个_____。

15. 串联式行星齿轮机构仍然采用_____行星齿轮，其中前齿圈与后行星架一体作为动力输出元件，但不再共用_____。

16. 本田前驱变速器倒挡接合套的特点是_____，装反后没有倒挡，其四挡离合器打滑后没有四挡和_____挡。

17. 本田雅阁MAXA自动变速器变速杆有七个位置，它们是_____。

18. 本田平行轴自动变速器采用普通接合套换挡的是_____挡。

19. 本田平行轴自动变速器换挡执行元件中没有_____，只有一个_____。

20. 大众097变速器中，K3离合器将泵轮动力传给_____。

21. 大众096、097变速器变速机构采用_____式行星齿轮机构。

22. 拉维娜式行星齿轮机构有四个独立元件，包括共用齿圈，以及_____、_____和_____。

23. 拉维娜式行星齿轮机构中，小太阳轮与_____轮啮合。

24. 真空调节器的真空软管泄漏，会造成各挡的升挡点_____，真空软管堵塞，会造成各挡的升挡点_____。

25. D位失速转速正常，R位失速转速过高，L位失速转速也高，说明_____打滑，若L位失速转速正常，说明_____打滑。

26. ZF6HP-26采用_____式齿轮变速机构。

27. AAS80自动变速器是雷克萨斯_____挡自动变速器。

二、选择题

1. A341E自动变速器一挡单向离合器装反会（　　）

A. 没有倒挡　　　　B. 不能升入 2 挡　　　C. D 位是空挡　　　D. L 位不能行使

2. 国产车不使用辛普森行星齿轮机构的有(　　)
   A. 切诺基 AW-4　　B. 大切诺基 42RE　　C. 赛欧 AF13　　D. 猎豹 V4A51

3. 辛普森式变速器中超速挡单向离合器负责倒挡的是(　　)
   A. 超速挡行星排装在前端　　　　　B. 超速挡行星排装在后端
   C. 超速挡行星排装在旁边　　　　　D. 装在哪里都可以

4. 辛普森式变速器共用的太阳轮带鼓时、前离合器是(　　)
   A. 前进挡离合器　　B. 高速挡/倒挡离合器　　C. 超速挡离合器

5. 使用辛普森式变速器的汽车不能行驶最常见的原因之一是(　　)
   A. 主油压过高　　B. 超速挡离合器打滑　　C. 超速挡单向离合器打滑

6. 两组行星轮共用一个太阳轮的是(　　)
   A. 辛普森式　　　　B. 拉威娜式　　　　C. 串联式

7. 丰田公司的四速自动变速器使用的都是(　　)行星齿轮机构
   A. 辛普森式　　　　B. 拉威娜式　　　　C. 串联式

8. 四速变速器中使用 3 个行星排的是(　　)
   A. 辛普森式　　　　B. 拉威娜式　　　　C. 串联式

9. 辛普森变速器中超速挡单向离合器负责倒挡的是(　　)
   A. 超速挡行星排装在前端　　　　　B. 超速挡行星排装在后端
   C. 超速挡行星排装在旁边　　　　　D. 装在哪里都可以

10. 丰田公司变速器使用的都是(　　)行星齿轮机构
    A. 辛普森式　　B. 拉威娜式　　C. 单向串联式　　D. 双向串联式

11. 装备有自动变速器的丰田汽车,在被牵引时,最大牵引速度不得超过(　　)km/h。
    A. 30　　　　B. 50　　　　C. 70　　　　D. 80

12. 自动变速油在正常工作条件下一般行驶(　　)才需要换油。
    A. 1 万 km 或 6 个月　　　　　B. 2 万 km 或 12 个月
    C. 3 万 km 或 18 个月　　　　　D. 4 万 km 或 24 个月

13. 丰田 A340E 自动变速器中 E 的含义是(　　)
    A. 基本型　　　　　　　　　B. 有锁止离合器
    C. ECT(有锁止离合器)　　　D. 4WD(有锁止离合器)

14. 在单排行星齿轮中,以(　　)输入,(　　)固定可以实现超速挡。
    A. 太阳轮、行星架　　　　　B. 太阳轮、齿圈
    C. 行星架、太阳轮　　　　　D. 齿圈、行星架

15. 在行星齿轮系中,只有(　　)才能获得倒挡。
    A. 行星架固定,太阳轮主动　　B. 行星架主动,齿圈固定
    C. 齿圈主动,太阳轮固定　　　D. 齿圈固定,太阳轮主动

16. 在单排行星齿轮机构中,增加转矩的状态是(　　)
    A. 太阳轮输入、行星架自由、齿圈输出

B. 行星架输入、太阳轮固定、齿圈输出

C. 齿圈输入、行星架固定、太阳轮输出

D. 齿圈输入、太阳轮固定、行星架输出

17. 技师甲说：辛普森行星齿轮机构是两组行星排共用一个太阳轮；技师乙说：拉维奈尔赫式行星齿轮机构有两个太阳轮，两组行星齿轮架，共用一个齿圈。试问谁正确？

    A. 甲正确　　　　B. 乙正确　　　　C. 两人均正确　　　　D. 两人均不正确

18. 采用平行轴的自动变速器是( )

    A. 丰田 A341E　　　　　　　　B. 大众 01M

    C. 本田 MAXA　　　　　　　　D. 别克 4T65E

19. 以下对本田 MAXA 变速器说法正确的是( )

    A. 没有离合器　　　　　　　　B. 没有制动器

    C. 没有单向离合器　　　　　　D. 没有换挡接合套

20. 下列不属于液力变矩器内的是( )

    A. 泵轮和导轮　　　　　　　　B. 锁止离合器和单向离合器

    C. 涡轮和导轮　　　　　　　　D. 接合套和制动器

21. 锁止离合器是把下列哪两元件连起来。( )

    A. 泵轮和导轮　　　　　　　　B. 涡轮和泵轮

    C. 导轮和涡轮　　　　　　　　D. 导轮与壳体

22. 以下哪条是平行轴自动变速器的特点( )

    A. 前后排共用一个太阳轮　　　B. 只有一组共用的行星架

    C. 没有离合器　　　　　　　　D. 没有制动器

23. 变矩器锁止力矩不足，不可能的原因是( )

    A. 油液液面过低　　　　　　　B. 锁止电磁阀密封不良

    C. 变矩器内太脏　　　　　　　D. 锁止继动阀卡滞在工作端

24. 涡轮花键毂出现早期磨损，与下列哪个原因无关( )

    A. 输入轴端圆跳动过大　　　　B. 油液液面过高

    C. 材质问题　　　　　　　　　D. 油液过脏

25. 下面哪些情况说明变矩器进入锁止工况( )

    A. 中高速行驶中变速器内有"嗡嗡"异响声时，轻踩制动踏板，异响立即终止

    B. 中高速行驶中轻踩制动踏板，发动机转速却提高

    C. 中高速行驶中轻踩制动踏板，发动机转速不变

    D. 中高速行驶中发动机制动时有"嗡嗡"的异响声

26. 变矩器仍能进入锁止工况( )

    A. 锁止电磁阀密封不良

    B. 锁止继动阀卡滞在工作端

    C. 发动机冷却液温度传感器线束脱落

    D. 变速器油温过高

27. 液力变矩器进入锁止工况后,轻踩制动踏板时,发动机转速会(　　)
    A. 提高　　　　B. 降低　　　　C. 不变　　　　D. 不一定

28. 下列说法正确的是(　　)
    A. 锁止离合器磨损与油的质量无关
    B. 锁止离合器磨损,试车,60～80km/h,轻踩加速踏板时车有窜动感,重踩加速踏板时不窜动,松开加速踏板再采窜动明显
    C. 只有锁止离合器锁止,才有发动机制动效果
    D. 锁止离合器就是单向离合器

29. 本田MAXA自动变速器三挡离合器装在(　　)
    A. 输入轴上　　B. 输出轴上　　C. 中间轴上　　D. 壳体上

30. 本田MAXA自动变速器中,关于倒挡的说法,正确的是(　　)
    A. 倒挡是手动挡,不需要液压参与,也不需要任何换挡执行元件工作
    B. 倒挡齿轮通过四挡离合器与主轴实现啮合
    C. 无论是否是倒挡,倒挡接合套始终接合
    D. 倒挡要经过中间轴传递动力

31. 关于副轴齿轮说法错误的是(　　)
    A. 一挡齿轮通过一挡离合器与副轴啮合或脱离
    B. 二挡齿轮通过二挡离合器与副轴啮合或脱离
    C. 惰轮通过花键与副轴连接,并随副轴一起旋转
    D. 惰轮不随副轴旋转

32. 与油液温度过高无关的是(　　)
    A. 变矩器锁止力矩不足
    B. 变速器内单向离合器打滑
    C. 油液液面过低
    D. 油液液面过高

33. 国产汽车不使用拉威娜的是(　　)
    A. 广州本田雅阁MAXA
    B. 桑塔纳2000、01N
    C. 索娜塔KM175
    D. 捷达王、宝来、01M

34. 大众变速器中高速挡离合器装在尾端的有(　　)
    A. 波罗、001　　B. 奥迪100、097　　C. 帕萨特B5、01N　　D. 宝来、01M

35. 捷达、宝来使用的01M变速器换挡电磁阀线路断路,在D位上只有(　　)。
    A. 一挡　　　　B. 二挡　　　　C. 三挡　　　　D. 四挡

36. 以下不属于同一类型的变速器是(　　)
    A. 波罗、001　　　　　　　　B. 丰田A340E
    C. 帕萨特B5、01N　　　　　　D. 宝来、01M

37. 现代公司前驱变速器中心支架卡簧挡住脉冲发生器 A 的孔,会造成( )
   A. 没有倒挡   B. 没有前进挡
   C. D 位不能升挡   D. 没有手动挡

38. 失速转速低于规定值 300r/min 以上,是( )
   A. 施力装置打滑   B. 支承导轮的单向离合器卡滞
   C. 支承导轮的单向离合器打滑 D. 变矩器锁止力矩不足

39. 大众公司、三菱公司和现代公司的前驱变速器是( )
   A. 辛普森式   B. 拉威娜式
   C. 单向串联式   D. 双向串联式

40. 自动变速器失速试验时,从加速踏板踩下到松开的整个过程的时间不得超过( )s。
   A. 5   B. 10   C. 15   D. 20

41. 关于时滞试验说法错误的是( )
   A. 一般 N-D 时滞时间小于 1.0~1.2s
   B. N-R 时滞时间小于 1.2~1.5s
   C. N-D 时滞太长说明:主油压低、前进离合器或单向离合器磨损
   D. N-R 时滞太长说明:导轮单向离合器打滑

42. 下列不属于拉维奈尔赫行星齿轮的特点的是( )
   A. 一个行星架上装了两套行星齿轮
   B. 大、小太阳轮相互独立
   C. 大、小太阳轮、行星架都可动力输入,齿圈输出
   D. 前行星架、后齿圈一体作为输出

43. 关于大众 097 自动变速器说法错误的是( )
   A. 有六个换挡执行元件,三个离合器,二个制动器,一个单向离合器
   B. 高挡离合器 C3,将泵轮与行星架连接起来
   C. 倒挡离合器 C2 将大太阳轮与涡轮连接起来
   D. 所有前进挡 C1 都要工作

44. 关于 B1 制动器说法正确的是( )
   A. 波形片装在最内层
   B. 3.0mm 的钢片紧挨油泵安装
   C. B1 活塞安装在油泵上
   D. 安装好钢片后,最后装卡环

45. 01M 变速器下列哪个挡位需要单向离合器工作( )
   A. 一挡   B. 二挡   C. 三挡   D. 四挡

46. 换挡后发动机怠速易熄火错误的原因分析是( )
   A. 阀板中锁止控制阀卡在锁止位置
   B. 挡位开关有故障

C. 发动机怠速过高

D. 输入轴转速传感器有故障

三、简答题

1. 解释挡位字母 PRND2L 的含义。

2. 简述辛普森行星齿轮机构的特点。

3. 画出 A341E 自动变速器的挡位传动简图,并说明各挡位换挡执行元件工作情况。

4. 简述 A341E 自动变速器的分解过程。

5. 雷克萨斯 400 汽车自动变速器一挡正常,不能升二挡,分析如何排除。

6. 丰田皇冠 3.0 汽车装用 A340E 自动变速器,发动机急加速时而车速提速慢,分析如何排除故障。

7. 简述单排行星齿轮的运动规律。

8. 简述自动变速器的正确使用。

9. 简述辛普森改进型行星齿轮机构的特点及应用。

项目四 自动变速器控制系统的检修

任务一　油泵的结构与检修

故障现象：一辆皇冠3.0汽车，装用A340E自动变速器，热车时动力不足，热车起步要重踩加速踏板，才可慢慢起步，行驶时无力，加速不良，冷车正常。

原因分析：从故障现象分析，故障应由液压油泄漏引起。进一步检测判断，通过失速、时滞、液压等试验，初步判定应是油泵有故障，拆解油泵，测量其有关数据，发现油泵从动齿轮与泵体间隙已大于0.4mm，标准值是0.07～0.15mm，极限值是0.3mm。超出极限值。更换油泵后，故障排除。分析：在冷车时，变速器油的黏度较大，泄漏不明显，故冷车正常；热车后，油的黏度下降，油变稀，泄漏大，油压不足，故动力下降。

(1) 建议在学习自动变速器油路之前，先拆装一下油泵。
(2) 观察阀体与液控图对照关系。
(3) 阀体拆装要在老师指导下进行，否则造成零件滑落，造成不必要的损失。

项目四 自动变速器控制系统的检修

油泵通常安装在液力变矩器之后,由液力变矩器泵轮轴驱动。由于泵轮与发动机飞轮通过螺栓刚性连接,因此,可以认为油泵是由发动机直接驱动的。也有的油泵安装的位置不是紧挨液力变矩器,不能由泵轮轴直接驱动,通常用油泵驱动轴通过花键将泵轮与油泵连接起来,来驱动油泵运转。

油泵是液压控制系统中最重要的部件之一,油泵的作用是使液压油产生一定的压力,供给液压控制系统。其技术状况的好坏,对自动变速器的使用性能及使用寿命有很大的影响。在自动变速器的供油系统中,常用的油泵有齿轮泵、叶片泵和转子泵。其中齿轮泵应用较广。

一、齿轮泵的结构与工作原理

齿轮泵分为内啮合齿轮泵与外啮合齿轮泵两种,内啮合齿轮泵的应用比较广泛,如图4-1、图4-2所示。如丰田系列自动变速器及大众系列自动变速器等;本田平行轴式自动变速器采用了外啮合式齿轮泵。

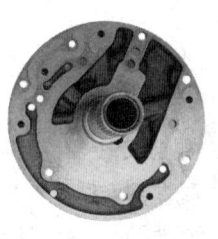

图4-1 丰田A341E内啮合齿轮泵　　　　图4-2 本田外啮合齿轮泵

下面以丰田A341E自动变速器的内啮合齿轮泵为例,介绍齿轮泵的工作原理。

丰田A341E自动变速器齿轮泵由三部分组成:泵体、泵盖和一对内啮合齿轮,如图4-3、图4-4所示。

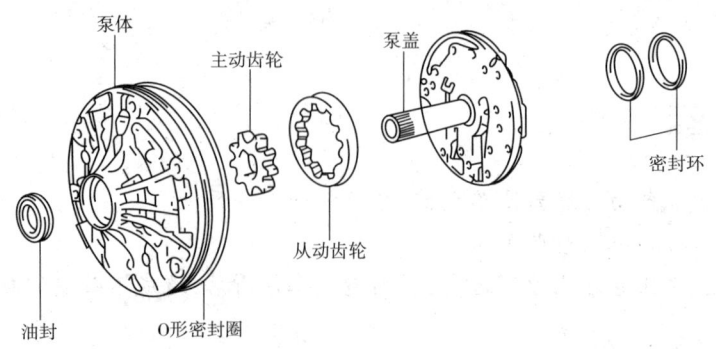

图4-3 油泵的分解

a) 泵体

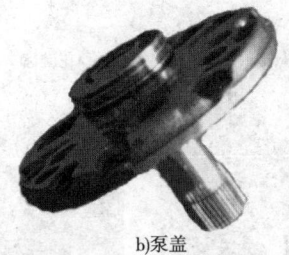
b) 泵盖

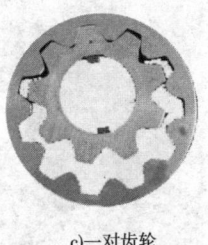
c) 一对齿轮

图 4-4 油泵实物分解

泵体上有间距不等的七个螺栓孔，通过七个螺栓将油泵固定在变速器壳体上，其中有相对的两个孔内有螺纹，可以拧入拉力器螺栓，将油泵从壳体上拉出。泵体上有进油口、出油口、进油腔、出油腔。泵体上的月牙台隔墙将进油腔和出油腔隔开，泵体上还有液力变矩器油道、C0 油泵油道、通气口等，在泵体的中心孔处还有铜套和油封，如图 4-5 所示。

泵盖上有十三个螺栓孔，均匀分布，将泵盖固定在泵体上，以防油压过大造成泵盖变形，而漏油。泵盖轴上的花键插入液力变矩器内，用于固定导轮单向油泵内圈，使导轮被单向固定，以便汽车在低速行驶时，导轮不动，从而改变液流方向，增加变矩器的输出转矩。在泵盖轴内有两个铜套，可以减小变速器输入轴与泵盖轴的摩擦。

一对内啮合齿轮。小齿轮主动，大齿轮从动。小齿轮内侧有两个齿，插入泵轮轴上的凹槽内，用于驱动油泵运转。一般要先将液力变矩器插到油泵内，保证插到位，然后将液力变矩器和变速器总成一起与发动机连接，否则变矩器泵轮轴上的凹槽很难插入油泵小齿轮的两个齿上，甚至会损坏油泵齿轮。

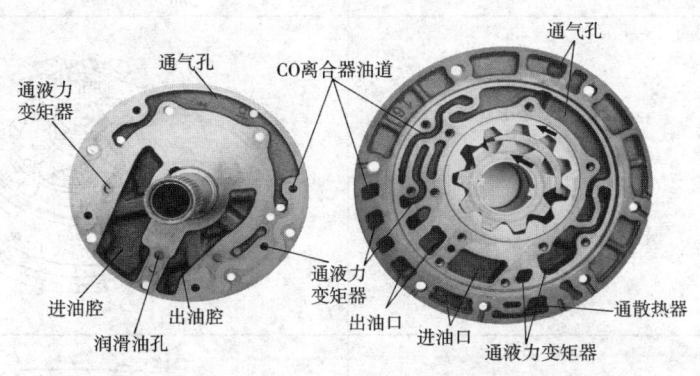

图 4-5 油泵油道

当油泵在转动时，油泵的主动齿轮带动从动齿轮转动。在齿轮脱离啮合的一端，容积由小变大，产生吸力，将油液从油底经滤网吸入油泵。在齿轮进入啮合的一端，容积由大变小，油压升高，把油以一定压力泵出。油泵由发动机经液力变矩器直接驱动，所以油泵转速随发动机转速改变而改变，其排油量也随之变化。在油泵的输出油路中装有卸压阀，其作用是限制油泵最高输出压力，稳定油压，以保证液压系统的安全。油泵驱动轴如图 4-6 所示。

项目四 自动变速器控制系统的检修

图 4-6 油泵驱动轴

二、油泵的分解与检修

(1) 将液力变矩器作为工作台,然后将油泵放在液力变矩器上	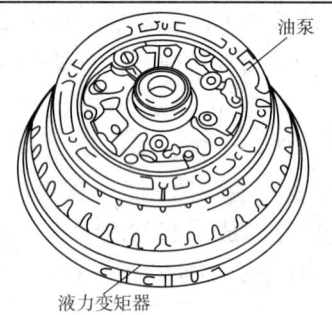
(2) 取下封油环	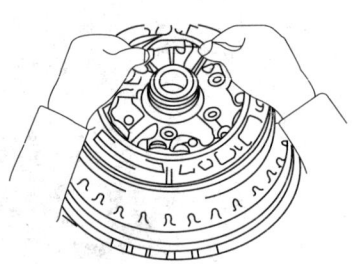
(3) 卸下泵盖上的13个螺钉,然后从油泵体上取下泵盖。从液力变矩器上取下泵体	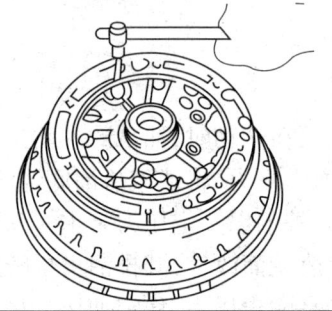

续上表

(4)检查从动齿轮与泵体之间的间隙:将塞尺插入从动齿轮与泵体间,标准间隙是 0.07~0.15mm。极限值为 0.3mm。如果此间隙超过极限值,应更换齿轮或泵体	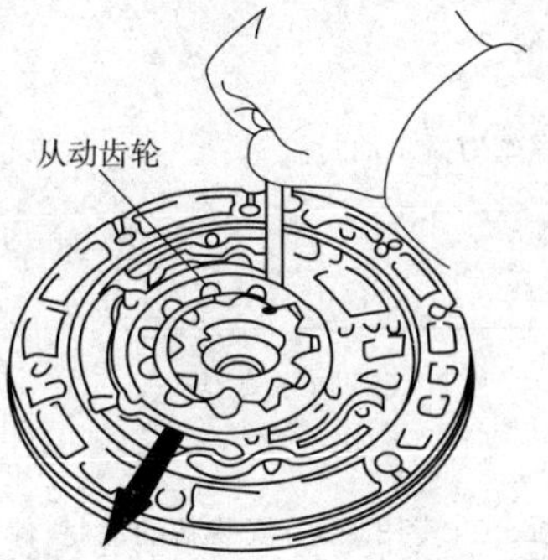 从动齿轮
(5)检查主、从动齿轮与月牙台隔墙的间隙,标准间隙为 0.11~0.14mm。极限值为 0.3mm	
(6)检查齿轮端面与泵盖间隙,标准间隙为 0.02~0.05mm。极限值为 0.1mm	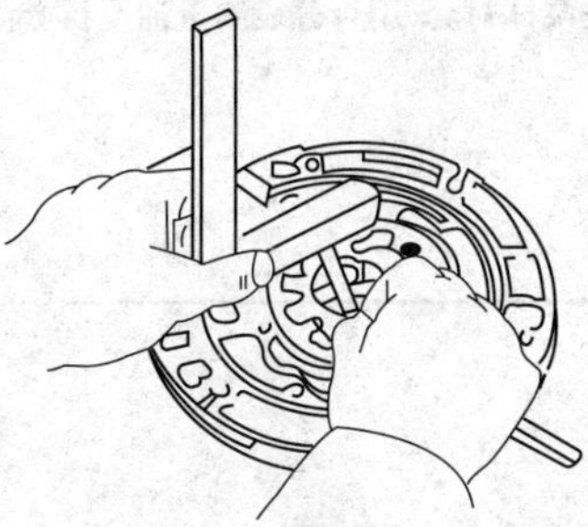
(7)拆卸油泵主动齿轮和从动齿轮	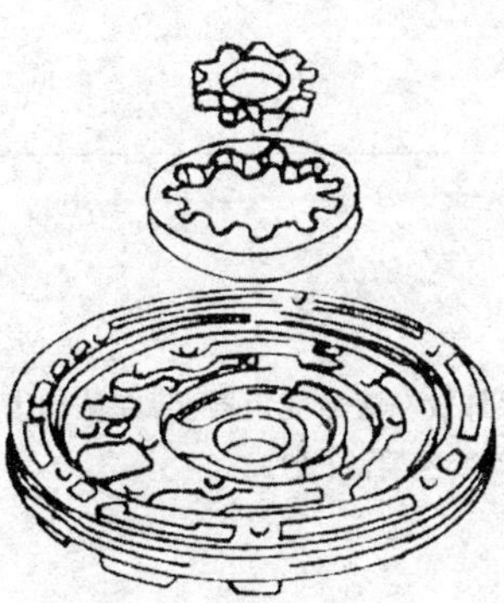

续上表

(8)用螺丝刀撬出油封	
(9)使用SST(专用工具)安装新的油封,保证油封与泵体外缘配合部分应光滑。在油封边缘涂上润滑脂	SST

三、油泵衬套的检查与装配

(1)检查泵体衬套,用百分表测量油泵衬套内径,最大为38.19mm	
(2)检查泵盖衬套,前端:21.58mm;后端:27.08mm	
(3)将油泵体放在液力变矩器上,在从动齿轮和主动齿轮上涂上自动变速器油(ATF)	

续上表

(4)使泵盖对准泵体上的螺栓孔,用10N·m的力矩拧紧13个螺栓	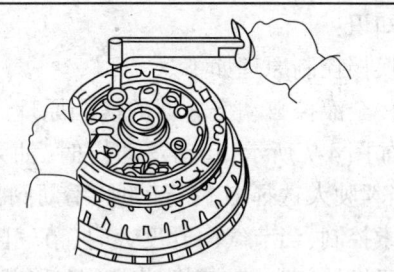
(5)将两个封油环涂上ATF,装到泵盖上	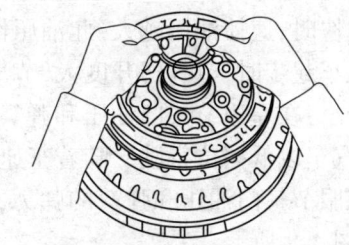
(6)检查油泵驱动齿轮运转情况,注意确保驱动齿轮转动平滑	

【学生活动工作页】

资讯与决策 PART1

习作名称:汽车自动变速器控制系统。

讲授时间:4课时。

学习原因:

　　液力变矩器和齿轮变速机构组成了自动变速器的机械传动部分,这一部分可以提供若干个传动比供汽车行驶时选择,且在动力不中断情况下实现挡位的变换,这一切都是在液压控制系统的控制下完成的。

　　控制系统的作用是根据自动变速器变速杆的位置,以及汽车的行驶状态(节气门开度、车速等因素),按照预先设定的换挡规律,在汽车行驶过程中,自动选择挡位,通过控制换挡执行元件的工作,改变齿轮变速机构的传动比,实现挡位变换。

　　自动控制是自动换挡的核心内容。

学习目标:

(1)能拆装油泵,分析油泵各油道的作用。

(2)识别各控制阀,能进行阀体的分解与组装。

(3)能根据油路图分析油路故障。

基础知识：

换挡控制原理如下。

1. 全液控自动变速器的换挡原理

如图4-7所示，起动发动机时，油泵泵油，建立系统油压，经主调压阀调节后进入手动阀，当驾驶人选择D位行车时，手动阀将系统油压送入节气门阀和速控阀。节气门阀受节气门拉索控制，当节气门开度大时，节气门阀控制的节流口开度大，节气门油压就增大，此油压作用于换挡阀左端，使换挡阀向右移动；速控阀产生速控油压，速控油压的大小决定于车速，当车速越快时，速控油压越大，此油压作用于换挡阀右端，使换挡阀向左移动。

当汽车起步时，节气门开度大，节气门油压大；而车辆起步时，汽车行驶速度慢，因此，速控油压较小；在左边节气门油压和弹簧共同作用下，使换挡阀处于最右端，接通低挡执行元件油路，汽车以低挡位行驶。随着车速的加快，速控油压增大，当进入高挡位车速范围时，速控油压克服节气门油压和弹簧的弹力，使换挡阀左移，接通高挡位换挡执行元件油路，汽车升挡，如图4-8所示。

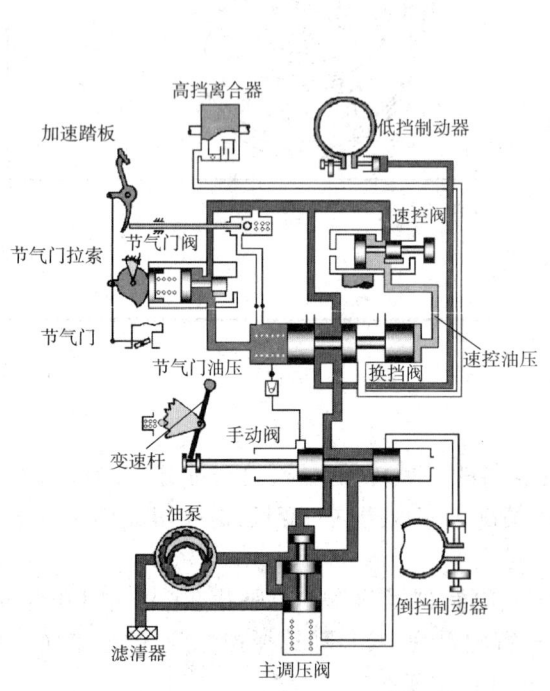

图4-7 液控换挡原理(低挡位)

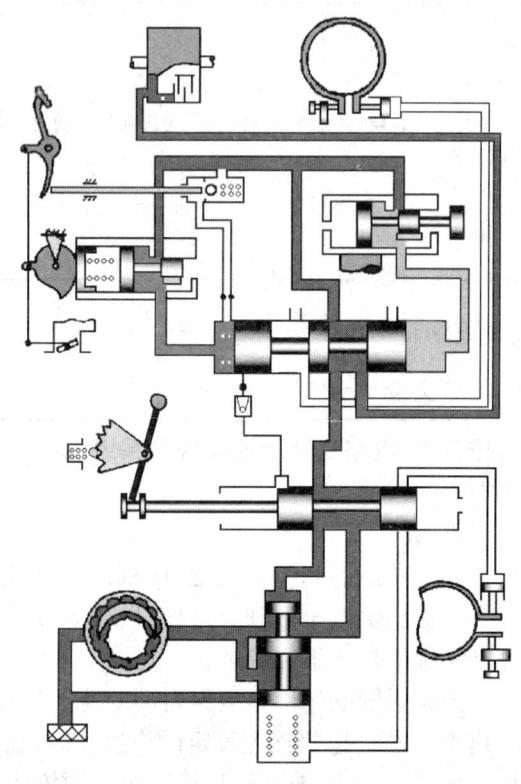

图4-8 液控换挡原理(高挡位)

可见，换挡阀实际是一个油路开关，控制某个换挡执行元件的油路的通断，从而控制挡位的变换。根据前面对A341E自动变速器各挡位传动路线的分析可知，在D位一挡基础上，只要增加制动器B2工作，汽车即可升入二挡。因此，一/二挡换挡阀控制一挡、二挡变换的实质就是控制 B2 制动器油路的通断。当 B2 制动器断油时,为一挡;当 B2 制动器通油时,汽车进入二挡行驶。同理,二/三挡换挡阀控制换挡的实质就是控制 C2 油泵油路的通断。当 C2 油泵断油,汽车以二挡行驶,当 C2 油泵通油时,汽车进入三挡行驶。同样,三/四挡换挡阀是控制 C0 油泵和 B0 制动器的工作,汽车在 D1 挡、D2 挡、D3 挡行驶时,C0 油泵工作,而 B0 制动器不工作;当 B0 通油而 C0 泄油时,汽车进入 D4 挡行驶。

换挡阀的位置,决定于换挡阀两边的油压,即节气门油压和车速油压。因此换挡的主要信号是:车速信号和节气门开度信号。

根据以上分析,填写以下空缺:

油泵的作用是_____

主调压阀的作用是_____。

写出油路走向:

_____

_____

_____

2. 电液控自动变速器的换挡原理

读图 4-9 完成以下空缺:

电液控自动变速器是在全液控自动变速器的基础上,改进而成。增加了_____、_____、_____和控制电路等。取消了_____,不再需要速控油压,而作用于换挡阀两端的是_____油压。用车速传感器取代了速控阀,将车速信号转变为_____,送入_____。有的电液控自动变速器仍然保留了节气门拉索,此节气门拉索产生的节气门油压可用于_____,可作为主油压控制的修正信号,而不再决定换挡时刻。电液控自动变速器的液控部分与全液控的相似。

起动发动机时,_____建立油压,_____调节主油路油压。当变速杆选择 D 位置时,手动阀将主油压送入换挡阀中间,作为工作油压;同时,换挡阀两端有经过节流口节流后的控制油压,此控制油压由控制单元控制的电磁阀控制。控制单元,根据_____、_____、_____等信号,送入电控单元,电控单元根据预先存储在其内部的控制程序,向 NO.1 和 NO.2 电磁阀发出指令,控制挡位的自动变换。

当汽车起步时,控制单元根据相应传感器的信号,检测到车速较慢,而节气门开度较大时,使 NO.1 电磁阀断电,泄油口关闭;NO.2 电磁阀通电,泄油口打开。在换挡阀左边建立油压,而换挡阀右边泄油,使换挡阀位于最右端,将工作油压送入低挡位的换挡执行元件,汽车进入低挡位行驶。随着车速的加快,当车速传感器检测到汽车进入到高挡位行驶速度范围时,根据换挡程序控制 NO.1 电磁阀通电,泄油口打开,NO.2 电磁阀断电,泄油口关闭。换挡阀右边建立油压,而左边泄油,如图 4-10 所示,使换挡阀接通高挡位油路,汽车升挡。

写出图 4-10 中各零部件名称:

_____

_____

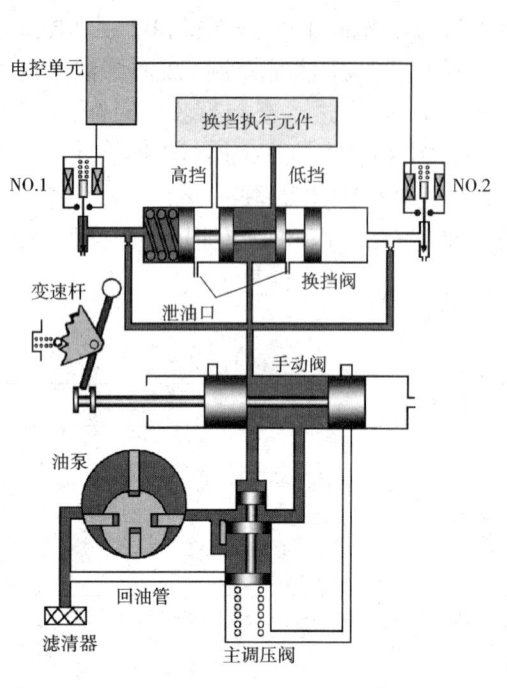
图4-9　电控换挡原理(低挡位)

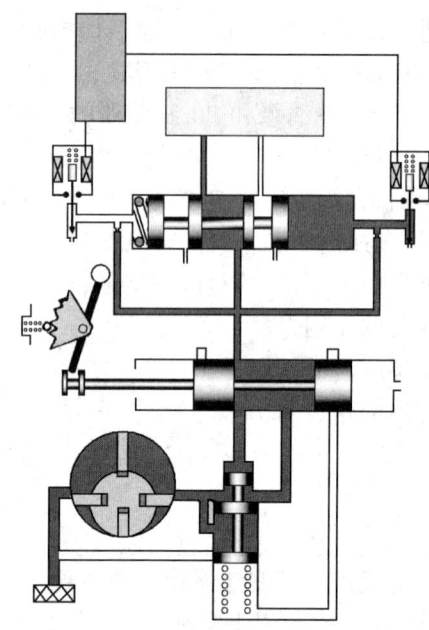
图4-10　电控换挡原理(高挡位)

习作训练：
　　结合以上准备知识，请你尝试回答以下问题：
　　(1)叶片泵(图4-11)的工作原理，各部件的作用？(学生讨论)

_____

_____

　　(2)结合图4-12及图4-13，讨论转子泵的工作原理，写出图中各序号代表零件的名称？(学生讨论)

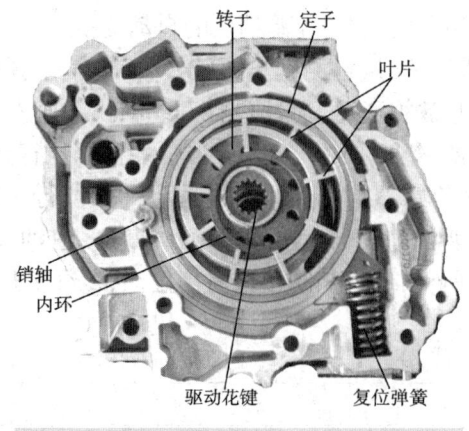
图4-11　别克叶片泵

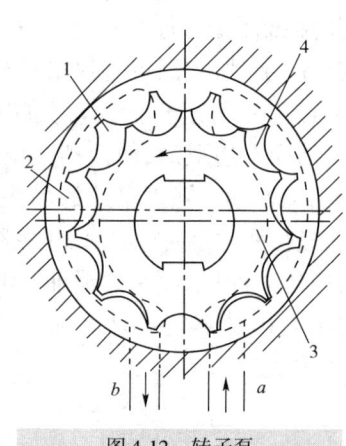
图4-12　转子泵

1 ＿＿＿＿＿＿＿＿＿＿＿＿＿＿
2 ＿＿＿＿＿＿＿＿＿＿＿＿＿＿
3 ＿＿＿＿＿＿＿＿＿＿＿＿＿＿
4 ＿＿＿＿＿＿＿＿＿＿＿＿＿＿
a ＿＿＿＿＿＿＿＿＿＿＿＿＿＿
b ＿＿＿＿＿＿＿＿＿＿＿＿＿＿

（3）转子泵工作原理？（学生讨论）
＿＿＿＿＿＿＿＿＿＿＿＿＿＿＿＿＿＿＿＿＿＿＿＿
＿＿＿＿＿＿＿＿＿＿＿＿＿＿＿＿＿＿＿＿＿＿＿＿

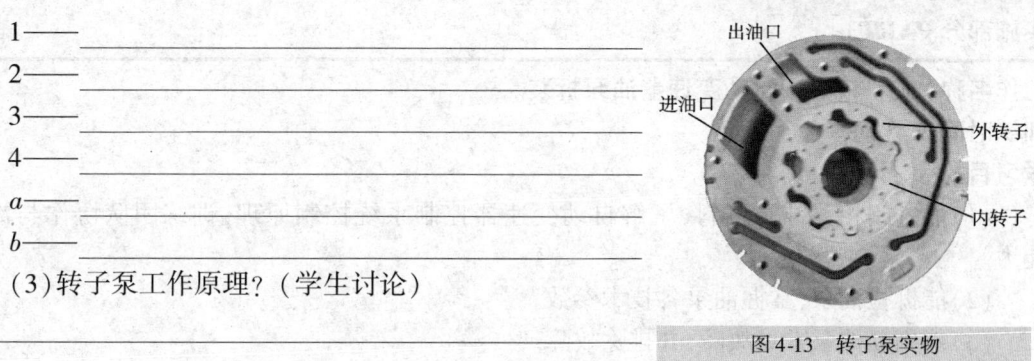

图 4-13　转子泵实物

任务计划 PART2

本项目主要通过分步骤的实训内容，完成对汽车自动变速器油泵的整体认知，掌握各种油泵的工作原理和分解组装方法。

分组教学：

以五人一小组为单位，进行拆装练习。

学习内容：

（1）齿轮泵、叶片泵、转子泵的工作原理。

（2）查询维修手册，查出各油泵的技术参数。

（3）选用正确的工具拆装油泵总成。

实践计划：

时间	课程和课时安排
第一天	自动变速器控制系统整体认知 4 课时
第二天	油泵分解与组装 6 课时

学习流程图：

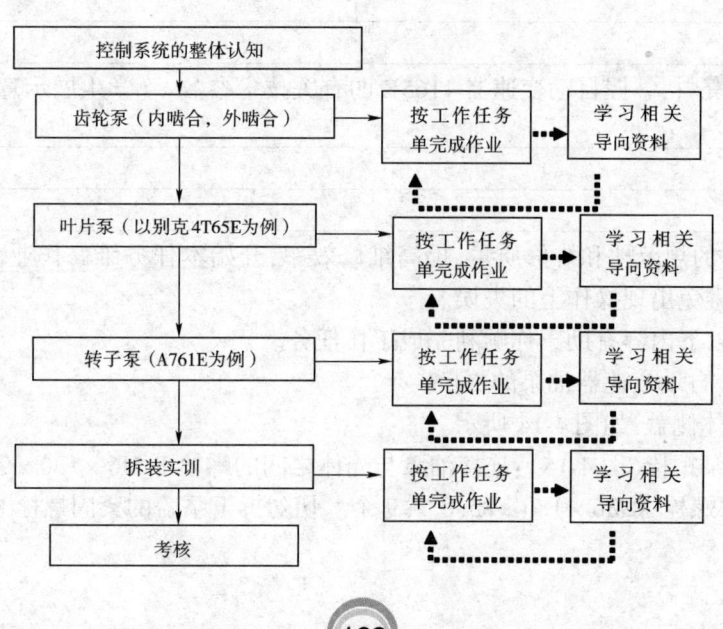

实施部分 PART3

习作名称：别克 4T65E 自动变速器油泵拆装。
训练时间：6 课时。
学习目的：

(1) 能查阅相关维修资料，了解自动变速器控制系统控制原理，训练团队协作与沟通能力。

(2) 能拆检油泵，掌握油泵各技术参数。

(3) 能判断油泵常见故障，并排除故障。

工作任务：4T65E 油泵拆装。

任务说明：本工作任务是在技术人员判断油泵有故障后，确定油泵需要总成解体时，维修人员按照维修手册的规范程序，在技术人员的指导下完成对 4T65E 油泵进行检测、拆卸和更换等项目。并填写和提交检测任务记录单。

工具/仪器：

汽车维修作业常用的拆装工具、常用量具、变速器固定架、实训用车、多媒体设备。

实训计划：

(1) 了解任务内容与安全操作注意事项。

(2) 根据工作任务内容，制订工作计划。

(3) 实施计划，进行操作过程记录。

(4) 学生分组评价自己和其他组的优缺点。

(5) 老师讲评工作过程中的不足之处和注意事项。

任务开始前，请回答以下问题：

(1) 根据有关资料，指出别克 4T65E 油泵的安装位置？（学生展示意见，同学讨论）

_____

_____

(2) 查有关资料，掌握自动变速器 4T65E 的有关技术参数。（学生展示意见，同学讨论）

_____

_____

为保证操作的规范性和维修质量，提高维修效率，开始本任务维修作业前，请务必阅读以下导向资料，避免出现操作上的失误。

导向资料：阅读以下内容有助于你顺利完成工作任务。

别克 4T65E 自动变速器油泵的更换。

(1) 拆下壳体侧盖，如图 4-14 所示。

(2) 拆下油泵螺栓（图 4-15）：连接油泵与壳体之间的螺栓 B M6×1.0×95 共 2 个；连接油泵与壳体盖的螺栓 A M6×1.0×85.0 共 9 个。切勿拆下泵盖的紧固螺栓 M6×1.0×20.0 共 1 个。

(3)从阀体上取下油泵,如图4-16所示。

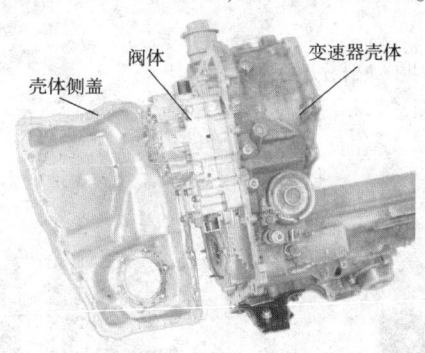

图4-14 拆壳体侧盖

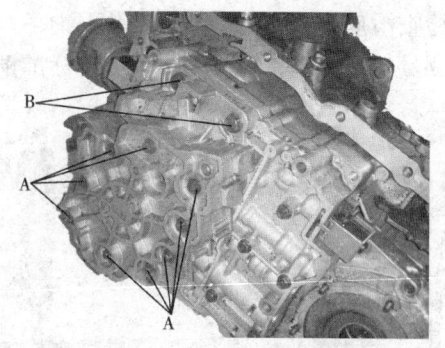

图4-15 拆油泵螺栓

(4)拆下油泵盖螺栓,从泵体上取下油泵盖,如图4-17所示。

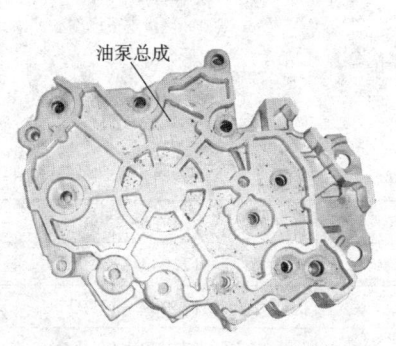

图4-16 油泵总成

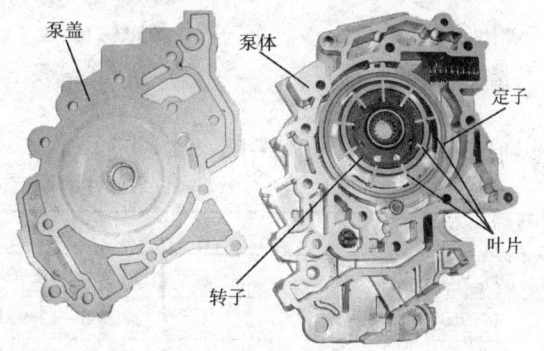

图4-17 取下油泵盖

(5)取下叶片环、叶片、转子,如图4-18所示。
(6)拆下油封和定子O形密封圈。
(7)拆下油泵内弹簧和外弹簧,如图4-19所示。
(8)拆下定子、定子密封圈支架和定子密封条。
(9)拆下轴销、出口滤网,如图4-20所示。

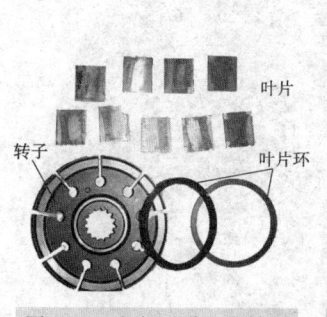

图4-18 叶片、叶片环和转子

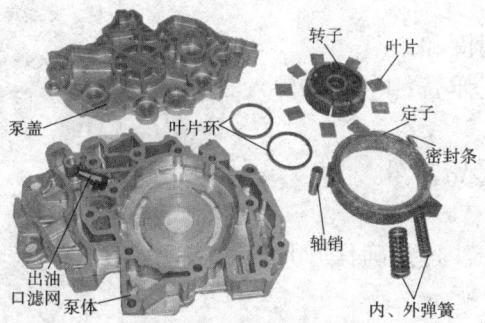

图4-19 油泵各部件

图4-20 出口滤网与轴销

(10)油泵的检查
①检查泵体是否有砂眼,油道是否互相连通,泵内表面或机加工面是滞损坏。

②检查定子、弹簧、转子和叶片是否损坏。
③检查滑座密封圈、定子支架是否损坏。
④测量转子、叶片、定子的尺寸,与标准值对照,如图4-21所示。

a)测量叶片的厚度

b)测量转子的厚度

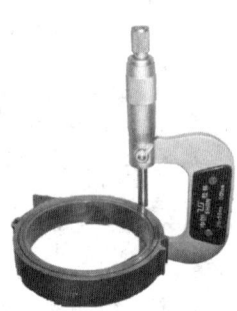
c)测量定子厚度

图4-21 油泵部件的检测

⑤确保更换的零件是配套的,见表4-1。

油泵部件的厚度(mm)　　　　　　　　　　　表4-1

转　子	定　子	叶　片
17.953～17.963	17.957～17.967	17.943～17.961
17.963～17.973	17.983～17.993	17.967～17.977
17.973～17.983	17.977～17.987	17.979～17.997
17.987～17.997	17.961～17.979	

(11)油泵的组装:
①清洗油泵,并用压缩空气吹干。
②安装油泵出口滤网。
③将叶片环装入泵室内。
④将滑座装入泵体。
⑤在滑座上安装密封圈和支架。
⑥将内弹簧装入外弹簧,并一起装入泵体。
⑦在滑座上安装O形密封圈。
⑧将转子装入泵体。
⑨将叶片装入转子槽内,并确保叶片与转子顶部平齐,如图4-22所示。
⑩安装泵盖螺栓拧紧力矩为8N·m。
将油泵安装倒阀体上,将十一个螺栓安装到指定的位置,并按照规定力矩拧紧螺栓,

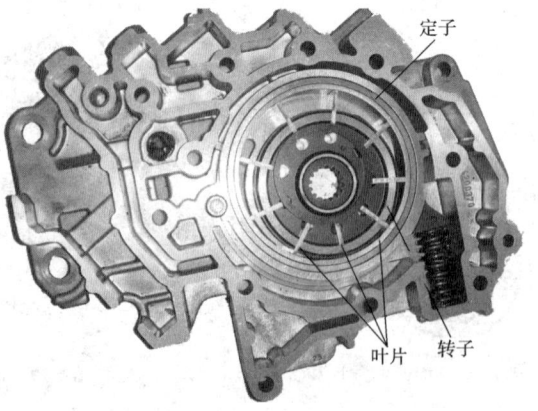

图4-22 定子、转子和叶片顶部平齐

规定拧紧力矩为 12N·m。

油泵的检测。判断油泵故障,油泵故障会影响自动变速器的所有挡位!个别挡位故障与油泵无关!

各小组在教师的指导下按给出的工作任务单并结合导向资料,完成工作任务并作记录。

工作任务单

进厂编号		牌照号码		厂牌车型		施工日期	
VIN 码		发动机号		组别		组长	
工作程序指引及记录内容						完成打"√"	
①请说明引起自动变速器主油道油压低的原因							
②按照导向资料,分解自动变速器油泵							
③选取合适的检测工量具、测量油泵间隙,并记录							
④完成检修后,如需要进行调试,请指明方法(可包含采用工具、设备及标准)							
⑤如果可以,请你指出主要部件、总成的使用或维护方法							
⑥记录工作过程中出现的情况。							
⑦记录执行6S现场管理工作过程情况							
备注							
指导教师评语						签名	

完成情况评价表

组名:　　　　　　　任务:　　　　　　　时间:

评 价 项 目	评 价 内 容
小组自评任务实施情况、成功经验	
小组自评工作存在问题、改进方向	
请查阅展示材料与观察其他小组完成过程情况,指出该组的优点和指出有待改进的地方	
请对应组人员说明情况与原因	
教师点评	

检查与评价 PART 4

习作名称：油泵认知考核，4 课时。

学习目的：

(1) 能描述油泵的结构、作用、位置和工作原理。

(2) 能使用正确的工具、量具对油泵进行拆装和检测。

(3) 能列举油泵总成的拆卸、解体、清洗和装配的步骤和方法，并在规定的时间内完成。

(4) 能列举油泵总成的检测项目和检测方法，并实施测量和记录数据。

工作任务：油泵总成部件的考核

任务说明：本工作任务是在完成了对油泵拆装和检查等项目的学习后，对学生学习的效果进行考核。

工具/仪器：

汽车维修作业常用的拆装工具、常用量具、变速器拆装支架、实训用车、多媒体设备。

序号	考核内容	配分	评分标准	考核记录	扣分	得分
1	正确使用工具仪器	5	工具使用不当扣 5 分			
2	正确的拆装顺序	20	拆装顺序错误酌情扣分			
	所有零件摆放整齐		摆放不整齐扣 5 分			
	能对主要零部件进行检测		主要零部件一项不会扣 5 分，扣完为止			
3	组装油泵总成	10	组装顺序错误酌情扣分			
4	组装后油泵总成能够正常工作	10	若不能正常工作扣 10 分			
5	整理工具、清理现场	5	每项扣 2 分，扣完为止			
	安全用电、防火、无人身、设备事故		因违规操作发生重大人身和设备事故，此题按 0 分计			
6	分数合计	50	最后得分			

活动评价表

组名：　　　　　　　　　　　　　　　　　　　　　　　　　　　时间：

项　目	评　价　内　容	组名		备注
		达标情况		
		√	×	
实践活动准备（学生自评）	①工具的领用准确，具备责任心			
	②实践计划详细可行，并能根据实际情况与组员协商完善			
	③实践活动所需材料准备充分			

续上表

项 目	评 价 内 容	组名		
		达标情况		
		√	×	备注
实践活动管理（学生自评）	④指导组长责任心强，履行指导职责，协调好小组之间、组员之间的关系。			
	⑤纪律严明，注意言行举止			
	⑥小组组长对组员管理严格，保证实习过程的安全			
实践活动开展（学生自评）	⑦严格按照实践活动计划开展工作			
	⑧听从实践小组同学的安排			
	⑨学生积极主动，勤学好问，能够理论联系实际			
	⑩积极参加实习安排的集体活动			
	⑪学生在人际交往能力、沟通协调能力、反应能力、学习能力、团队意识等综合素质方面表现			
实践活动成效（学生自评）	⑫圆满完成实践活动计划			
	⑬对实践单位小组，提出建设性意见			
小组评语及建议		组长签名： 　　　　年　月　日		
老师评语及建议		教师签名： 　　　　年　月　日		

"备注"部分为教师填写。

指导员作出相关评价与点评。（根据学生完成情况，评价达标情况；"√"项目达标；"×"则反之）

- 工作的参与度情况；
- 工作的效率情况；
- 工作的质量情况；
- 工作6S管理遵守情况；
- 工作态度情况；
- 工作创意创新情况。

其余50分为过程考核中工作情况的评分，请依据本项目每天都根据自评互评情况进行打分。

项　　目	PART1 （过程考核）	PART2 （过程考核）	PART3 （过程考核）	PART4 （过程考核）
得分				
总分				

任务二　自动变速器液压控制阀体的检修

任务导入

故障现象：一辆现代索纳塔汽车，装用 KM175 自动变速器。该车没有前进挡，不能前进行驶。

原因分析：在车辆停稳的情况下，首先检查自动变速器油，油尺上无油迹，说明缺油。补加一部分油后，车辆仍不能前进。再检查油尺，油有糊味，并且有摩擦片残渣。经解体自动变速器，发现前后离合器摩擦片烧损严重。更换全部摩擦片及密封件，对自动变速器彻底清洗，组装后，试验，故障排除。

学习指引

（1）建议在学习自动变速器油路之前，先拆装一下阀体。
（2）观察阀体与液控图的对照关系。
（3）阀体拆装要在老师指导下进行，避免因不慎造成零件滑落等，造成不必要的损失。

相关知识

自动变速器内电控系统、液压系统、换挡执行元件以及齿轮变速机构等，各部分的工作是相互影响、紧密联系的。特别是液压控制系统中的油路控制阀体非常精密，像印刷电路板一样迷宫般的油道，大小不一的柱塞，长短粗细不一样的弹簧、钢珠、塑料球、滤网座圈、限位片、蓄压器等可谓五花八门，零件方向、位置、大小可谓眼花缭乱。对阀体进行检修一定要有详实的资料，在充分了解和审视后才能动手。对于 AT 而言，只有当摩擦片严重烧损、行星齿轮装置磨损、ATF 严重脏污才会考虑对阀体进行解体清洗。

零件正常磨损的磨屑导致油液脏污，使阀体柱塞卡滞或拉伤；弹簧疲劳受损，导致弹簧长度变化弹力不足；隔板内单向球与阀座密封不严；由于使用环境条件差，没及时维护，使滤网、液压管路堵塞；螺栓力矩不均，螺栓孔损坏阀体变形，油路泄漏；油道内腐蚀变形；维修中拉伤，配件质量问题等都是常见的损坏形式。

阀体故障会导致升降挡打滑、换挡冲击、须频繁换挡或不升挡、缺挡，出现时有时无的间歇性故障，甚至无驱动能力造成变速器严重损坏。

有些可以在车上直接拆下阀体进行维修更换，有的必须拆下变速器才能拆下阀体，只有AT换挡规律失常，摩擦片严重烧毁，阀板内沾有大量粉末，才检修阀板。解体清洗阀体是大修自动变速器不可缺少的一个重要环节。

一、检修阀体的方法与步骤

（1）从变速器底部拆卸阀体前，应先拆卸外部电磁阀导线，此时要格外小心。由于导线插接器插头为塑料制品，长期浸没在高温的ATF中，易老化变脆，应使用专用工具，完全插入电磁阀插头下边，并按这个方向拔下插头及线束，注意导线插接器的对应关系，记住原来位置，将阀体放入煤油中浸泡多时，然后取出，用压缩空气吹干净，如图4-23所示。

（2）将阀体置于干净的工作台上，拆下阀体上的附件：电磁阀，手动阀，油滤清器，如图4-24所示。

图4-23 拆下阀体

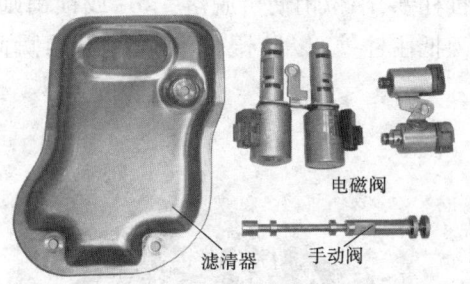

图4-24 阀体上的附件

（3）拆掉上下阀体间的连接螺栓，要从外向里，对角操作，分2~3次松开，以防阀板变形。注意螺栓的位置与规格。1——长螺栓45mm，共七个。2——中螺栓35mm，共十五个。3——短螺栓20mm，共六个，如图4-25所示。

（4）将阀体上部和中间的隔板一同握紧拿稳，同时一起翻过来，使中间隔板向上（这样单向钢球不会掉落），然后拿起隔板进行下一步作业。拆下隔板后，在控制阀体的柱塞拆卸前，应利用油路隔板上的残油，用一张稍厚的白纸板复印下油路隔板图，并将油路隔板中所有零件逐一地在图上标明，或用数码照相机拍照，以便装复时参考，如图4-26所示。

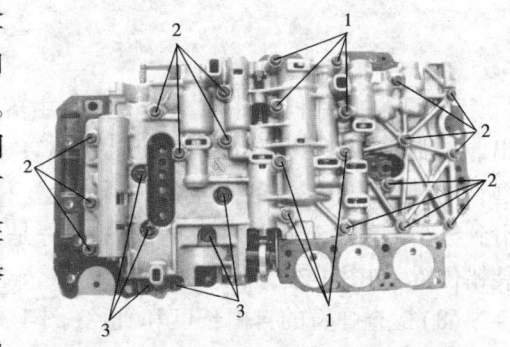

图4-25 A341E阀体螺栓

（5）将阀体放入干净的煤油中，或用化油器清洗剂清洗，用小毛刷清理沉积在油道中的油污，不准用棉布擦，以防布丝进入阀孔内将滑阀卡死。目测阀体上不应有裂纹和变形，各柱塞用小螺丝刀拨动应运转灵活，活塞表面应无裂纹，将控干的阀体平放在桌上，往各油孔和油道内注入少许的自动变速器油,同时从隔板上取下各小零件,取一件清洗一件,擦干后装入阀体中,同时检查各部件应完整良好,如图4-27所示。

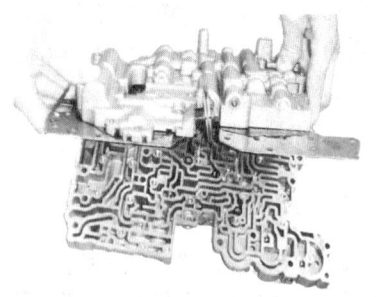

图4-26　分开上下阀体与隔板

（6）检查柱塞是否卡滞,在控制阀体中除手控阀柱塞没有限位装置可直接拿出外,其余所有柱塞的外端都有限位装置,限位装置有圆柱、卡片和锁销三种。圆柱形限位装置只需向内轻推柱塞,限位销便可脱落,卡片或锁销则需用工具进行拆卸,在拆卸过程中需用手指或螺丝刀抵住柱塞,以防限位装置拆出的瞬间,柱塞在里面弹簧的作用下弹出,如图4-28所示。

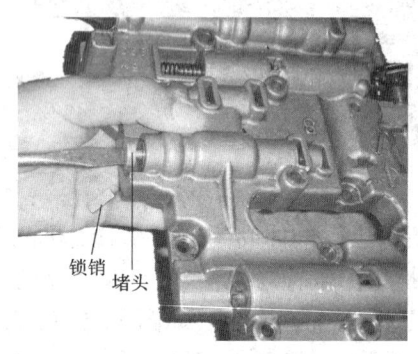

图4-27　清洗阀体　　　　　　图4-28　分解各控制阀

（7）若柱塞在阀孔中有卡滞不能自由落出,可采取用木锤或橡胶锤轻轻敲击阀体将其取出。卡滞的柱塞可用1200#砂纸沾上ATF沿圆弧方向打磨,只能打磨柱塞,也可用牙膏研磨,不能打磨阀孔,打磨倒立着的阀体上。柱塞在干净的前提下,仅依靠自身质量便可缓慢滑到另一侧位置。拆卸柱塞过程中,最好是检修完一组重新装配后再拆另一组,以免彼此间装错位置,如图4-29、图4-30所示。

（8）检查弹簧的自由长度和直径（图4-31）,逐一对照维修手册资料,检查阀体内所有弹簧的自由长度和直径是否符合标准。新换弹簧也需要做这方面的检查,漏装止回阀会造成相关挡位出现严重换挡冲击,同时节气门阀减振块装错位置也会造成换挡冲击（阀体中部位置,样子像卡片）。一定要注意所有部件的前、后、左、右相邻位置,任何一点小小的失误将会导致阀体无法正常工作。

(9)更换控制阀体上的密封圈,换挡执行元件的工作油路是否密封主要取决于以下几方面:

图4-29 震出滑阀　　　图4-30 取出滑阀

①换挡执行元件工作活塞上的密封圈;
②蓄压器上活塞密封圈;
③控制阀上的密封圈;
④离合器支承进油口两侧密封环的密封状况。

大修时,这四个方面的密封圈都必须彻底更换,蓄压器活塞是否有裂纹、活塞环是否磨损,一定要认真检查,否则大修后自动变速器极易烧摩擦片,通常行驶3000km左右换挡执行元件又会重新烧蚀。

(10)将隔板洗净擦干,同时检查隔板不应有较大的变形,仔细观察各油孔处应圆滑不漏光(将止回阀放置隔板相应孔中)用灯光照射,反面看有无漏光。

(11)注意阀体新旧密封垫和隔板必须紧贴在一起,检查纸垫上所有的孔径和油量走向是否与阀体上一致(此项很重要)。同时用ATF浸泡要装的密封垫几分钟后,再按拆开时的步骤,应将阀体平放将部件逐一推入,而不要将阀体垂直竖立。

(12)然后将上下阀体、中间隔板扣在一起,均匀地拧上连接螺栓(注意螺栓有长短,不要装错位置)。紧固力矩一般在5～10N·m之间。例如大众变速器控制阀体螺栓紧固力矩为5N·m,不可过大过小,力矩的大小直接影响油压。至此阀体装配完成,如图4-32所示。

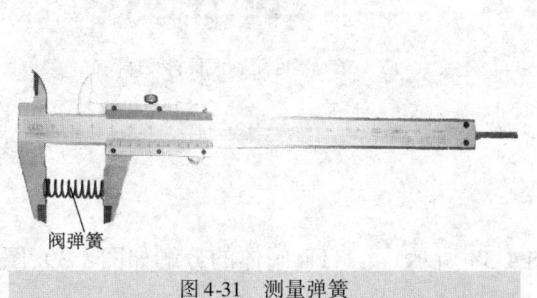
图4-31 测量弹簧

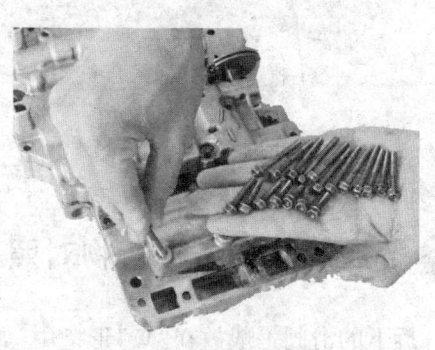
图4-32 安装阀板螺栓

二、检修阀板注意事项

阀板的加工精度、配合精度很高，一定正确操作。

（1）拆检阀板，不许阀芯等重要零件掉落，不得用铁丝、螺丝刀伸入孔中，如图4-33所示。

（2）阀板分解后，所有零件清洗后，用压缩空气吹干，不得用棉布擦，如图4-34所示。

（3）检查阀芯能否活动自如。

（4）不要在阀板垫、阀芯等处使用密封胶、黏合剂，如图4-35所示。

（5）为防止单向球被磁化，不要用带磁性的工具拆卸它们，如图4-36所示，球阀的位置如图4-37所示。

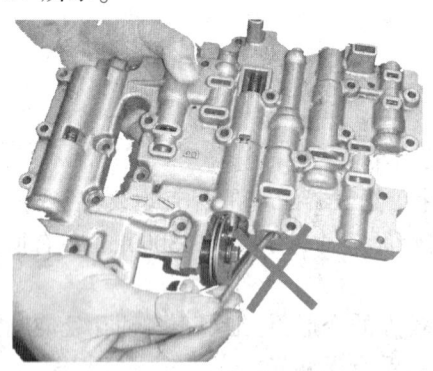

图4-33　不准用硬器伸入阀孔内

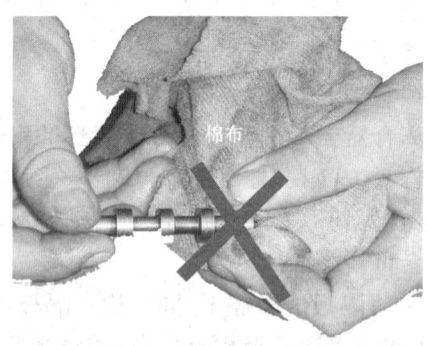

图4-34　不准用棉布丝擦

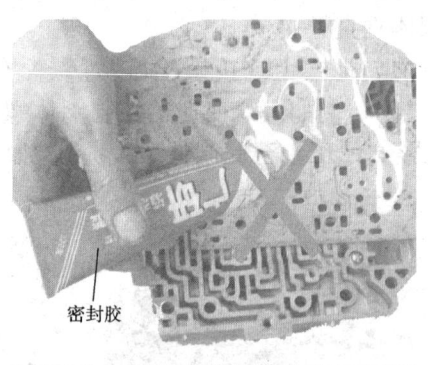

图4-35　不准使用密封胶

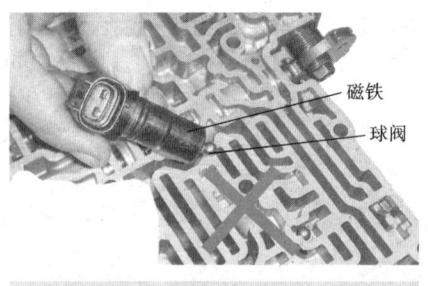

图4-36　不准用磁性材料吸球阀

三、各控制阀的名称实物对照

拆下的滑阀一般放在"W"形槽中，如图4-38所示。A341E阀体的分解如图4-39、图4-40所示。

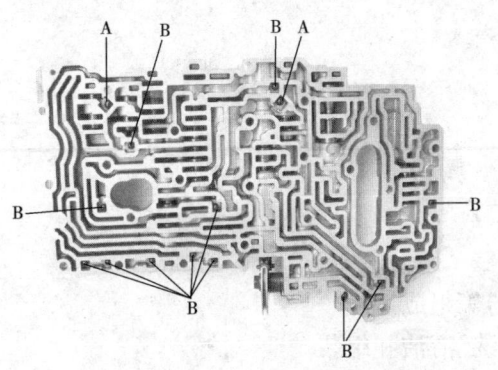

图 4-37 球阀的位置
A-阀球直径 6.35mm；B-阀球直径 5.54mm

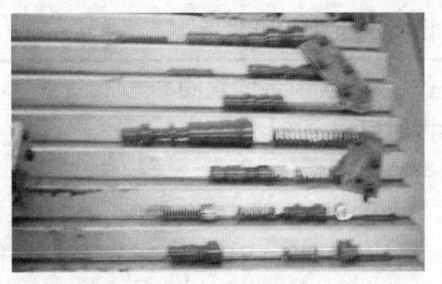

图 4-38 滑阀的摆放

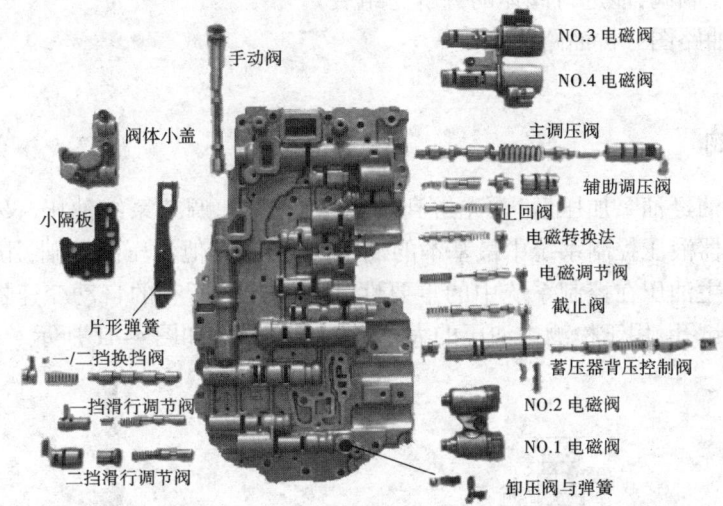

图 4-39 A341E 下阀体分解图

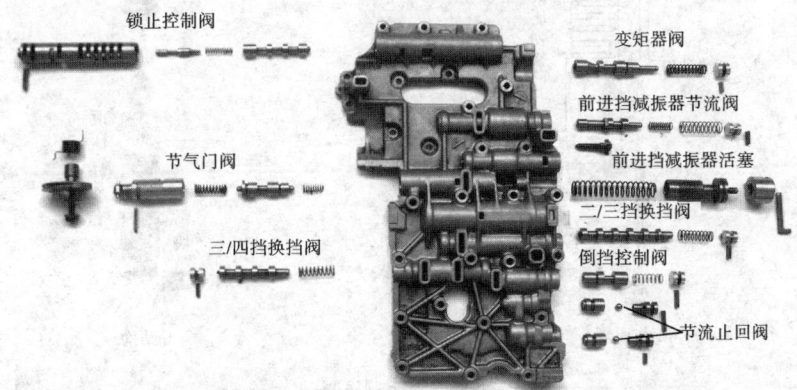

图 4-40 A341E 上阀体分解图

【学生活动工作页】

资讯与决策 PART1

习作名称：认识各控制阀。

讲授时间：4 课时。

学习原因：

(1) 控制系统由各种滑阀、电磁阀、蓄压器等组成。

(2) 阀体检修中,重要环节是对阀体的拆洗、清洁和组装。

(3) 是自动控制系统的关键内容。

学习目标：

(1) 识别各控制阀,能进行阀体的分解与组装。

(2) 能根据油路图分析油路故障。

基础知识：

一、主调压阀

自动变速器油经油泵加压后,首先送到主油路调压阀,调节系统油压,又称主油压。主油压是自动变速器液压控制系统中最基本的油压,是产生其他油压的基础,用于操纵换挡执行元件等。由于主油压在控制系统中的重要性,因此,几乎所有的自动变速器,在其壳体外都设有主油压测试孔,用于检测主油压的大小。其工作原理如图4-41所示。

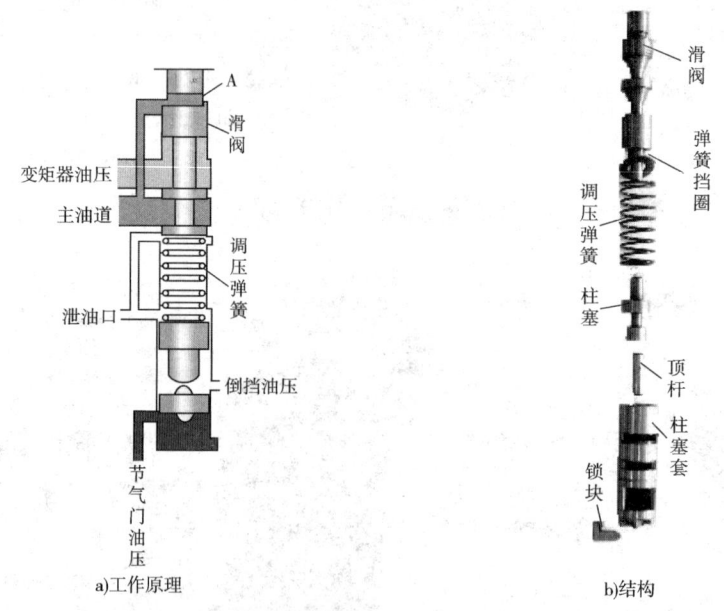

图4-41 主调压阀

油泵运转时,来自油泵出口的压力油经油道通至调压阀上端的A腔,当A腔油压对调压阀的推力小于调压阀下端调压弹簧的预紧力时,调压阀被推至上端顶部。这时,泄油孔处于封闭状态,使油压上升。当 A 腔油压对调压阀的推力大于调压弹簧预紧力时,滑阀下移,将泄油孔打开,油路中的部分液压油经泄油孔流回油底壳,使主油道油压下降,由于 A 腔油压即为主油道油压,因此,A 腔油压也降低,调压弹簧又使滑阀向上移动,将泄油口关闭。由于油泵在不停运转,油压又会上升,如此反复,使主油道油压相对稳定。此压力通常情况下在 0.4～1.0MPa 之间变化。自动变速器的控制系统及变矩器、各换挡执行元件都是在主油路油压的作用下进行工作的。

为了使主油路油压能满足自动变速器不同工况的需要,油压调节装置还应具备下列功能:

(1)主油路油压应能随发动机节气门开度的增大而升高,当节气门开度较大时,由于发动机输出功率和自动变速器所传递的转矩都较大,为了防止离合器、制动器等换挡执行元件打滑,主油路油压要相应升高;反之,当节气门开度较小时,自动变速器所传递的转矩也较小,离合器、制动器不易打滑,主油路油压可以相应降低。

(2)汽车在高速挡(三挡或四挡)以较高车速行驶时,由于此时汽车传动系统处在高转速、低转矩状态下工作,因此可以相应地降低主油路的油压,以减少油泵的运转阻力,节省燃油。

(3)倒挡时,主油路的油压应比前进挡时主油路油压大,通常可达 1～1.5MPa。这是因为倒挡在汽车使用过程中所占的时间很少,为了减小自动变速器的尺寸,倒挡离合器或倒挡制动器在设计上采用较少的摩擦片,因此在工作时需要有较高的油压,以防止其接合时打滑。

目前,汽车自动变速器控制系统的主油路调压阀都是采用阶梯式滑阀,它可以根据来自控制系统中几个控制阀的反馈控制油压的变化来改变所调节的主油路油压,图 4-40 是丰田 A341E 自动变速器的主调压阀,即为一个很典型的主油路调压阀。

在主油路调压阀下部的柱塞上还作用着两个反馈油压,它们分别是来自节气门阀的节气门油压和来自手动阀的倒挡油路油压。这两个反馈油压对柱塞产生向上的推力,并通过柱塞作用在阀芯上,增加了作用在阀芯上的向上的推力,从而使主油路调压阀所调节的主油路油压增大。当汽车高速行驶时,可以通过降低节气门油压的大小,而使主油压降低,以减小油泵的负荷。这一原理在后面会详细讲解。

作用在主油路调压阀下部柱塞上的节气门油压由节气门阀控制,它随着发动机节气门开度的增加而增大。节气门开度愈大,节气门油压就愈高,主油路调压阀所调节的主油路油压也随之升高,这满足了大功率动力传递的需要。

自动变速器处于前进挡时,倒挡油路油压为 0。换入倒挡后,来自手动阀的倒挡油路压力油进入柱塞下部,增加了作用在柱塞和阀芯上的向上推力,主油路调压阀所调节的主油路油压也因此升高,满足了倒挡时对主油路油压的需要。此时的主油路油压称为倒挡油压。

根据以上分析可知,主油压不正常会影响到整个控制系统。若主油压过低,汽车动力不足,加速无力,换挡执行元件打滑,烧摩擦片,严重时汽车不能行驶。这是自动变速器最常见的故障之一;若主油压过高,换挡执行元件接合粗暴,汽车换挡冲击大,密封困难,易漏油。

关于此故障的排除方法,在后面章节介绍。

二、次调压阀

图 4-42 所示为次调节阀的结构示意图。从图中可知,由主调压阀泄出的油液进入次调压阀,次调压阀的工作油压来自主调压阀节流孔,此油压与阀上端 A 腔油压相同,当 A 腔油压增大时,克服下端调压弹簧的推力,使滑阀下移,将工作油压与散热器油压接通,而泄油会使工作油压降低,从而 A 腔油压也降低,在调压弹簧的作用下,又使滑阀上移,使泄油口减小,工作油压又再次升高,如此反复,使工作油压相对稳定。通常情况下,此油压一般在 0.4~0.8MPa 之间。此油压有两方面的用处,即变矩器油压和润滑油压。油压的大小要随着节气门开度的变化而变化。当节气门开度大时,作用在次调压阀下端的节气门油压增大,使调压弹簧向上的推力增大,变矩器油压和润滑油压也增大。变矩器油压流经液力变矩器后,油液极易发热,经过节流后,流出变速器,到散热器去散热,此油压经过节流后为 0.2MPa 左右。

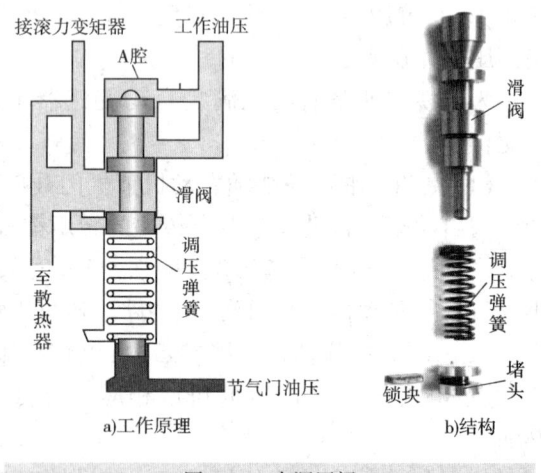

图 4-42 次调压阀

由于次调压阀调节后的油压,主要向液力变矩器供油,因此,次调压阀又称变矩器阀或辅助调压阀。

三、速控油压调节阀

速控油压调节阀是把速控阀调节出的速控油压再次调节,调节后的压力送入节气门反馈阀,速控油压调节阀的构造如图 4-43 所示。

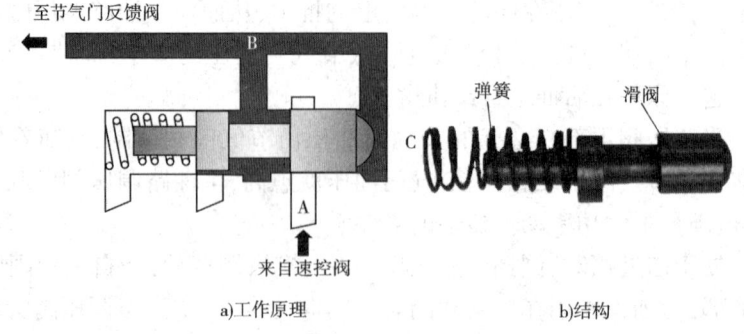

图 4-43 速控油压调节阀

从图 4-43 可知,阀体内有一滑阀,滑阀一端有弹簧,弹簧将阀压在右侧,将 B 腔与 A 腔连通,所以,当速控阀产生的速控油压从 A 腔进入 B 腔后,便对滑阀 C 端产生一个向左推动滑阀的力,使滑阀压缩弹簧而左移,这样滑阀便关小 A 腔与 B 腔的通道,利用通道口开度大小的节流作用把速控油压调节成 B 腔的压力送至节气门反馈阀。

通过分析知,当弹簧张力与 B 腔油压对阀 C 处形成的推力相等时,阀口的开度便被稳定不动,而此时稳定的油压是靠压缩弹簧使泄油口打开相应的开度,通过对应的泄油量来保持油压的稳定。这种稳定的油压是随速控油压的变化而产生相应的变化,每有一个车速便有一个速控油压,于是便有一个相应的阀口开度与之相对应的弹簧压缩量。于是便有一个新的 B 腔压力。速控油压越大,B 腔压力也相应增大,则送至节气门反馈阀的压力便增加,通过节气门反馈阀调节出的反馈给节气门阀上的油压也增高,于是节气门压力便相应减小并连锁给主油压、主油压均适当下降,以免油泵不必要的功率损失。

综上可知,该阀的调压作用也是靠阀口的节流作用,当车速稳定不变时,调节后的油压一直上升到使阀口关闭为止。

四、强制降挡压力调节阀

强制降挡压力调节阀是把主油道的压力经该阀调节后变成一个强制降挡的油压,该油压在汽车需要强制降挡时,通过强制降挡阀把此油压送至各换挡阀的上端,帮助节气门油压把强制降挡时自动变速器所在挡的换挡阀压下,使汽车强行降下一挡。

强制降挡调压阀的结构如图 4-44 所示。

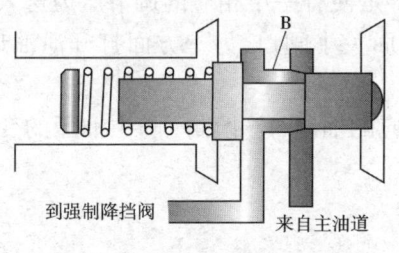
a)工作原理

b)结构

图 4-44　强制降挡压力调节阀

从图可知,强制降挡压力调节阀在弹簧张力作用下力图向右行,而由主油道来的主油压进入图中的 B 腔,因 B 腔内柱塞 A 的受压面积小于柱塞 B 的受压面积,因此进入 B 腔的主油压会使稳压装置左行,阀左行要压缩弹簧使弹簧张力增加,直至压缩至弹簧张力等于 B 腔油压形成的向左推力时,阀便停止不动,此时通向 B 腔的节流口便固定下来,因此主油压被此放油口节流后的油压也便有一个相应的稳定值,这个稳定的油压便是强制降挡的油压。应该强调一点的是,此油压随主油压的变化而变化,主油压高,强制降挡油压也升高,主油压减小,强制降挡油压也降低。当主油压稳定不变时,强制降挡油压便一直上升至节流口关闭止。

五、低滑行调压阀

低滑行调压阀是在手动阀置入 L 挡时,低滑行调压阀降低来自手动阀的主油压,使其把

1~2换挡阀上的低倒挡换挡阀推下,以便进入制动器B3的顺序阀,以使低滑行调压阀调节出的油压先后进入制动器B3的内外活塞,改善换挡质量,减少冲击。

低滑行调压阀的构造如图4-45所示。

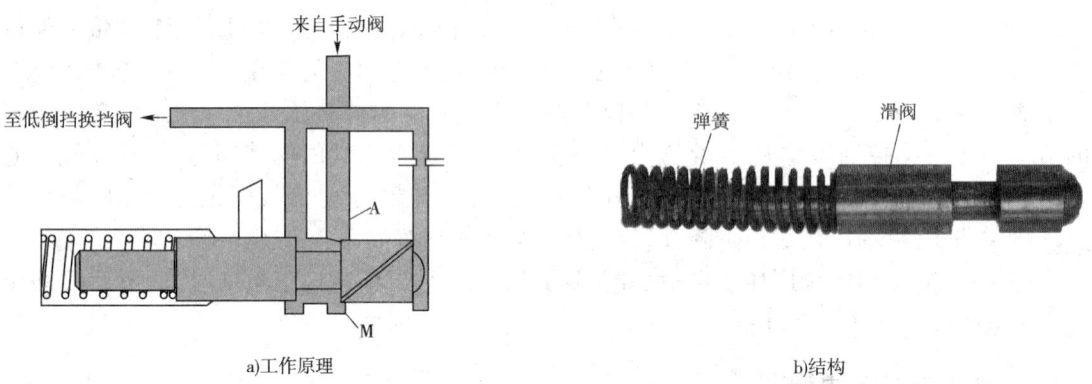

图4-45 低滑行调压阀

从图可知,该阀一侧有一弹簧,始终有一张力使阀左行,当变速器手动阀置入L挡,从手动阀来的主油压进入M腔,从M腔一方面流入1~2换挡阀上方的低倒挡换挡阀,另方面通过节流孔进入阀的右端,推动阀左移,并压缩弹簧,直至弹簧的张力与阀右端油压形成的推力平衡时,阀口的开度A便有一个相应的稳定值,于是便有一个相应的调节压力送入低倒挡换挡阀,当调节压力升高时,阀会被推动左移,一方面关小阀口,另一方面打开泄油口,以维持这个相应的稳定油压。

每当主油压变化时,低滑行阀便调节出一个相应的油压,这个油压随主油压的变化而变化,以满足换挡质量和减少油泵损耗的要求。

六、中间调压阀

中间调节器阀是在二挡范围时,它把来自二/三挡阀上边的中间换挡阀放过的主油压调节降压后送一/二换挡阀并进入制动器B1,以减少二挡冲击,图4-46所示为中间调压器阀构造示意图。

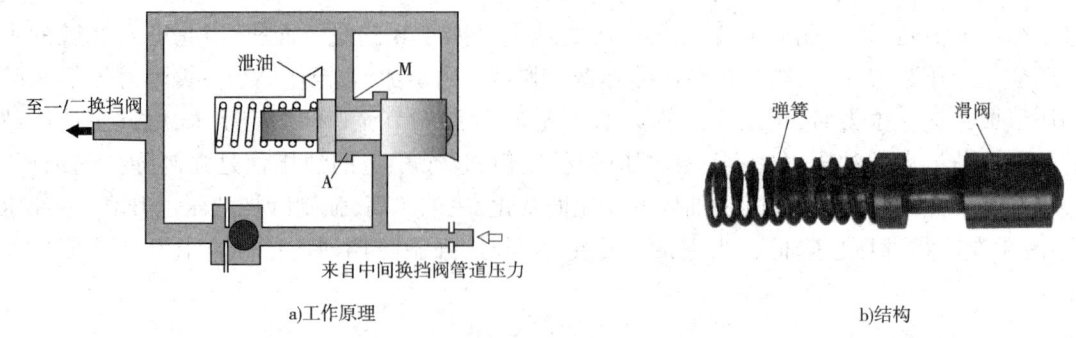

图4-46 中间调压阀

从图4-45可知,来自中间换挡阀的管道主油压经节流口A后通过阀进入M腔,降压后的油压一方面进入一/二换挡阀,转送B1制动器,另一方面作用于中间调压阀的右端,将阀向左推,M腔的油压是靠弹簧的张力和阀右端的压力的平衡来稳定的,这种稳定是靠阀口A具有一个稳定的开度和泄油口也具有一定的开度维持两侧力的平衡来实现的。调节后的压力也随主油压力的变化而产生相应的变化。

该阀的设置也是为了改善换挡质量,减少二挡时的冲击而设置的。

七、手动阀

手动阀是将自动变速器的变速杆的位置信号送入控制阀体,它通过连动杆与变速杆相连,变速杆可以把手动阀拉动至P,R,N,D,2,L等位,以实现油路转换,实现自动变速器不同的驱动范围。手动阀因变速器型号及自动变速器挡数的不同而异,图4-47是丰田43D全液控自动变速器的手动阀,不同型号的变速器,手动阀的结构原理是一致的,只是油道的通路数量不同而已。图4-48所示为一个五油道的手控制阀。

从图4-48可知,主油路的液压油从手动阀3油道进入控制阀,其余均为出油口,出油口经控制阀与各换挡执行元件相通,各出油口的走向如下:

(1)P位:当手动阀置于P位,第4道与第3油道相通,其余油口关闭。3口的油来自主油道,经过手动阀后,油液从4口流出,4口将油压送往B3制动器,1、2、5口均无油压供出。

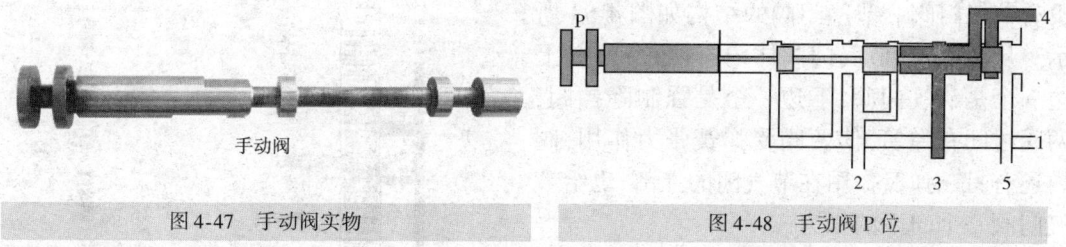

图4-47 手动阀实物   图4-48 手动阀P位

(2)R位:当手动阀置于R位,第4油口与每5油口与主油道进油口3相通,此时主油压便经手动阀送入第4与第5油口,第4油口将主油压送往B3制动器,第5油道口将油压送往C2离合器,如图4-49所示。

(3)N位:阀推入N挡,手控阀无主油压输出。

(4)D位:当手动阀推入D挡,为第2油口与第3油口相通,来自主油道的主油压,经过第3油口,进入手动阀,由第2口将油压供出,2出口的油主要送往速控阀和前进离合器C1,如图4-50所示。

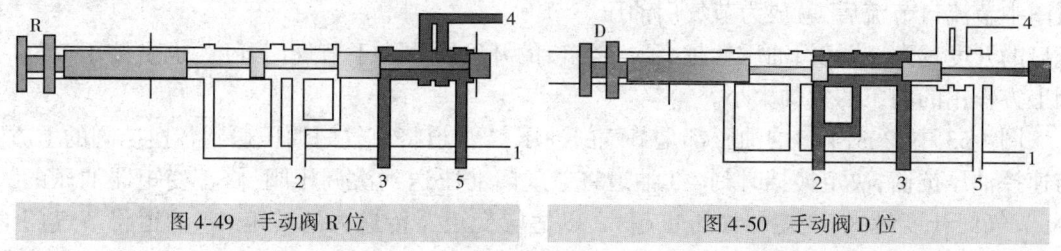

图4-49 手动阀R位   图4-50 手动阀D位

(5)2位:当手动阀推入二挡位时,手动阀第1油口与第2油口和主油路进油口3相通,于是主油压便经过1口、2口分别送入B1和C1等，与2挡有关的控制阀和执行元件，如图4-51所示。

（6）L位：当手动阀推入L位时，第1、2、4油口与主油道3油口相通，此时控制阀和执行元件限制自动变速器只在1挡行驶。第2口送往C1离合器，第4口送往B3制动器，第1口的油到一/二换挡阀被堵，不能进入B1制动器，如图4-52所示。

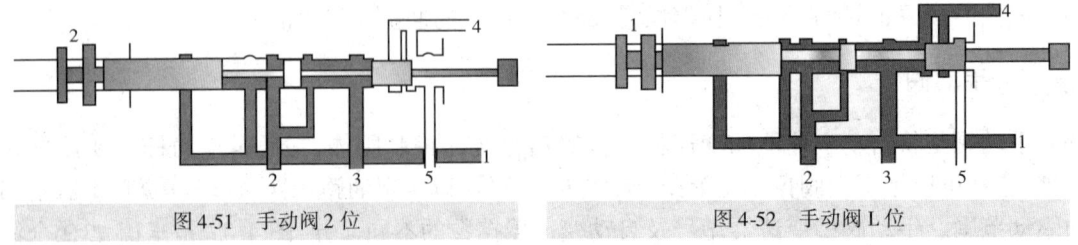

图4-51 手动阀2位　　　　　图4-52 手动阀L位

八、节气门阀

节气门阀的作用是将节气门开度信号转换为油压信号，送往控制阀体。节气门开度越大，节气门油压越高。一般是通过节气门拉索或真空来使节气门阀移动，反应节气门开度的变化。在全液控自动变速器中，节气门油压信号，是控制换挡的主要信号，同时也可以用来修正主油压的大小。而在电控自动变速器中，节气门油压不再用于换挡控制，有的变速器已没有节气门阀。节气门阀的结构如图4-53所示。从图可知，节气门阀体内有两个滑阀，上边一个是节气门阀，下边一个是强制降挡阀，两阀之间有弹簧，使两阀受弹簧张力作用，阀内还有另一弹簧作用在节气门的上部，也给节气门阀一个向下的张力。

从图可知，强制降挡阀外露部分装有一个滚轮，滚轮与节气门的凸轮滚动接触，凸轮通过一个软轴内的节气门拉索与节气门轴联动，节气门开闭，凸轮便转动，凸轮便顶着降挡阀上下移动，于是降挡阀便推动弹簧和节气门滑阀上下移动，以控制节气门油压。

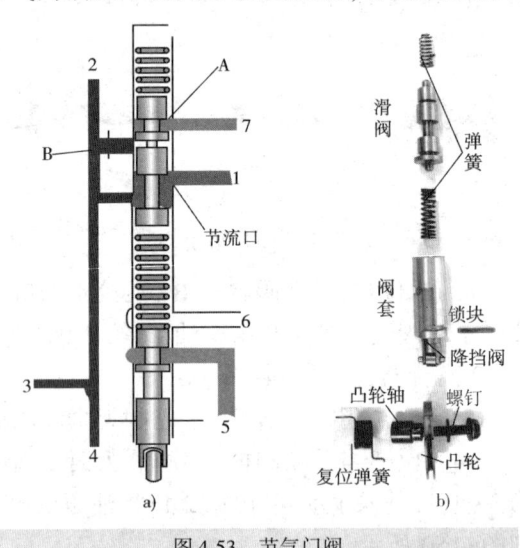

图4-53 节气门阀

图4-53中1是来自主油道的主油压，经过图中节流口节流后，就成为节气门油压。节流口的开度越大，节气门油压就越高。节流口的开度既取决于节气门开度，也受控于节气门阀上方作用的向下的力的大小。

图4-53中，2、3、4口的油压都是节气门油压，2油道将节气门油压送到各换挡阀的上方，与速控油压抗衡，决定换挡时刻。3油道将节气门油压送到次调压阀，修正变矩器油压的大小，节气门开度越大，变矩器油压也越大，以适应变矩器传递大的转矩。4油道将节气门油压送到主调压阀下方，以修正主油压的大小，满足节气门开度越大，主油压也越大，以便压紧

换挡执行元件的钢片和摩擦片,传递更大的转矩。节气门油压作用于节气门阀上 B 处,由于阀柱面积的不同,此油压对滑阀产生向下的压力,与上方的弹簧一起与下方的弹簧抗衡,可以使节流口的开度是线性变化的,以使节气门油压能准确地反应节气门开度的变化。7 油道的油压来自反馈阀,此阀可以使汽车在高挡快速行驶时,由于此时传递转矩较小,降低节气门油压,从而降低主油压,以便减小油泵负荷,此阀在后面予以介绍。

在节气门阀下方,是强制降挡阀,5 油道的油压来自强制降挡调压阀,当节气门开度达到某一设定值时,强制降挡阀向上移动接通 5 油道和 6 油道,将 5 油道的油压通过 6 油道送到各换挡阀,使汽车强行降低挡位,以便获得足够的转矩。

综上可知,节气门油压是随节气门开度的变化而变化,节气门开度大,则节气门油压升高,以满足自动变速对各种油压的要求及换挡要求。

节气门油压不正常会影响自动变速器的正常工作。对全液控自动变速器,若节气门油压过高,引起主油压也过高,换挡冲击大,汽车升挡时刻滞后,出现高速低挡行驶;若节气门油压过低,会使主油压也过低,汽车行驶无力,执行元件打滑,提前升挡,出现低速高挡行驶。无论高速低挡,还是低速高挡,都是换挡规律不正常,使汽车耗油增大,加速变速器磨损,缩短变速器使用寿命。节气门拉索的松紧是引起节气门油压变化的主要原因,调整方法,在自动变速器检查章节中学习。需注意:真空式节气门阀无法调整。

九、速控阀

速控阀安装在变速器输出轴上,随轴一起转动。其作用是根据车速的变化,把主油压调节成随车速变化而变化的速控油压,车速越快速控油压越大。速控阀的构造如图 4-54 所示。

用固定卡簧将速控阀壳体固定在变速器输出轴上,使速控阀随输出轴一起转动。速控阀由滑阀、弹簧、速控阀轴、重块等组成。滑阀外侧与壳体进油孔形成控制速控油压大小的节流口。

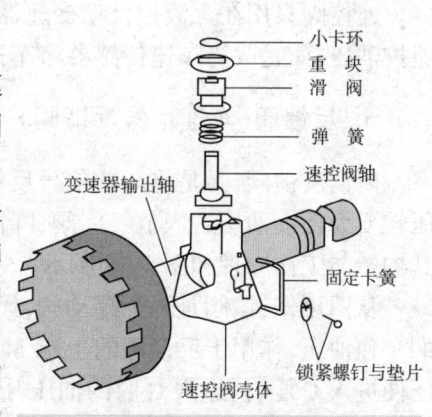

图 4-54 速控阀

从图 4-54 可知,当变速器输出轴旋转时,图中重块便在离心力作用下向轴心之外甩,此时弹簧和阀一起如同一个整体向外甩,将节流口阀门打开,于是管道主油压便进入 A 腔,A 腔的液体对滑阀向下的作用力大于向上的作用力(面积越大的面受力越大),此油压使滑阀向轴心移动,与重块的离心力形成抗衡,决定节流口的开度的大小。当车速一定时,节流口的开度一定,速控阀输出的速控油压便一定,并输出经节流口节流后的速控油压。由于 A 腔油压作用于滑阀上下两侧的面积不同,因而产生压力差,此压力差力图使节流口减小,使滑阀向内移动,减小节流口开度的同时,可以打开泄油口,使速控油压降低。当车速加快时,重块的离心力又增大,克服 A 腔内的速控油压,使滑阀向外甩,节流口又增大,速控油压也随着增大,如此反复,调节出与车速相对应的速控油压。由此可知,每有一个稳定的车速,便有一个稳定的管道压力(主油压),而车速稳定后就有一个相应的稳定的离心力,节流口开度便在离心力和A腔油压力的作用下,稳定在一个相应的位置上,与此同时也就有一个相应的泄油口开度,以维持速控阀压力的稳定。这种变化是与车速变化一一对应的。

当车速继续升高时,和重块连成一体的速控阀轴与速控阀壳体接触,如图4-55所示。

从图4-54可知,此时重块的离心作用已被速控阀壳体挡住,此时速控油压取决于滑阀的离心力和弹簧张力与A腔油压力的抗衡,滑阀离心力和弹簧弹力使滑阀向外移动,力图使节流口开大;而A腔油压使滑阀向内移动,力图使节流口减小,二者抗衡,决定节流口的开度,从而决定速控油压的大小。此时,油压随车速的变化幅度减小,满足汽车高速行驶的需要。

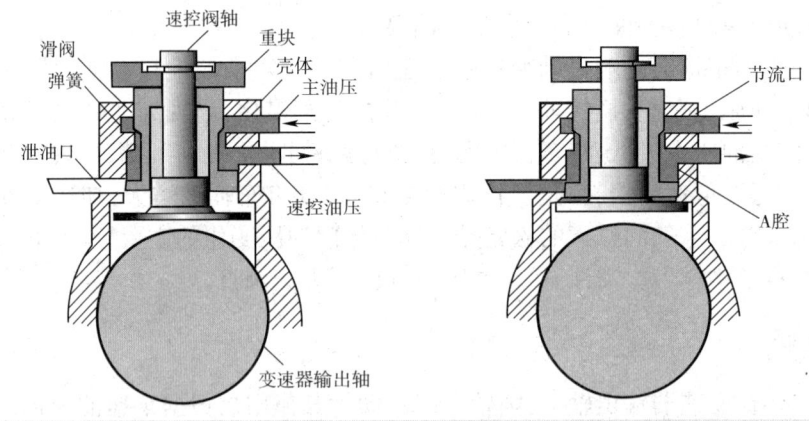

图4-55 速控阀工作原理图

速控阀只用在全液控自动变速器中,电液控自动变速器已取消了速控阀,换挡不再需要速控油压,而是改为车速传感器将车速信号转换为电信号,由电脑控制换挡时刻。

十、反馈阀(车速信号反馈阀)

所谓反馈阀,乃是将车速信号反馈给节气门阀,当汽车在高挡高速行驶时,将节气门油压转变为反馈油压送入节气门阀,降低节气门油压,从而降低主油压,以便减小油泵的负荷。其构造与工作原理如图4-56所示。

从图可知,该阀是一个浮动阀,无弹簧作用,它的动作是靠来自速控油压调节阀调节后的车速油压,作用于反馈阀的上端M腔,将阀向下推,使图中的节流口开大,于是节气门油压便进入C腔,使进入C腔的油压升高,由于C腔两侧柱塞A与B直径不等,A直径大于B直径,所以C腔的油压使阀向上运动,关小节流口,由此可见,只要出现M腔向下的作用力与C腔向上的作用力相等时,阀便停止不动,此时节流口的开度便一定,其节流作用也就一定,节气门油压被节流后,变为反馈油压,送入节气门阀上方,给节气门阀一个向下的推力,使节气门油压降低。但若节气门压力低,则C腔压力低到不能与M腔压力抗衡时,此阀便被全部压下,节流口全开,以至无节流作用,这时的反馈油压便与节气油压力相等了。

将反馈油压引入节气门的上方,是为使节气门压力随车速的增加而降低,由此也相应地使主油压随车速的升高而降低,以防止油泵负荷无意义的加重。由于汽车在高挡高速行驶

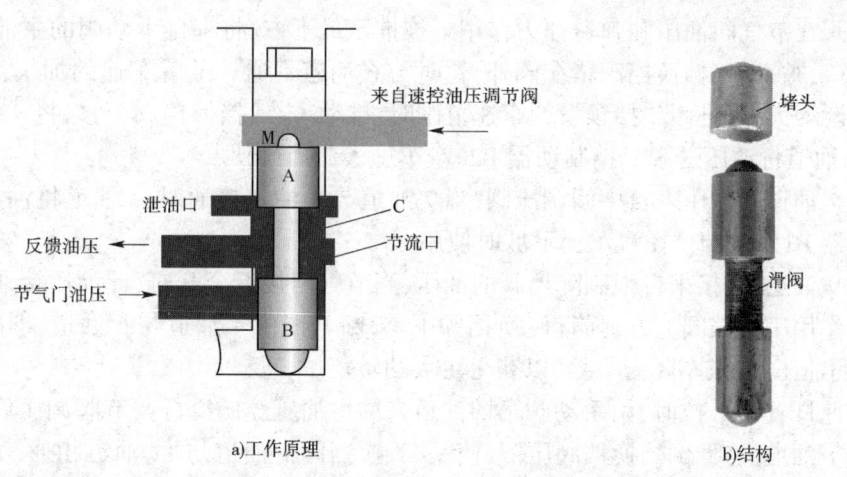

a)工作原理　　　　　　　　b)结构

图 4-56　反馈阀

时,汽车传递的转矩不大,主油压也应相应降低,否则,系统油压会随车速以及发动机的转速的上升而增大,此时油压的升高,增大了油泵的负荷,消耗了发动机的功率。

十一、一/二挡换挡阀

一/二挡换挡阀的作用是控制一挡和二挡之间的转换,根据前面对挡位的分析,在丰田A43D 或 A341E 等系列自动变速器中,实质是控制二挡制动器 B2 是否工作,当 B2 泄油不工作时为一挡,B2 接合工作时为二挡。

一/二挡换挡阀是一个油路开关阀,是一个决定于节气门油压和速控油压大小的油路开关。

如图 4-57 所示:在一/二挡换挡阀的阀体内装有两个滑阀,中间有一螺旋弹簧将它们分开。装在阀体下方的滑阀是一/二换挡阀,装在阀体上部的滑阀是低倒挡换挡阀。一/二挡换挡阀的下部作用着由速控阀产生的速控油压,图中 5 油道口,其作用力向上;而在阀的上部作用着由节气门阀产生的节气门油压,图中 3 油道口,因该油压作用在滑阀的两个直径大小不等的柱塞上,因此节气门油压对滑阀形成一个向下的力,同时,滑阀上端的弹簧的弹力也对滑阀形成一个向下的力。因此,滑阀位置就决定速控油压形成的向上的推力,和节气门油压与弹簧弹力的合力形成的向下的力相抗衡。

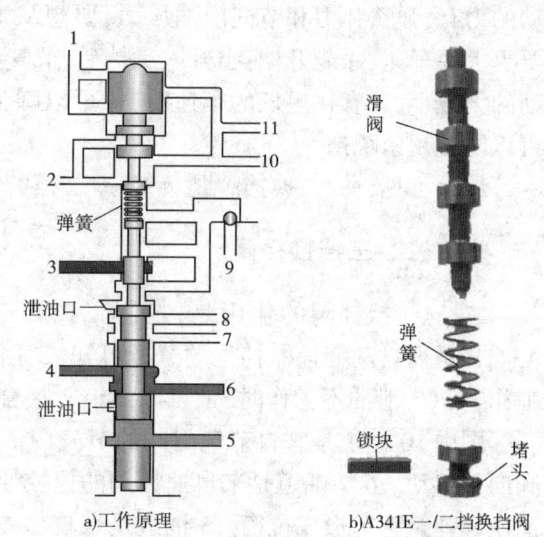

a)工作原理　　　　b)A341E一/二挡换挡阀

图 4-57　一/二换挡阀

当汽车起步时,节气门开度较大,因而节气门油压大;车速较低,因而速控油压较小,一/

二挡换挡阀在节气门油压和弹簧弹力作用下被推至最下方,将来自手动阀的主油压,图4-56中4油道口,被一/二挡换挡阀堵在阀外,暂时与6油道不通。随着车速的加快,5油道的速控油压逐渐增大,当进入二挡预设的车速范围时,推动一/二挡换挡阀上移,将4油道与6油道接通,6油道将油压送入二挡制动器B2,汽车进入二挡行驶。

图中7油道的油压来自中间调压阀,当7油道与8油道接通时,8油道将油压送到二挡强制制动器B1。此挡位在汽车上下坡时使用。

图中9油道口,接来自强制降挡阀的油压,当节气门接近全开时,此油压接通,与节气门油压一同作用于换挡阀上方,强行使换挡阀下移,断开图中4油道与6油道,即断开二挡制动器B2的油压,使汽车降为一挡,以获得更大的转矩。

当变速杆置于L位时,由手动阀第四油道来的主油压经低滑行调节阀调压后送入一/二换挡阀的1油道,将低倒挡换挡阀压下,使一/二换挡阀1油道与11油道相通,如图4-56所示。此时由低挡滑行调压阀调节的油压便由低倒挡换挡阀上方经7油道送入制动器B3的顺序阀,由顺序阀将液压油送入B3的内、外活塞,使变速器进入L挡。

当变速杆置于R挡时,由手动阀第五油道来的主油压从一/二换挡阀的2油道进入,将低倒挡换挡阀上推,将油道2与10、11油道相通,主油压由油道11、10送入顺序阀,使主油压先后作用于制动器B3的内、外活塞,使变速器进入R挡。

若变速杆置于D位,车速进入D2范围,则由于速控油压高于节气门油压与弹簧弹力之和,因此,在速控油压的作用下,一/二换挡阀上行,并通过弹簧将低倒挡换挡阀也推至最上方,如图4-57所示。从图又知,当变速器在D1挡时,作用于一/二换挡阀上方,使其向下移动的力有,弹簧弹力和节气门油压力,要想从D1挡升入D2挡,需要更大的车速油压,即需要更大的车速,才能升挡;当升入二挡后,节气门油压不再作用于换挡阀上,使换挡阀向下移动的力减小,只有在更低的车速时,才可以降为一挡。以此来实现升挡车速高于降挡车速,可以防止频繁跳挡。

综上可见,一/二换挡阀既负责一/二挡的切换,又负责L挡及R挡的切换。

十二、二/三挡换挡阀

二/三挡换挡阀的作用是,控制二挡与三挡之间的变换。根据前面对丰田A43D和A341E系列自动变速器挡位的分析可知,二挡与三挡的区别是,是否有倒挡、高挡离合器C2工作,当C2泄油不工作时,是二挡,当C2接合工作时为三挡。工作原理如图4-57所示。

图中10油道是来自节气门阀的节气门油压,与图中弹簧一起作用于换挡阀上端,使滑阀向下移动。6、7油道是来自速控阀的速控油压,此油压使滑阀向上移动,与上方的节气门油压和弹簧弹力形成抗衡。3油道是来自二/三换挡阀的工作油压,当与4油道接通时,可将工作油压送往倒挡、高挡离合器C2,使汽车进入三挡。只有在二挡以上3油道才有油压,二挡时3油道与4油道不通,汽车以二挡行驶,随着车速的加快,速控油压增大,克服上方弹簧和节气门油压力,而推动二/三换挡阀上移,将3油道与4油道接通,4油道将油压送往C2离合器。汽车进入三挡行驶。

当汽车正好行驶在换挡点车速时,为避免频繁换挡,必须使升挡、降挡车速不同,且升挡车速高于降挡车速,此任务也是由换挡阀完成。如图4-58所示。当汽车以二挡行驶时,速控油压从7油道和6油道分别进入换挡阀,7油道作用于换挡阀向下的力,与6油道作用于换挡阀向上的力相等,合力为0,而能使换挡阀向上移动的力,只有B腔上方较小的面积所受到的较小的力,所以升挡时需要更大的车速,才能将滑阀顶起来。一旦升为三挡后,速控油压从6、7油道一起进入A腔,作用于较大的受力面积上,只有车速降到很低的时候,才能使滑阀落下来而降为二挡。以此,使升挡车速高于降挡车速,这一点与一/二挡换挡阀不同。

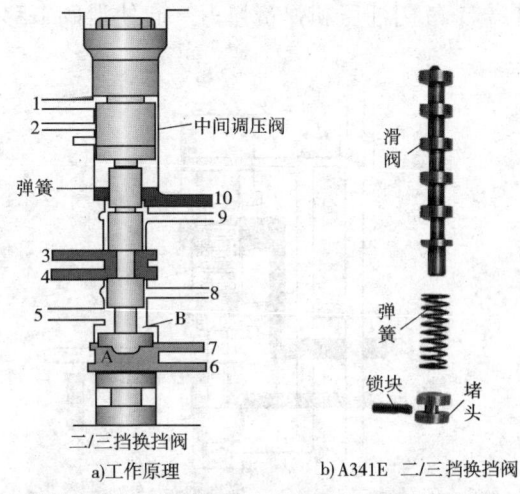

图4-58 二/三换挡阀结构及工作原理

图中1油道的油压来自降二挡换挡阀,此油压将中间调压阀压下,从2油道口流出送往二挡强制制动器B1。此油压的作用是,汽车在2位二挡行驶时,不准升入三挡以上的挡位。

图中5油道口的油压来自强制降挡阀的强制降挡油压,当节气门开度接近全开时,此油压作用于二/三换挡阀上,使汽车强行由三挡降为二挡,以便获得更大的转矩。

图中油道8与油道9来自手动阀第5口,倒挡油压。当驾驶人换入倒挡时,油道8与油道4接通,向C2离合器供油。此时,油道3已没有油压,且油道9与油道10的节气门油压一起将滑阀压下,保证了倒挡行车的安全性。

十三、三/四挡换挡阀

三/四挡换挡阀的作用是控制三挡和四挡之间的转换。丰田A341E自动变速器中,在一挡、二挡、三挡时是C0离合器工作,当三挡升入四挡时,C0泄油不工作,将C0的油压送入B0制动器。因此,三/四挡换挡阀控制三挡、四挡转换的实质是控制C0和B0的转换。工作原理如图4-59所示。

图4-59中2油道为来自节气门阀的节气门油压,与弹簧一起作用于滑阀的上端,对滑阀产生向下的压力,节气门开度越大,此油压越高;5油道为来自速控阀的速控油压作用与滑阀的下端,对滑阀产生向上的压力,车速越快,此油压越高,与作用于滑阀上端的节气门油压抗衡,决定滑阀的位置。图中6油道为来自主油道的系统工作油压。当汽车在一挡、二挡、三挡、挡行驶时,5油道的速控油压小于上端的节气门油压和弹簧弹力的合力,滑阀处于最下端,将来自6油道的主油压与7油道接通,7油道将主油压送往离合器C0。随着车速的加快,速控油压增大,当车速进入四挡行驶范围时,速控油压克服滑阀上端节气门油压和弹簧弹力,使滑阀下移,将7油道断开,而将6油道与3油道接通,3油道将主油压送到制动器B0,汽车进入四挡行驶。

图中4油道油压来自强制降挡阀,当节气门接近全开时,此油压作用于三/四换挡阀上端,与节气门油压和弹簧弹力一起使滑阀下移,强行降低一个挡位,以便获得更大的转矩。

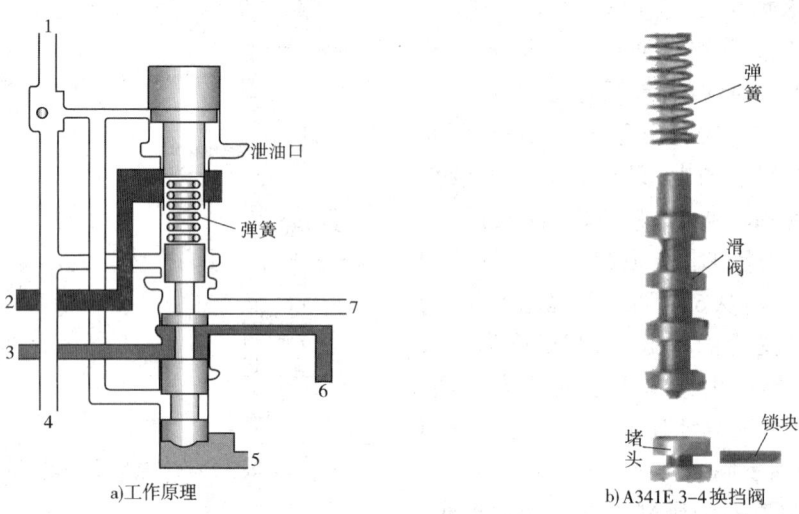

图 4-59 三/四换挡阀结构及工作原理

汽车在三挡、四挡变换时,为避免出现频繁换挡现象,同样升挡车速要高于降挡车速,其工作原理与二/三挡换挡阀相同,不再赘述。

十四、蓄压器背压控制阀

蓄压器背压控制阀如图 4-60 所示。

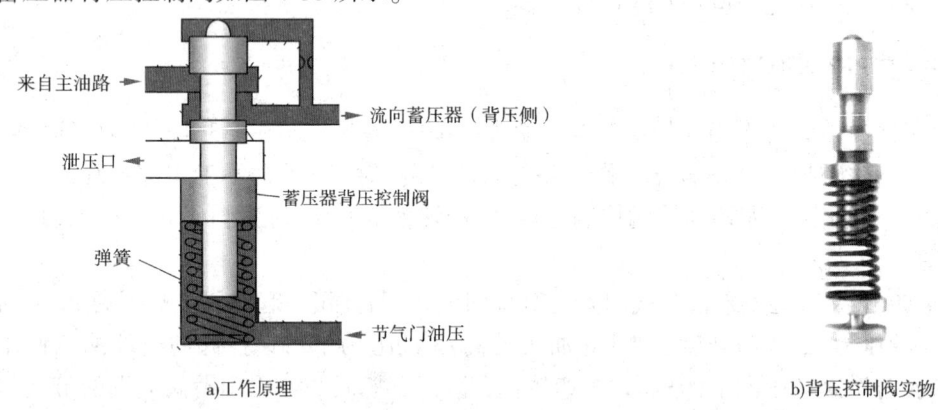

图 4-60 蓄压器背压控制阀

蓄压器背压控制阀安装在蓄压器背压控制油路上,调节蓄压器背压的大小,老款车的蓄压器背压调节阀下端一般是节气门油压,使背压的大小受控于节气门的开度,而新款车,一般由蓄压器背压控制电磁阀调节,受控于电脑。电脑根据各种传感器的信号,特别是检测换挡时刻的传感器的信号,在换挡的瞬间,对背压控制电磁阀发出指令,使背压减小,使执行元件的工作油压的一部分进入蓄压器。当换挡结束时,电脑控制电磁阀使背压增大,与蓄压器弹簧一起将工作油液压入执行元件,使执行元件更紧地接合,以防打滑。

十五、散热器旁通阀

散热器旁通阀的作用是:当通往散热器的油被堵塞时,打开旁通阀,将油液放回到油底壳中,以防散热器管路油压过高,对系统造成破坏。

任务计划 PART2

本项目主要通过分步骤的实训内容,完成对汽车自动变速器阀体的整体认知,掌握各种控制阀的工作原理和拆装清洗组装方法。

分组教学:

以五人一小组为单位,进行拆装练习。小组讨论,以小组分工完成各项工作任务。

学习内容:

(1)认识阀体中主要的控制阀及其工作原理。

(2)查阅有关资料,能指出各控制阀的名称并能拆装清洗阀板。

(3)选用正确的工具拆装阀体,用正确的方法清洁阀体总成。

实践计划:

时　间	课程和课时安排
第一天	自动变速器控制系统整体认知 4 课时
第二天	油泵分解与组装 6 课时

学习流程图:

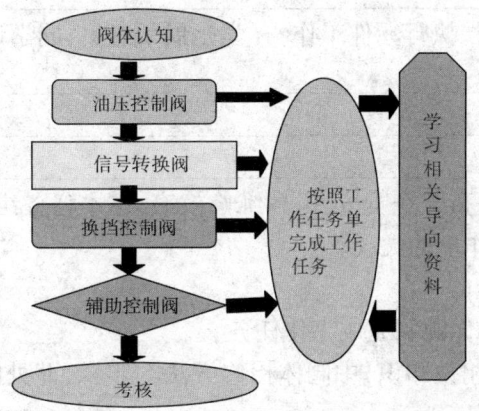

实施部分 PART3

习作名称: 阀体的分解与组装。

训练时间: 6 课时。

学习目的:

(1)能查阅相关维修资料,了解自动变速器控制系统控制原理,训练团队的协作与沟通能力。

(2)能拆检阀体,掌握各控制阀的技术参数。

(3)清洁阀板,判断油路故障并排除故障。

工作任务:阀体拆装。

任务说明:本工作任务是在技术人员判断阀体有故障后,确定阀体需要总成解体时,维修人员按照维修手册的规范程序,在技术人员的指导下完成对A341E自动变速器阀体进行检测、拆卸和更换等项目。并填写和提交检测任务记录单。

工具/仪器:

汽车维修作业常用的拆装工具、常用量具、拆装阀体工作台、A341E阀体、多媒体设备。

实训计划:

(1)了解任务内容与安全操作注意事项。

(2)根据工作任务内容,制订工作计划。

(3)实施计划,进行操作过程记录。

(4)学生分组评价自己和其他组的优缺点。

(5)老师讲评工作过程中的不足之处和注意事项。

任务开始前,请回答以下问题:

(1)根据有关资料,讨论自动变速器是根据什么自动换挡位的?(学生展示意见,同学讨论)

_____

_____

_____

(2)阀体如何控制换挡执行元件工作?(学生展示意见,同学讨论)

_____

_____

_____

为保证操作的规范性和维修质量,提高维修效率,在本任务维修作业开始前,请务必阅读以下导向资料,避免操作上的失误。

导向资料:

阅读以下内容有助于你顺利完成工作任务。

导向资料参照本节【相关知识】中阀体检修方法与步骤,此处略。关于换挡品质控制部分加以说明。

换挡品质是指换挡过程的平顺性,换挡过程冲击小,换挡执行元件接合柔和,我们认为,换挡品质就高,相反,换挡品质就低。手动变速器换挡品质的高低,决定于驾驶人的驾驶技术,关键是离合器踏板的控制技术。而自动变速器的换挡冲击,来自于换挡执行元件接合时产生的振动。理想的换挡执行元件工作过程是:当开始接合时,油压较小,使运动元件与静止元件缓慢接合,振动小;当运动元件与静止元件连为一体时,油压要增大,使运动元件与静止元件不能打滑。为了达到这样的理想状态,自动变速器采取了一系列的措施,如单向节流阀、蓄压器、双活塞执行元件等,以下分别介绍。

一、单向节流阀

单向节流阀布置在换挡阀至换挡执行元件之间,作用是对流向换挡执行元件的液压油产生节流作用,在换挡执行元件接合时,延缓油压的增大速率,以便减小换挡冲击。在换挡执行元件分离时,单向节流阀对泄油不产生节流作用,以加快泄油作用,使换挡执行元件迅速分离。

单向节流阀有两种形式:一种是弹簧节流阀式,如图 4-61a)、b) 所示,在充油时节流阀关闭,液压油只能从节流阀中的节流孔通过,从而产生节流效果,在回油时液压油将节流口推开,增大泄油量。另一种是球阀节流孔式,如图 4-61c)、d) 所示,在充油时球阀关闭,液压油只能从旁边的节流孔经过,减缓了充油过程;回油时,球阀开启,加快回油过程。

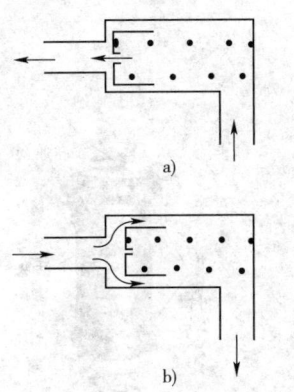
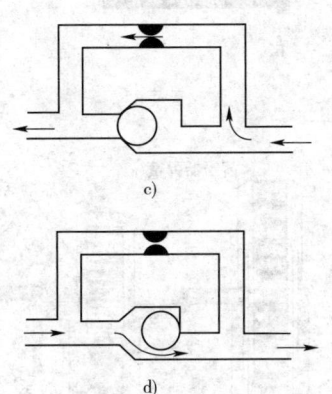

图 4-61 单向节流阀

二、顺序阀

顺序阀与双活塞的换挡执行元件配合,可以控制双活塞中大、小活塞动作的先后顺序,如图 4-62 所示。a、b 为来自换挡阀的油液,图中当 a 没有油压时,来自 b 油道的油不能送入大活塞中,即Ⓐ与Ⓑ不通,只有 a 先将油压送入小活塞后,同时将顺序阀打开,Ⓐ与Ⓑ才能相通,才能向大活塞供油。双活塞换挡执行元件,一般是小活塞先动作,将钢片与摩擦片的自由间隙消除后,大活塞再动作,将钢片、摩擦片压紧,使其不打滑。这样分两步动作,可以减小换挡过程中的换挡冲击。

三、蓄压器

蓄压器又称储压器、储能器、减振器等,是减小换挡冲击最有效的部件,与相对应的换挡执行元件并联。当换挡时,来自换挡阀的主油压在进入换挡执行元件的同时,也进入蓄压器活塞中,在换挡执行元件接合的初期,油压迅速增大,推动执行元件钢片与摩擦片接合,会产生较大的冲击。此时将一部分油液引入蓄压器活塞上方,克服蓄压器活塞下方的弹簧弹力,使蓄压器活塞下移,分流一部分油液进入蓄压器中,使换挡执行元件开始接合时,油压减小,减缓了换挡执行元件接合的冲击,如图4-63所示。

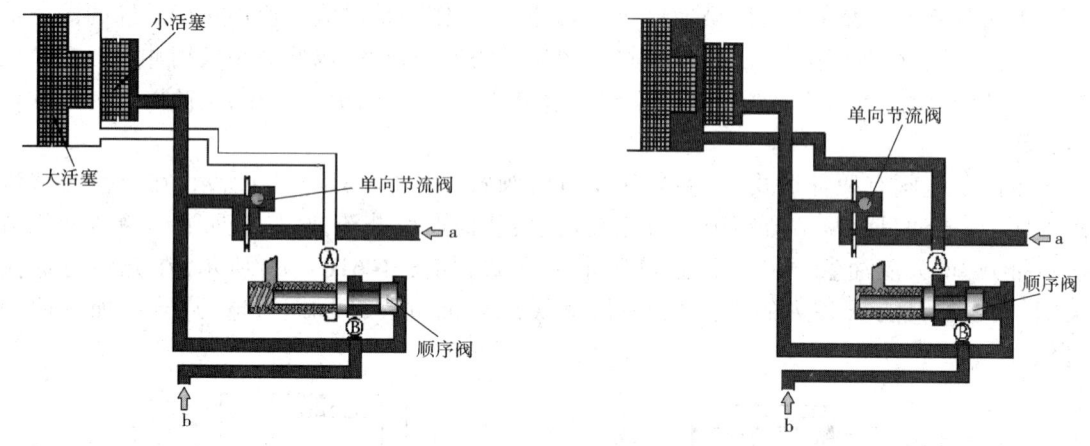

图4-62 顺序阀

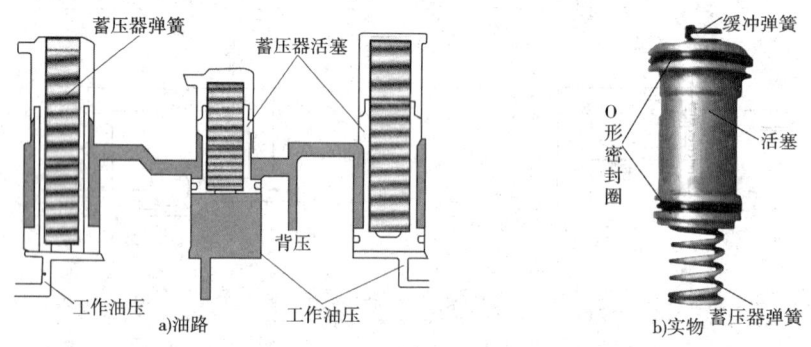

图4-63 蓄压器油路与实物

当执行元件工作油压降低时,在蓄压器弹簧的作用下,将蓄压器活塞上方的油液压出,补充到主油路工作油压中,使执行元件活塞中的工作油压相对稳定。最理想的工作状态是,当执行元件开始工作时,蓄压器活塞下的弹簧能有较小的弹力,使最可能多的液压油进入蓄压器中,使执行元件接合缓慢,以消除掉自由间隙;当钢片与摩擦片接合后,能增大蓄压器弹簧的弹力,使蓄压器上方的油液,被压入执行元件的工作油道内,使钢片与摩擦片压紧,不打滑。采用双弹簧或增加蓄压器背压,可以实现这样的控制。特别是采用背压控制,先进的电控技术,使蓄压器背压由电脑控制的背压控制电磁阀控制,更加精确、灵活,使换挡冲击明显减小。蓄压器及其工作原理如图4-64、图4-65所示。

四、发动机转速控制

在变速器换挡的瞬间,使发动机转速下降,以便减小换挡冲击,在换挡过程结束后,发动机再从新恢复正常运转。这项技术最早应用于雷克萨斯LS400车上,后来得到推广。辛普森式自动变速器,一般通过检测公共太阳轮的转速,可以获得换挡信号。拉维娜式自动变速器一般通过检测大太阳轮的转速,获得换挡信号。辛普森的公共太阳轮与拉维娜的大太阳轮具有共同的运动规律:一挡与输入轴转向相反,二挡被固定不动,三挡与输入轴转向相同。通过一个速度传感器即可检测此信号。电脑接受换挡信号后,一般采用推迟点火或减少喷油的方式使发动机转速下降。换挡结束后,发动机恢复正常运转。

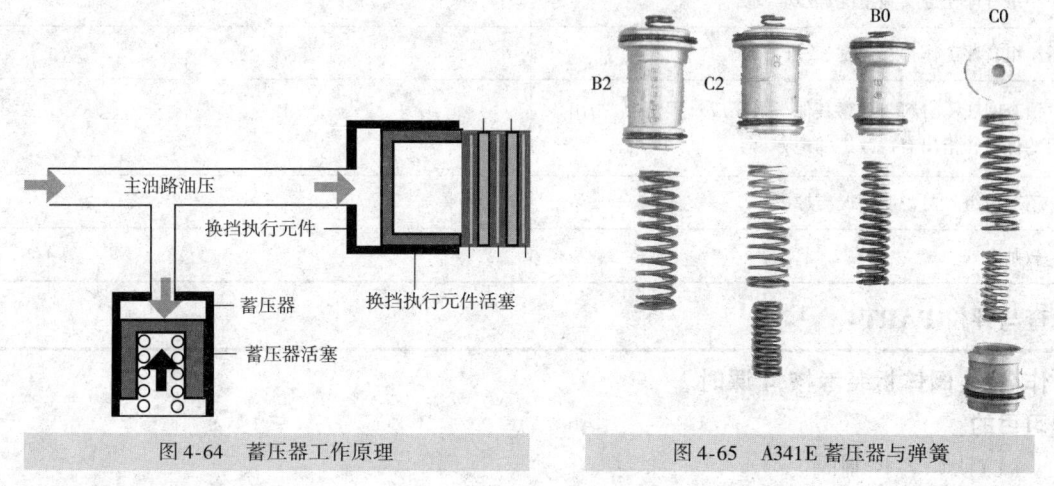

图 4-64 蓄压器工作原理　　　　图 4-65 A341E 蓄压器与弹簧

任务实施

各小组在教师的指导下按工作任务单并结合导向资料,完成工作任务并作好记录。

工作任务单

进厂编号		牌照号码		厂牌车型		施工日期	
VIN 码		发动机号		组别		组长	
工作程序指引及记录内容							完成打"√"
①拆装阀体工具准备,场地清洁,检查阀体外观。							
②按照导向资料,分解阀体,注意步骤,方法。							
③工具使用是否正确,是否有零件滑落,如滤网、止回阀,弹簧等是否正确取出。							
④完成组装后,如需要进行调试,请指明方法。(可包含采用工具、设备及标准)							
⑤如果可以,请你指出主要部件、总成的使用或保养方法。							
⑥记录工作过程中出现的情况。							
⑦记录执行 6S 现场管理工作过程情况。							
备注							
指导教师评语							签名	

完成情况评价表

组名：　　　　　　　任务：　　　　　　　时间：

评价项目	评价内容
小组自评任务实施情况、成功经验	
小组自评工作存在问题、改进方向	
请查阅展示材料与观察其他小组完成过程情况，指出该组的优点和指出有待改进的地方	
请对应组人员说明情况与原因	
教师点评	

检查与评价PART4

习作名称： 阀体拆装考核，4课时。

学习目的：

（1）认识各控制阀。

（2）正确拆装阀体，分解，清洗各控制电磁阀。

（3）能正确对阀体总成的拆卸、解体、清洗和装配的步骤和方法，并在规定的时间内完成。

工作任务： 阀体总成部件的考核。

任务说明： 本工作任务是在完成了对阀体拆装和检查等项目的学习后，对学生的学习效果进行考核。

工具/仪器：

汽车维修作业常用的拆装工具、常用量具、阀体拆装工作台、A341E阀体、多媒体设备。

序号	考核内容	配分	评分标准	考核记录	扣分	得分
1	正确使用工具仪器	5	工具使用不当扣5分			
2	正确的拆装顺序	20	拆装顺序错误酌情扣分			
	所有零件摆放整齐		摆放不整齐扣5分			
	能对主要零部件进行检测		主要零部件一项不会扣5分，扣完为止			
3	组装阀体总成	10	组装顺序错误酌情扣分			
4	组装各控制阀后能够正常工作	10	若不能正常工作扣10分			
5	整理工具、清理现场	5	每项扣2分，扣完为止			
	安全用电、防火、无人身、设备事故		因违规操作发生重大人身和设备事故，此题按0分计			
6	分数合计	50	最后得分			

活动评价表

组名：　　　　　　　　　　　　　　　　　时间：

项　目	评 价 内 容	组名		备注
		达标情况		
		√	×	
实践活动准备（学生自评）	①工具的领用准确，具备责任心			
	②实践计划详细可行，并能根据实际情况与组员协商完善			
	③实践活动所需材料准备充分			
实践活动管理（学生自评）	④指导组长责任心强，履行指导职责，协调好小组之间、组员之间的关系			
	⑤纪律严明，注意言行举止			
	⑥小组组长对组员管理严格，保证实习过程的安全			
实践活动开展（学生自评）	⑦严格按照实践活动计划开展工作			
	⑧听从实践小组同学的安排			
	⑨学生积极主动，勤学好问，能够理论联系实际			
	⑩积极参加实习安排的集体活动			
	⑪学生在人际交往能力、沟通协调能力、反应能力、学习能力、团队意识等综合素质方面表现			
实践活动成效（学生自评）	⑫圆满完成实践活动计划			
	⑬对实践单位小组，提出建设性意见			
小组评语及建议		组长签名：　年　月　日		
老师评语及建议		教师签名：　年　月　日		

"备注"部分为教师填写。

指导员作出相关评价与点评。（根据学生完成情况，评价达标情况；"√"项目达标；"×"则反之。）

- 工作的参与度情况；
- 工作的效率情况；
- 工作的质量情况；
- 工作6S管理遵守情况；
- 工作态度情况；
- 工作创意创新情况。

其余50分为过程考核中,工作情况的评分,请依据本项目每天都自评互评情况进行打分。

项目	PART1 (过程考核)	PART2 (过程考核)	PART3 (过程考核)	PART4 (过程考核)
得分				
总分				

任务三　自动变速器油路分析

故障现象:一辆丰田雷克萨斯ES300汽车,装用A540E型自动变速器,配用3.0L发动机。在D挡位前进时,一挡升二挡时有较大的冲击现象。

原因分析:首先怀疑防止换挡冲击的零件有故障,拆解变速器,重点检查蓄压器、节流阀等部件。三个蓄压器活塞移动灵活,密封件良好,弹簧也完好,缸筒内光滑,无拉伤。检查油道内的节流球阀。拆开阀体与资料对照,发现缺少一个钢珠。驾驶人反映前不久在另一家维修厂维修过变速器,就出现此现象。重新配上一个小钢珠,装复后路试,故障排除。解体阀板时,单向节流小球阀是很容易漏装或错装的,要多加注意。

(1)先用框图理解自动变速器换挡控制原理,再学习油路控制走向。
(2)建议先对阀体拆装后,分析油路走向。
(3)要动态理解液压控制系统的工作。

大众01N型自动变速器在P挡时,电脑对三个换挡电磁阀(N88、N89和N90)的指令是:"101"(由于电磁阀是供电的,1代表电脑控制搭铁、0代表未控制),也就是电脑对N88和

N90 两个电磁阀发出搭铁信息的指令,由于 01N 自动变速器所有电磁阀(七个)都是在断电状态下泄油的,也就是电磁阀在电脑不控制时泄油孔始终是打开的,即常开式。

因此当电脑对 N88 和 N90 两个电磁阀发出搭铁信息,两个电磁阀的卸油孔关闭,此时 N88 电磁阀作用的 K1 换挡阀和 N90 电磁阀作用的 K3 换挡阀处就有了电磁阀调节压力,该压力能够克服两个滑阀上端的弹簧压力而位移;N89 电磁阀没有受到控制,因此其泄油孔是打开的,所以在其所作用的 B2 换挡阀处没有电磁阀调节压力。但由于手动阀处于关闭状态,因此,在 K1、K3 及 B2 换挡阀处不能形成系统压力,所以变速器所有用油元件都没有工作而不能实现动力输出。此时变速器通过机械装置将输出轴锁住,继而车辆不能移动。电磁阀如图 4-66 所示。

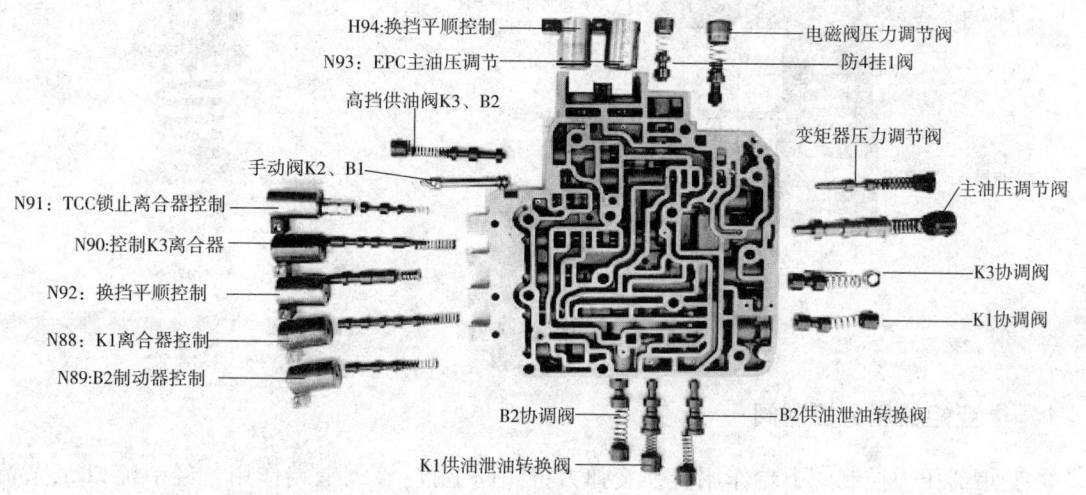

图 4-66 电磁阀认识

认识各控制阀

1 主调压阀

主油压调节阀是把油泵油压,调节成随车速和节气门位置变化而变化的系统油压。图 4-67 中 2 口是来自油泵出口的油压,在滑阀的上端 4 口,作用着来自手动阀的主油路油压,力图使滑阀向下移动,使进油口减小,主油压降低。8 口的油压也来自主油道,图中 A 处油压向下的作用面积大于向上的面积,使滑阀向下移动。在滑阀的下端,作用着弹簧的弹力和来自增压阀的油压,力图使滑阀向上移动,使进油口增大。当车速或节气门开度变化时,由电脑根据传感器的信号,来控制电磁阀 N93 的电脉冲大小,改变增压阀的位置,从而改变 3 口作用于主调压阀下端的油压的大小,从而调节主油路油压。多余的油从 1 口或 6 口流回油底壳或油泵泄油口。图中的节流口 a 是控制液力变矩器油压的。当滑阀在油压作用下左移时,使节流口开大,变矩器油压也增大;当滑阀向右移动时,使节流口减小,变矩器油压降低。总之,主油压是靠电子控制调节的,电磁阀 N93 调整出不同的油压值,使滑阀改变节流口的大小,通过节流作用控制主油压的大小。节流口泄出的油,通过油泵流回油底壳。

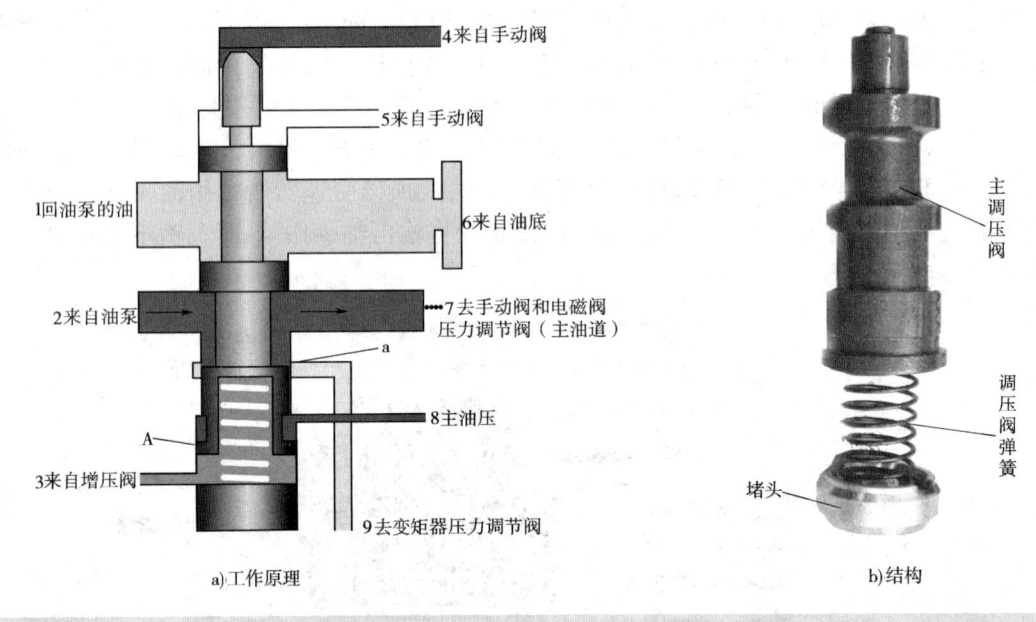

图 4-67 主调压阀

2 变矩器压力控制阀

变矩器压力控制阀下端作用着弹簧弹力将阀向上推,该阀上端作用着经节流口 a,节流调压后的油压,该油压下推阀,限制节流口 a 的开度,当上下两力平衡时,便有一个稳定的节流口与之对应,也就有一个稳定的油压,输出给电磁阀 N91,如图 4-68 所示。

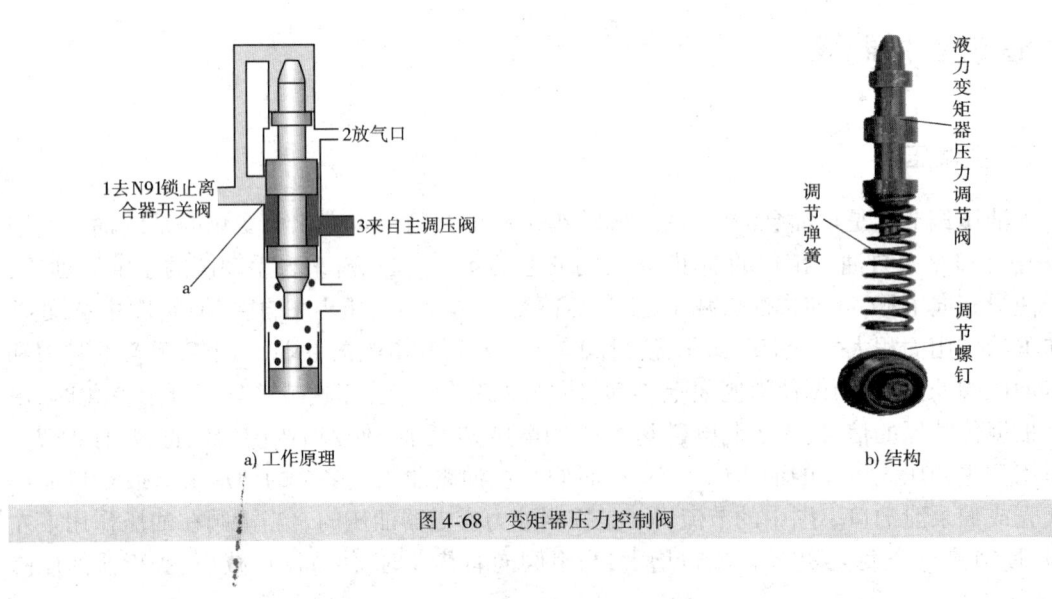

图 4-68 变矩器压力控制阀

3 手动阀

手动阀如图 4-69 所示。

4 N88K1 换挡阀

当电脑控制 N88 电磁阀泄掉下端油压,在弹簧力作用下,阀处在下端,此时 3 油道与 8 油道相通,4 油道待命,2 油道与泄油口相通,6 油道与 7 油道相通。当电磁阀工作,因不泄油使阀下端油压增大,将阀推到最上端,此时泄油口 1 与油道 7 相通,泄掉制动器 B1 的油压,油道 2 与 3 相通,将主油压送至 K1 供油泄油转换阀左端,油道 4 与 8 相通,把手动阀油压通过 8 油道送入 K1 供油泄油转换阀,如图 4-70 所示。

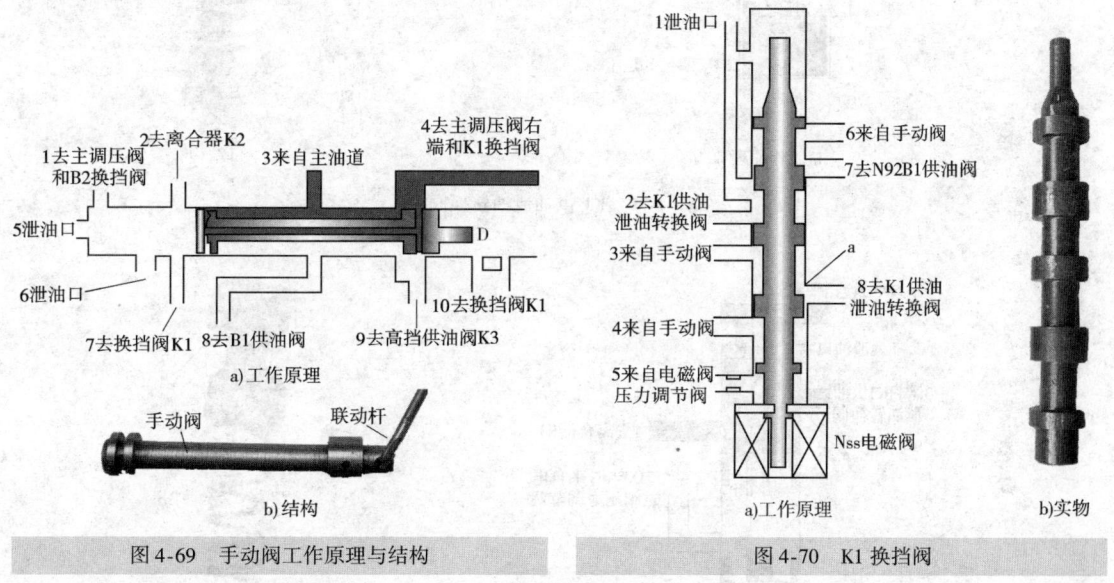

图 4-69 手动阀工作原理与结构　　　　图 4-70 K1 换挡阀

5 K1 供油泄油转换阀

K1 供油泄油转换阀是把来自 K1 换挡阀的油压调节后送入 K1 协调阀再次调压后送入离合器 K1。滑阀上端作用着换挡阀 K1 来的油压,以及来自换挡阀 K3 的油压作用在 B 腔内,以上两油压向下推滑阀,滑阀的下端作用着弹簧力向上推滑阀,两力抗衡决定了滑阀的位置,即决定节流口开度,决定了送入 K1 协调阀的油压的大小,如图 4-71 所示。

6 K1 协调阀

K1 协调阀下端作用着弹簧的弹力,使滑阀向上移动,阀上端作用着经 N00 电磁阀调压后的油压,使滑阀向下移动,两力的抗衡决定滑阀的位置,即决定节流口的开度,通过节流,把 K1 供油泄油转换阀来的油压,调节成去离合器的油压,可见此油压决定电脑控制 N92 电磁阀的占空比,在换挡初始时间,电脑使 N92 的控制油压升高,瞬间关小节流口,使去离合器油压降低,以减小换挡冲击,如图 4-72 所示。

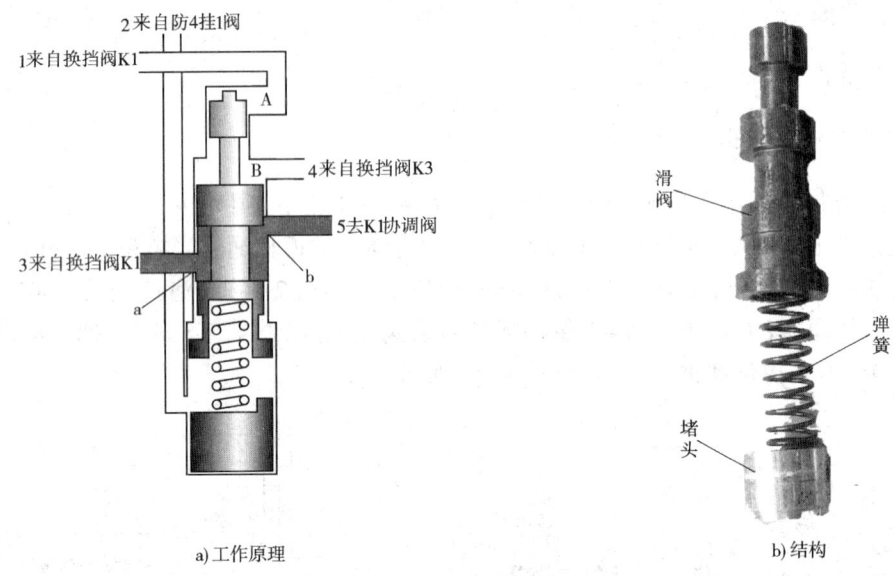

图 4-71 K1 供油泄油转换阀

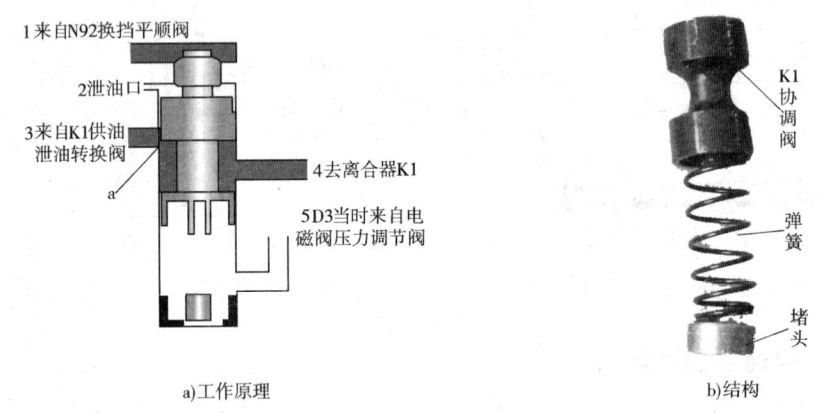

图 4-72 K1 协调阀

7 N89B2 制动器控制阀

当电脑使电磁阀泄掉 C 腔油压时,滑阀在弹簧力的作用下下移,关闭节流口 a,切断对 1 油道的供油。当电脑控制电磁阀停止泄油时,则在 4 油道油压作用下,滑阀上移,逐渐打开节流口,将油压送入 B2 供油泄油转换阀,使制动器 B2 工作,节流口 a 的逐渐开大,使作用在制动器 B2 的油压柔和,减小换挡冲击,如图 4-73 所示。

8 B2 供油泄油转换阀

阀上端的弹簧力使阀向下移动,阀下端作用着来自换挡阀 B2 的油压,当下部无油压时,弹簧将阀推到最下端，使2、4油道与泄油口相通，当6油道有油压将阀推到上端时，将6油道的油压送入2油道，以供制动器B2工作，如图4-74所示。

9 B2协调阀

阀下端作用弹簧力，向上推阀，使节流口开大，提高供给B2的油压，阀上端作用着N92换挡平顺电磁阀送来的油压，使阀下移，使节流口a减小，降低去B2的油压，电脑控制电磁阀N92，可以调节作用在B2上的油压，减小换挡冲击，如图4-75所示。

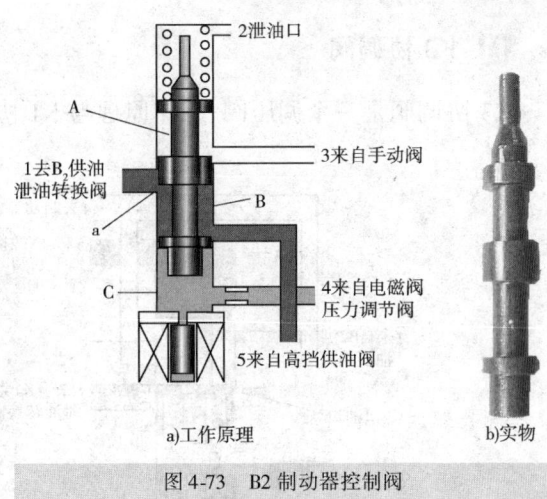

图4-73　B2制动器控制阀

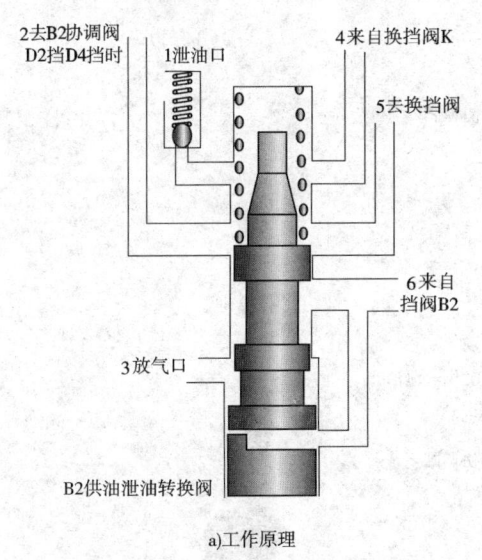

图4-74　B2供油泄油转换阀

10 N90 K3离合器控制阀

当电脑控制N90电磁阀泄油时，使阀下端无油压作用，弹簧将阀推至最下端，此时，油道4与油道7相通，将高挡供油阀来的油压送入K3协调阀，6油道与2油道相通，将B2供油泄油转换阀送来的油压，通过2油道送入防4换1阀，防止直接换入一挡。当电磁阀N90不泄油时，油压推阀到最上端，使7油道与3油道相通，将K3协调阀油压泄掉，1油道与2油道相通，泄掉2油道油压，以便可以换一挡，如图4-76所示。

207

项目四 自动变速器控制系统的检修

11 K3 协调阀

K3 协调阀是一个调压阀,工作原理与 K1 协调阀相同,如图 4-77 所示。

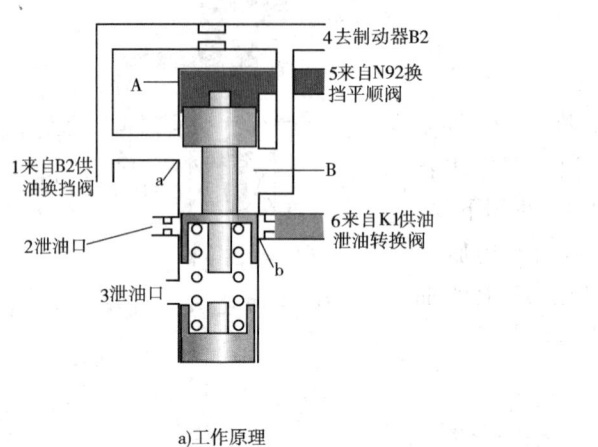

图 4-75 B2 协调阀

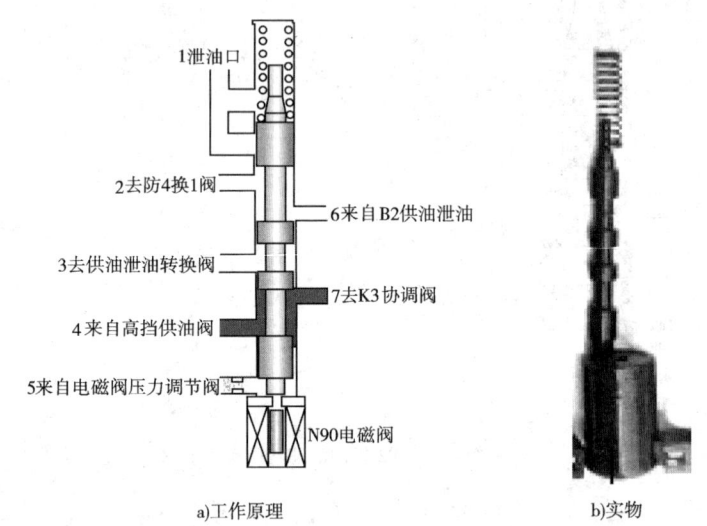

图 4-76 K3 控制阀

12 N92 换挡平顺控制阀

阀上端作用着弹簧弹力,力图关小节流口 a 与 b,减小输出油压,阀下端作用着 N92 电磁阀控制的油压,油压增加,向上推阀,力图开大两节流口,以增大输出油压,只要控制电磁阀通电占空比,便可以控制各协调阀和制动器 B1 的油压,使换挡平顺,如图 4-78 所示。

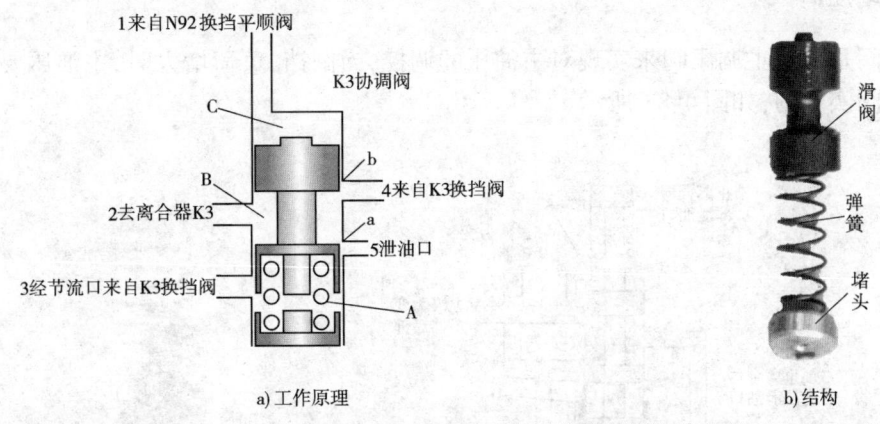

图 4-77 K3 协调阀

13 N91 锁止离合器控制阀

由电脑控制 N91 电磁阀决定锁止离合器是否锁止,当电脑控制电磁阀泄油,使从电磁阀压力调节阀来的油压经节流后全部泄掉,阀处于下端将节流口 a 打开,节流口 b 关闭,使 2 油道的油压通过 5 油道送入液力变矩器前部,使锁止离合器解锁。若电脑控制电磁阀不泄油,则在 4 油道来的油压的作用下滑阀上移,关闭节流口 a,打开节流口 b,变矩器油压从变矩器后部进入,锁止离合器锁止,如图 4-79 所示。

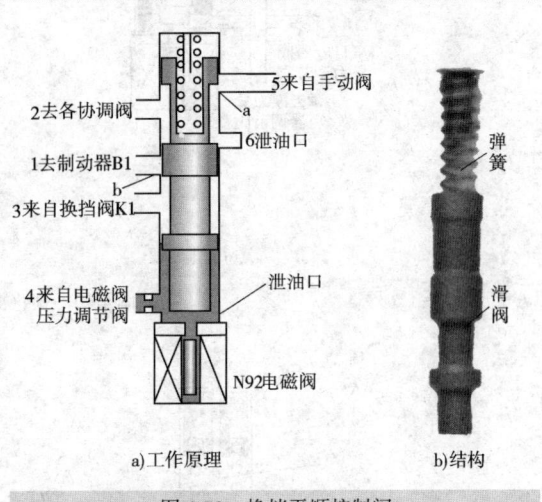

图 4-78 换挡平顺控制阀

14 高挡供油阀

滑阀上端作用着弹簧力,向下推阀,力图开大节流口 a,阀下端作用着由 K1 换挡阀过来的油压,向上推阀,两力抗衡决定节流口 a 的开度,调整去 K3 与 B2 的油压,如图 4-80 所示。

15 电磁阀压力调节阀

电磁阀压力调节阀如图 4-81 所示。

16 防止四挡挂入一挡阀

当 3 油道无油时,阀在最上端,4 油道与 1 油道相通变速器处于一挡。当 3 油道油压作用在阀上端时,将阀压下,关闭 4 油道与 1 油道的通路,变速器不能进入一挡,如图 4-82 所示。

17 增压阀

增压阀是通过主调压阀来实现对主油压的调控,当倒挡、负荷增大时,主油压要增大,是通过增压阀实现的,如图 4-83 所示。

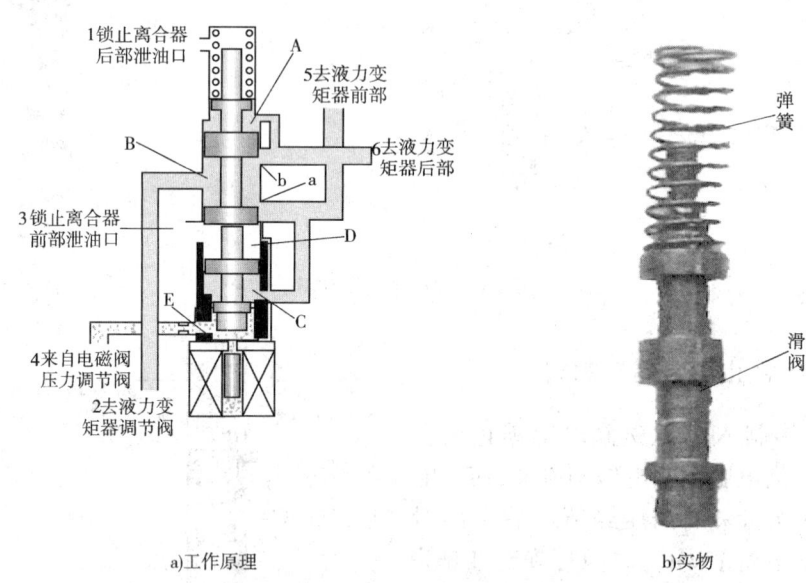

a) 工作原理　　　　　　　b) 实物

图 4-79　锁止离合器控制阀

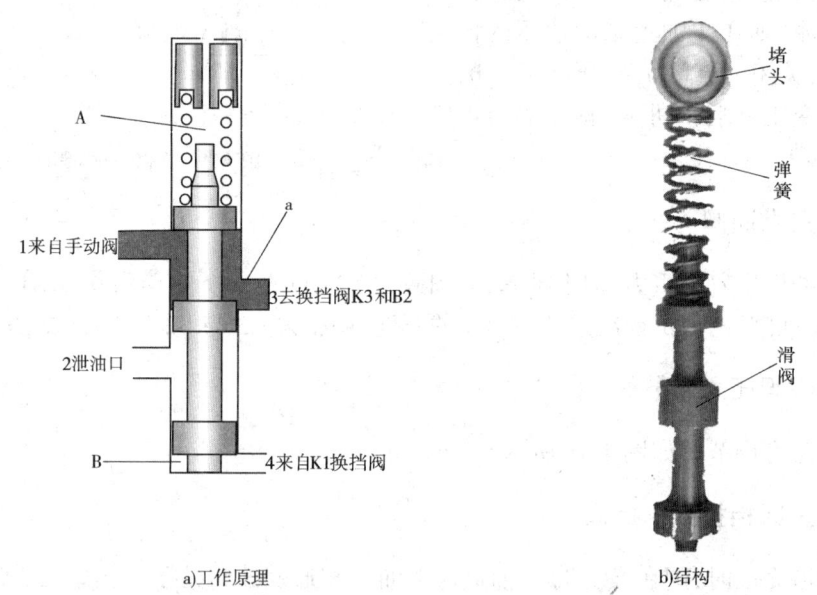

a) 工作原理　　　　　　　b) 结构

图 4-80　高挡供油阀

18 单向节流阀

单向节流阀主要控制去 K2 离合器油液流速的作用,当从手动阀过来油压时,单向节流阀把去 K2 离合器的油道堵死,油从旁通油道流过,当泄油时,单向节流阀不起作用,使其加快泄油,如图 4-84 所示。

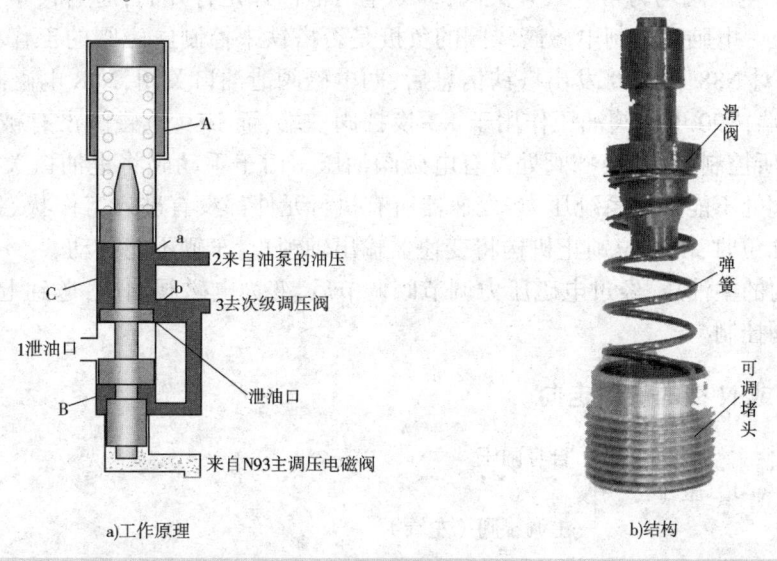

图 4-81　电磁阀压力控制阀

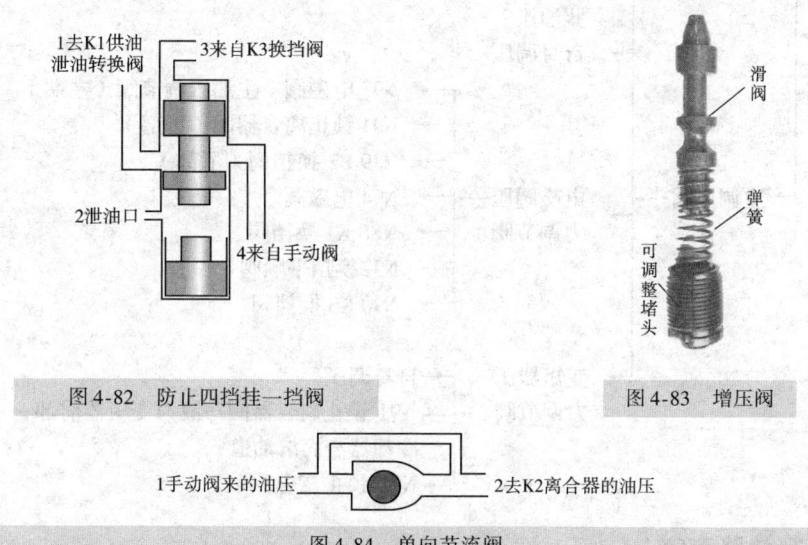

图 4-82　防止四挡挂一挡阀　　　　图 4-83　增压阀

图 4-84　单向节流阀

各挡位油路分析

当变速杆位于 P 或 N 位时,起动发动机,通过液力变矩器泵轮轴驱动油泵建立油压。主油压调节阀调节主油路油压,同时经过变矩器压力调节阀调节变矩器油压,向液力变矩器供油,如彩插图4-85(P255)所示。

同时,电脑根据挡位开关、车速传感器、节气门位置传感器等检测到发动机怠速运转时,控制三个换挡电磁阀(N88、N89、N90)的状态为"101:1"代表高电位(通电),0代表低电位(断电)。三个电磁阀均为常开式开关阀,即断电时泄油口是打开的,通电时才有电磁阀油压作用于滑阀上。电脑是控制电磁阀线圈的负极是否搭铁来控制电磁阀的工作状态的。在P或N位,电脑对N88和N90发出搭铁信息后,两电磁阀泄油口关闭,N88电磁阀油压作用于K1换挡阀一端,N90电磁阀油压作用于K3换挡阀一端,而N89电磁阀没有被接通,泄油口是打开的,其所控制的B2换挡阀处没有电磁阀油压。由于手动阀将进油口关闭,因此,K1、K3、B2换挡阀处不能形成系统压力,变速器所有执行元件都没有进入工作状态,不能实现动力输出。在P位时,由P位锁止机构将变速器输出轴锁止,车辆不能移动。

主油道内的主油压,经过电磁压力调节阀调节后,变为电磁阀油压,送到七个电磁阀处,分别由电磁阀控制。

1 P挡或N挡的油路走向

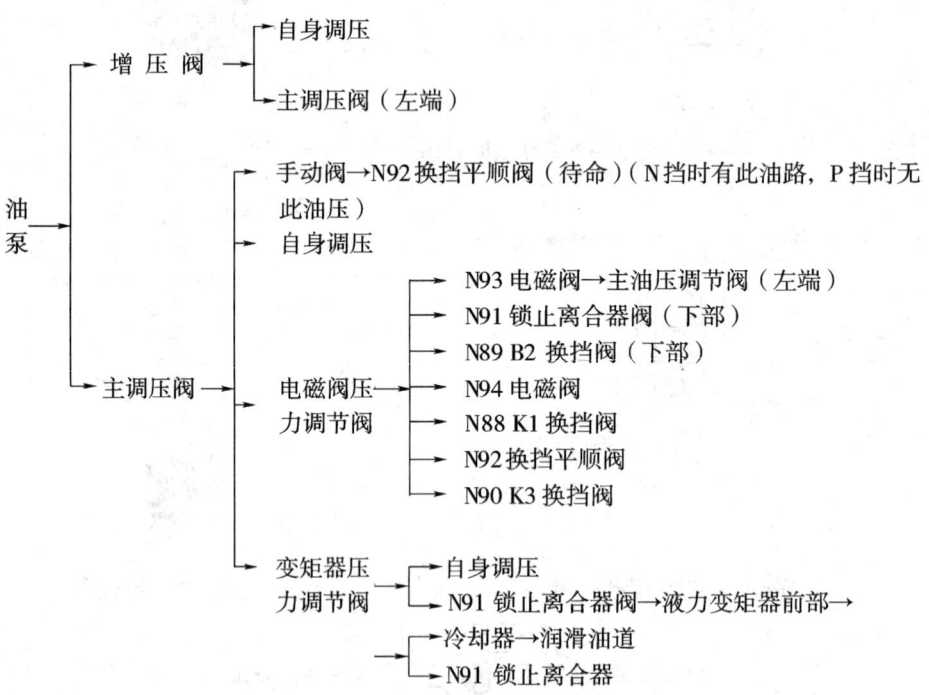

2 D1挡油路走向

当变速杆置于D位,电脑根据节气门位置信号、车速信号等检测到汽车要进入一挡行驶时,电脑控制三个电磁阀的状态是"001",即N88、N89、N90电磁阀的通电情况分别是断电、断电、通电。油路走向如下:

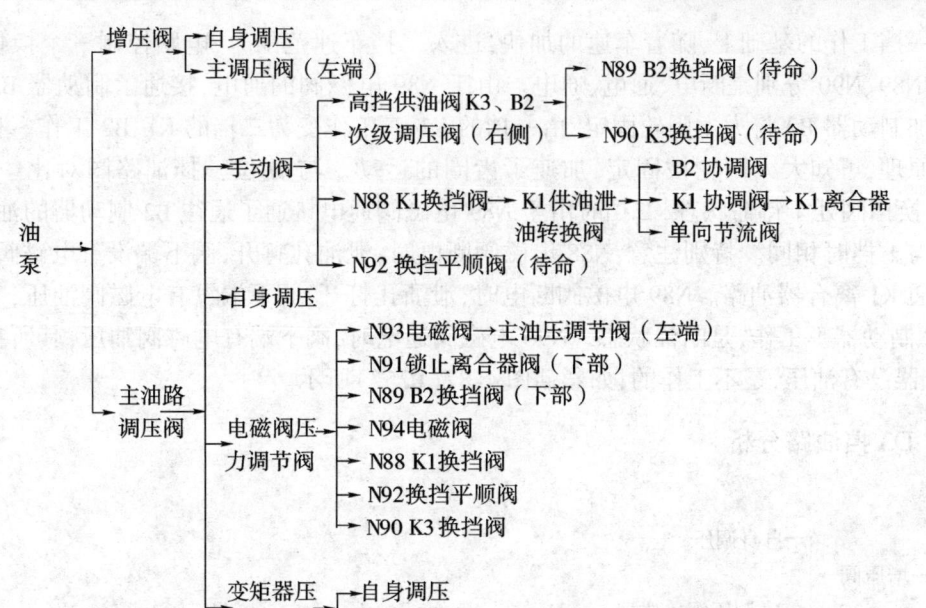

一挡时的油路主要是接通 K1 离合器,根据前面的挡位分析,K1 工作将动力传入小太阳轮。单向离合器使行星架固定,完成一挡,如彩插图 4-86（P256）所示。

3 D2 挡油路走向

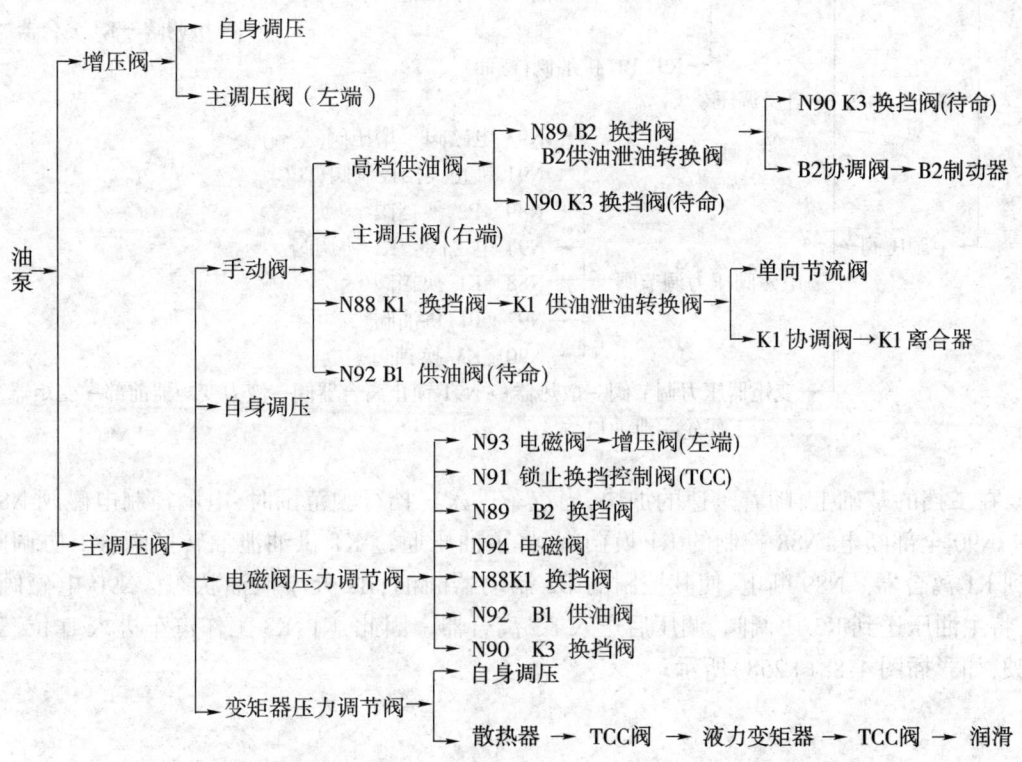

在一挡工作的基础上,随着车速的加快,进入二挡车速范围时,电脑控制三个换挡电磁阀 N88、N89、N90 分别是断电、通电、通电。由于 N89 电磁阀的通电,接通了制动器 B2 的油路。增加制动器 B2 将大太阳轮固定,由一挡的 K1、F 工作变为二挡的 K1、B2 工作。根据挡位分析原理,可知大太阳轮被固定,加速了齿圈的运动。与 D 位一挡油路图对比,一挡时 N89 B2 换挡阀处于待命状态,二挡时由于 N89 电磁阀通电接通了通往 B2 制动器的油路,其他油路与 1 挡时相同。特别注意:N88 电磁阀断电时,泄油孔打开,阀下端没有电磁阀油压,此时接通 K1 离合器油路。N89 电磁阀断电时,泄油孔打开,阀下端没有电磁阀油压,其所控制的 B2 制动器不工作,是断油状态。N90 电磁阀通电时,阀下端有电磁阀油压,其所控制的 K3 离合器没有油压,是不工作的,如彩插图 4-87(P257)所示。

4 D3 挡油路分析

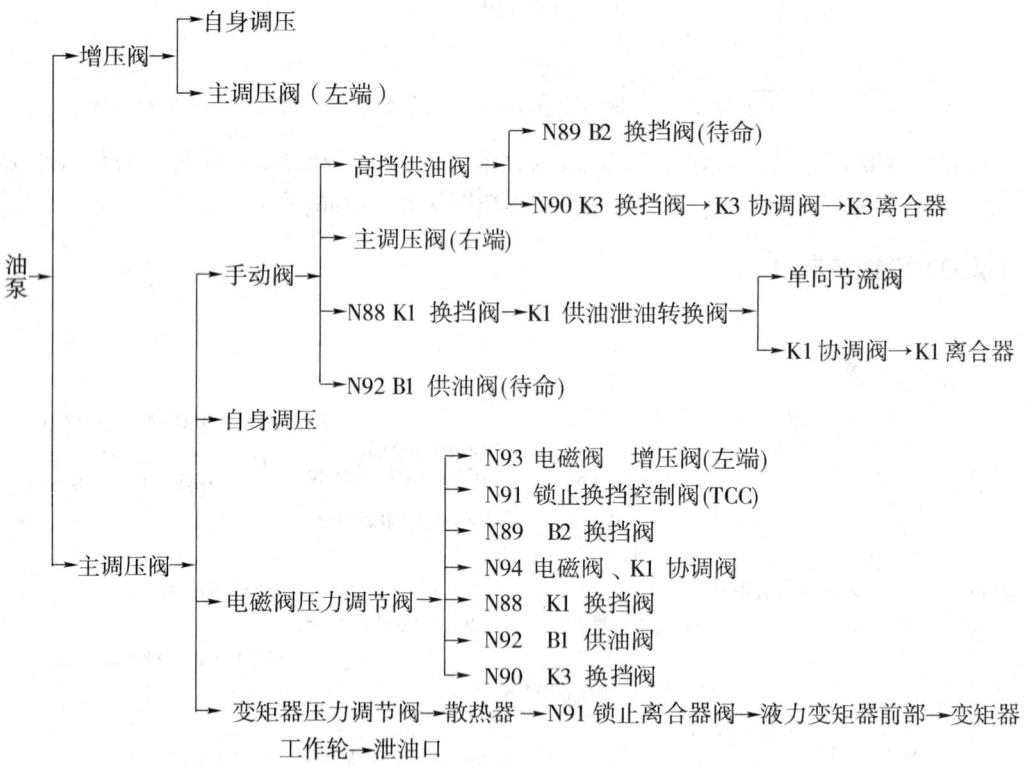

在二挡的基础上,随着车速的加快,当汽车进入三挡行驶范围时,电脑控制电磁阀 N88、N89、N90 全部断电,N88 控制的 K1 换挡阀,将主油压通过 K1 供油泄油转换阀、K1 协调阀,送到 K1 离合器。N89 断电,使其控制的 B2 制动器断油,B2 处于泄油状态。N90 电磁阀断电,将主油压送到 K3 协调阀,调压后送入 K3 离合器。因此,K1、K3 工作汽车进入 D 位三挡行驶,如彩插图 4-88(P258)所示。

5 D4挡油路走向

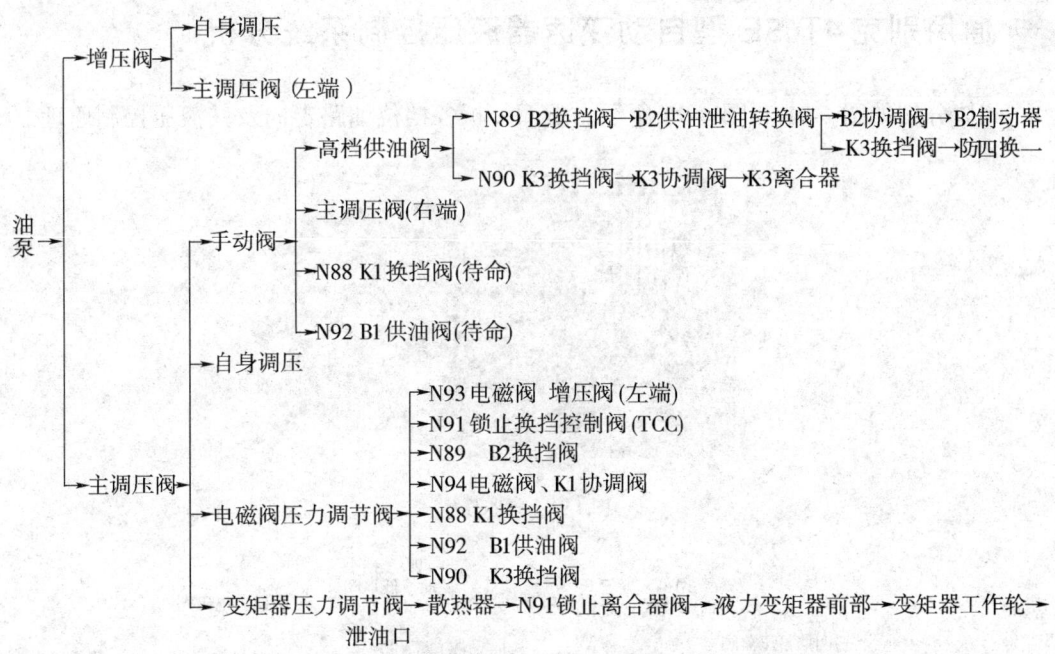

当汽车在 D 位三挡行驶时,随着车速的加快,当电脑检测到车速传感器信号进入四挡范围时,控制三个换挡电磁阀 N88、N89、N90 的状态分别是通电、通电、断电。N88 通电,使离合器 K1 泄油,不工作;N89 通电,使制动器 B2 进入工作状态;N90 断电,K3 离合器进入工作状态。此时,B2、K3 工作,汽车进入超速挡行驶,如彩插图 4-89(P259)所示。

6 R 位倒挡油路走向

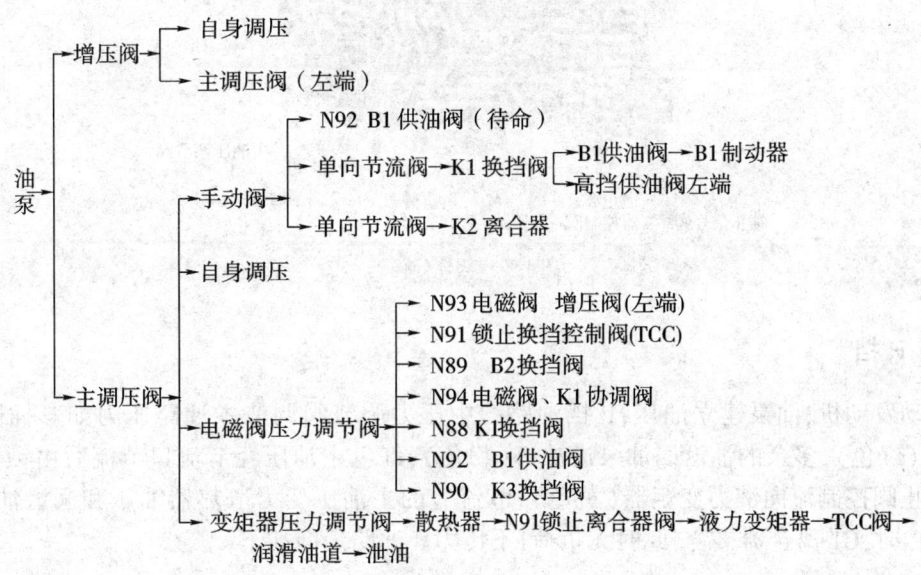

项目四 自动变速器控制系统的检修

倒挡时,手动阀接通倒挡油路,B1、K2 工作,实现倒车挡,如彩插图 4-90(P260)所示。

三 通用别克 4T65E 型自动变速器液压控制系统分析

阀体分解如图 4-91 和图 4-92 所示。下面分析各挡位油路走向及其液压控制原理。

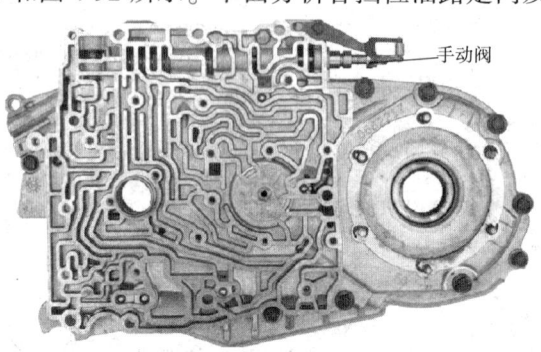

图 4-91 阀体分解一

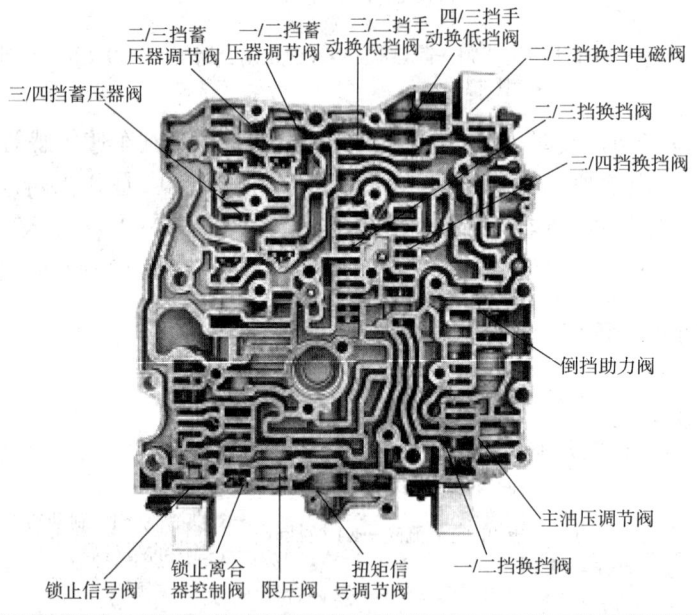

图 4-92 阀体分解二

1 P 挡

起动发动机,油泵建立油压,P 挡油路图中压力调节阀调节主油路压力如彩插图 4-93(P261)(红色),多余的油返回油泵进油口(粉色);红色主油压经节流口节流后由锁止信号阀和锁止阀控制流向液力变矩器(黄色);节流后的主油压变为散热器油压和润滑油压(黄色);P 挡时,C1 离合器接合,此时无负荷,不传力。油路走向如下:

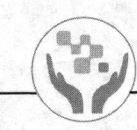

①油泵→压力调节阀
├─一/二挡蓄压器调节阀→一/二挡蓄压器背压
├─二/三挡蓄压器调节阀→二/三挡蓄压器背压
└─四/三挡蓄压器调节阀→四/三挡蓄压器背压

②主油道→二/三换挡阀→四/三换挡阀→单向节流阀→C1离合器

2 倒挡

手动阀由 P 位换入 R 位时,手控阀控制接通 C1 和 B2 的油路,此时,C1、B2 工作,使汽车以倒挡行驶,如彩插图4-94(P262)所示。油路走向如下:

C1 油路走向同 P 挡②一样。

B2 油路:油泵→压力调节阀→手动阀→倒挡伺服助力阀→节流阀→倒挡制动带 B2

3 D_1 挡

手动阀由 P 位挂入 D 位,接通 B4 油路,B4 和 F3 共同作用下,使太阳轮单向固定,此时,动力由 C1、F2 经前太阳轮输入,此时,C1、B4、F2、F3 工作,使汽车以一挡行驶,如彩插图 4-95(P263)所示。C1 油路同上。

B4 油路:油泵→压力调节阀→手动阀→节流阀→B4 制动带

4 D_2 挡

随着车速加快,当汽车进入二挡变速范围时,PCM 使一-二/四-三换挡电磁阀断电,一/二换挡阀接通 C2 油路,此时,C1、C2、B4、F2、F3 工作,使汽车以二挡行驶,如彩插图 4-96(P264)所示。

C2 离合器油路:油泵→压力调节阀→手动阀→一/二换挡阀→节流阀→
├─C2 离合器
└─C2 蓄压器(一/二挡蓄压器)

5 D_3 挡

当汽车进入三挡变速范围时,PCM 使一-二/四-三换挡电磁阀和二/三换挡电磁阀断电,二/三换挡阀接通 C3 油路,此时,C3、C2、B4、F2 工作,使汽车以三挡行驶,如彩插图 4-97(P265)所示。

C2 和 B4 油路同上。

C3 油路:油泵→压力调节阀→手动阀→二/三换挡阀→单向节流阀→
├─C3 离合器
└─C3 蓄压器(二/三挡蓄压器)

6 D_4 挡

当汽车进入四挡变速范围时,PCM 使一-二/四-三换挡电磁阀通电,二/三换挡电磁阀断电,接通 B1 油路,此时,C3、C2、B1、B4 工作,使汽车以四挡行驶。C3、B4 接合但不传力,如彩插图 4-98(P266)所示。

B1 油路:油泵→手动阀→一/二换挡阀→四/三换挡阀→四/三挡蓄压器→B1 制动器。

其中:图中蓄压器的作用如下:

(1)一/二挡蓄压器的作用是使 C2 离合器接合平顺。

(2)二/三挡蓄压器的作用是使 C3 离合器接合平顺。

(3)四/三挡蓄压器的作用是使 B1 制动器接合平顺,但其控制方式与一/二挡蓄压器、二/三挡蓄压器有所不同。

7 液压结构控制特点

4T65E 变速器拥有一套管路压力控制系统,变速器通过该系统调节管路压力,对管路压力进行适配,并补偿变速器内部因正常磨损所造成的压力损失。该系统用 PC 电磁阀取代了 4T60 自动变速器所采用的调节管路压力的真空控制调节阀。

PCM 控制模块可以通过相关的传感器感知到整个压力控制系统的变化并加以调节。变速器在运转时,PCM 通过监视变速器主动轴速度传感器(AT/ISS)和车速传感器(VSS)信号,就可以做出判断是否起动变速器和何时进行升挡工作。在变速器的运转过程中,PCM 可以计算出从开始到结束时的升挡时间,并对升挡时间进行监控。一旦感知到时间长于标准值,PCM 将通过调节 PC 电磁阀(压力控制阀)的电流用以增大下次升挡时的管路压力(升挡条件相同),以便缩短升挡时间。若 PCM 感知到升挡时间短于标准值时,PCM 则会调节 PC 电磁阀电流以降低下次升挡时的管路压力(升挡条件相同),从而达到延长升挡时间的目的。另外,PCM 还可以调节系统的稳定状态,在升挡过程中 PCM 分别监测两个传感器的数值,即 AT/ISS、VSS,以便确定在升挡过程中出现的离合器滑移量。如果检测到的滑移量过大,PCM 会调节 PC 压力调节电磁阀的电流来增大管路压力,以减小离合器的滑移量。PCM 综合各种输入信号,包括节气门位置信号、油温信号及车速等信号控制 PC 压力调节电磁阀。

项目五 CVT 与 DCT

任务一 CVT 结构与工作原理

故障现象: 易水、漏油、起步打滑、爬坡性能差、笃车、入挡延迟、倒挡延迟。

原因分析: 易进水,这是其透气帽以及透气管设计不当引起的,根据用户反馈的意见德国大众已经作了改进,奥迪 Multitronic CVT 用户可以到服务站进行更换。漏油,双面油封设计结构不合理引起的,用户在出现差速器、半轴漏油的时候可以求助德国卡塞尔传动工业系统服务有限公司(奥迪无级变速器专业服务商、LUK、ZF 传动技术产品专业服务商)中国服务,提供维修更换服务,严重时需要更换差速器。笃车、入挡延迟、倒挡延迟等,故障为滑阀箱泄压引起,长期会损坏链条链轮,要求更换型号为 BP 的滑阀箱或者进行滑阀箱清洗、维修。

(1) 分组学习,以学生为主体。
(2) 先查阅有关 CVT 的资料,带着问题探索性地分解无级变速器。
(3) 学生能讲述无级变速器的传动原理。
(4) 掌握无级变速器的控制原理及使用。

项目五　CVT 与 DCT

相关知识

一、CVT 的特性

1 经济性

CVT 可以在相当宽的范围内实现无级变速,从而获得传动系统与发动机工况的最佳匹配,提高整车的燃油经济性。德国的大众公司在自己的 Golf VR6 汽车上(图 5-1)分别安装了 4-AT 和 CVT 进行 ECE 市区循环和 ECE 郊区循环测试,证明 CVT 能够有效节约燃油。

安装 4-AT 和 CVT 的大众公司的 GolfVR6 汽车的燃油消耗对比见表 5-1。

图 5-1　大众汽车

4-AT 与 CVT 燃油消耗对比　　　　表 5-1

变速器型号	90km/h 匀速	120km/h 匀速	L/100km	车型
4-AT	8.3	10.3	10.8	Golf VR6
CVT	7.0	9.2	9.8	Golf VR6

从以上表格看出,CVT 的节油性非常明显。

2 动力性

汽车的后备功率决定了汽车的爬坡能力和加速能力。汽车的后备功率愈大,汽车的动力性愈好。由于 CVT 的无级变速特性,依靠钢带的摩擦传力,所传递的转矩受到一定的限制,不适宜与大功率发动机匹配,与机械传动配合使用效果会更好。

3 排放

CVT 的传动比工作范围宽,能够使发动机以最佳工况工作,从而改善了燃烧过程,降低了废气的排放量。ZF 公司将自己生产的 CVT 装车进行测试,其废气排放量比安装 4-AT 的汽车减少了大约 10%。

4 成本

CVT 结构简单,零部件数目比 AT 少,一旦汽车制造商开始大规模生产,CVT 的成本将会比 AT 小。由于采用该系统可以节约燃油,随着大规模生产以及系统、材料的革新,CVT 零部件(如传动带或传动链、主动轮、从动轮和液压泵)的生产成本将降低 20%~30%。

毋庸置疑,CVT 的技术含量和制造难度都要比 MT 高,与 AT 相仿,由于金属带式 CVT

的结构简单,所含的零件数量比 AT 少 40% 左右,整车的质量因而也有所减轻。

5 驾驶平顺性

由于 CVT 的传动比变化是连续不断的,所以汽车的加速或减速过程非常平缓,而且驾驶非常简单、安全。从而使用户获得全方位的"驾驶乐趣"。由于没有了一般自动挡变速器的传动齿轮,也就没有了自动挡变速器的换挡过程,由此带来的换挡顿挫感也随之消失,因此 CVT 的动力输出是线性的,在实际驾驶中非常平顺。CVT(Continuously Variable Transmission),直接翻译就是连续可变传动,顾名思义就是没有明确具体的挡位,操作上类似自动变速器,但是传动比的变化却不同于自动变速器的跳挡过程,而是连续的,因此动力传输持续而顺畅。

机械传动部分

四冲程内燃机工作时有三个行程是不作功的,因此需要有质量较大的旋转元件储存能量,从而带动曲轴越过这三个行程。CVT 取消了变矩器作为惯性件,重新恢复了飞轮的使用。

由于飞轮质量不可能过大,因此,飞轮在工作时转动是不均匀的,即在作功行程转得快,在其他行程则转得慢。这种转动的不均匀性传递到变速器内就会形成振动,在急速和低转速时由于单位时间内做功次数少,因此发动机周期振动非常明显,如果这种振动传递到变速器内,直接作用在与底盘相连的齿轮等件上,会形成很大的冲击负荷,不仅会在变速器内产生噪声,影响整车舒适性,也会影响零件寿命。因此需要一个减振装置来缓冲这种振动。不同的发动机采取的减振元件也不相同。

对于六缸发动机,由于单位时间内工作的缸数较多,这种振动较小,因此只附加了一个减振单元作为吸振元件,这种减振单元与原干式离合器基本相同。对于四缸发动机,发动机的不平稳性明显一些,因而采用了双质量飞轮来缓冲这种振动,如图 5-2 所示。

无级变速器内行星齿轮只是改变传动方向,使变速器有前进挡和倒挡。传动比的变化是由可变大小的两个带轮与传动带实现的。如图 5-3a)所示,图中主动轮缸与从动轮缸通过液压可以控制 V 带轮的有轮缸一侧做轴向移动,从而改变 V 带轮的大小。

图 5-2 双质量飞轮

1 输入轴与双级行星排

如图 5-4 所示,动力由输入轴左端的花键输入,到双级行星齿轮排的太阳轮,前进离合器将太阳轮与行星架连为一体,将动力传到主动带轮轴,行星架与主动带轮轴通过花键连接。由传动带将两个可变大小的带轮连接,主动带轮的轮缸在带轮左侧,从动带轮的轮缸在带轮右侧,通过轮缸的侧压力的变化,改变 V 带轮的大小,实现无级变速。输入轴与双级行星排的安装位置如图 5-5 所示。

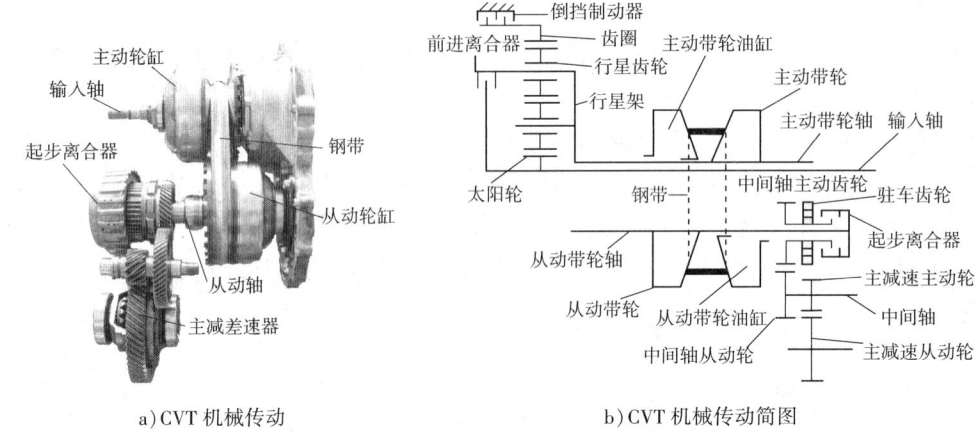

图 5-3　CVT 机械传动

2 前进离合器/倒挡制动器

前进挡离合器控制太阳轮与行星架的连接与分离,当汽车前进时,前进离合器将输入轴与主动带轮轴连为一体,行星齿轮排实现直接传动,不改变传动比。当汽车倒挡时,前进离合器分离,倒挡制动器将齿圈固定,使行星架与输入轴的太阳轮转向相反,实现倒挡,如图5-6所示。

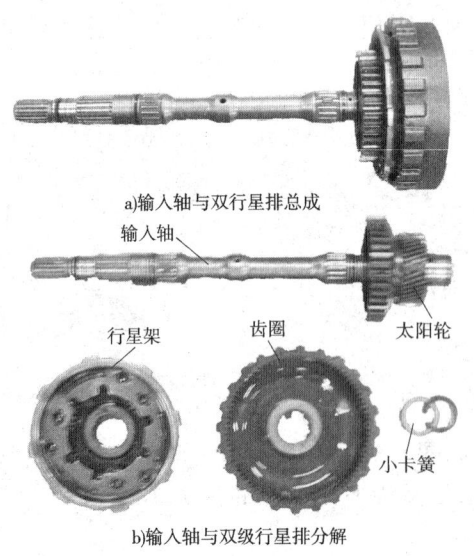

图 5-4　输入轴与双级行星排

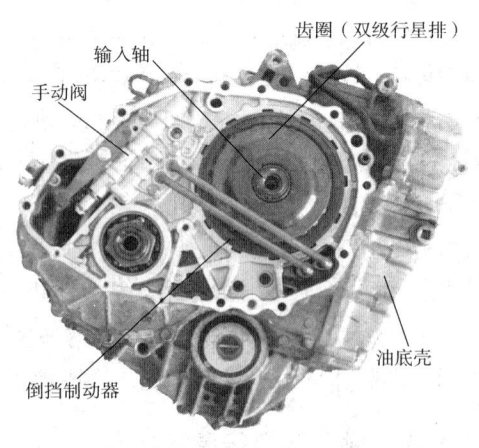

图 5-5　输入轴与双级行星排的安装位置

3 起步离合器

飞度 CVT 没有液力变矩器,失去了自动离合的作用,为使汽车带挡停车怠速运转,起步更稳,在前进挡、倒挡,具有爬行效果,采用了起步离合器。其控制方式是根据速度传感器信号、制动踏板位置信号、ABS车速后备信号、挡位信号、节气门位置信号、主从动带转速信号、进气压力传感器信号等,向电脑输送车辆的运行状态信息,经电脑综合处理发出指令,控制起步离合器压力控制电磁阀,确定起步离合器的油压,达到平顺起步的目的。起步离合器压力控制电磁阀控制起步离合器油压,加给起步离合器液压的大小,使其有不同程度的打滑,离合器上打有小孔便于冷却和润滑。

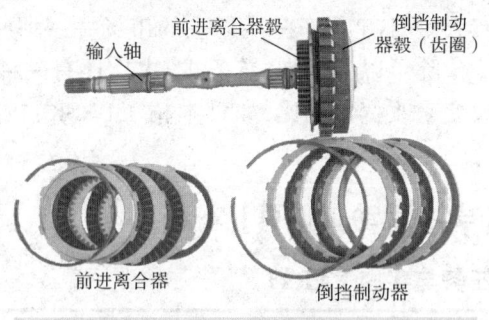

图5-6 前进离合器/倒挡制动器

当节气门关闭怠速时,停车前进低挡速行驶时,使起步离合器低液压。进气压力传感器故障时,电脑启用备用功能。电脑断电后,失去起步离合器控制记忆,必须进行起步离合器的校正程序,使电脑恢复。

起步离合器的安装位置,参照图5-7所示。

4 V带轮

主动带轮与从动带轮通过钢带连接,每个带轮都有一个活动面和一个固定面,如图5-8所示。活动面受油缸内油压的控制,其控制的锥形面可以轴向移动,从而控制传动比的改变。当主动油缸油压增大时,锥面向里移动,挤压钢带使主动轮增大,同时从动油缸油压减小,从动轮两锥面距离增大,使从动轮减小,使传动比减小,车速加快。其变化是连续不间断的。

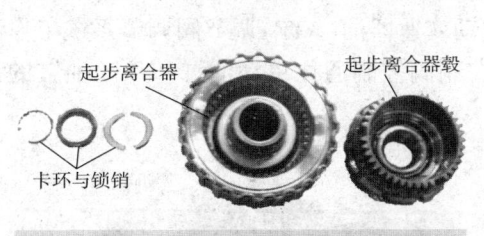

图5-7 起步离合器

图5-8 V带轮钢带传动

CVT的核心就是那条传动带,正是它传输着转矩并无级地改变着传动比。今天,CVT的传动带主要分为两种——钢带和链条。荷兰人VD(Van Doorne 以下简称荷兰人VD)采用的钢带是由数百片扁平的小钢片组成的。德国人Luk采用的传动带则更像传统的链条,通过销子穿在一起,与荷兰人VD的钢带相比能够传递更大的转矩。荷兰人VD制造的钢带占有世界91%的市场,福特、戴-克、菲亚特、多数日本制造商、变速器专家ZF全部使用荷兰人VD提供的钢带。德国人Luk将链条提供给奥迪。Luk链条虽然只占有市场的8%,但是它却占有大型 CVT 汽车一半以上的市场——那些能够产生 250N·m 以上大转矩的变速器。

除了以上钢带、链条式 CVT，还有一种套筒式 CVT，在压力的作用下，通过滚筒接触点的改变来改变传动比，如日本精工（NSK）的半环形无级变速器（Half ToroidalCVT），本书不再介绍。

【学生活动工作页】

任务与实施 PART1

习作名称：汽车 CVT。
习作时间：4 课时。
学习原因：
　　CVT 变速器最大的优点节油，随油价的上涨，应用前景非常广阔。
工作任务：液压控制部分。

一、油泵（压力油供给）

油泵总体结构依然沿用了外啮合齿轮结构，进出油孔在泵体的底部，通过链条驱动。油泵在工作中，齿轮的啮合间隙、泵盖与齿轮端面的间隙等会发生变化，是影响泵油压力的主要因素。一般情况下，以上间隙大于 0.3mm 就会出现泵油压力低、异响等现象，如图 5-9 所示。

二、手动阀体

手动阀体通过螺栓固定在中间壳体上，包括手动阀和倒挡限止阀，如图 5-10 ~ 图 5-12 所示。手动阀是根据变速杆位置，以机械方式开启或关闭油液的通道。变速杆在不同的位置将油液分配到不同的工作区域内。倒挡限止阀由倒挡限止装置电磁阀提供的倒挡锁定压力进行控制。当车辆以 10km/h 以上的车速向前行驶时，倒挡限止阀截止通向倒挡制动器的液压回路。当发动机旋转时，油泵开始运转。自动变速器油（ATF）调节阀调节系统工作油压。分别由主动带轮压力控制阀和从动带轮压力控制阀控制通往主动油缸和从动油缸的油

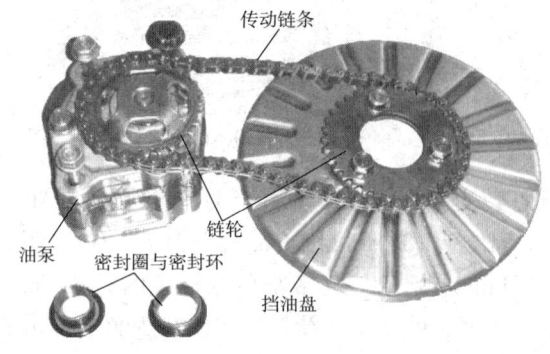

图 5-9　油泵

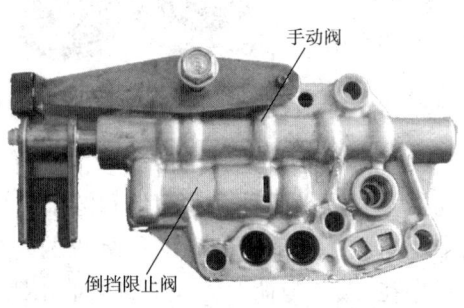

图 5-10　手动阀

压。而主、从动带轮压力控制阀又受控于对应的压力控制电磁阀。系统压力在离合器减压阀减压后，变为离合器控制压力，用于控制前进离合器与倒挡制动器的工作。手动阀的位置，决定前进离合器与倒挡制动器的工作状态，空挡时，两原件都不工作。

起步离合器由换挡限止阀直接控制，为使起步离合器接合柔和，还安装起步离合器蓄压器。换挡限止阀的位置受控于 CVT 起步离合器压力控制电磁阀，此电磁阀由电脑根据车辆起步运行状态控制。根据以上分析要点，结合油路图不难分析出各中工况下的油路走向。

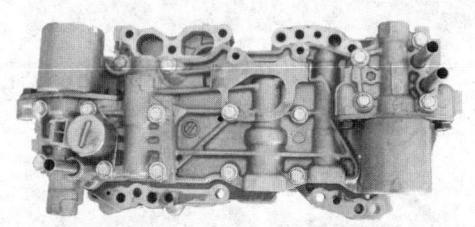 

图 5-11　上阀体　　　　　　　　图 5-12　下阀体

三、ATF 的冷却

ATF 在变速器内具有传递动力和冷却离合器片的双重任务，因而其自身也要被冷却。与其他自动变速器一样，CVT 也采取了水冷的方式进行工作。

其冷却线路为：从主动轮转矩传感器泄出的 ATF，经外部油管进入集成在散热器内的热交换器进行散热。在冷却油道中设有保护阀和滤清器。

DDV1 在机油温度较低时，由于散热器阻力比较大，压力也较高，此时 DDV1 会打开，以保护散热器，同时也使油温尽快升高。

DDV2 则是在滤清器堵塞时，为防止 ATF 得不到冷却而设。

阀体的分解如图 5-13 所示。

图 5-13　阀体的分解

四、使用与维护

在操作面板上有 P、R、N、D 四个挡位，下面分别对这几项进行介绍：

（1）P：是英文单词 Park（停车）的第一个字母，变速杆在 P 挡时，没有液压作用于起步离合器、前进离合器和倒挡制动器上，有以下几个作用：

①变速器输出轴被机械锁止，具有防盗作用，但此功能不能代替驻车制动，因为机械杆件如果受力过大会变形损坏。

②可以起动发动机。

③可以拔出点火钥匙。

④起步时换入行驶挡，要踩下制动踏板。

（2）R：是英文单词 Reverse（倒车）的第一个字母，变速杆在 R 挡时，有以下几个作用：

①接通倒车灯。

项目五　CVT 与 DCT

②接通倒车雷达。

（3）N：是英文单词 Neutral（空挡）的第一个字母，变速杆在 N 挡时，有以下几个作用：

①可以起动发动机。

②如在 N 挡起步，则需踩下制动踏板，但在行车中无此限制，行车过程中可自由移进或移出 N 挡。

（4）D：是英文单词 Drive（行驶挡）的第一个字母，变速杆在 D 挡时，有以下几个作用：

①汽车可以起步和正常行驶。

②怠速状态下，具有爬行功能。

③可以制止车辆向后溜车。

回顾与思考

为什么 CVT 有起步离合器，作用是什么？

_____

_____

_____

工作任务单

进厂编号		牌照号码		厂牌车型		施工日期	
VIN 码		发动机号		组别		组长	
工作程序指引及记录内容						完成打"√"	
①说出无级变速器 CVT 的优点							
②写出无级变速器 CVT 的缺点							
③查资料，写出使用 CVT 的五种车型							
④解释以下英文含义：Park、Reverse、Neutral、Drive							
⑤记录工作过程中出现的情况							
⑥记录执行 6S 现场管理工作过程情况							
备注							
指导教师评语						签名	

完成情况评价表

组名：		任务：	时间：
评价项目		评价内容	
小组自评任务实施情况、成功经验			
小组自评工作存在问题、改进方向			
请查阅展示材料与观察其他小组完成过程情况，指出该组的优点和有待改进的地方			
请对应组人员说明情况与原因			
教师点评			

任务二　双离合器自动变速器DCT

目前，随着车辆操纵自动化的快速发展，汽车自动变速器正呈现蓬勃发展的趋势。现在的汽车自动变速器主要有液力机械式自动变速器，即AT(Automatic Transmission)；无级变速器，即CVT(Continuously Variable Transmission)；以及部分车型已经采用的电控机械式自动变速器，即AMT(Automatic Manual Transmission)。特别是电控机械式自动变速器的发展，其优点是：燃油经济性较好、低排放和可以保护现有手动变速器生产的投资等。对于电控机械式自动变速器的开发研究过程中，逐渐发现其缺点：当离合器分离后，直到离合器重新接合之前，发动机的动力将不能被传递到车轮去驱动车辆运行，所以换挡过程中产生了动力传递中断，车辆必然产生减速度，换挡时间长，给车辆的加速性、舒适性等带来不利影响。

为了解决这个问题，需要对换挡过程进行精确的控制。特别是为了减小换挡过程中的冲击度，需要对发动机与变速器构成的动力总成在转速差、转矩等方面进行精确的匹配和控制，但是这并不能从根本上解决问题。其他方法目前均不太可取。为了既可以充分利用电控机械式自动变速器所具有的优点，又可以消除其中断动力换挡的缺点，一种采用双离合器结构的自动变速器就应运而生了，即双离合器直接换挡自动变速器(DCT)(Double clutch transmission)。

项目五　CVT 与 DCT

学习指引

（1）分组学习，以学生为主体。
（2）先查阅有关 DCT 的资料，带着问题、探索性地分解双离合自动变速器。
（3）学生能讲述双离合变速器的传动原理。

相关知识

1985 年，奥迪将双离合器技术应用于赛车场上。双离合器技术使奥迪赛车驰骋于当时的各大越野赛场，获得多项赛事的胜利，如图 5-14 所示。

图 5-14　双离合器直接换挡自动变速器 DCT

美国博格华纳公司（BorgWarner）致力于 DCT 产品的开发研究，通过使用新的电子液压元件使其实用性更强。2002 年，DCT 应用在德国大众高尔夫 R32 和奥迪 TTV6 上。2003 年，其相继推广到高尔夫等其他车型上。2004 年，DCT 在德国大众途安（Touran）车型上首次与电控柴油发动机匹配。

三菱汽车在 2007 年秋季，将美国博格华纳公司制造的双离合器，应用于 6 速手自一体自动变速器 AMT 上，与德国大众采用的"DCT"技术为同一制造厂商。大众是将两个离合器分为内周和外周来配置，而三菱则将直径相同的离合器以前后并列方式配置。由于配置车辆的转矩较大，而且将来还要用于柴油发动机，采用并列配置方式更便于散热。

下面我们以一个典型的双离合器式自动变速器为例，介绍一下双离合器自动变速器（DCT）的组成、结构与换挡工作过程。

双离合器式自动变速器，用两个多片湿式离合器取代了液力变矩器，后面的齿轮变速机构与手动变速器或本田平行轴式自动变速器相似，都是常啮合斜齿轮式。由机械电子装置控制换挡拨叉的位置，通过液压系统实现挡位组合、离合器的分离与接合以及变速器的冷却与润滑，如图 5-15 所示。

DCT 机械齿轮结构与传动原理

为实现换挡,将奇数挡和偶数挡分开配置,分别于两个湿式离合器相连。由两个彼此独立的传动机构组成,传动机构与手动变速器是相同的,每个传动机构配备了一个多片式离合器。一挡、三挡、五挡与离合器 K1 连接,而二挡、四挡、六挡与离合器 K2 连接,离合器 K1 接变速器实心输入轴 1,离合器 K2 接空芯输入轴 2,两个轴同心,如图 5-16 所示。

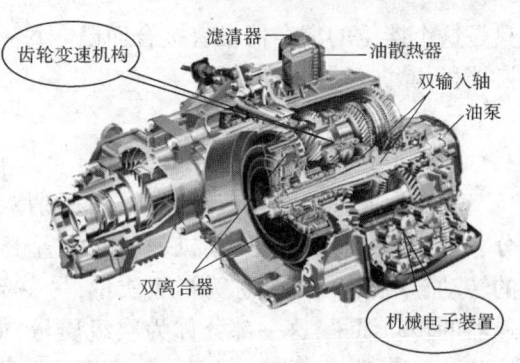

图 5-15 DCT 的结构与组成

在车辆处于停车状态时,两个离合器都是常开的,即平时两个离合器均处于分离状态,不传递动力,因 K1 分离,自动换挡机构将挡位切换至一挡,然后离合器 K1 接合,车辆开始起步运行,这时的控制过程与电控机械式自动变速器相似。车辆换入一挡运行后,因此时离合器 K2 处于分离状态,不传递动力,当车辆加速,达到或接近二挡的换挡点时,自动换挡机构可以将挡位提前换入二挡,离合器 K1 开始分离,同时离合器 K2 开始接合,两个离合器交替切换,直到离合器 K1 完全分离,同时离合器 K2 完全接合,整个换挡过程结束。如果车辆加速,则进入下一挡位,若减速,则下一个挡位为一挡,以此类推。

这两个多片式离合器浸在 DCT 机油中工作,电控单元根据将要换入的挡位来进行调节多片式离合器 K1 或多片式离合器 K2 接合或者松开。多片式离合器 K1 驱动输入轴 1,输入轴 1 安装了一挡、三挡、五挡和倒挡的主动齿轮,多片式离合器 K2 驱动输入轴 2,输入轴 2 安装了二挡、四挡、六挡的主动齿轮。输入轴 1 和输入轴 2 安装了与其相对应的输出轴以及各挡位的从动齿轮。两输出轴与差速器齿轮相啮合,输出动力,如图 5-17 所示。

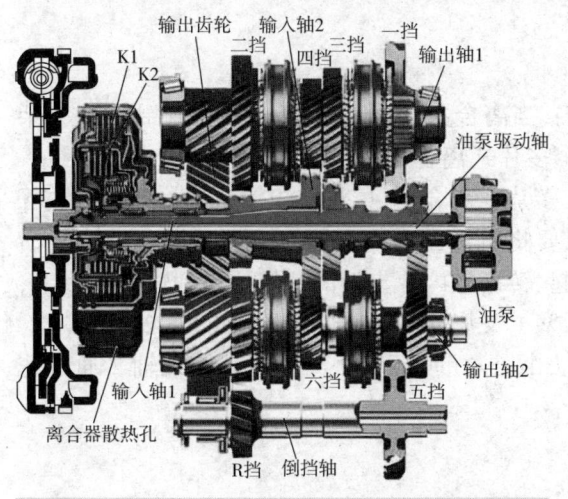

图 5-16 齿轮变速机构

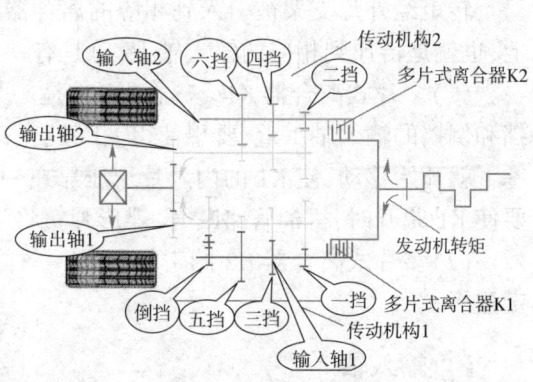

图 5-17 传动简图

当一个传动机构中的某个挡位在传递动力时,另外一个传动机构已经换上邻近的高挡,只是这个挡位的离合器没有接合而已。每一个挡位都配有传统手动变速器上的同步装置和换挡机构。

1 转矩输入

转矩由曲轴传递到双质量飞轮，所谓双质量飞轮，就是将原来的一个飞轮分成两个部分，一部分保留在原来发动机一侧的位置上，起到原来飞轮的作用，用于起动和传递发动机的转动转矩，这一部分称为初级质量，另一部分则放置在传动系统变速器一侧，用于提高变速器的转动惯量，这一部分称为次级质量，如图 5-18 所示。两部分飞轮之间有一个环型的油腔，在腔内装有弹簧减振器，由弹簧减振器将两部分飞轮连接为一个整体。由于次级质量能在不增加飞轮的惯性矩的前提下提高传动系统的惯性矩，令共振转速下降到怠速转速以下。双质量飞轮花键将转矩传到多片式离合器的主动盘（主动盘与主毂制成一体）。离合器 K1 和 K2 的外片支架与主毂连在一起，如图 5-19 所示，K1 内片支架与输入轴连接，K2 内片支架与输入轴 2 连接。

图 5-18 双质量飞轮

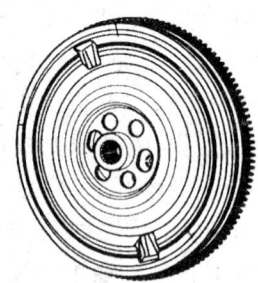

图 5-19 飞轮与离合器的连接

2 多片式离合器

转矩经外片支架被引入到相应的离合器内，当离合器接合时，转矩就被传递到内片支架上，也就是传递到相应的输入轴上，总是有一个多片式离合器在传递动力。

（1）多片式离合器 K1。离合器 K1 是一个多片式离合器，可将转矩传递到一挡、三挡、五挡和倒挡的输入轴 1 上，要想使得 K1 接合，只要将机油压入离合器 K1 的机油压力腔内，活塞 1 就开始移动，使 K1 的内外片组压靠在一起，转矩经内片支架的片组传递到输入轴 1 上，要使 K1 脱开时，机油管路断开，碟形弹簧将活塞 1 又压回到分离的位置，如图 5-20 所示。

（2）多片式离合器 K2 的工作同 K1 一样，如图 5-21 所示，K2 离合器与输入轴 2 通过花键连接。

3 输入轴

发动机转矩经多片式离合器 K1 或 K2 内片支架继续传递到输入轴，输入轴如图 5-22 所示，由图可以看出。输入轴 2 安装在输入轴 1 之前，输入轴 2 被加工成空心，它通过花键与多片式离合器 K2 连接在一起，输入轴 2 上有用于六挡、四挡、二挡的斜齿齿轮，六挡和四挡使用同一个齿轮。该轴的二挡齿轮旁装有一个靶轮，与转速传感器配对使用，目的是用于检测输入轴 2 的转速，如图 5-23 所示。

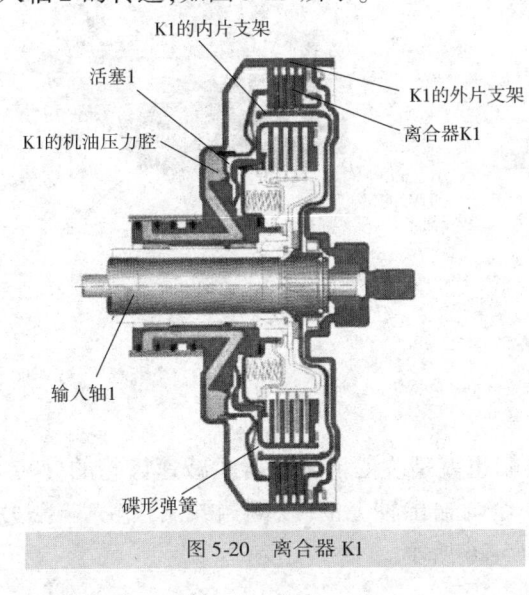

图 5-20　离合器 K1

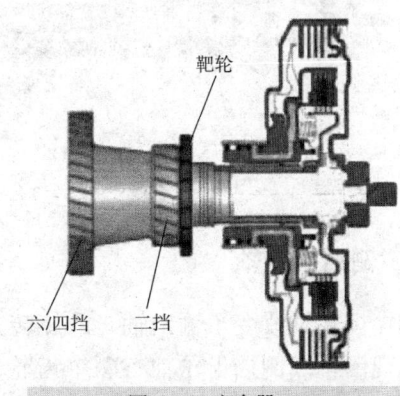

图 5-21　离合器 K2

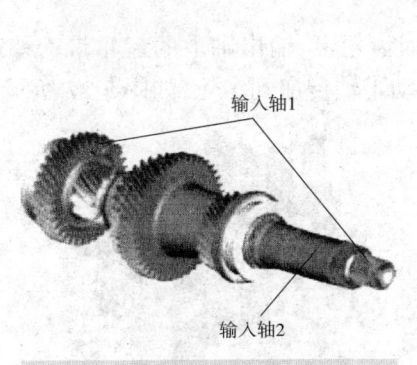

图 5-22　输入轴

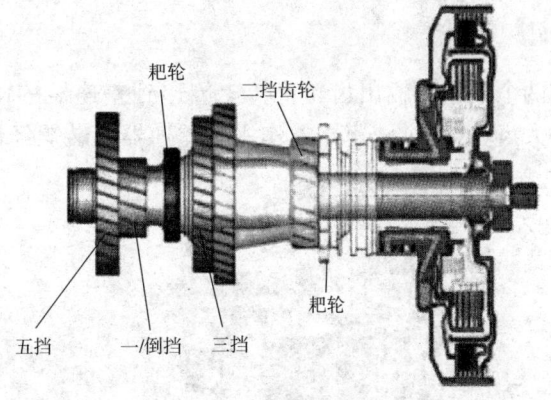

图 5-23　输入轴与离合器的连接

输入轴 1 在中空的输入轴 2 内转动，它通过花键与多片式离合器 K1 连接在一起，输入轴 1 上有五挡，一/倒挡共用齿轮以及三挡齿轮。该轴的三挡齿轮后装有一个靶轮，与转速传感器 G501 配对使用，目的是用于检测输入轴 1 的转速，如图 5-23 所示。

4　输出轴

在 DCT 变速器中，与两个输入轴对应的还有两个输出轴。输出轴 1 上有一挡、二挡、三挡、四挡从动齿轮和输出齿轮，有两套同步器，一套用于一挡、三挡，一套用于二挡、四挡，输出轴输出齿轮与差速器中的主减速器齿轮啮合，如图 5-24 所示。

输出轴 2 上有五挡、六挡，倒挡从动齿轮和输出齿轮；五挡用一同步器，六挡、倒挡共用

项目五 CVT 与 DCT

一同步器,输出齿轮与差速器中的主减速器齿轮啮合,如图 5-25 所示。

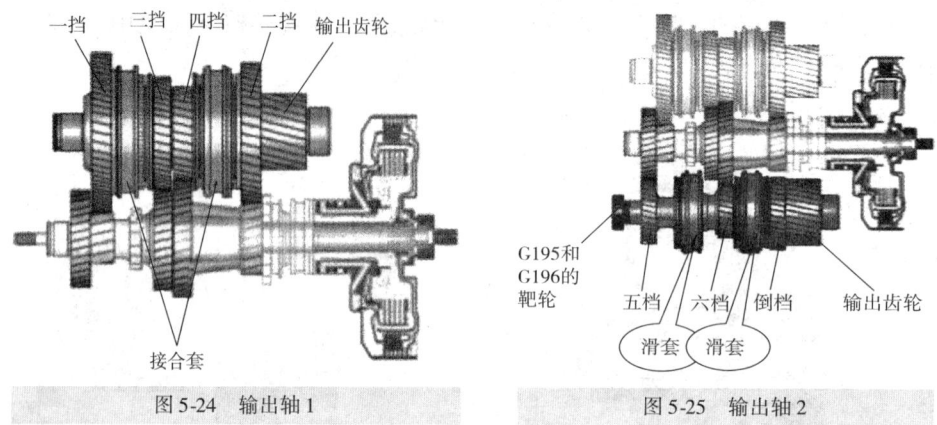

图 5-24 输出轴 1　　　　　图 5-25 输出轴 2

5 倒挡齿轮轴

倒挡齿轮轴改变了输出轴 2 的旋转方向,也就是改变了差速器主减速齿轮的旋转方向,从而实现倒车。倒挡齿轮轴有两个齿轮,一个与输出轴上的一/倒挡共用齿轮啮合,另一个与输出轴 2 上的倒挡滑动齿轮相啮合,如图 5-26 所示。

6 差速器

两个输出轴输出齿轮将转矩传递到差速器的输入齿轮上,输出轴上的齿轮带动差速器上的大齿轮,起主减速器的作用。差速器将转矩经传动半轴传递到车轮,如图 5-27 所示。

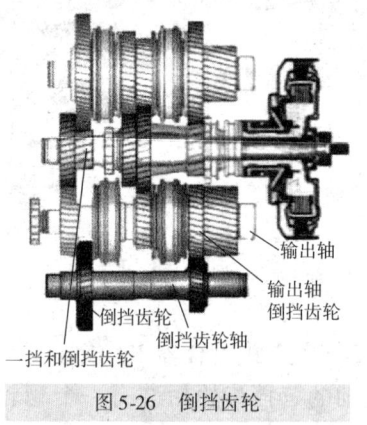

图 5-26 倒挡齿轮　　　　　图 5-27 差速器

差速器内有驻车锁齿轮,如图 5-28 所示。

7 驻车锁

驻车锁安装在差速器外壳上。
(1)作用:在没有拉紧驻车制动的情况下,使得车辆能可靠驻车而不溜车。
(2)特点:止动机构以纯机械方式工作,通过变速杆和变速器上驻车锁之前的一条拉索来工作,该拉索只用于操纵驻车锁,与 AT 一样,如图 5-29 所示。

(3)工作过程:驻车锁锁止,变速杆推至挡位 P,拉索带动锥体滑阀轴向运动,卡入驻车棘轮中,将输出轴锁住。驻车锁松开,变速杆退出挡位 P,拉索带动锥体滑阀轴向运动,退出驻车棘轮中,弹簧弹力起作用,使止动爪高高抬起,从而使止动爪从驻车锁齿轮的齿豁中退出,如图 5-29 所示。

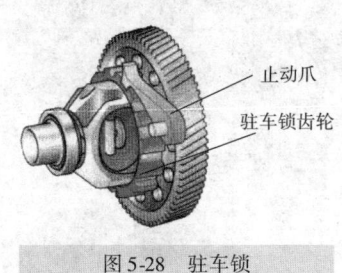

图 5-28 驻车锁

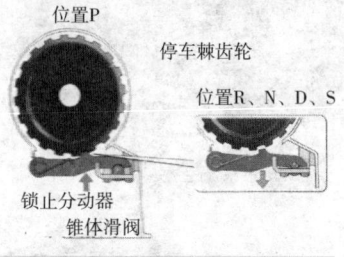

图 5-29 驻车锁控制机构

8 各挡位的传动路线

(1)一挡传递路线:离合器 K1→输入轴→输出轴 1→差速器,如图 5-30 所示。
(2)二挡传递路线:离合器 K2→输入轴 2→输出轴 1→差速器,如图 5-31 所示。

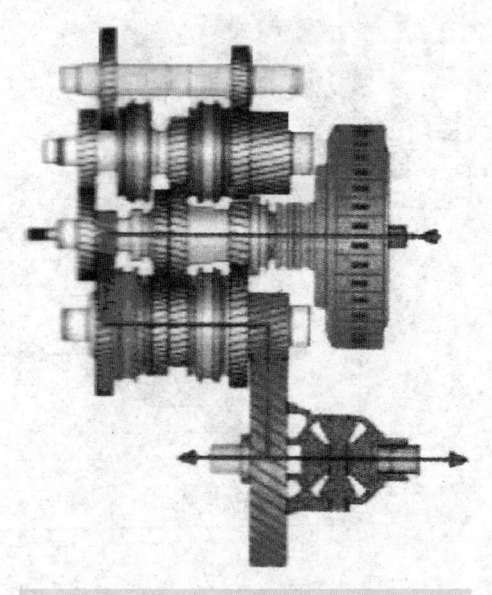

图 5-30 一挡传递路线

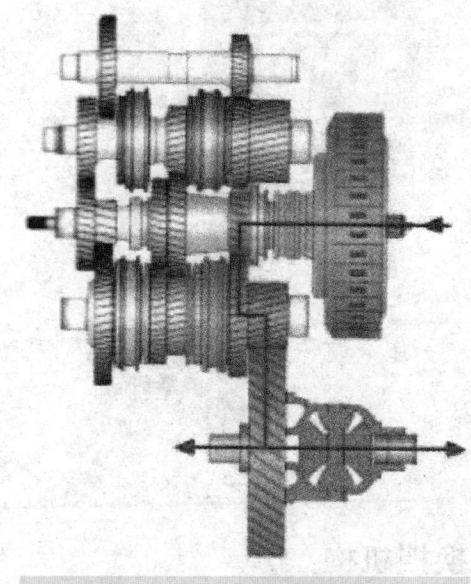

图 5-31 二挡传递路线

(3)三挡传递路线:离合器 K1→输入轴 1→输出轴 1→差速器,如图 5-32 所示。
(4)四挡传递路线:离合器 K2→输入轴 2→输出轴 1→差速器,如图 5-33 所示。
(5)五挡传递路线:离合器 K1→输入轴 1→输出轴 2→差速器,如图 5-34 所示。
(6)六挡传递路线:离合器 K2→输入轴 2→输出轴 2→差速器,如图 5-35 所示。

项目五　CVT 与 DCT

（7）倒挡传递路线：离合器 K1→输入轴 1→倒挡轴→输出轴 2→差速器，如图 5-36 所示。

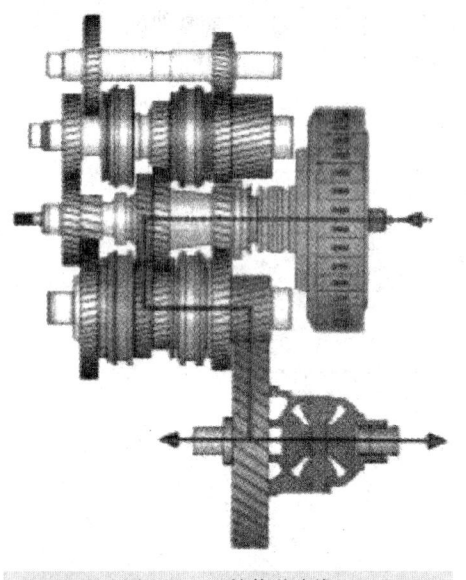

图 5-32　三挡传递路线

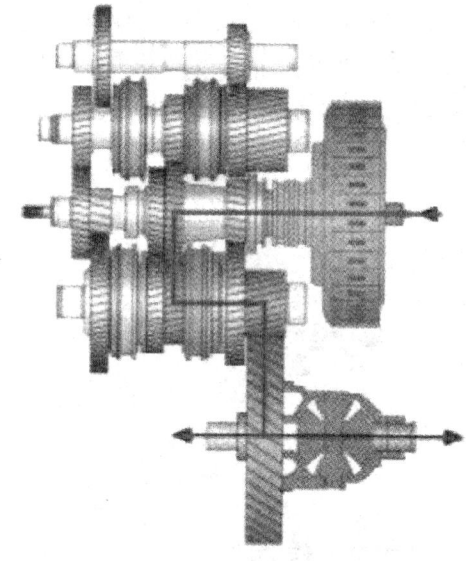

图 5-33　四挡传递路线

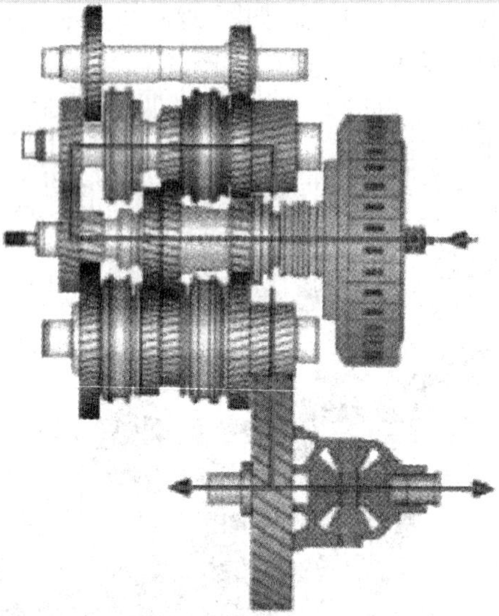

图 5-34　五挡传递路线

图 5-35　六挡传递路线

换挡机构

DCT 变速器变速杆的操作与机构功能与以前大众自动变速器相同。直接换挡变速器的变速杆也有变速杆锁和点火钥匙防拔锁。

1 变速杆位置

变速杆位置，如图 5-37 所示。

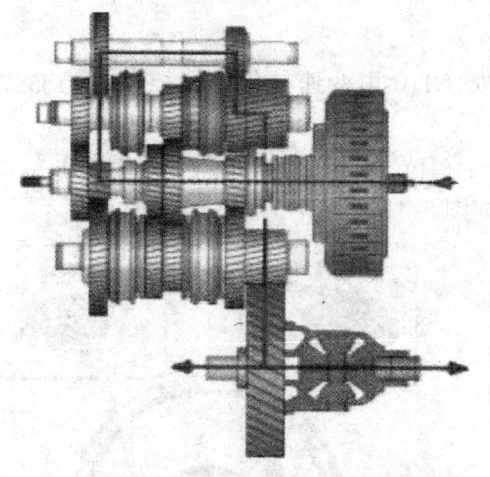

图 5-36 倒挡传递路线

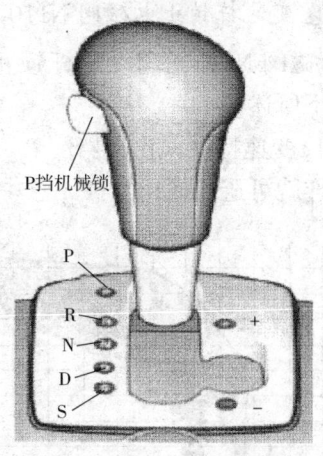

图 5-37 变速杆位置

（1）P——驻车挡：位于变速杆的最前方，当变速杆置于该位置时，差速器输入齿轮被锁止，使驱动轮不能转动，防止汽车移动，若想换出 P 挡，须点火开关已打开，踏下制动踏板并按下锁止按钮，才能将变速杆从该位置移出。

（2）R——倒车挡：位于 P 挡之后。车辆在静止状态下，按下锁止按钮可移进或移出该挡。

（3）N——空挡：位于中间位置，在倒车挡和前进挡之间。当变速杆位于该位置时，变速器只能使各齿轮空转，输出轴无动力输出。车辆在行驶中，如果发动机熄火，可以将变速杆移到该挡，重新起动发动机，不必停车后换入 P 位。

（4）D——前进挡：位于空挡之后。变速杆位于该位置时，此时变速器的电子和液压控制系统根据车速和节气门开度等因素的变化，按照设定的动态换挡程序（DSP），自动在 6 个前进挡中换挡。

（5）S——运动挡：处于最后位置。变速杆位于该位置时，与 D 挡工作原理相同，不同之处是控制单元内根据"运动"换挡曲线来进行自动换挡，目的是通过滞后换高挡，充分利用发动机的后备功率，汽车的动力性更好，如图 5-38 所示。

（6）（+）和（-）——手动换挡：

①手动模式：手动换挡在 D 挡位置的右侧，操作时将变速杆从 D 挡位置向右推来执行手动换挡功能，如图 5-39 所示。换高挡，向前点推变速杆（+）；换低挡，向后点推（-）。

②转向盘电控模拟手动换挡：变速杆在 D 或 S 时，也可转向盘上的"电控模拟手动换挡"开关键直接接入"电控模拟手动换挡"功能。通过操作转向盘上两个电控模拟手动换挡侧板开关中的任何一个开关，换挡模式均过渡为电控模拟手动换挡。在发动机转速允许的范围内，操作"+"侧板即为加挡；操作"-"侧板即为减挡，如图 5-39 所示。

2 变速杆结构

变速杆装置包括变速杆传感器控制单元 J587，变速杆支座内的霍尔传感器（感知变速杆的位置）、变速杆挡位 P 锁止开关 F319 和变速杆锁止电磁阀 N110，如图 5-40 所示。

项目五　CVT 与 DCT

1 变速杆锁止电磁阀 N110

电磁阀 N110 可将变速杆锁止在挡位 P 处，N110 由变速杆传感器控制单元 J587 来控制，如下所述。

（1）变速杆被锁止在挡位 P。当变速杆处于挡位 P，那么锁止销就会在挡位 P 的锁止孔内，这样就可避免换挡杆被无意中移动位置，如图 5-41 所示。

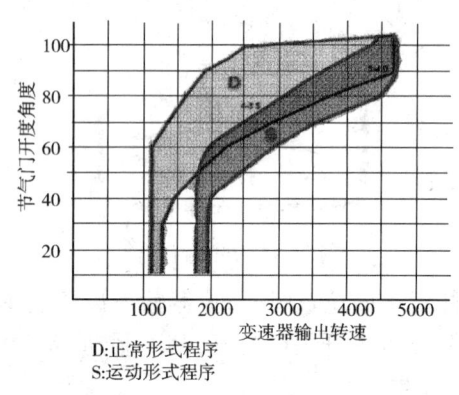

图 5-38　换挡曲线

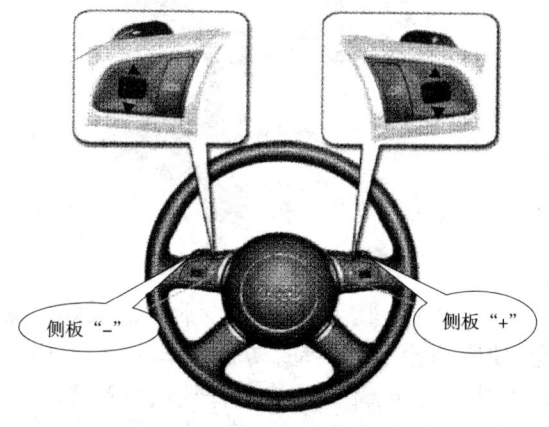

图 5-39　转向盘手动换挡模式

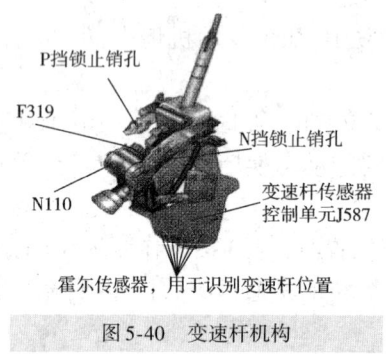

图 5-40　变速杆机构

图 5-41　变速杆被锁在 P 位

（2）松开变速杆。在接通点火开关，并踩下制动踏板后，变速杆传感器控制单元 J587，就会给电磁阀 N110 通上电源，于是锁止销就从 P 挡锁止销孔中拔出，这时，变速杆就可以移出 P 位置了，如图 5-42 所示。

（3）应急松开。如果变速杆锁止电磁阀 N110 的供电中断或元件损坏，P 挡变速杆锁仍保持激活状态，可用一个狭窄的物体将锁止销压入，就可以松开锁止机构了，变速杆就可以移出 P 位置了，如图 5-43 所示。

（4）换挡杆被锁止在挡位 N。如果变速杆处于挡位 N 停留的时间超过 2s，控制单元就会给电磁阀通电。于是锁止销就被压入到挡位 N 的锁止销孔中，这样变速杆就不会无意中移动到前进挡了。如果踩下制动踏板，那么锁止销就会松开，如图 5-44 所示。

值得注意的是：N 挡是通电锁止，而 P 挡是通电松开。

2 点火钥匙防拔锁

变速杆未置于驻车位置也就是 P 挡，点火钥匙防拔锁可阻止点火钥匙回到拔出位置，它采用电动机械方式来工作，由转向柱电气控制单元 J527 来控制，其工作过程如下所述。

（1）将变速杆置于 P 挡，锁止开关 F319 触点断开，并将该信息传递给转向柱电气控制单元 J527，J527 控制点火钥匙防拔锁的电磁铁 N376 断电，电磁铁内的压力弹簧将锁止销压入到松开位置，可以转动并拔出点火钥匙，如图 5-45 所示。

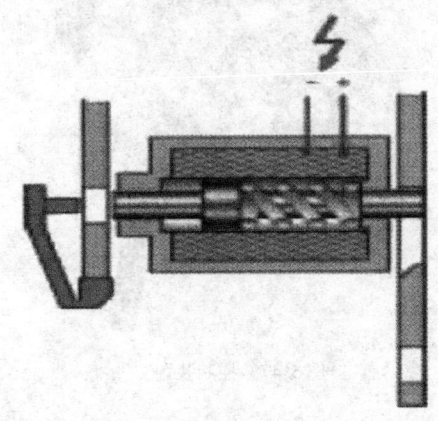

图 5-42 变速杆移出 P 位

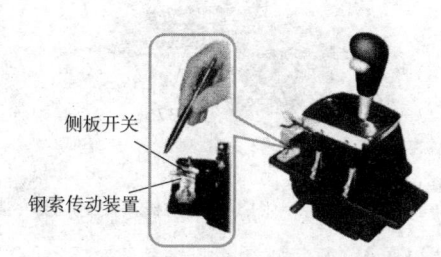

图 5-43 变速杆应急松开

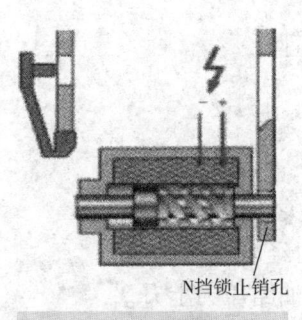

图 5-44 变速杆在 N 位

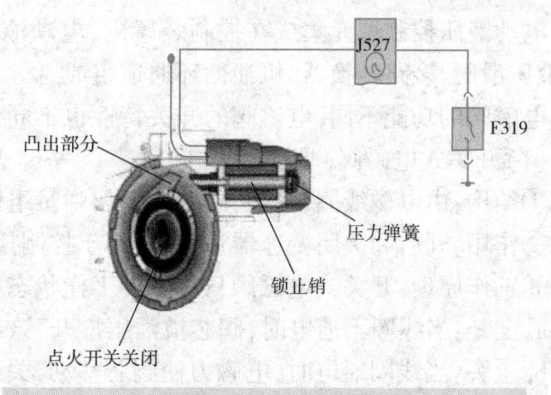

图 5-45 防拔锁控制（一）

（2）将变速杆置于行驶位置。锁止开关 F319 触点闭合，转向柱电气控制单元 J527 得到该信息后，就会给点火钥匙防拔锁的电磁铁 N376 通电，电磁力克服弹簧力把锁止销推入到锁止位置，在锁止位置时，锁止销会阻止点火钥匙回转并防止其拔出，如图 5-46 所示。

三 控制装置

控制装置是变速器的中央控制单元，它安装在变速器内并浸在 DCT 机油中，所有传感器和其他控制单元的信号都汇集到此，并由它分析后，向各个执行器发出指令并监控，其优点如下所述。

(1)大部分传感器都集成在其内部,电动执行元件直接装在控制装置上。

(2)控制装置与车身通过一个中央插头来连接,减少了插头和导线的数量,从而提高了电气方面的可靠性并减轻了质量。

控制装置由一个电子控制单元和一个电动液压控制单元组成,如图5-47所示。

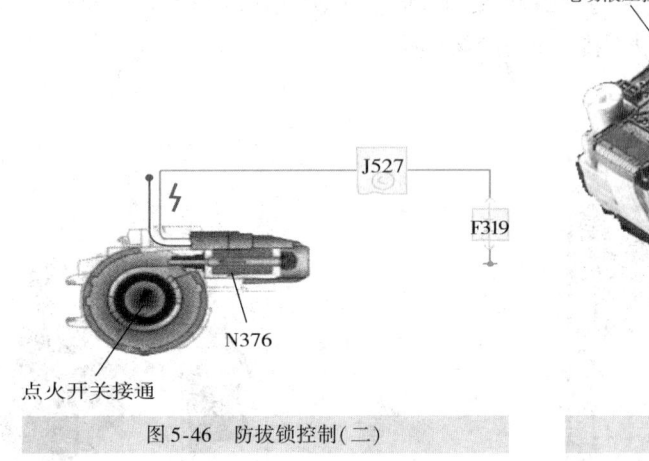

图5-46 防拔锁控制(二)

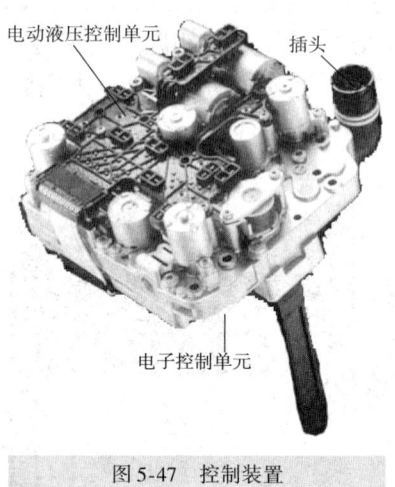

图5-47 控制装置

(一) 电动液压控制单元

电动液压控制单元集成在控制装置内,电动液压控制单元由电磁阀,过压阀,压力调节阀,液压滑阀,多路转换器,机油循环通道组成。

电磁阀的功能不同,电磁阀的开关特性也不同,有下面两种:

(1)开关式电磁阀(是/非换挡阀)。

①结构:由电磁线圈,骨架,阀芯和复位弹簧组成。

②作用:开启和关闭变速器油路,可用于控制换挡阀。

③工作原理:开关式电磁阀只有两种工作状态:全开和全关。

a.全开:当线圈不通电时,阀芯被油压推开,该油路的压力经电磁阀泄油。

b.全关:当线圈通电时,电磁力使阀芯移动,关闭泄油孔,油路压力上升。

(2)调节式电磁阀(脉冲式电磁阀)。

①结构:与是/非电磁阀机构基本相似。

②作用:控制油路中油压的大小。

③工作原理:脉冲式电磁阀工作的电信号不是恒定不变的电压信号,而是一个频率不断变化的脉冲电信号。电磁阀在脉冲信号的作用下,不断反复地开启和关闭泄油孔。电子控制单元通过改变脉冲的宽度,或者说是每个脉冲周期内电流接通和断开的时间比率来改变电磁阀开启和关闭的时间比率,从而达到控制油路压力的目的。

电动液压控制单元内部集成有以下电磁阀:

(1)N88:电磁阀1(挡位调节是/非阀);

(2)N89:电磁阀2(挡位调节是/非阀);

(3) N90：电磁阀3(挡位调节是/非阀)；
(4) N91：电磁阀4(挡位调节是/非阀)；
(5) N92：电磁阀5(多路转换阀)；
(6) N215：压力调节阀1(用于K1)；
(7) N216：压力调节阀2(用于K2)；
(8) N217：压力调节阀3(主压力阀)；
(9) N218：压力调节阀4(冷却机油阀)；
(10) N233：压力调节阀5(安全阀1)；
(11) N371：压力调节阀6(安全阀2)；
(12) A：过压阀；
(13) B：印制电路板，如图5-48所示。

拆下印制电路板后可看到挡位调节阀N89、N90、N91、N92，如图5-49所示。

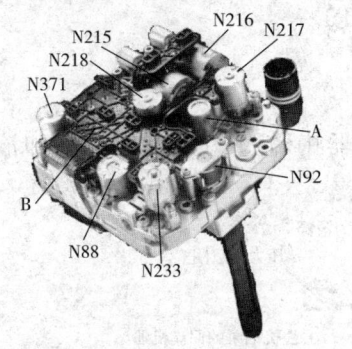

图5-48 控制单元各控制电磁阀对照

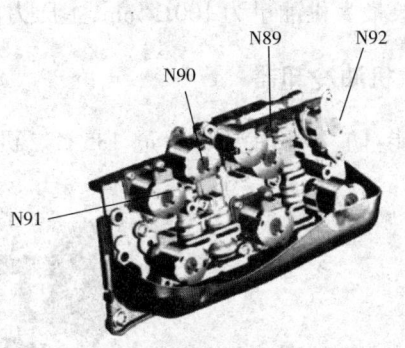

图5-49 挡位调节阀

(二) 机油循环

DCT内所有功能都是借助于机油循环来实现的。

机油循环功能：

(1) 润滑/冷却双离合器、齿轮轴、轴承和同步器。
(2) 操纵双离合器和挡位调节活塞

1 机油泵

油泵是DCT最重要的总成之一，它安装在DCT的后方，由一根泵轴来驱动，该泵轴的转速与发动机转速相同，这根泵轴作为第三根轴安装在彼此插在一起的输入轴1和2之间，如图5-50所示。

工作原理：该泵机构为内啮合齿轮泵。发动机运转时，通过泵轴带动主动齿轮和从动齿轮一起顺时针方向旋转。在吸油腔，由于主动齿轮和从动齿轮不断退出啮合，容积由小变大，产生吸力，将机油吸入泵体内，且随着齿轮的旋转，齿间的液压油被带到泵油腔，在泵油腔由于主动齿轮和从动齿轮不断进入啮合，容积由大变小，使油压升高，从而将机油以一定的压力泵出，如图5-51所示。

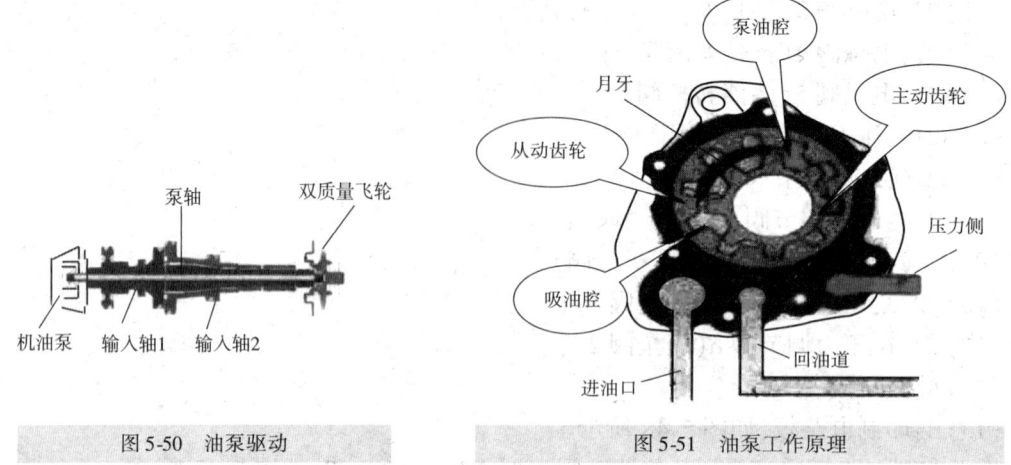

图 5-50 油泵驱动　　　　图 5-51 油泵工作原理

该泵最大供油量为 100L/min，主压力为 2000kPa。

2 机油冷却器

功能：防止机油温度超过 135℃。机油冷却器中流过的是发动机冷却液，如图 5-52 所示。

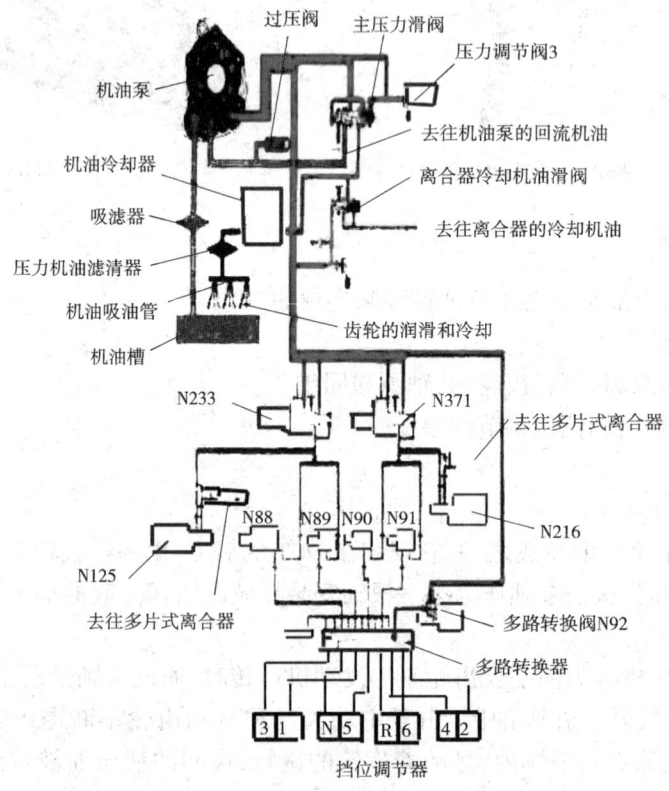

图 5-52 机油循环一

3 机油循环一

工作过程(图5-52):

机油泵经进油口滤清器从油底中吸入机油,并将机油加压到主压力滑阀。在主压力滑阀损坏时,通过一个过压阀来防止主压力升得过高,过压阀用于保证机油压力不超过3200kPa。主压力滑阀由压力调节阀3(主压力阀N217)来控制。主压力阀调节直接换挡变速器内的工作压力(操纵多片式离合器以及换挡)。

主压力滑阀下有一个机油道,当压力过大时,该机油道将机油送回到机油泵的吸油侧。另一个机油道分向两个方向:一个由机油道将机油送往机油冷却器,机油经冷却和滤清,再经机油喷管将机油直接喷到齿轮上,然后流回到机油槽中。另一机油道将机油送往离合器冷却机油滑阀。

4 机油循环二

1 主压力阀N217

主压力阀由电子控制单元来控制,该阀用于控制主压力滑阀,从而调节直接换挡变速器中液压系统的工作压力,如图5-53所示。

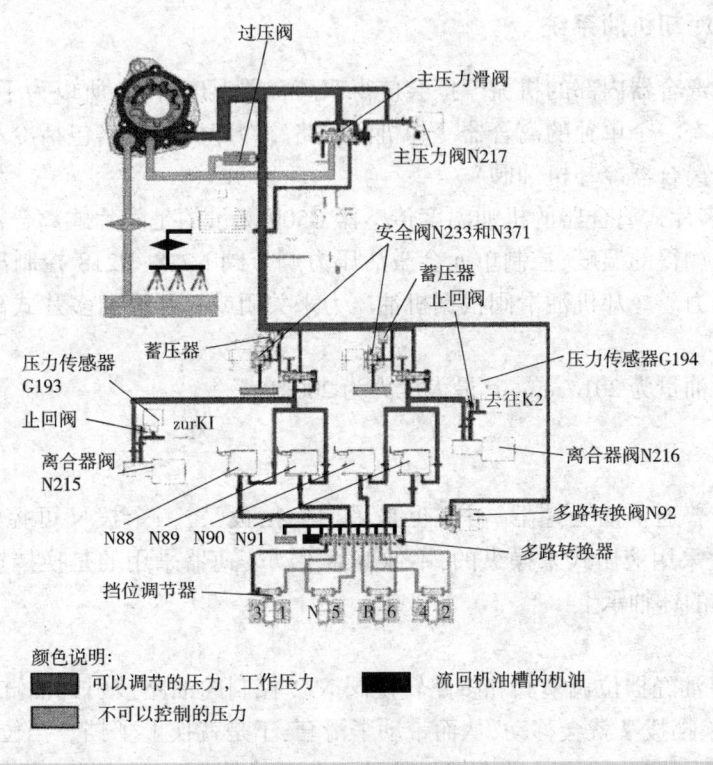

图5-53 机油循环二

主压力阀可以控制以下的油流:

(1)经机油冷却器/压力滤清器/喷油管的机油回流。

(2)回流到油底壳的机油。

(3)操纵两个离合器阀 N215 和 N216 来使离合器 K1 和 K2 脱开或接合。

(4)操纵四个挡位调节阀 N88、N89、N90、N91 以便换入某一挡位。

❷ 多路转换阀 N92

(1)该阀用于操纵多路转换器(倍增器)。多路转换器只用于四个电磁阀就可控制八个挡位调节油缸。

(2)多路转换器被一个弹簧压在基本位置(也就是在不通电时),在基本位置可换入一挡、三挡、六挡和倒挡。

(3)如果多路转换阀 N92 通电,机油压力就会到达多路转换器,机油压力克服弹簧的弹力将多路转换器压到另一工作位置,即可换入二挡、四挡、五挡和空挡。

❸ 安全阀

两个离合器各有一个安全阀,K1 对应的安全阀是 N233,K2 对应的安全阀是 N371,安全阀的作用是当离合器的实际压力超过规定值时,必须让离合器脱开。

压力传感器 G193 和 G194 用于监控 K1 和 K2 上的压力。

5 离合器冷却机油系统

因为多片式离合器内部的机械摩擦会使得双离合器温度升高,所以为了冷却离合器,机油循环管路中还有一个单独的离合器冷却机油回路。冷却机油回路包括冷却机油滑阀和压力调节阀 N218(离合器冷却机油阀)。

工作过程:多片式离合器的机油温度传感器 G509 测量的是多片式离合器机油出口处的机油温度。根据测得的温度,控制单元会激活压力调节阀 N218,N218 控制离合器冷却机油滑阀上的机油压力。冷却机油滑阀根据机油压力来关闭或打开通向多片式离合器的机油通道,如图 5-54 所示。

机油最大供油量为 20L/min,其最大压力为 200kPa。

6 换挡

DCT 换挡与普通手动变速器一样,也是采用换挡拨叉,一个拨叉可控制两个挡位,但 DCT 上的拨叉是采用液压式来操纵的,不像普通手动变速器采用的是换挡拉杆。换挡拨叉装在一个油缸中的球轴承上。

工作过程:

(1)换挡:机油经挡位调节阀和多路转换阀 N92 控制的油路被引到油缸的左侧,由于油缸右侧无压力,换挡拨叉就会移动,从而带动了滑套,于是就换上了挡。挡位换上后,换挡拨叉就切换到无压力状态,挡位通过换挡齿轮的倒角和换挡拨叉上的锁止机构保持在这个位置上,如图 5-55 所示。

(2)空挡:如果没有操纵换挡拨叉的话,换挡拨叉就由一个安装在变速器内的锁止机构保持在空挡位置。

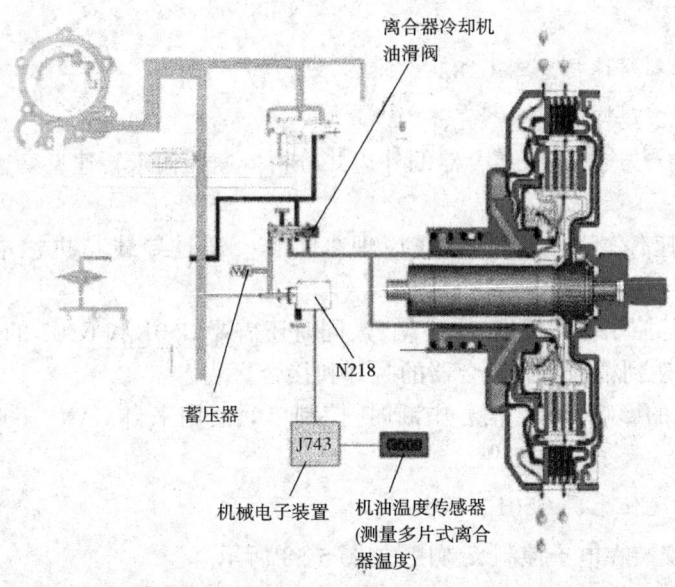

图5-54 润滑系统

(3)位置监测:每个换挡拨叉上都有一个永久磁铁,机械电子装置内的位移传感器通过这块磁铁来识别各个换挡拨叉的准确位置,如图5-56所示。

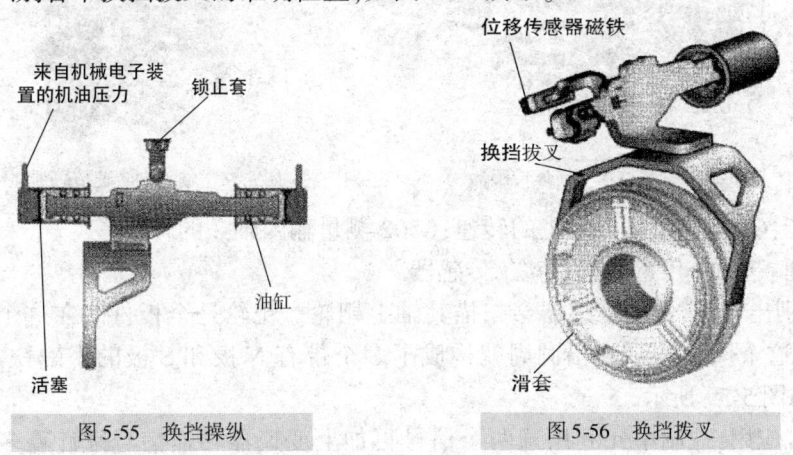

图5-55 换挡操纵　　　　　图5-56 换挡拨叉

(三)电子控制系统

电子控制系统主要由传感器、电子控制装置和执行器组成。

1 电子控制装置

电子控制装置是整个DCT控制系统的控制中心。它安装在变速器的内部,其根据发动机、ABS以及内部各传感器传递来的信息和运动参数,再根据控制单元内设程序,向各个执行元件发出指令,以操纵阀板中各种控制阀的工作,从而最终实现对变速器的控制。

2 传感器

1 变速器输入转速传感器 G182

(1) 位置：G182 安装在变速器壳体内。

(2) 功能：电子方式扫描双离合器的外边并分析变速器输入转速。变速器输入转速与发动机转速相同。

(3) 原理：转速传感器按霍尔效应原理来工作。通过导线与机械电子装置相连，如图5-57所示。

(4) 信号应用：控制单元根据 G182 信号，同时还需要 G501 和 G502 的信号，计算多片式离合器的打滑量，达到精确控制离合器的脱开和接合。

(5) 信号中断的影响：G182 信号中断时，控制单元使用来自 CAN 总线的发动机转速作为替代信号。

2 输入轴转速传感器 G501,G502

(1) 位置：都安装在电子控制装置内，如图 5-58 所示。

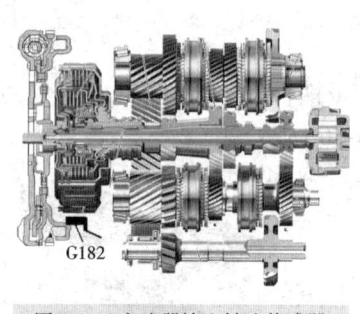
图 5-57　变速器输入转速传感器

图 5-58　输入轴转速传感器

(2) 功能：G501 测量输入轴 1 的转速；G502 测量输入轴 2 的转速。

(3) 原理：这两个传感器都是霍尔传感器。

为了识别出转速，每个传感器会扫描其轴上靶轮。靶轮是个板件。在这个板件有一层橡胶-金属。这个橡胶-金属层沿圆周就构成了多个带有 N 极和 S 极的小磁铁，各个磁铁之间有气隙，如图 5-59 所示。

(4) 信号应用：控制单元利用这两个信号再加上变速器转速信号来计算多片式离合器 K1 和 K2 的输出转速，并识别出离合器打滑状况，根据打滑情况，控制单元可识别出离合器的脱开和接合状况。

另外，控制单元利用这两个信号，再加上变速器输出转速传感器的信号，可以识别出是否已经换入了正确的挡位。

(5) 信号中断的影响：如果这两个信号中的一个中断了，那么相应的变速器挡位就被切断。

如果传感器 G501 损坏，那么就只能以二挡来行车。

如果传感器 G502 损坏，那么就只能以一挡和三挡来行车。

❸ 变速器输出轴转速传感器 G195、G196

(1) 位置：在电子控制装置中，并与控制单元始终连接在一起，如图 5-60 所示。

图 5-59　传感器靶轮

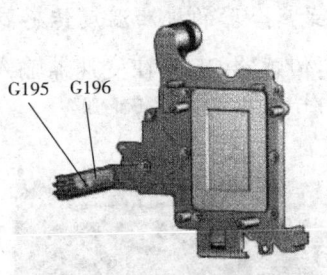

图 5-60　输出轴转速传感器

(2) 原理：这两个传感器是霍尔传感器，与该变速器上的所有转速传感器一样。这两个传感器彼此错开安装在一个壳体上，扫描输出轴 2 上的同一个靶轮。因而会产生两个彼此错开的信号，如果 G195 的信号为"高"，那么 G196 的信号就为"低"，如图 5-61 所示。

(3) 信号应用：控制单元根据这些信号可识别出车速和行驶方向。如果行驶方向发生变化，那么这两个信号就会以相反的顺序进入到控制单元内。

(4) 信号中断的影响：该信号中断，那么控制单元会使用 ABS 控制单元的车速信号和行驶方向信号。

❹ 液压压力传感器 G193、G194

(1) 位置：集成在电动液压单元内。

(2) 功能：G193 监测多片离合器 K1 上的压力；G194 监测多片式离合器 K2 的压力，如图 5-62 所示。

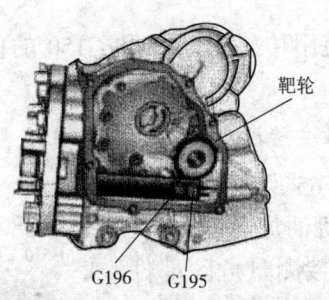

图 5-61　输出轴转速传感器的位置

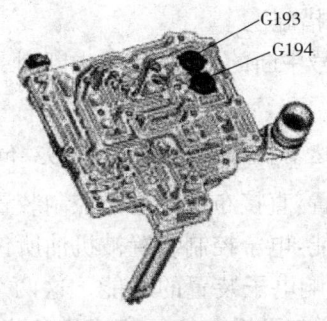

图 5-62　压力传感器

(3) 原理：压力传感器由两个平行布置的导电极板构成。上面的极板固定在陶瓷膜片上，在压力改变时，膜片会随着弯曲，下面的极板固定在陶瓷基体上，陶瓷基体不会随压力改变而变形。

只要压力变化，上面的隔膜就会弯曲，那么极板之间的距离就发生改变，因而随机油压力变化就产生一个可靠信号，如图 5-63 所示。

(4) 信号应用：这两个压力传感器把监测到的 K1 和 K2 的压力反馈给电子控制单元。控制单元来修正压力，使调节多片式离合器的压力值更准确。

(5)信号中断的影响:如果某个压力传感器信号中断或没有建立起压力,那么相应的变速器传动部分就被切断。变速器只能以一挡或二挡来工作。

5 多片式离合器的机油温度传感器 G509

(1)位置:传感器 G509 在变速器输入转速传感器 G182 的壳体上,如图 5-64 所示。

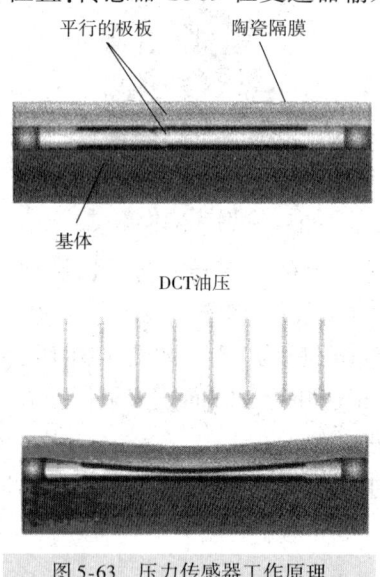

图 5-63　压力传感器工作原理

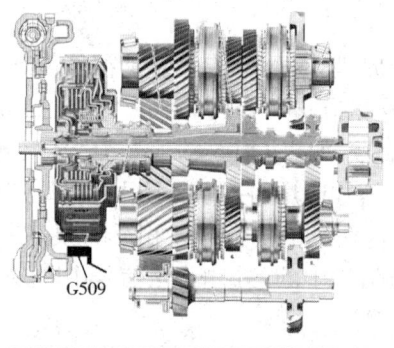

图 5-64　机油温度传感器 G509

(2)功能:测量多片式离合器流出的 DCT 机油的温度。该传感器的工作温度范围为 -55～180℃。

(3)信号应用:控制单元利用 G509 的信号来调节离合器的冷却机油量,并执行其他的变速器保护措施。

(4)信号中断的影响:信号中断时,控制单元使用传感器 G93 和 G150 的信号来作为替代信号。

6 变速器机油温度传感器 G93 和控制单元温度传感器 G510

(1)位置:直接布置在电子控制装置上,如图 5-65 所示。

(2)功能:电子控制装置被机油所包围。并由机油加热;如果太热则可能影响电子装置的功能。这两个传感器直接测量危险部件的温度,这样就可提前执行相应措施来降低机油温度,避免机械电子装置过热。

(3)信号应用:G93、G510 独立检测,各自发出信号,控制单元会进行比较,确定一精度数值。如果这两个传感器传出温度较低的信号时,控制单元会启动一个预热程序,从而让电子控制单元在最佳温度环境下工作。

图 5-65　G93 和 G510

(4)信号中断影响:变速器机油温度超过 138℃时,机械电子装置会采取措施来降低发动机转矩。

当温度超过145℃时,多片式离合器上就不再作用机油压力,离合器也完全脱开。

7 挡位调节位移传感器 G487、G488、G489、G490

(1)位置:都集成在电子控制装置内,如图5-66所示。

(2)原理:霍尔传感器。

(3)功能:由传感器与换挡拨叉上磁铁一起产生一个信号,控制单元根据该信号就可识别出挡位调节器的位置。

每个位移传感器(图5-67)监控一个挡位调节器/换挡拨叉,用于在两个挡位之间切换。

G487用于一/三挡、G488用于二/四挡、G489用于六/R挡、G490用于五/N挡。

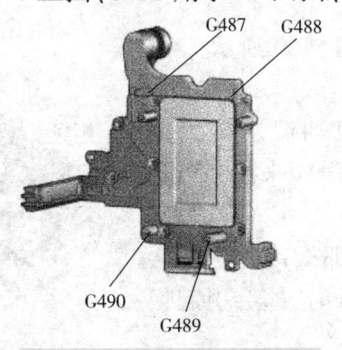

图5-66 挡位调节传感器

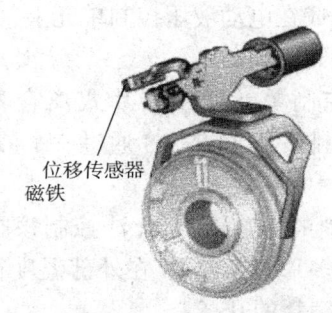

图5-67 位移传感器磁铁

控制单元根据精确的位置将机油压力作用到挡位调节器上,以便换挡。

(4)信号中断的影响:如果某个位移传感器不再发送信号,那么对应的变速器部分就被切断,相对应的挡位就无法使用。

8 变速杆传感器控制单元 J587

(1)位置:J587集成在变速杆上,如图5-68所示。

(2)功能:J587既是控制单元也是传感器。作为控制单元,它操纵变速杆锁止电磁铁。同时,该控制单元上还集成有用于识别变速杆位置的霍尔传感器和用于识别手动换挡(Tiptronic)的霍尔传感器。变速杆位置信号和Tiptronic信号通过CAN总线被发送到电子控制装置上和组合仪表控制单元上。

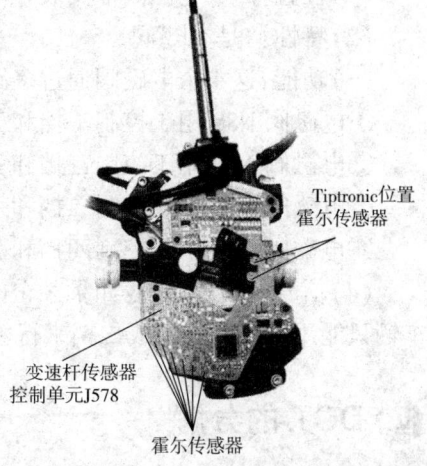

图5-68 变速杆控制

3 执行元件

1 压力调节阀 N217(主压力阀)

(1)位置:集成在电动液压控制单元内,如图5-69所示。

(2)功能:电子控制单元时刻调整压力调节阀N217,使液压系统主压力与当前实际情况相匹配。

(3)信号中断的影响:如果该阀损坏,那么系统会以最大主压力来工作,会导致燃油消耗高且换挡时有噪声。

❷ 压力调节阀 N215、N216(离合器阀)

(1)位置:N215、N216 布置在电动液压控制单元上,如图 5-68 所示。

(2)特性:N215 控制多片式离合器 K1 压力,N216 控制多片式离合器 K2 压力。电子控制单元时刻调整 N215、N216,使离合器压力值与多片式离合器当前的摩擦系统相匹配。

(3)信号中断的影响:如果某个阀损坏了,那么变速器所对应的传动部分就被切断了。这个故障会在组合仪表上显示出来。

❸ 压力调节阀 N218(冷却机油阀)

(1)位置:集成在电动液压控制单元上,如图 5-69 所示

(2)特性:调制阀。

(3)功能:控制单元使用多片式离合器机油温度传感器 G509 的信号来控制 N218。N218 通过一个液压滑阀来控制离合器冷却机油量。

(4)信号中断的影响:如果无法控制该阀,那么冷却机油会以最大流量流过多片式离合器,在外部温度很低时,这会引起换挡故障以及燃油消耗的升高。

图 5-69 控制单元

❹ 电磁阀 N88,N89,N90,N91(挡位调节阀)

(1)位置:四个电磁阀都安装在电动液压控制单元上,如图 5-69 所示。

(2)特性:"是/非"阀。

(3)功能:这 4 个电磁阀通过多路转换阀来控制通向挡位调节器的机油压力。

①电磁阀 N88 用于控制一挡和五挡的换挡机油压力。

②电磁阀 N89 用于控制三挡和 N 挡的换挡机油压力。

③电磁阀 N90 用于控制二挡和六挡的换挡机油压力。

④电磁阀 N91 用于控制四挡和 R 挡的换挡机油压力。

(4)信号中断的影响:如果某个电磁阀损坏,那么挡位调节器所对应的挡位就被切断了,车辆只能用一挡和三挡或二挡来行驶。

四 DCT 的分解

❶ DCT 的分解

(1)仔细观察变速器前部,双质量飞轮驱动输入轴端部,如图 5-70 所示,该端部有一个较长的导向轴。变速器前部由冲压盘盖密封,盘盖由内外卡环定位。在 DCT 上是用于密封冷却 K1、K2 离合器的 ATF 的,因为换挡时 K1、K2 同步进行切换。

(2)拆下卡簧,拿开前盖,就会看到整个离合器外壳,该离合器外壳带有大的导向端轴,

该盘盖由内外卡环定位于壳体上,当卸掉 K1 和 K2 离合器毂时,将会看到油泵驱动轴。K1 和 K2 离合器鼓被卡环定位于双输入轴上。拆卸掉卡环和油泵驱动轴后,离合器鼓就会从输入轴上滑下来,如图 5-71 所示。

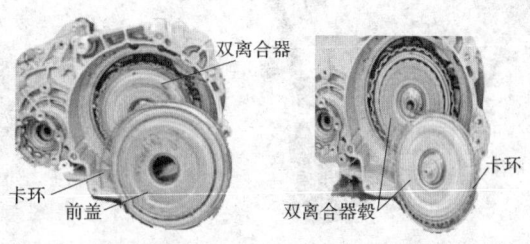

图 5-70　变速器前端　　　　　图 5-71　拆下卡簧和离合器毂

(3)两根输入轴中,长轴为 1 号,短轴为 2 号。图 5-72 所示为 K1 和 K2 离合器毂的部分分解图,外部大离合器为 K1 离合器,K1 驱动 1 号输入轴;内侧小离合器为 K2,K2 驱动 2 号输入轴。

(4)把侧盖拆下,就会看见阀体了,图 5-73 该阀体有十一个电磁阀,ECU 也集成于其中。在拆卸阀体之前,需要做两件事:第一,从线束保持架上拆下带状线束并从 TCU 插头上拔下;第二,拆下九个 30 号内 6 角螺栓,由于套筒中容易打滑,建议使用一把尖锐的螺丝刀拧松内六角螺栓。螺栓一旦拆下,应小心地取出阀体和电脑总成,小心是因为集成在电脑上的输出轴转速传感器较长,如图 5-74 所示,否则会将其折断,必须清楚地认识到这一点。更不得用手提输出轴转速传感器。

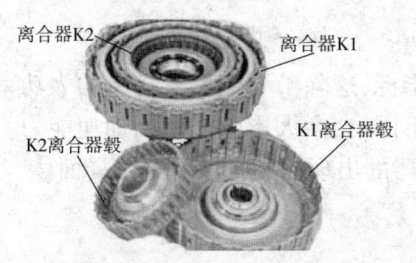

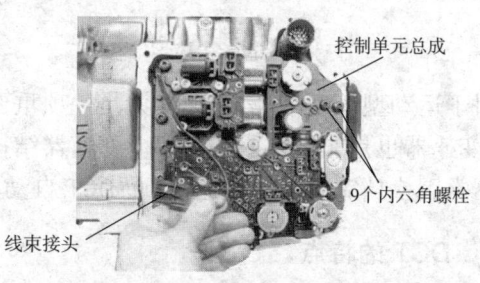

图 5-72　离合器 K1 和 K2　　　　　图 5-73　拔下插头

(5)电脑和阀体拆卸后,剩下的传感器就可从箱体上取出了。该单元包括输入转速传感器和油温传感器。油温传感器监测 K1 和 K2 离合器的冷却油温度,以通知电脑通过阀体上的 11 个电磁阀中的一个去控制冷却液流量。输入转速传感器用来计算滑差,发动机转速传感器信号可作为替代信号。变速器背部的小黑盖是油泵盖。

(6)拆卸油泵就会看到 2 号输出轴上的传感器信号轮,如图 5-75 所示。这个信号轮用来激发两个霍尔传感器,该传感器在电脑的延伸部分。这两个输出转速传感器既用作车速传感器又用作判断车辆的运行方向(前进或倒车),该信号的备用信号为 ABS 信号。千万小心不要弄坏信号轮。

(7)拿掉信号轮后,需再取下一道卡环,如图 5-76 所示。半轴法兰是用六角螺栓固定的,要拆掉;拆下内部的半轴法兰后还得拆下两个螺栓,在分解箱体时,该螺栓必须拿掉,不然的话就会损坏内部的塑料润滑管道。下一步拆掉变速器上部的冷凝器及二十二个箱体螺栓(用8号星型套筒),然后小心分解即可,如图5-77所示。

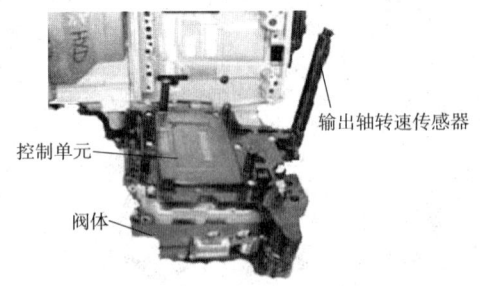
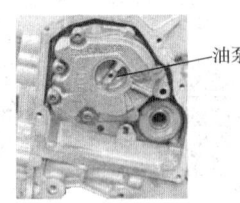

图5-74　小心取出阀体和电脑总成　　　　　图5-75　拆下油泵

图5-76　取下卡环　　　　　图5-77　分解差速器与齿轮

对于运动型车型来说,提速能力是一项重要的指标,这除了要依靠发动机的大功率和大转矩,变速器也是非常重要的一环。变速器结构的不同,会大大影响车辆的加速能力。自动变速器常因换挡滞后而使提速慢,而DCT自动变速器的出现彻底打破了这个局面。

2 DCT的特点

新一代DCT变速器采用了两个离合器和六个前进挡的传统齿轮变速器作为动力的传送部件,这是目前世界在汽车传动领域出现的新型的、具有革命性的自动变速器。概括来讲,有以下特点:

(1) DCT没有变矩器,也没有离合器踏板。

(2) DCT在传动过程中的能耗损失较少,大大提高了车辆的燃油经济性。

(3) DCT的反应非常灵敏,具有很好的驾驶乐趣。

(4) 车辆在加速过程中不会有动力中断的感觉,使车辆的加速更加强劲、圆滑。百公里加速时间比传统手动变速器还短。

(5) DCT的动力传递部件是一台三轴式六前进挡的传统齿轮变速器,增加了传动比的分配。

(6) DCT的多片湿式双离合器是由电子液压控制系统来操控的。※双离合器的使用,可以使变速器同时有两个挡位啮合,使换挡操作更加快捷。

(7)DCT也有手动和自动两种控制模式,除了变速杆可以控制外,转向盘上还配备有手动控制的换挡按钮,在行驶中,两种控制模式之间可以随时切换。

(8)选用手动模式时,如果不做升挡操作,即使将加速踏板踩到底,DCT也不会升挡。

(9)换挡逻辑控制可以根据驾驶人的意愿进行换挡控制。

(10)在手动控制模式下,可以跳跃降挡。

【学生活动工作页】

练习与决策

PART1

习作名称:CVT与DCT认知。

补充以下空缺:

(1)CVT意思是_____,DCT意思是_____。

(2)本田飞度CVT中倒挡制动器是用来制动双级行星齿轮排中的_____。

(3)在CVT中的前进离合器是连接_____和_____。

(4)在CVT中,带轮直径的大小是靠_____来改变的。

(5)DCT中,离合器K1将动力传给_____。离合器K2将动力传到_____。

(6)DCT中,输入轴1上有_____挡齿轮,输入轴2上有_____挡齿轮。

(7)G196和G195是_____传感器。安装在_____。

(8)电磁阀N92用于_____。

(9)G509是_____传感器。安装在_____。

(10)电磁阀N110是_____电磁阀,受控于_____。

小组讨论决策选项:

(1)本田飞度CVT中,行星齿轮机构用来:

　　A.改变行驶速度　　B.改变传动比　　C.改变行驶方向　　D.改变挡位

(2)关于对本田飞度无级变速器的说法正确的是:

　　A.没有液力变矩器　　　　　　　B.用行星齿轮改变挡位

　　C.起步离合器安装在输入轴上　　D.钢带传力比离合器更可靠,不易打滑

(3)DCT中,用于控制二挡和六挡工作油压的是:

　　A.电磁阀N88　　B.电磁阀N89　　C.电磁阀90　　D.电磁阀N92

(4)关于DCT的说法错误的是:

　　A.DCT没有液力变矩器,也没有离合器踏板

　　B.DCT双离合器在驾驶人脚下有两个离合器踏板

　　C.加速性能好,具有很好的驾驶乐趣

　　D.在手动模式下,可以跳跃降挡

(5)下面哪一个是输入转速传感器;

项目五 CVT 与 DCT

  A. G182   B. G502   C. G196   D. G195

查阅有关资料,完成以下问题:

(1) 观察起步离合器,想一想起步离合器上为什么要有大流量的液体孔道?

_____

_____

_____

(2) 在 DCT 中,是如何实现换挡的?

_____

_____

_____

(3) 查有关资料,有哪些车型使用 CVT 和 DCT?

_____

_____

_____

(4) 画出 DCT 的挡位传动图,分析挡位传递路线。

活动评价表

组名: 时间:

项 目	评 价 内 容	组名 达标情况		备注
		√	×	
实践活动准备(学生自评)	①工具的领用准确,具备责任心			
	②实践计划详细可行,并能根据实际情况与组员协商完善			
	③实践活动所需材料准备充分			
实践活动管理(学生自评)	④指导组长责任心强,履行指导职责,协调好小组之间、组员之间的关系			
	⑤纪律严明,注意言行举止			
	⑥小组组长对组员管理严格,保证实习过程的安全			

续上表

项 目	评价内容	组名		
		达标情况		
		√	×	备注
实践活动开展（学生自评）	⑦严格按照实践活动计划开展工作			
	⑧听从实践小组同学的安排			
	⑨学生积极主动，勤学好问，能够理论联系实际			
	⑩积极参加实习安排的集体活动			
	⑪学生在人际交往能力、沟通协调能力、反应能力、学习能力、团队意识等综合素质方面表现			
实践活动成效（学生自评）	⑫圆满完成实践活动计划			
	⑬对实践单位小组，提出建设性意见			
小组评语及建议		组长签名： 　　　年　月　日		
老师评语及建议		教师签名： 　　　年　月　日		

"备注"部分为教师填写。

指导员作出相关评价与点评。（根据学生完成情况，评价达标情况；"√"项目达标；"×"则反之）

- 工作的参与度情况；
- 工作的效率情况；
- 工作的质量情况；
- 工作6S管理遵守情况；
- 工作态度情况；
- 工作创意创新情况。

参 考 文 献

[1] 陈家瑞.汽车构造(下册)[M].北京:人民交通出版社,2006.

[2] 陈建宏.汽车底盘机械系统检修[M].北京:人民交通出版社,2009.

[3] 张红伟.汽车底盘构造及维修[M].北京:高等教育出版社,2007.

[4] 中国汽车维修行业协会.汽车底盘常见维修项目实训教材[M].北京:人民交通出版社,2009.

[5] 李春明.汽车底盘电控技术[M].北京:机械工业出版社,2009.

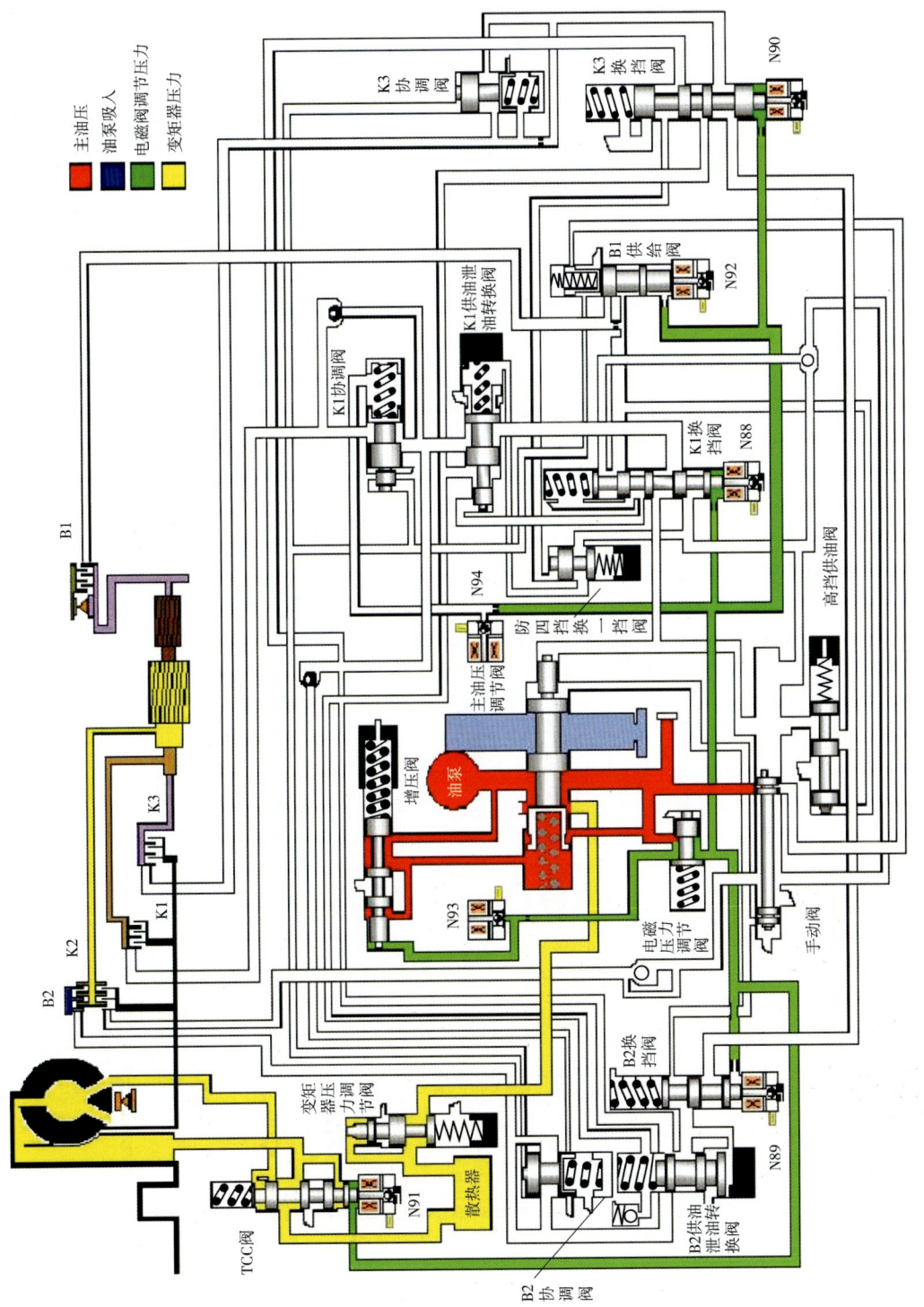

图4-85 P挡油路图

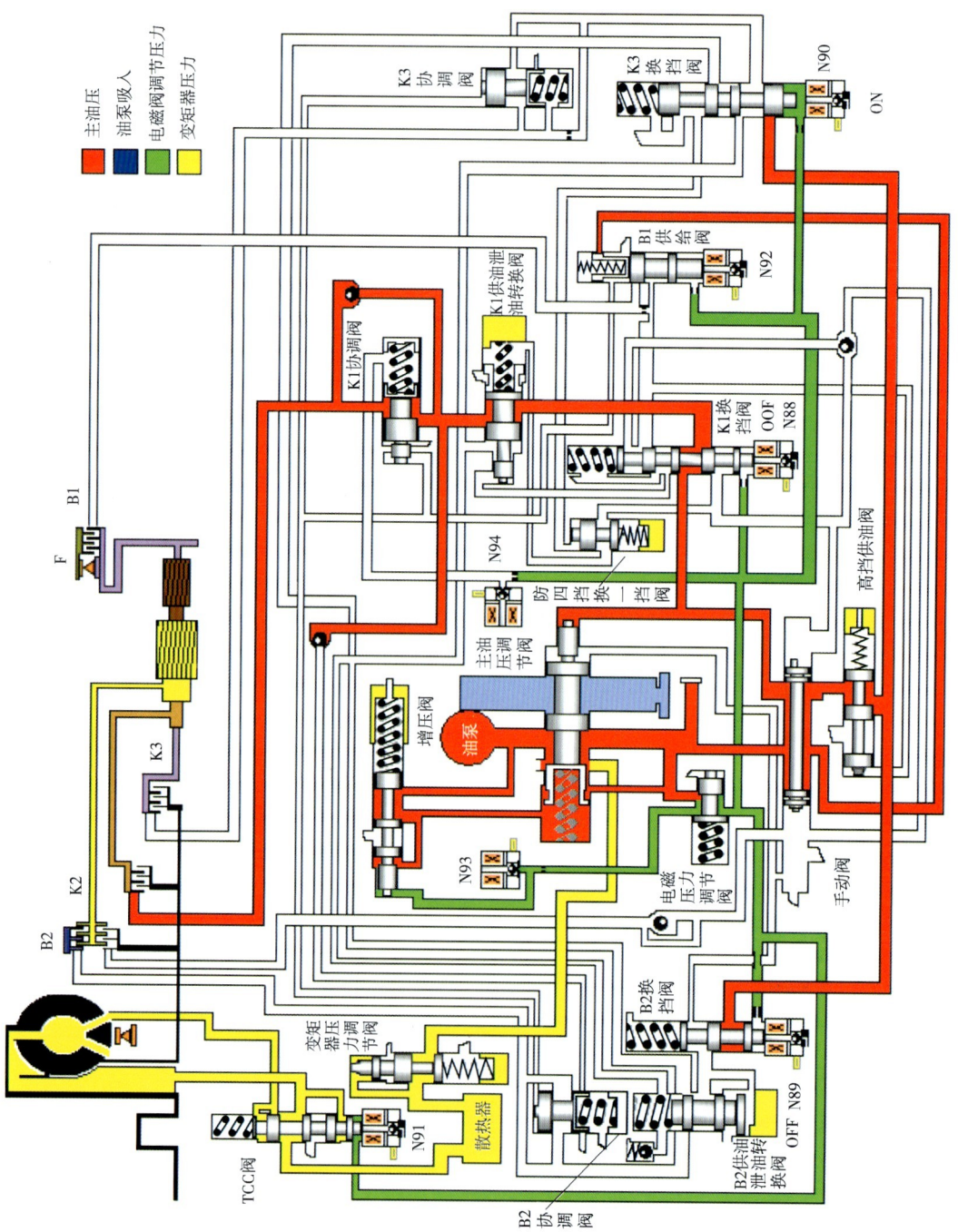

图 4-86 D 位一挡油路图

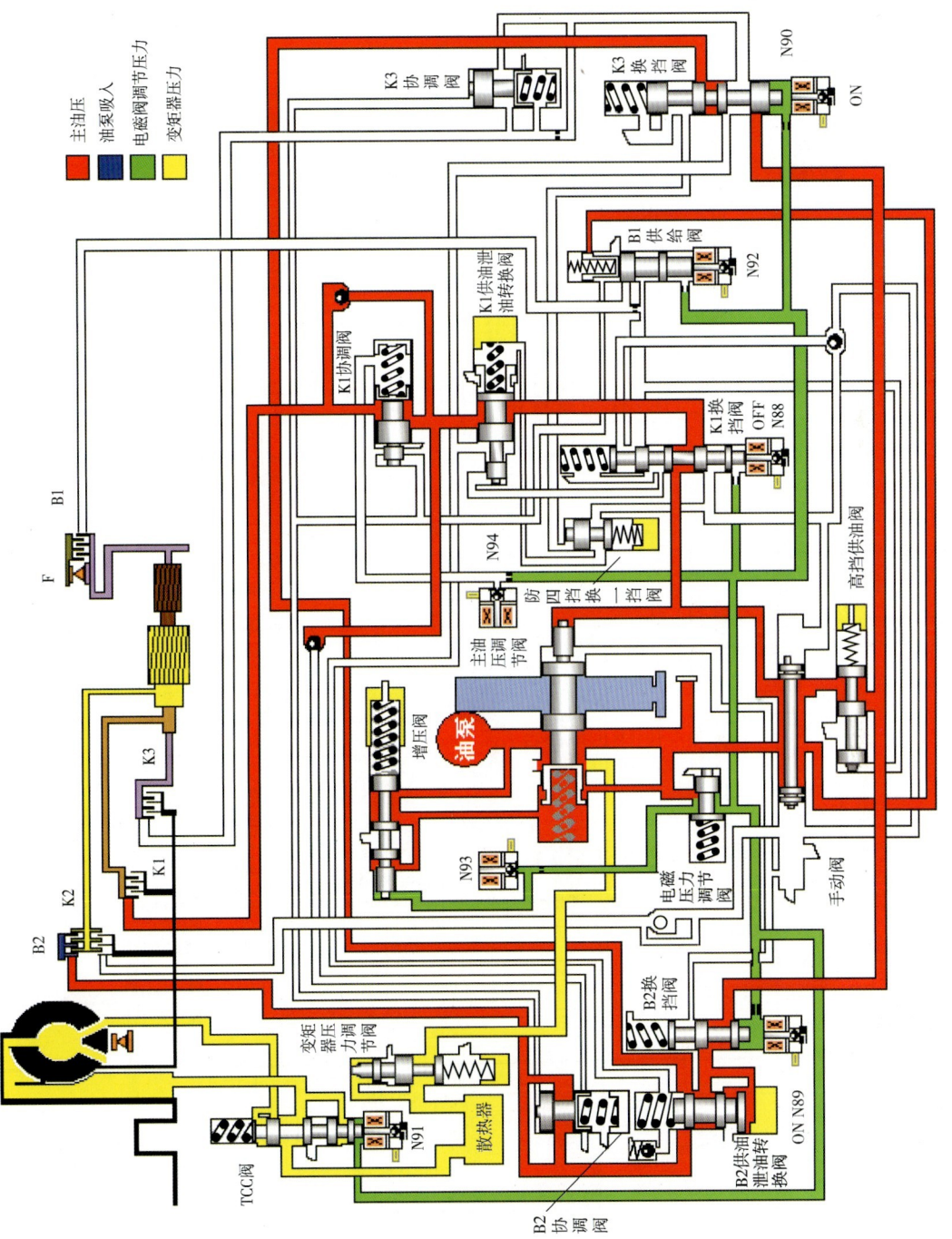

图 4-87 D 位二挡油路图

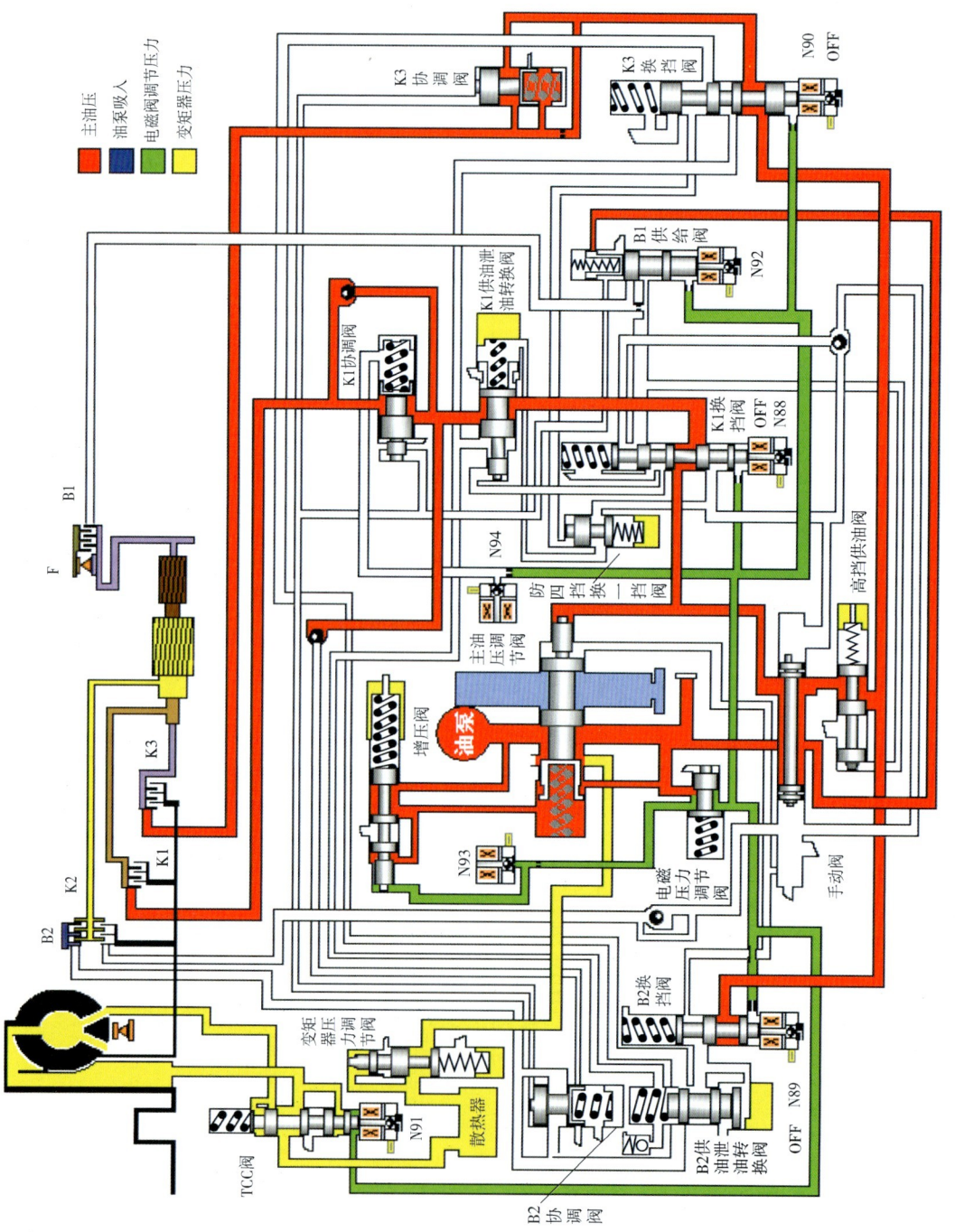

图4-88 D位三挡油路图

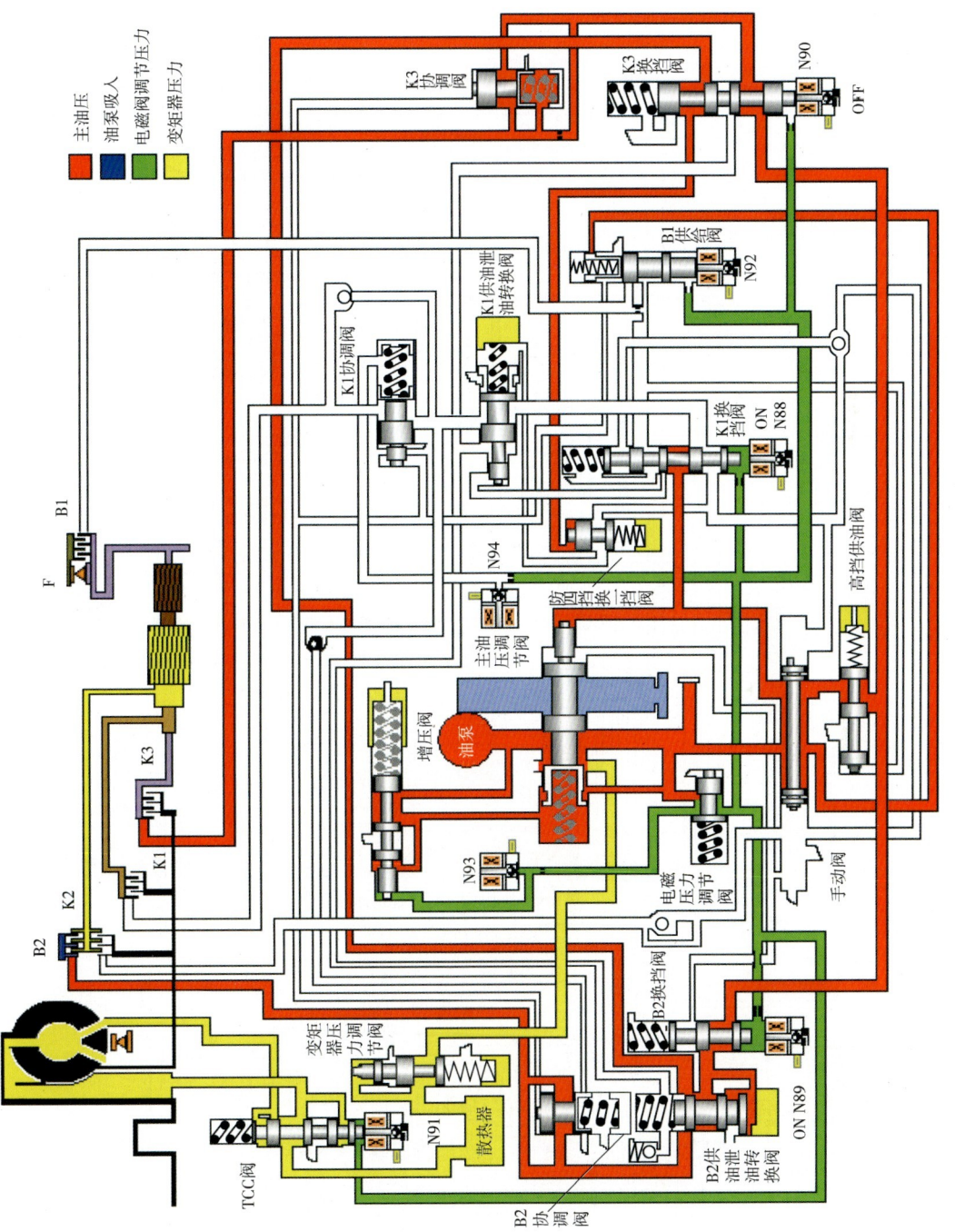

图4-89 D位四挡油路图

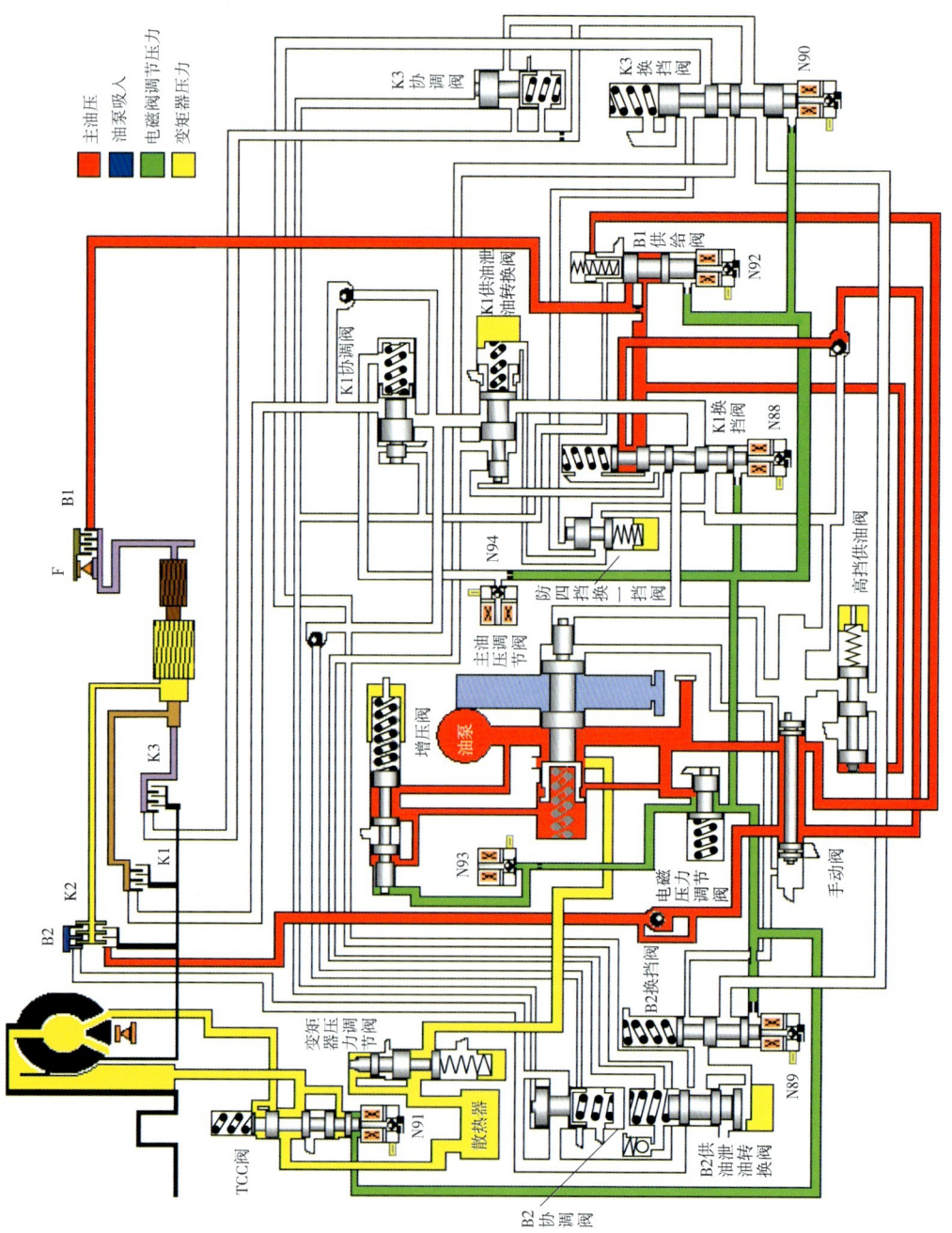

图 4-90 R 位倒挡油路图

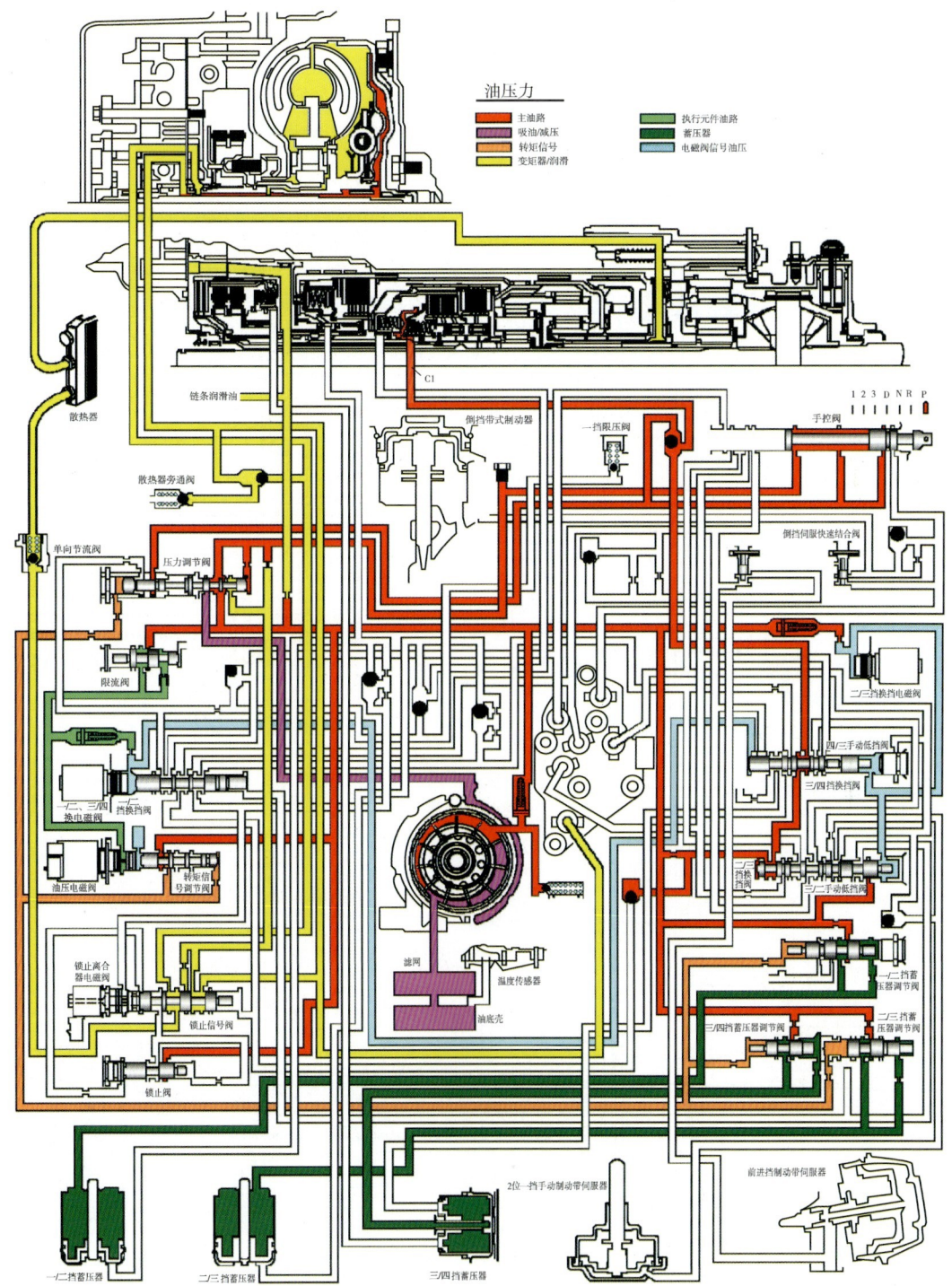

图 4-93 4T65E 油路图(P)挡

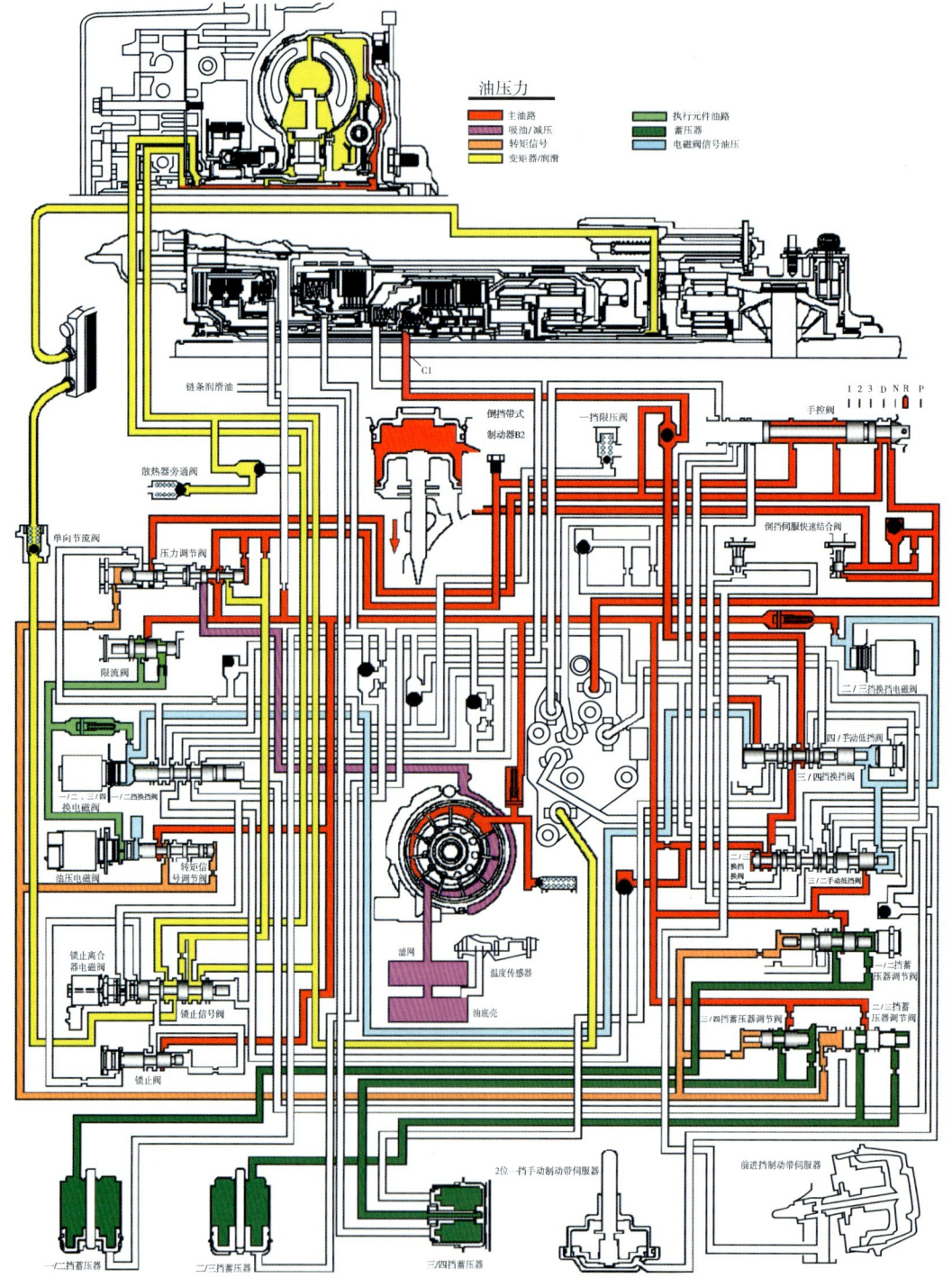

图4-94 4T65E 油路图(R)挡

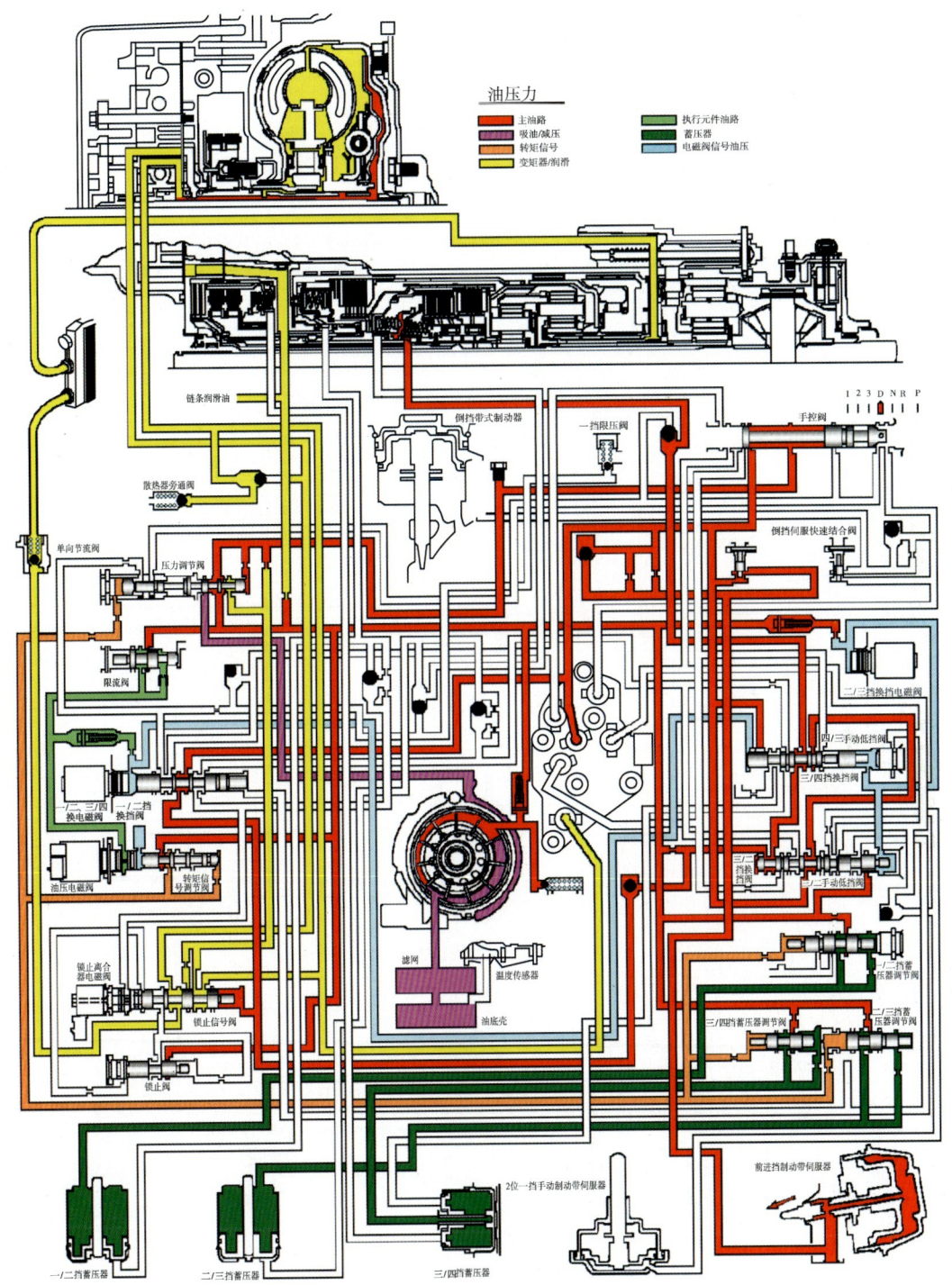

图 4-95 4T65E 油路图(D1)挡

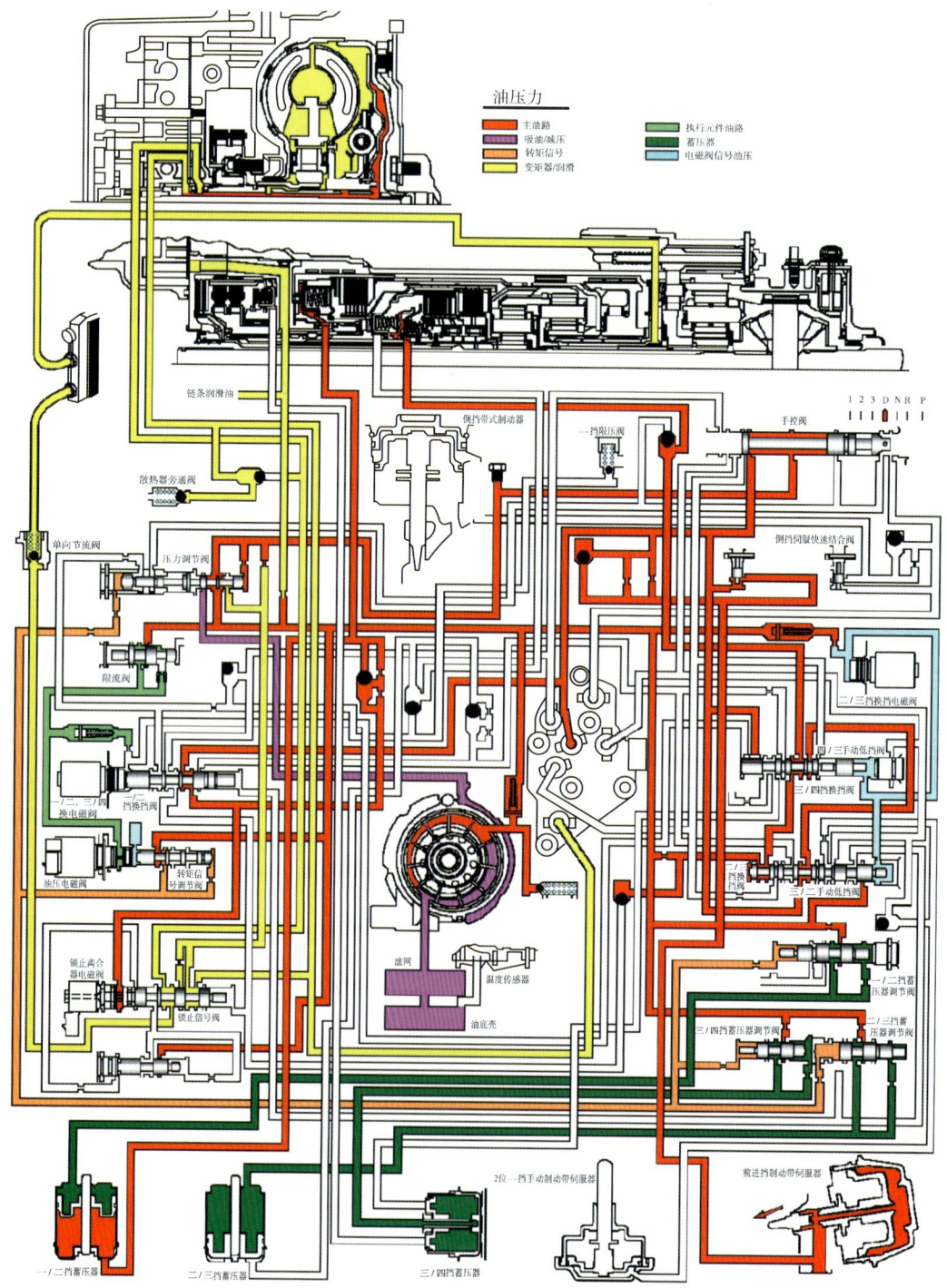

图 4-96　14T65E 油路图(D2)挡

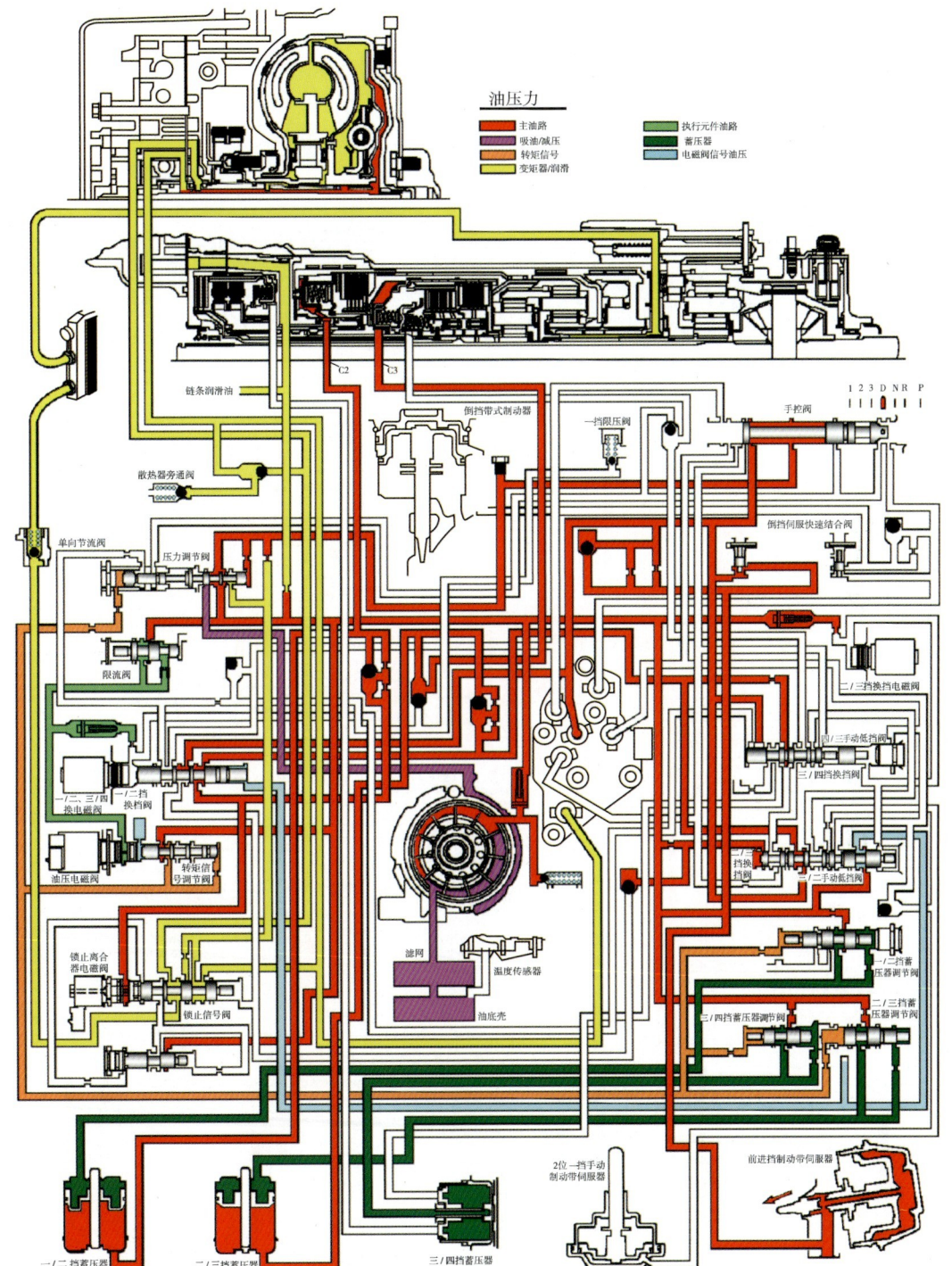

图4-97 4T65E油路图(D3)挡

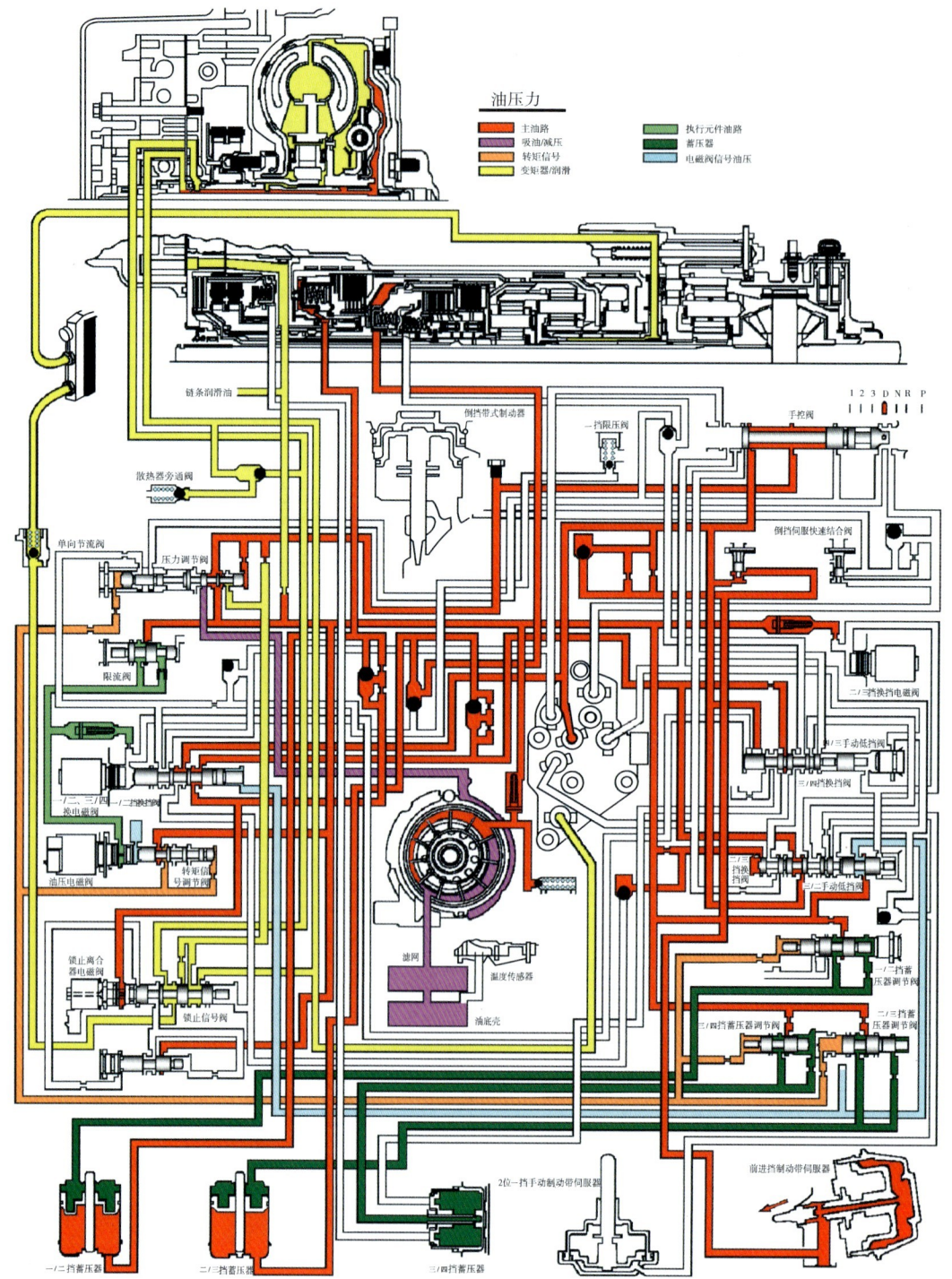

图4-98 4T65E 油路图(D4)挡